Raimon Panikkar

Christophanie

Raimon Panikkar

Christophanie

Erfahrungen des Heiligen
als Erscheinung Christi

Übersetzt aus dem Spanischen
von Ruth Heimbach

FREIBURG · BASEL · WIEN

Die spanische Ausgabe erschien unter dem Titel
La plenitud del hombre 2004 (korrigierte Fassung) Siruela, Madrid

Alle Rechte vorbehalten – Printed in Germany
© Verlag Herder Freiburg im Breisgau 2006
www.herder.de
Einbandgestaltung: Finken & Bumiller, Stuttgart
Satz: SatzWeise, Föhren
Druck und Bindung: fgb · freiburger graphische betriebe
www.fgb.de
Gedruckt auf umweltfreundlichem, chlorfrei gebleichtem Papier
ISBN-13: 978-3-451-29097-8
ISBN-10: 3-451-29097-9

Inhalt

Abkürzungen 9

Vorwort 11

Erster Teil.
Einführung:
Die Erfahrung der Christophanie

I. Eine Herausforderung für die Christologie 17
   1. Der Ausgangspunkt 17
   2. Die Situation der Welt 20
   3. Die Grenzen der Christologie 22

II. Das Anliegen der Christophanie 25
   1. Christologie und Christophanie 25
   2. Die literarische Gattung 30
   3. Die göttliche Offenbarung 33

III. Die Erfahrung der Christophanie 37
   1. Die Kosmovision 37
   2. Die Welt der Innerlichkeit 40
   3. Die mystische Sprache 48

Inhalt

Zweiter Teil.
Der Mystizismus Jesu Christi: Die Erfahrung Jesu

I. Annäherung 63
   1. Das Problem 64
      Prolegomena 64
      Das Umfeld 69
      Der Ausgangspunkt 72
      a) Der Text 72
      b) Der Kontext 76
      c) Der Prätext 78
   2. Drei Anthropologien 83
      Individualistische Annäherung 84
      Personalistische Annäherung 91
      Die *ādhyātmische* (pneumatische) Annäherung 99
   3. Die existentielle Untersuchung 108
      Der *status quaestionis* 108
      Die persönliche Erfahrung 113
      Die Suche nach Glaubwürdigkeit 119

II. Die Aussagen 126
   1. Abba, Patēr! 128
      Die Texte 128
      Die Interpretation 130
      Die Erfahrung 137
   2. Ich und der Vater sind eins 145
      Die Texte 145
      Die Interpretation 149
      Die Erfahrung 154
   3. Es ist gut für euch, dass ich fortgehe 160
      Die Texte 161
      Die Interpretation 165
      Die Erfahrung 171

III. Die mystische Erfahrung Jesu Christi 178
   1. Eva me suttam 178
   2. Itipaśyāmi 180
   3. Satpuruṣa 182

Dritter Teil.
Christophanie:
Die ‚christische' Erfahrung

Neun *sūtra* 189

   I. Christus ist das christliche Symbol der ganzen Wirklichkeit . 191

   II. Der Christ erkennt Christus *in* Jesu und *durch* ihn 197

   III. Die Identität Christi ist nicht seine Identifikation 202

   IV. Die Christen haben nicht das Monopol für das
      Erkennen Christi 206

   V. Die Christophanie ist die Überschreitung der an Sippe und
     Geschichte gebundenen Christologie 212

   VI. Der protologische, historische und eschatologische Christus
      ist ein und dieselbe Wirklichkeit, die sich in Zeit und Raum
      „ausdehnt" und intentional in uns wohnt 217

   VII. Die Inkarnation als historisches Ereignis ist auch Inkulturation 224

   VIII. Die Kirche betrachtet sich als den Ort der Inkarnation 232

   IX. Die Christophanie ist das Symbol des *mysterium coniunctionis*
      der göttlichen, menschlichen und kosmischen Wirklichkeit . 236

Epilog 243

Inhalt

Anmerkungen 251

Glossar 276

Bibliographie 284

Personenregister 297

Kurzbiographie 302

Abkürzungen

AU	Aitareya-upaniṣad
AV	Autorisierte Version
BCI	Bíblia catalana interconfessional
BG	Bhagavad-gītā
BJ	Bible de Jérusalem
BU	Bṛhadāraṇyaka-upaniṣad
CEI	Conferencia Episcopal Italiana
CU	Chāndogya-upaniṣad
DW	Deutsche Werke
IsU	Īśā- upaniṣad
KU	Kaṭha-upaniṣad
LW	Lateinische Werke
NAB	New American Bible
NEB	New English Bible
NJB	Neue Jerusalemer Bibel
NRSV	New Revised Standart Version of the Bible
NTT	Nuevo Testamento Trilingüe
PG	Patrologia Greca
PL	Patrologia Latina
REB	Revised English Bible
ṚV	Ṛg-veda
RV	Revidierte Version
SB	Śatapatha-brāhmaṇa
SU	Śvetāśvatara-upaniṣad
TB	Taittirīya- upaniṣad
TMB	Tāṇḍya-mahā-brāhmaṇa
TU	Taittirīya-upaniṣad
VG	Vulgata

ἐν τῷ φωτὶ περιπατῶμεν

Ad lucem hoc in saeculo
peregrinatibus
qui sperant se ambulatores
esse in luce.
(Vgl. 1 Joh 1, 7)

All denen gewidmet, die als *Pilger*
durch die Gefilde der Zeitlichkeit
wandern und hoffen,
im Licht zu pilgern.

Vorwort

ἰδοὺ ὁ ἄνθρωπος

Ecce homo
Seht, da ist der Mensch.
(Joh 19, 5)

puruṣa evedaṁ sarvaṁ
Der Mensch [ist], gewiss,
all dieses.
(ṚV X, 90, 2)

Diese Studie stellt einen Versuch dar, auf wenigen Seiten das *Pathos* eines ganzen Lebens zu erfassen; tatsächlich habe ich schon mehr als ein halbes Jahrhundert lang über dieses Thema meditiert und geschrieben.

Der erste Teil des Werkes ist eine Reflexion über die zentrale Gestalt des christlichen Bewusstseins und regt zu einer Vertiefung der klassischen Christologie an. Diese ‚neue' Disziplin, die den Namen *Christophanie* erhalten hat, möchte unserer Welt der Gegenwart, die durch eine diffuse Präsenz der modernen wissenschaftlichen Mentalität und durch den Abbau der religiösen und kulturellen Grenzen der Menschheit gekennzeichnet ist, eine Antwort geben auf die im Herzen eines jeden Menschen eingepflanzte Sehnsucht nach Fülle des Lebens.

Der zweite Teil versucht, vielleicht gewagt, die mystische Erfahrung Jesu von Nazareth zu entschlüsseln, denn es ist schwierig, die Botschaft zu verstehen, ohne in gewisser Weise auch das Herz des sie Vermittelnden zu kennen.

Der dritte Teil beschränkt sich darauf, in neun *Sūtren* die Epiphanie Christi im Licht einer Erfahrung zu betrachten, der mit der im ersten Teil angedeuteten Methodologie auf den Grund gegangen wurde.

Vielleicht fragen sich einige Leser, weshalb immer wieder Zitate in Griechisch, Latein und Sanskrit auftauchen. Je mehr man es wagt, auf neuen Pfaden zu wandern, um so notwendiger wird es, in der eigenen Tradition verwurzelt und für die anderen aufgeschlossen zu sein, die uns bewusst machen, dass wir nicht allein sind, und die uns in die Lage versetzen, einen weiteren Blickwinkel für die Wirklichkeit zu erlangen. Der Verfasser trachtet nicht danach, ‚original‘ zu sein, beansprucht aber auf jeden Fall in dem Sinne ‚originär‘ zu sein, dass er die Beziehung zum Urgrund dessen sucht, woraus die Menschen ihre Inspiration erhalten, nicht etwa, um mehr oder weniger bekannte Lektionen zu wiederholen, sondern um auf kreative Weise am wahren Leben der Wirklichkeit teilzuhaben.

Ich bin danach gefragt worden, warum ich dieses Buch mit solch großem inneren Drang geschrieben habe.

Vor allem muss ich sagen, dass ich zur Vertiefung im Glauben, der mir gegeben worden ist, meine Vorstellungen der kritischen Prüfung durch den Intellekt und die Weisheit der Tradition unterwerfe. Dies geschieht nicht eigennützig, sondern um in jenen lebendigen Strom einzumünden, der durch die tiefen Adern des mystischen Leibes der Wirklichkeit fließt. Die erste Aufgabe jedes Geschöpfes ist es, die Ikone des Wirklichen, die wir alle sind, zu vervollständigen und zur Vollendung zu führen.

An zweiter Stelle erhebt dieses Buch Fragen an die zwanzig Jahrhunderte christologischer Tradition und lässt sich selbst von deren bedeutendem Lehrkörper befragen, was entweder eines *aggiornamento* oder einer Reform bedarf. *Ecclesia semper est reformanda* [die Kirche muss ständig reformiert werden].

Ich kann versichern, dass ich *cum magno tremore et tremula intentione* [mit großer Scheu und bebendem Verlangen] – um Hildegard von Bingen (Scivias, Prolog) vor Kierkegaard zu zitieren – es wage, meinen Beitrag zu der zweimal tausendjährigen, reichen Theologie über die trinitarischen und christologischen Mysterien zu leisten, denn alle Dogmen sind ja (ohne jede Ausnahme) tief innerlich verbunden. Gewiss ist für einen so hohen Anspruch eine tiefe Demut notwendig.

Ich bin überzeugt und finde Bestätigung in den Zeichen der Zeit, die fast einstimmig sowohl von Forschern als auch im Werk der zeitgenössischen Theologen selbst in der Weise gedeutet werden, dass die Welt sich vor einem Dilemma planetarischen Ausmaßes befindet: Entweder kommt es zu einer radikalen Veränderung der ‚Zivilisation‘ im Sinne des *Humanum* oder zu einer Katastrophe kosmischen Ausmaßes. Dies führt uns dazu, in der Interkulturalität einen ersten Schritt zu einer *Metanoia* zu sehen, die Hoffnung[1] in sich birgt.

An dritter Stelle – aber nicht weniger bedeutsam – wendet sich diese Studie an jene Leser, für die der Name Christi keine herausragende Bedeutung hat, sei es, weil sie anderen Kulturen angehören, oder sei es, weil sie aus ganz unterschiedlichen Gründen ihr Interesse davon abgewandt haben.

Diese Seiten sind Gegenstand einer Betrachtung der menschlichen Bedingung in ihrer tiefsten Dimension, weitgehend unbeeinflusst von der Einwirkung geschichtlicher Ereignisse. Es gibt im Menschen den Wunsch nach Fülle und Leben, Glück und Unendlichkeit, Wahrheit und Schönheit, der über die religiösen und kulturellen Grenzen hinausgeht.

Um uns nicht in abstrakten oder allgemeinen Erörterungen zu verlieren, folgen wir dem Faden einer zweitausendjährigen Tradition, deren Symbol die griechische Übersetzung eines hebräischen Namens ist. Diesen Lesern sagen wir nicht, dass Christus die Fülle des Lebens ist, sondern dass dieser Inbegriff der Fülle, der sehr viele Namen hat, in der christlichen Tradition Jesus Christus genannt wird.

Die theologische Tradition, die auf diesen Seiten zusammengefasst wird, bestätigt eine Überzeugung, die ich seit vielen Jahrzehnten zum Ausdruck bringe: Zum christlichen *kairos* des dritten Jahrtausends, in dem die verschiedenen Kulturen der Erde nicht in einer „verklärten Abgeschiedenheit" leben können, gehört die Überwindung des abrahamitischen Monotheismus, ohne die Legitimität oder den Wert der monotheistischen Religionen in Frage zu stellen. Diese Überwindung, die beim Ersten Konzil von Jerusalem (Apg 15,1–33) ihren Anfang nahm, bedeutet nicht Negation des Göttlichen, sondern vielmehr die Öffnung zur großen Idee der Trinität – der menschlichen Urerfahrung, worin sich die menschlichen Traditionen begegnen.

Die sozialpolitische Umsetzung wäre die Feststellung, dass das letzte halbe Jahrtausend der Menschheitsgeschichte durch die Vorherrschaft Europas bestimmt war, soweit, dass über „Europäisierung der Welt" geredet wurde. So hat eine westliche Beeinflussung des Lebens sich über die ganze Erde ausgebreitet. Aber die westlichen Werte sind untrennbar mit dem Christentum verbunden, das sich jedoch zunehmend von der ‚kirchlichen' Organisation löst, die als mehr oder weniger offene gesellschaftliche Körperschaft verstanden wird. Es bleibt

Vorwort

Christus: *reales* Symbol der Vergöttlichung, das heißt der *Fülle des Menschen*[2].

Um manche zufrieden zu stellen, hätten wir sagen können „der menschlichen Fülle", doch wäre dies nicht genau ausgedrückt, weil die Fülle des Menschen viel mehr ist als eine allgemein menschliche Fülle. Der Mensch, der vollständige Mensch, ist der vergöttlichte Mensch, dieses nach Unendlichkeit dürstende Einzelwesen, der Mensch, der so lange nicht wirklich er selbst ist, bis er seine Bestimmung erreicht hat. Der Mensch ist mehr als seine menschliche *physis*.

Um den Gedanken dieser Meditation für die dritte Lesergruppe zusammenzufassen, könnten wir den Titel des Buches mit einem Satz aus der Heiligen Schrift vervollständigen, in dem das Wort „Göttlichkeit" vorkommt.

„Seht, da ist der Mensch":
„in ihm wohnt die ganze Fülle der Göttlichkeit körperlich"[3]
ἐν αὐτῷ κατοικεῖ πᾶν τὸ πλήρωμα
τῆς θεότητος σωματικῶς (Kol 2, 9)

Dies ist die menschliche Berufung!

Ich möchte allen Freunden Dank sagen, die nach dem Lesen einer ersten Textversion mir Anregungen gegeben haben, bestimmte Punkte zu klären; insbesondere danke ich Pius Ramon Tragan, Jacques Dupuis, Alois Maria Haas, Patrick D'Souza, Achille Rossi und Espedito D'Agostini.

Ganz besonderen Dank für Milena Carrara Pavan für ihre Geduld und Einfühlung während langwieriger Vorarbeiten zur Herausgabe dieses Textes, der sonst vielleicht nicht ans Tageslicht gekommen wäre – geschweige denn auf Italienisch.

Epiphanie – Sankt Michaelis 1997

Die spanische Ausgabe ist Germán Ancochea Soto zu verdanken, der nicht nur seinen Geist, sondern auch sein Herz in diese Übersetzung hinein gelegt und im Zuge der Überarbeitung durch den Autor zur Neuauflage noch einige Lücken des Originaltextes geschlossen hat.

Ostern 1999

Erster Teil

Einführung
Die Erfahrung der Christophanie

Ῥαββί …
ποῦ μένεις
ἔρχεσθε καὶ ὄψεσθε
…
μείνατε ἐν ἐμοί,
καγὼ ἐν ὑμῖν

Rabbi …
ubi manes?
Venite et videbitis
…
Manete in me,
et ego in vobis

Meister …
wo wohnst du?
Kommt und seht!
…
Bleibt in mir,
dann bleibe ich in euch.

(Joh 1, 38–39; 15, 4)

I. Eine Herausforderung für die Christologie

1. Der Ausgangspunkt

Die Erkenntnis Christi, *gnōsis Christou* (Phil 3, 8), jene von ewigem Leben erfüllte Erkenntnis (Joh 17, 3), kann keine bruchstückhafte Erkenntnis sein. Keine teilweise Erkenntnis kann zur Erlösung, zur Verwirklichung führen. Jede Erkenntnis ist nicht nur dann fragmentarisch, wenn ihr Objekt vom Rest der Wirklichkeit getrennt ist, sondern auch dann, wenn das erkennende Subjekt sein Erkennen zergliedert hat durch eine Reduktion auf die sinnliche Wahrnehmung oder auf die Zugänglichkeit durch die Vernunft, wenn also das Erkennen durch das Dritte Auge übergangen wird, das mehr als nur einer Tradition bekannt ist, einschließlich der christlichen (*oculus carnis, oculus mentis et oculus fidei*). Die erlösende Erkenntnis, die christliche *gnōsis* oder das vedantische *jñāna*, ist jene holistische Anschauung, die es dem Erkennenden ermöglicht, das Erkannte zu assimilieren, und die von den Scholastikern als *visio beatifica* bezeichnet worden ist, wenn sie ihre Vollkommenheit erlangt hatte.

Aus interkultureller oder interreligiöser Sicht ist das zentrale Moment der christlichen Tradition die Gestalt Christi. Die anderen Religionen stellen dem Christentum immer die Frage: „Wer ist dieser Christus?", ein oberster *pantokratōr*?, ein göttlicher Prophet des Westens?, der gesonderte Gott für die Christen?, der universale Erlöser?, ein Mensch wie die anderen?

„Christologie" ist ein mehr als fünfzehn Jahrhunderte alter Begriff, mit dem sich das theologische Denken auf das Mysterium Christi bezogen hat. Schon seit den ersten christlichen Generationen war die Christologie die von christlicher Mentalität und Gefühlswelt getragene Deutung des überwältigenden Ereignisses, das die Gestalt Christi ausgelöst hatte.

Wir wissen, dass jede Deutung vom Kontext und den kulturellen

Parametern ihres Urhebers abhängt. Außerdem wissen wir, dass nach Überzeugung der Christen ihr Christusverständnis durch den Glauben geprägt ist, der den christlichen Intellekt erleuchtet, um im Rahmen des Möglichen die Wirklichkeit Christi zu erfassen. Aber wir wissen auch, dass es bei jeder „Offenbarung" auf uns begrenzte und historische Wesen ankommt, darauf, ob wir die „offenbarten Worte" begreifen. Die „göttliche Offenbarung" wird im Gefäß unseres eingeschränkten menschlichen Fassungsvermögens aufgenommen: *quidquid recipitur ad modum recipientis recipitur* [alles, was empfangen wird, wird nach der Art des Gefäßes empfangen]. Die göttliche „Offenbarung" wandelt sich also auch in eine menschliche Offenbarung um.

Die Christologie der ersten Jahrhunderte ist tatsächlich geschmiedet worden, um den christlichen Glauben vor dem Hintergrund der hebräischen Religion und der griechischen Kultur zu entfalten. Der Genius des Paulus ist die Frucht des kreativen (nicht ohne Spannungen verlaufenen) Zusammenwirkens seines hebräischen Herzens, seiner griechischen Gedankenwelt und seines römischen Lebensraumes. Es bedarf keiner weiteren Erörterung der offenkundigen Tatsache, dass die uns überlieferte Christologie das Ergebnis des „christlichen" Glaubens im Dialog mit dem Judentum, mit der griechisch-römischen Welt und danach mit der Mentalität der neuen europäischen Völker und schließlich mit der islamischen Kultur ist. Auf den Lehrinhalt bezogen ist der Beitrag der amerikanischen Länder auf ein paar moderne Anpassungen begrenzt, und der Beitrag von Asien, Afrika und Ozeanien ist praktisch Null (mit Ausnahme des lateinischen Nordafrika und des syrischen Kleinasiens der ersten Jahrhunderte[1]). Demgegenüber darf man aber nicht die Bedeutung des Gegensatzes von Lehrinhalt und religiöser Volksmeinung über Christus vergessen, der in der akademischen Christologie bisher kaum Beachtung findet. Oftmals ist der Christus des christlichen Volkes nicht der Christus der Theologen.

Wir sind weit entfernt von den Zeiten, als die Christengemeinde in Ephesus, unzufrieden mit dem Kompromiss der Formulierung, die Maria als „Mutter Christi" (statt „Mutter Jesu") definierte, sich für den Ausdruck begeisterte, der in dem ‚heidnischen' Herzen der Epheser widerhallte, nämlich „Mutter Gottes" und mehr noch *Dei genitrix*, θεοτόκος [Gottesgebärerin].

Vielleicht ist die gegenwärtige Volksmeinung eher so einzuschätzen, dass Christus als der „Menschensohn" empfunden wird, wahrscheinlich ohne sich der trinitarischen Tiefe der zu Grunde liegenden Idee überhaupt bewusst zu sein, was später noch ausführlicher behandelt wird: Gott hat eine menschliche Mutter und der Mensch einen göttlichen Sohn.

Ausgehend von den traditionellen Darstellungen der Christologie ist es verständlich, dass andere Völker der Erde Christus als eine exotische Gestalt oder eine Verdacht erweckende konstruierte Figur im Zusammenhang mit fremdländischen Eroberern und Unterdrückern gesehen haben, die für militärische Feldzüge verantwortlich waren von den Kreuzzügen bis zur Inquisition, vom Kolonialismus bis zum Golfkrieg usw.

Die Christologie ist kein chemisch reines Präparat, sondern hat einen *Sitz im Leben*, der auch das in sich birgt, was die Christologie zu erklären versucht. Kurz gesagt, die Christologie mit all ihrer Tiefe und all ihrer Größe ist ein westliches Produkt, das an die Geschichte einer Kultur gebunden ist. Dies ist die Feststellung einer Tatsache, kein Werturteil.

Ohne Zweifel hat die Christologie der Gegenwart einen gewissen statischen Charakterzug aus dem scholastischen Ansatz überwunden und nähert sich daher dem göttlichen Mysterium mit einer Abhandlung *De Deo uno* nicht unabhängig von Christus und der Trinität. Aber die Beziehung zwischen *De Deo trino* und *De Deo incarnato* ist nach wie vor schwach.

Die langwierigen Diskussionen in der Geschichte der christlichen Spiritualität zwischen der *Mystik Christi* und der *Mystik Gottes*[2] zeigen noch Zugeständnisse an eine Mentalität, die einen strengen Monotheismus ‚retten' will und dadurch in einen Dualismus verfällt, der Christus in einen Zwiespalt geraten lässt.

Es weht ein neuer Wind. Das Zweite Vatikanische Konzil verbindet Christus nicht nur enger mit Gott, wie es die protestantische Theologie betont, sondern auch mit dem Menschen: „… das Mysterium des Menschen tritt in seiner ganzen Deutlichkeit nur im Mysterium des inkarnierten Wortes in Erscheinung. […] Dies gilt nicht nur für die Christen, sondern auch für alle Menschen guten Willens …" (Gaudium et Spes 22).

Es ist gesagt worden, dass die herausragendsten Aspekte der

„christologischen Revolution" des Konzils in der katholischen Theologie die vierfache Wiedererlangung der *kenōsis* (Phil 2, 5–11 u. ö.), der „Rekapitulatio" (Eph 1, 10 u. ö.), der Geschichtlichkeit Jesu Christi (Hebr 5, 8–9 u. ö.) und der Wichtigkeit der soteriologischen Behauptungen[3] seien.

Wir stellen klar, dass unser Ausgangspunkt die traditionelle Christologie ist, eine Tradition, die nicht erst vor ein paar Jahrhunderten begonnen hat, ja vielleicht müsste man sagen, vor ein paar Jahrtausenden, wie es die Alten glaubten und wie wir es beim heiligen Augustinus lesen (Retractationes I, 12). Justinus, der Joh 1, 12 kommentiert, schreibt ohne zu zweifeln, dass all jene, die „gemäß dem Wort gelebt haben, Christen sind" (Apologie I, 46), und er bietet den Beweis einer menschlichen *forma mentis* an, die das Konkrete als die Manifestation des Universalen sieht. Der Hinduismus, der Buddhismus, der Islam usw. zeigen uns eine Vielzahl an Beispielen.

2. Die Situation der Welt

Die Praxis ist die Matrix der Theorie, wenn auch umgekehrt die *theoria* die Praxis mitbestimmt. Die existentielle Weltlage am Ende des 20. Jahrhunderts ist ernst genug, um uns nicht ausschließlich durch die internen politischen Polemiken und die Probleme privaten Charakters (weibliche Priesterschaft, protestantische Sakramente, Ökumenismus, Sexualmoral, moderne Riten usw.) absorbieren lassen zu können. Die Welt leidet unter einer menschlichen und einer ökologischen Krise planetarischen Ausmaßes. Fünfundsiebzig Prozent der Erdbevölkerung lebt unter menschenunwürdigen Bedingungen, tausende von Kindern sterben jeden Tag infolge der Ungerechtigkeiten des Menschen, seit 1945 verursachen die Kriege täglich mehr als tausendzweihundert Todesopfer, die Ungerechtigkeiten multiplizieren sich, die religiöse Intoleranz ist auf der ganzen Erde noch sehr lebendig, und in gleichem Maße wird der Konflikt zwischen den Religionen angeheizt.

Was hat die Christologie der Gegenwart zu alledem zu sagen? Welche Wirkung hat die christliche Antwort auf die sich verschärfenden Probleme unserer Tage und wie ist dies alles mit Christus zu vereinbaren? Müssen wir die Botschaft Christi reduzieren auf eine private

Rettung der individuellen Seele? Muss gerade das Christentum, das beansprucht, historisch zu sein, auf die Geschichte verzichten? Eine Christologie, die taub ist für die Schreie der Menschen wäre unfähig, irgendein „Wort Gottes" auszusprechen. Der Menschensohn kümmerte sich um die Leute. Wie ist heute seine Verkündigung, seine Epiphanie?

Die Weltsituation hat nicht nur mit der Gerechtigkeit und der Güte zu tun, sondern auch mit der Wahrheit und der Schönheit – die Schönheit befindet sich zwischen der Güte und der Gerechtigkeit, wie Marsilio Ficino sagt (De amore II, 1). Vielleicht muss die klassische Lehre von den Transzendentalien (das Sein als solches ist eins, schön, wahr und gut) auf Grund der Fragmentierung des Wissens dem Vergessen anheim fallen, aufgrund der oftmals gewaltsamen Besessenheit für die Gerechtigkeit und auf Grund des demgegenüber gedämpften Aufscheinens der Suche nach dem Wahren und dem Schönen. Die Degradierung der Schönheit zu bloßem Ästhetizismus kann dafür ein Indiz sein. Der interkulturelle Beitrag ist hier wichtig.

Das menschliche Bewusstsein unserer Tage kann die aktuelle Situation der Interkulturalität nicht ignorieren; das bedeutet die doppelte Einsicht, dass wir einerseits den Wert von vielen Kulturen und andererseits ihre eigenartige Osmose mit der vorherrschenden technisch-wissenschaftlichen Kultur europäischen Ursprungs erkennen. Die verschiedenen Kulturen und Religionen bringen ihrerseits eigene Kriterien von Wahrheit und Schönheit hervor, können jedoch nicht in sich selbst geschlossen bleiben. Die Begegnung zwischen den Kulturen ist unvermeidlich. Auch die Tatsache, dass Christen auf den fünf Kontinenten leben, wird heute von den Christen selbst, die durch ihre eigenen historisch-kulturellen Bindungen ausgegrenzt sind, als ein Dilemma empfunden. Entweder ist es möglich, Christus aus der Kultur und der Geschichte, mit der er bis jetzt identifiziert worden ist, zu extrapolieren, oder jene Christen müssen ihre eigenen Kulturen aufgeben, wenn sie Christen bleiben wollen.

Kurz gesagt: entweder begrenzt die Christologie sich darauf, monokulturell zu sein (allerdings mit breit gefächerten Subkulturen), oder sie muss auf das Recht der Weltbürgerschaft verzichten, das ein Kolonialzeitalter ihr zugestanden hatte. Dies ist die Herausforderung.

Da ich für die gegenwärtigen Weltprobleme sensibel und mir der

Verantwortung der Religionen bewusst bin, ersuche ich seit vielen Jahren um ein Zweites Konzil von Jerusalem (ganz gleich, wo der Sitz wäre), das außer den Christen auch die Vertreter der anderen Traditionen der Menschheit einschließen sollte.

Dieses Konzil sollte sich unter anderem mit folgenden Themen befassen:
- Die internen Probleme jeder Kultur der Menschheit (historische Konkretisierung).
- Kollektiver Dialog über die verschiedenen, den einzelnen Religionen zu Grunde liegenden kosmischen Anschauungen (menschliches Zusammenleben).
- Die Harmonie mit der Natur, die durch mehr als nur einen kosmetischen ökologischen Eingriff wiederherzustellen ist. Die Ökosophie ist für das menschliche Bewusstsein heute eine Notwendigkeit (kosmische Brüderlichkeit).
- Die menschliche Verantwortung gegenüber einer (mystischen) Wirklichkeit, die als immanent oder transzendent angesehen wird und die viele Traditionen das Göttliche nennen (Transzendenz des menschlichen Lebens).

Auf jeden Fall müssen wir mit einigen konkreten Schritten, so bescheiden sie auch sein mögen, beginnen. Einer davon lässt sich beschreiben durch das Wort „Christophanie".

3. Die Grenzen der Christologie

Traditionell sprach man von der Funktion Christi in der Heilsökonomie, aber bei dieser Redeweise handelte es sich ganz einfach um eine logische Ausdeutung der „christlichen Prämissen", ohne kritische Betrachtung dieser Prämissen selbst und derart, dass man eine gewisse Logik als absolut gelten ließ, die man glaubte, auf die gesamte Menschheit ausdehnen zu können. Die gegenwärtige interkulturelle Herausforderung ist viel tiefer, als man es sich bis jetzt hat vorstellen können.

Zweifellos entbehrt die klassische Christologie, wie wir wiederholt den Anlass haben, festzustellen, der geeigneten Kategorien, um solchen Problemen entgegenzutreten.

Die heutige Christologie ist weder katholisch, also universal,

Die Grenzen der Christologie

noch ist es notwendig, dass sie dies ist. Ihr Inhalt ist nicht zu trennen von den für ihre Verständlichkeit geltenden Parametern, die zu *einem* Zweig der Menschheitskultur gehören – wenn auch zu einem mächtigen.

Wir müssen die theologischen Diskussionen – der Vergangenheit und der Gegenwart – über die Rolle des Christentums innerhalb der Weltreligionen und die Funktion Christi in der Heilsökonomie betrachten. Das vorliegende Buch will aber, ohne derartige Diskussionen zu ignorieren, nicht polemisch oder kritisch gegenüber anderen Standpunkten sein; es vertritt lediglich *eine* Anschauung. Der Autor freut sich, von anderen lernen zu können und, wo es angebracht ist, korrigiert zu werden, stets dazu bereit, die Liebe Christi in ihrer Breite, Länge, Höhe und Tiefe besser zu verstehen – denn sie übersteigt jedes Wissen, weil sie zum *plērōma* Gottes gehört (Eph 3, 18–19).

In der Tat hat sich die Christologie nur innerhalb des Kulturkreises der westlichen Welt entwickelt. Trotz ihrer trinitarischen Seele hat sie sich praktisch nicht vom Monotheismus befreit, den sie von der abrahamitischen Tradition geerbt hat.

Es ist klarzulegen, dass es weder darum geht, die traditionelle Christologie zu verdrängen, noch die Tradition in Vergessenheit geraten zu lassen, in der das Christentum entstanden ist. Vielmehr geht es darum, die Erfahrung des Mysteriums Christi im Licht unserer Zeit neu aufzugreifen, das heißt, den *kairos* der Gegenwart zu erkennen – wenngleich unser Antrieb hierzu nicht dem Drang entspringt, sich an das Heute zu klammern, sich der Diktatur der historischen Zeitlichkeit zu unterwerfen. Man hat von „kulturalistischem Sophismus"[4] gesprochen, als ob die Philosophie bloß angewandte Soziologie wäre. Vielleicht wäre es gut, sich an den unbestreitbaren Satz des Heiligen Thomas von Aquin zu erinnern:

> *Studium philosophiae non est ad hoc ut sciatur quid homines senserint, sed qualiter se habeat veritas rerum* [Das Studium der Philosophie ist nicht darauf ausgerichtet, die Meinung der Menschen zu wissen, sondern das, was die Wahrheit der Dinge ist] (De caelo II, 3).

Es gibt einen Mittelweg zwischen einer relativistischen und einer objektivistischen Auffassung der Wirklichkeit. Relativität ist nicht Relativismus.

Eine Herausforderung für die Christologie

Die unerlässlichen Voraussetzungen dafür, dass die christliche Botschaft verständlich war und angenommen werden konnte, nannte man *praeambula fidei*[5]. Die erste dieser Voraussetzungen, dieser Präambeln des Glaubens, lautete, dass eine „minimale Kulturstufe" vorhanden sein muss – von einer Kultur, die davon überzeugt war, universale Gültigkeit zu haben. Dennoch war sie in Wirklichkeit die Frucht einer ganz besonderen Denkweise und Anschauung der Wirklichkeit.

Ein Beispiel genügt, es ist nicht notwendig, weiter abzuschweifen. Der große Weise, Eihei Dōgen, der die Lehre des Zen in Japan einführte, schrieb 1233 eine kleine Abhandlung, *Ghenjokan* (später in sein Hauptwerk *Shoboghenzo* eingefügt). Der erste Absatz lautet:

> „Achtet darauf, wie alle Dinge simultan authentisch sind; das ist der Fall, wenn es die Täuschung und das Erwachen gibt, es zeigt sich in der Praxis des Weges, es gibt die Geburt, es gibt das Sterben ..."[6]

Diese Worte genügen, um sich darüber klar zu werden, dass weder die aristotelische Logik noch die lineare Zeit, weder die Geschichte noch die „objektive Wirklichkeit", weder der Unterschied von Körper und Geist noch die träge Masse, noch die Individualität in die Konzeption der Wirklichkeit hinein passen, die diesem Text zu Grunde liegt, um nicht noch über viele andere Glaubensinhalte des Buddhismus zu sprechen: der Mensch ist eine der sechs Erscheinungsformen der lebendigen und bewussten Wesen; die Dinge sind nicht-substantiell; es gibt keinen Schöpfergott usw.

Es ist nicht von Interesse, darüber zu diskutieren, ob diese Vorstellungen innerhalb der Betrachtungsweise des Kosmos, die sie plausibel macht, mehr oder weniger wahr sind; wir fragen uns einfach nur, welchen Sinn die Christologie in einer solchen Weltanschauung haben kann. Ist es richtig, dass die Christen sie als irrig betrachten, und dass sie, um von Christus Zeugnis abzulegen, die erwähnte *Grundevangelisierung* durchführen? Ist es notwendig, alle übrigen symbolischen Universen zu zerstören, um die Voraussetzungen *(preambula fidei)* zu schaffen, auf die sich das christliche *kērygma* stützen soll? Dies ist das Problem.

II. Das Anliegen der Christophanie

1. Christologie und Christophanie

Ich entscheide mich für den Ausdruck „Christophanie", auch wenn es ein griechisches Wort ist, um eine im dritten Jahrtausend zu erarbeitende christliche Reflexion zu bezeichnen. Diesbezüglich beobachten wir, dass die gegenwärtige religiöse Situation durch drei Phänomene gekennzeichnet ist: den Niedergang der traditionellen Religionen, verbunden mit der Vermehrung neuer Religionsformen, die interne christliche Identitätskrise und schließlich die externe Situation einer Welt, in der die Kulturen und Religionen auf weltweiter Ebene übereinander „stolpern". Immerhin findet dieser Zusammenprall fast immer ihm Rahmen der westlichen technologisch-wissenschaftlichen Welt statt, die zumindest teilweise christlichen Ursprungs ist.

Die Christophanie, die wir vorschlagen möchten, könnten wir mit folgender Beschreibung charakterisieren:

a) Vor allem beansprucht die Christophanie nicht, ein universales Paradigma anzubieten. Sie besagt auch nicht, dass das historische Christentum dieses Modell anzuwenden hätte. Offen ist ja schon die Frage, ob das Christentum ein *pusillus grex* [kleine Herde] (Lk 12, 32), ein Rest von Israel (Jer 31, 7) oder ein Sauerteig zu sein hat, der hilft, die ganze Masse zu durchsäuern (Mt 13, 33, Lk 13, 20–21 u. ö.)[7]. Gefordert ist ganz einfach, allen Menschen ein glaubwürdiges Bild von Christus anzubieten, besonders jenen unter unseren Zeitgenossen, die trotz ihres Wunsches, offen und tolerant zu sein, es für unnötig halten, ihre „christliche Welt" zu verwässern oder ihre Treue zu Christus und zu all denen zu schmälern, die sich für jenen Mann begeistern, der vor zwanzig Jahrhunderten lebte und doch für viele weiter lebendig erscheint.

b) Die Christophanie, die ganz offensichtlich ein christologischer Begriff und demzufolge begrenzt ist – obwohl offen für die universale

Problematik einer konkreten Welt –, möchte sich als Epiphanie der menschlichen Bedingtheit einerseits im Lichte unserer gegenwärtigen Situation, andererseits aber auch in dem Lichte vorstellen, das seine Quelle jenseits des Menschen zu haben scheint: in dem Lichte, das den *homo sapiens* seit Beginn seiner Existenz begleitet hat. Und dennoch sollte diese Christophanie sehr darauf bedacht sein, nicht den alten Irrtum der Religionen zu begehen, das Göttliche zu manipulieren. („*Gott mit uns!*") [deutsch im Original]

c) Das Wort *Christophanie,* an sich vieldeutig, könnte im Sinne einer mehr oder weniger doketistischen Erscheinung von Jesus gedeutet werden; aber dies ist nicht die Bedeutung, die wir ihm geben. Wir gebrauchen das Wort im Sinne des *phanerós* der christlichen Schriften, das heißt, im Sinne einer sichtbaren, klaren öffentlichen Bekundung einer Wahrheit[8].

Christophanie ist gleichbedeutend mit der Bekundung Christi im menschlichen Bewusstsein und umfasst eine Erfahrung Christi und über diese eine kritische Reflexion.

d) Die Christophanie kann nicht – oder besser gesagt darf nicht – die christologische Tradition der vorangegangenen Jahrtausende ignorieren oder abschaffen. Jedes Wachstum braucht sowohl Kontinuität als auch Veränderung, *Nova et vetera* [Neues und Altes] (Mt 13, 52). Dies setzt voraus, dass ein in der Tradition verwurzelter und für das Neue offener Christ erkennen soll, dass wir von Christus sprechen. Ich bestehe auf der Tatsache der Kontinuität. Trotz des neuen Namens geht die Christophanie zurück auf die tiefen Erkenntnisse der herkömmlichen Christologie, die sie nicht untergräbt, sondern im Gegenteil fortsetzt und auf bisher unerforschten Gebieten und mit neuen Perspektiven vertieft.

e) Im Gegensatz zur *Christologie* hat die *Christophanie* einen darüber hinausgehenden Anwendungsbereich, indem sie anregt, dass die Begegnung mit Christus sich nicht auf eine nur doktrinäre oder intellektuelle (wir sagen nicht rationale) Annäherung reduzieren lässt, wie sie der Christologie eigen ist. Der *logos* ist auf höherer Ebene auch der *Logos* Gottes, doch der *Logos* ist nicht die ‚ganze' Trinität, und obwohl der Heilige Geist vom lebendigen Christus untrennbar ist, ist er dem *Logos* nicht untergeordnet. Das Wort *Christophanie* bezieht sich auch auf den Heiligen Geist.

Der Hauptunterschied zwischen Christologie und Christophanie beruht hierauf. Die Christophanie nimmt nichts fort von der Christologie, ist aber offen für die Wirklichkeit des Heiligen Geistes, indem sie, ohne Trennung zwischen *logos* und *pneuma*, das Letztgenannte dem Erstgenannten nicht unterordnet. Es ist nicht „*Pneumo-logie*", sondern die Wirkung des Heiligen Geistes wird in anderer Weise erfasst – in der Weise des dritten Auges. Wir haben schon erwähnt, dass die Christophanie ohne eine mystische Vision nicht ihre volle Bedeutung erreicht.

Der Austausch des Wortes *Christologie* durch *Christophanie* bedeutet nicht das Vergessen des *logos*, sondern die Überwindung der rein rationalen Annäherung und eine thematische Öffnung zur Aktion des Heiligen Geistes bei der Erforschung der Person Christi. Der „Menschensohn" ist weder verständlich noch wirklich, ohne dass der Heilige Geist ihn mit Leben erfüllt.

Der Heilige Geist ist weder reduzierbar auf rationale Verständlichkeit noch auf ein Gefühl (oder anderes), das dem Verstand untergeordnet wäre.[9] Das menschliche Leben wird nicht nur regiert durch das stoische *secundum rationem* [im Einklang mit dem Verstand] oder durch das biologische *sequere naturam* [der Natur folgend], sondern auch durch das *secundum te* [im Einklang mit dir (Christus und seinem Heiligen Geist)] des liturgischen Gebetes.

Zwei Worte helfen uns, das auszudrücken, was wir sagen wollen. Das erste ist *phanie*, nämlich Bekundung, Erscheinung (ohne Vermittler) im menschlichen Bewusstsein, das sich von etwas bewusst wird, obwohl es dieses mit dem Verstand nicht erfassen kann – wenngleich der Verstand eine unersetzliche Rolle spielt (nicht jede Erscheinung ist glaubhaft)[10]. Das zweite Wort ist *Erfahrung*, verstanden als Bewusstheit der unmittelbaren Gegenwart und demzufolge als letzte Instanz jeglicher menschlichen Aktivität – obwohl auch hier die Gegenüberstellung mit allen menschlichen Fähigkeiten erforderlich ist.

f) Die Christophanie unterstreicht außerdem eine mehr passive, mehr weibliche Haltung beim Einwirken des Anstoßes Christi auf das menschliche Bewusstsein, im Unterschied zu einer recht aggressiven Suche seitens des Verstandes, die auf eine Verständlichkeit durch rationalen Beweis abzielt. *Fides ‚petens' intellectum* [der Glaube, der zu verstehen verlangt].

Mit dem Wort „passiv" ist an die kontemplative Haltung der *pati divina* [des Anstoßes durch das Göttliche] gedacht und an die Dimension des mystischen Gebetes.

g) Dieses Verständnis von Christus soll sowohl die Person der historischen Vergangenheit als auch die Wirklichkeit der Gegenwart einschließen. Die Christophanie ist nicht eine bloße Exegese inspirierter Texte, noch christliche Archäologie, auch nicht eine rein analytische und deduktive Betrachtung jener historischen Wirklichkeit, die die Christen Christus nennen. Christus gehört nicht nur der Vergangenheit. Die Christophanie ist Theologie nach höchstem Gesetz, und sie akzeptiert daher nicht die Dichotomie zwischen Theologie und Philosophie[11], die in den letzten Jahrhunderten stattgefunden hat. Im überlieferten Sprachgebrauch gibt es sowohl *fides quaerens intellectum* [den Glauben, der zu verstehen verlangt] als auch *intellectus fidei* [das kritische Bewusstsein des Glaubens]. Eine Philosophie ohne Theologie ist irrelevant, und eine Theologie ohne Philosophie einfach eine mehr oder weniger abergläubige Leichtgläubigkeit.

Die Christologie ist im Allgemeinen eine Reflexion der Christen gewesen, die, abgesehen von der formgebenden Anfangsperiode, die anderen Welttraditionen praktisch ignoriert hat. Im Gegensatz dazu ist die Christophanie offen sowohl für den Dialog mit den anderen Religionen als auch zur Erläuterung ihrer eigenen Tradition vor dem Hintergrund eines Szenarios, das ebenso die Vergangenheit (auch die so genannte vorchristliche), wie die Gegenwart (auch die so genannte nicht christliche einschließlich der säkularen) umfasst. Dies rechtfertigt den neuen Namen. Christophanie ist nicht nur eine modernisierte oder an die heutige Zeit angepasste Christologie. Die Christophanie durchdringt alle Bekundungen des menschlichen Geistes. Zum Beispiel hat sich in unserer Zeit die moderne Wissenschaft, Paradigma des säkularen Geistes, unabhängig von Gott – *etsi Deus non daretur* [als ob es Gott nicht gäbe] – wie auch von der Wirklichkeit Christi entwickelt.

Vielleicht lauschen die heutigen Priester noch der Verkündigung der göttlichen Inkarnation, aber die drei Weisen der Gegenwart sehen und verfolgen andere Sterne als die, welche ihre Vorgänger im Morgenlande entdecken konnten. Die Christophanie ist im Wesentlichen offen für den Dialog mit der zeitgenössischen wissenschaftlichen Mentalität. Sie ist keine in Tempeln und Aulen zurückgezogene Disziplin, ihre

Epiphanie ist „wie der Blitz, der, wenn er im Osten aufflammt, bis zum Westen hinleuchtet [sich manifestiert: φαίνεται]" (Mt 24, 27).

h) Die Christophanie, die für den Dialog offen ist und eine Integration der Gestalt Christi in eine breitere kosmische Vision sucht, ist nicht eine ausschließlich auf ein bestimmtes Ereignis der Vergangenheit zentrierte Disziplin, sondern sie strebt danach, eine Weisheitslehre über „den Weg, die Wahrheit und das Leben" (Joh 14, 6; 1, 14.7; 1 Joh 5, 6 u. ö.), *intellectus mundi* [Verständnis der Welt] zu sein.

Dies macht eine thematische Integration der homöomorphen Äquivalente dieses Mysteriums notwendig, das die Christen Christus nennen. Auf diese Weise schließt die Christophanie a priori keine Epiphanie des Heiligen und des Göttlichen aus, ohne deshalb auf die Aufgabe der kritischen Unterscheidung zu verzichten. Nicht jede Epiphanie des Heiligen ist eine Christophanie, aber diese ist gewillt, Grade oder Ebenen in jeder Hierophanie festzusetzen. Sie untersucht sowohl, wie die anderen Traditionen das christliche Verständnis Christi interpretiert haben, als auch die Interpretation der homöomorphen Entsprechungen. Unter homöomorphen Entsprechungen sind die Symbole und Grundbegriffe zu verstehen, die zu anderen Glaubenssystemen oder Denkweisen eine Analogie dritten Grades aufweisen, die sie als homöomorph kennzeichnet; das heißt, sie lösen in den betreffenden Systemen eine gleichwertige (nicht die gleiche) Funktion aus, wie sie die vergleichbaren Begriffe im eigenen auslösen. *Verbum Dei (ὁ λόγος τοῦ θεοῦ) non est alligatum* [das Wort Gottes ist nicht gefesselt] (2 Tim 2, 9). Der *logos tou theou*, das Wort Gottes, Theologie ist nicht „angekettet".

Die Christophanie sollte keine Übung der christlichen Selbstzufriedenheit sein. Das gilt nicht nur im individuellen Bereich, sondern auch für die christliche Kirche insgesamt, genauso wie für das ganze historische Netzwerk der Menschheit, ganz besonders in unserer Zeit. Die Erscheinung Christi hat auch einen kosmischen Widerhall.

Die Christophanie befragt ebenso die anderen Kulturen und wird von diesen befragt. Die anderen Religionen werden nicht mehr als Gegner oder „Heiden" angesehen, sondern in ihrem Selbstverständnis anerkannt. Dies macht nicht nur ein besseres Verstehen der anderen Traditionen möglich, sondern sogar auch ein tieferes Eindringen in das Mysterium Christi, das so ist wie „ein Blitz, der von einem Ende des Himmels bis zum anderen leuchtet" (Lk 17,24). Der Dialog führt zu einem besseren Wissen über uns selbst und zu einer Integration der Auslegungen der übrigen.

i) Scholastisch ausgedrückt, werden die anderen Weltreligionen – nicht wie die Christen sie häufig interpretiert haben, sondern wie sich selbst verstehen – von der Christophanie verstanden als *loci theologici*, eigene und legitime Orte der theologischen Tätigkeit. Wie man eine andere Religion adäquat verstehen kann, ist ein Problem an sich, auf das wir hier nur hinweisen. In diesem Sinne wagt die Christophanie, den Begriff der Theologie zu erweitern als „Wort Gottes", *logos tou theou*, im Sinne des subjektiven Genetivs, das heißt als „Wort *von* Gott", das wir in jeder echten Ausdrucksform entdecken können.

Bei der Absicht, Buddhisten oder Hindus zu erklären, was Christus bedeutet, nicht mit den üblichen Worten *ad usum nostrorum*, zum eigenen Gebrauch der Christen, sondern mit Parametern, die im Dialog für die andere Seite Sinn haben, stehen wir der großen Schwierigkeit gegenüber, die Gestalt Christi in einer Sprache vorzustellen, in der der Christ sich nicht verleugnet fühlen soll. Die Kontexte und die Redeweisen sind unterschiedlich.

2. Die literarische Gattung

Der Leser, vor allem, wenn er an die dem wissenschaftlichen Denken eigenen analytischen Klassifizierungen gewöhnt ist, wird sich fragen, welcher literarischen Gattung dieses Buch eigentlich angehört? Ist es ein exegetisches Werk, eine theologische Studie, ein Lehrbuch, verkörpert es eine mystizistische Strömung, eine poetische Inspiration, eine intellektuelle Philosophie, einen psychologischen Ansatz, ein autobiographisches Bekenntnis ...?

Die Antwort zielt darauf ab, das Dilemma zu überwinden, das einer solchen Frage zu Grunde liegt. Gehört nun die Schrift einer dieser Kategorien an oder auch einer Mischung von einigen? Tatsächlich hat die moderne Kultur die ganz einfache Vorstellung der Dinge fast vergessen, die weder integral noch synthetisch ist, weil es sich bei ihr nicht um die Summe der Fachkenntnisse handelt. Das Ganze ist nicht die Summe seiner Teile. Und wir müssen uns davor hüten, hier von „gleichen" Teilen zu sprechen, weil wir dann in das algebraische oder bloß kalkulierende Denken verfallen würden. Ein Beispiel: 3 = 1 + 1 + 1, dennoch lässt sich diese Gleichung nicht auf die Trinität anwenden. Jesus spricht zu uns vom einfachen Auge. Die Einfachheit (Mt 6, 22, Lk 11, 34) war eines der Ideale der ersten Mönche und ist seit der Antike ein Zeichen von Weisheit gewesen. Wenn man nun darauf aus wäre, der vorliegenden Studie ein Etikett aufzudrücken, könnte man sie vielleicht als eine Schrift über „interkulturelle Philosophie" klassifizieren – wobei das Wort „Philosophie" auch im interkulturellen Sinne zu verstehen wäre, und nicht nur als ein *opus rationis*[12], ein Werk des Verstandes.

Unsere Schrift möchte ein *studium* nach der Definition von Cicero[13] sein; in der Tradition der Upanischaden gehört es zur Ordnung des *nididhyāsana*, einer Kontemplation, die die lebendige Assimilation dessen bewirkt, das gehört wurde in der Stimme der Alten, in Verbindung mit dem, was persönlich mental verarbeitet wird[14]. Dies könnte als Poesie zusammengefasst werden. Aber leider fehlen dem Autor die Worte; der Leser würde sie wohl mehr oder weniger als Metapher oder als eine persönliche Bekundung auffassen, aber als nichts weiter. Der Autor hat sich daher veranlasst gefühlt, sich in die alte und zeitgenössische Tradition zu versenken und Einblicke in fast alle genannten Sparten zu nehmen – was vielleicht bei den „Sachverständigen" den Eindruck erwecken könnte, es handele sich nicht um reine Fachliteratur – so überzeugt ist er, dass die Philosophie sich nicht in spezielle Fächer einsortieren lässt, weil dies bedeuten würde, sie mitten im Herz zu verletzen. Die Theologie (Philosophie) darf weder als eine deduktive noch eine rein begriffliche Wissenschaft betrachtet werden, sondern, wenn man der älteren Tradition folgt, als eine Tätigkeit des kontemplativen Intellekts, wobei „Kontemplation" nicht nur *theoria* ausdrückt, sondern auch aktive Beteiligung im *templum* der Wirklichkeit mit allen Kräften und allem Licht der Gaben, die dem Menschen zu Eigen sind.

Es zeichnet sich also klar ein zu Grunde liegendes philosophisches Denken und eine holistische Sicht der Wirklichkeit ab; es fehlt nicht an Andeutungen zu bestimmten Vorgehensweisen und an einer persönlichen Interpretation der Tradition. Das Denken der verschiedenen Disziplinen wird nicht vollständig entwickelt, um nicht den Leitfaden der Ausführungen zu verlieren, die auf eine persönliche Erfahrung jenes

Mysteriums hinauslaufen sollten, das wie ein Komet ein ganzes Leben geleitet hat.

Es gibt drei Gründe dafür, dass wir einen respektvollen Abstand bewahren gegenüber den komplexen und faszinierenden klassischen, mehr oder weniger orthodoxen Christologien. Der erste Grund ist ein Zugeständnis der persönlichen Unmöglichkeit eines erschöpfenden Wissens der profunden Reflexionen über die Spannung zwischen dem Göttlichen und dem Menschlichen in der Gestalt Christi. Das Vorhandensein so zahlreicher Interpretationen bezeugt allerdings auch die Vitalität einer Kultur.

Der zweite Grund ist die Anerkennung einer Vermutung: der Annahme, dass ein Niveau konzeptueller Sättigung erreicht ist, da praktisch das ganze Spektrum der inneren Möglichkeiten der kulturellen Fundgrube durchlaufen ist, so breit und tief sie auch sein mag. Glücklicherweise ermöglicht uns dies eine gewisse synthetische Sicht und so zum Beispiel die Entdeckung, dass die Archetypen oder vielleicht besser die Mythen der westlichen Kultur eine gewisse Einheitlichkeit haben, zumindest seit fünfundzwanzig Jahrhunderten, und dass die christliche Prägung entscheidend gewesen ist. In diesem Sinne konnte man schreiben, dass „wir im Abendland alle Christen sind"[15].

Der dritte Grund, der in den beiden vorangehenden vielleicht impliziert ist, beruht auf der Überzeugung, dass die Menschheit sich an einem Scheideweg befindet, um nicht zu sagen in einer Krise, die zumindest die letzten sechs oder acht Jahrtausende der menschlichen Erfahrung betrifft. Dies verleiht der Interkulturalität eine besondere Wichtigkeit, und zwar nicht, um einen gutgläubigen und unmöglichen Multikulturalismus zu verteidigen, sondern um auf eine gegenseitige Befruchtung zwischen den Kulturen zu hoffen. All dies bereitet uns auf einen neuen „Salto mortale" vor, der riskanter ist als der von Kant und Jacobi zitierte. Um einen solchen zu verwirklichen ist es aber angebracht, die Weisheit einer Kultur zu vertiefen, damit wir über ein Trampolin verfügen, von dem aus sich der Salto nicht als tödlich erweist, sondern als ein Sprung der Auferstehung.

Diese Christophanie hat nur implizit eine Beziehung zu den wichtigen Problemen, die durch die „feministische Theologie" begründet sind. Die so genannte feministische Sichtweise bietet uns nicht nur einen hermeneutischen Schlüssel für die Interpretation der von männlicher Seite mehr oder weniger unbewusst vollbrachte Machtpolitik, sondern bringt uns auch dem tiefen Sinn einer Christologie der Befreiung[16] näher. Unsere Fragestellung kann all dies nicht beiseite lassen, aber die Perspektive, die wir angewandt haben, führt uns zur Integration der feministischen Anschauungen in einen Rahmen, der den männlich-weiblichen Dualismus auffängt.

3. Die göttliche Offenbarung

Alles Sein ist eine *Christophanie*, habe ich schon länger als ein halbes Jahrhundert lang behauptet. Es geht nicht darum, die ganze Welt zum Christentum zu „bekehren", sondern anzuerkennen, dass sich das Wesen unserer Wirklichkeit selbst, die nicht dualistische Polarität zwischen dem Transzendenten und dem Immanenten, in jeder ihrer Offenbarungen kundtut. Das politische Leben kann sich zum Beispiel nicht auf eine Wahl zwischen *Mitteln* (für welche Zwecke?) beschränken, noch kann das religiöse Leben allein auf die Erreichung eines atemporalen Zieles ausgerichtet werden, das von der zeitlichen Welt radikal getrennt wäre.

Die Christophanie, obwohl sie eine konkrete Form ist, das Universale auszudrücken, befreit (man könnte sagen erlöst) die Gestalt Christi von einer besonderen Funktion. Sie befreit außerdem in gleichem Maße vom religiösen, politischen und philosophischen Monotheismus wie vom archaischen Polytheismus. Beides mündet in einen Dualismus, der am Anfang vieler revolutionärer Unruheherde innerhalb der ganzen Schöpfung steht.[17]

Die Trinität ist kein Monotheismus (das wäre Doketismus) und ihr Gott ist keine Substanz (das wäre Tritheismus), auch kein universales Konzept (das wäre Atheismus). Christus öffnet uns zum trinitarischen Mysterium.

Die Vergöttlichung des Menschen ist ein menschliches Thema, mindestens seit Beginn des historischen Bewusstseins. Bei den ersten Christen war noch der griechische Einfluss in Erinnerung, dessen Echo noch bei einem Pico della Mirandola fassbar ist, wenn er sagt, dass der Mensch erschaffen wurde, nachdem die Schöpfung abgeschlossen war, und dass er deshalb nicht gleichartig mit den anderen Wesen, sondern frei ist, sich zu verwirklichen, und zwar nach dem Ebenbild dessen, der *in se ipsum verae rerum substantiae perfectionem totam unit et colligit* [der in sich selbst die ganze Vollkommenheit der wahren Substanz der Dinge vereinigt und wiederherstellt].[18]

Eine solche Vorstellung befreit, besonders heutzutage, von einer in der modernen Wissenschaft sehr verbreiteten Ideologie, von der evolutionistischen Anthropologie. Wenn man akzeptiert, dass unser Körper von anderen, weniger entwickelten Lebewesen abstammen und unsere Seele das Ergebnis einer bioneurologischen Evolution sein könnte, ist der wirkliche und konkrete Mensch nicht eine Spezies, die einer „tierischen" Art zugehörig ist; die Bewusstheit seiner ‚möglichen' Vergöttlichung – seines Strebens nach Unendlichkeit könnten wir sagen – unterscheidet ihn wesentlich. Wie wir sehen werden, wenn wir nochmals auf die Anthropologie der Dreiteilung zurückkommen, gibt es im Menschen einen Geist, der ihn mit der göttlichen Natur in Kommunion treten lässt, in koinōnia, würde die Heilige Schrift sagen (2 Petr 1,4).

Diese Vergöttlichung des Menschen besteht aber nicht in einer Entfremdung, um sich in einen transzendenten Gott zu verwandeln, in etwas, das er nicht ist, sondern darin, in seiner Fülle das zu sein, was er potentiell ist: *capax Dei*, wie die Scholastiker es nannten, wenn sie auch später subtil auf die *potentia oboedientialis* spekulierten. Die wahre Vergöttlichung ist völlige Humanisierung. Was sonst, wenn nicht dies, wollten schließlich die Kirchenväter sagen? Warum deuteten sie das Mysterium Christi auf diese Weise? Es war ihnen nicht daran gelegen, aus Christus einen (zweiten) Gott zu machen, sondern aufzuklären, dass Er uns offenbart, selbst auch dahin gelangen zu können, Gott zu sein. Christus „vergöttlicht den Menschen", θεοποιῶν ἄνθρωπον[19]. Diese Vergöttlichung hat nur Sinn im Umkreis der Inkarnation und der Trinität – denn in einem strikten Monotheismus erweist sie sich als unmöglich und blasphemisch[20].

Erinnern wir uns an einige Behauptungen:

„Das Wort Gottes wurde Mensch, damit du lernst, wie der Mensch Gott werden kann."[21]

„Das Wort Gottes verwandelte sich zum Menschen und der Sohn Gottes zum Menschensohn, damit der Mensch, vereint mit dem Wort

Die göttliche Offenbarung

Gottes und durch das Empfangen der Sohnschaft, sich in Gottes Sohn verwandele."[22]

„Wir wurden nicht von Anfang an zu Göttern, sondern zu Menschen, und werden zuletzt zu Göttern gemacht."[23]

„Er [Christus] wurde Mensch, um uns zu vergöttlichen."[24]

Er wurde Mensch, damit „auch ich zu Gott gemacht werden könne."[25]

Oder auch:

„Die Inkarnation macht aus Gott einen Menschen durch die Vergöttlichung des Menschen und aus dem Menschen einen Gott durch die Menschwerdung (ἀνθρώπησις) Gottes".[26]

„Damit ich es vollbringe, Gott zu sein in dem Maße wie er Mensch [wurde]."[27]

„In jedem einzelnen von uns wird der Sohn Gottes Mensch, und der Menschensohn wird Gottes Sohn."[28]

Mit einem Sprung über fast zwanzig Jahrhunderte können wir vielleicht den letzten großen scholastischen Philosophen zitieren, der die Dimension der Erfahrung des Christentums unterstrich:

> Der Mensch ist eine Gestalt gewordene Projektion der göttlichen Wirklichkeit selbst; es ist eine bestimmte Weise, Gott zu sein ... Gott ist transzendent ‚in' der menschlichen Person, wobei diese in göttlicher Form Gott ist ... Das Christentum ist von Gott geformte Religion. Daher ist der Charakter der Erfahrung des Christentums die höchste theologische Erfahrung.[29]

Die Christophanie betrachtet die Vergöttlichung des Menschen jedoch nicht als ihren Brennpunkt. Diese Vorstellung ist in einer großen Zahl von Religionen anzutreffen. Die Texte, die wir zitiert haben, sprechen vom *admirabile comercium* zwischen der Göttlichkeit und der Menschlichkeit.

Accepta tibi ... festivitatis oblatio: ut ... per haec sacrosanta commercia, in illius inveniamur forma, in quo tecum et nostra substantia [nimm das Angebot dieses Festes an, damit wir durch diesen heiligen Austausch die Form dessen erreichen, in dem, mit dir, unsere Substanz ist], ruft die Weihnachtsliturgie auf. Die Vergöttlichung hat zweifachen Sinn: der Vergöttlichung des Menschen entspricht die Menschwerdung Gottes. Christus ist sowohl die Offenbarung Gottes (im Menschen) als auch die Offenbarung des Menschen (in Gott). Der Abgrund zwischen dem

Göttlichen und dem Menschlichen reduziert sich in Christus auf Null, und in uns verwandelt er sich in die Hoffnung, das andere Ufer zu erreichen. Im Offertorium der Messe symbolisiert die Verbindung des Wassers und des Weines die Teilnahme unserer Menschlichkeit an der Göttlichkeit Christi.[30]

Die Christophanie bezieht sich direkt auf diese Menschwerdung Gottes. Man spricht tatsächlich von der neuen Schöpfung in Christus (2 Kor 5,17), vom „neuen Menschen" (Eph 4,24; Kol 3,10) und davon, alles neu zu machen (Offb 21,5). Wichtig wäre ein Vergleich dieser Aussagen mit der Vorstellung von Christus als dem „neue Mensch" eines Ignatius von Antiochien, καινὸς ἄνθροπος (Ad Ephesios, 20,1) oder als „zum vollkommenen Menschen gemacht" τοῦ τελείου ἀνθρώπον γενομένου (Ad Smyrnaeos 4,2), worin die Tradition des „Menschen Christus", ἄνθρωπος Χριστός, der Evangelien[31] reflektiert wird mit der vedischen Vorstellung des „Ersten Menschen" (puruṣa), in dem sich die ganze Wirklichkeit „rekapituliert"[32].

Mit einem Wort, die Christophanie projiziert uns in das Licht des Tabor, das uns unsere unendliche Dimension entdecken lässt und uns das Göttliche in demselben Licht vor Augen führt und es uns möglich macht, Gott in seiner menschlichen Dimension zu entdecken.

III. Die Erfahrung der Christophanie

1. Die Kosmovision

Wie gesagt ist die Christophanie keine einfache Ausdehnung der Christologie. Die Letztgenannte zielt darauf ab, das ‚Faktum' Christus zu erläutern und, soweit möglich, zu verstehen. Die Christophanie, mehr auf Erfahrung ausgerichtet, konzentriert ihre Aufmerksamkeit auf das Licht, in dem Christus sich uns offenbart. Dabei entdeckt man, dass viele der Behauptungen Jesu nicht nur Ärgernis auslösen, weil sie unsere Gewohnheiten aufrütteln, sondern auch aus einer anderen Weltsicht hervorzugehen scheinen.

Der Leitspruch zu dieser Einführung (den wir später noch kommentieren), ist hierfür ein gutes Beispiel. Er ist mit unseren gebräuchlichen Kategorien nicht zu verstehen.

Ein weiteres Beispiel sind die gesamten von Jesus gesprochenen Worte der Eucharistie (Joh 7 22–67). In diesem Punkt ist die wissenschaftliche Kosmologie nicht hilfreich; im Gegenteil, wenn wir uns auf sie begrenzen, mangelt es dem Wortlaut nach Johannes an Sinngehalt, der nur metaphorisch erfasst werden kann und, darüber hinaus, *cum grano salis* [mit Vorbehalten]. Dasselbe kann man von der Kosmologie der Juden zur Zeit Jesu sagen. Sie waren im ‚Recht', sich zu erzürnen.

Wir stehen einem Zwiespalt gegenüber, dem wir uns nicht stets bewusst sind. Um irgendeine Tatsache oder ein Ereignis menschlich, das heißt frei und bewusst, zu akzeptieren, müssen wir versuchen, es intellektuell zu verstehen. Das berühmte, problematische und allgemein missverstandene *credo quia absurdum* [ich glaube (gerade deshalb), weil es absurd ist] von Tertullian[33], hält ein *quia* aufrecht, das der Ordnung des Verstandes angehört. Er gibt uns einen Grund, um zu glauben. Das Dilemma ist, dass wir, um irgendeine Sache intellektuell zu akzeptieren, uns gezwungen sehen, die Sache in unsere Weltsicht zu integrieren oder diese zu verändern. Der größte Teil der mittelalterlichen Scholastik, um ein bezeichnendes Beispiel anzuführen, glaubte an den Ausspruch *philosophia ancilla theologiae*, was bedeutet, dass die Philosophie der Theologie zu Diensten steht – und man war sich nicht im Klaren darüber, dass die so genannte Theologie nichts weiter war als eine im Wesentlichen aristotelisch-platonische Philosophie, die dazu diente, das christliche Dogma zu verstehen und dessen Grundlage zu sein. Der griechischen Weltsicht verbunden, wurde die Theologie zur *ancilla philosophiae* gewandelt. Auch diejenigen, die später eine *theologia crucis* verfochten und die Vernunft beleidigten, sahen sich gezwungen, eine auf anderer Philosophie basierende, neue Festung zu errichten, wie dies bei der ersten protestantischen „Theologie" geschah.

Die Christophanie, die wir einführen möchten, löst das Dilemma, indem sie die zweite Möglichkeit ergreift, die Veränderung der Weltsicht. Aber das ist nur dann möglich, wenn jener Glaube, der uns an die Wirklichkeit Christi glauben lässt, so stark ist, unsere normalen Parameter des Verstehens umzustürzen: also geht die *Antistrophē*, auf die wir Bezug genommen haben, tiefer als die *Umwertung* von Nietzsche.

Das Problem ist immens. Die Offenbarung Christi, das heißt, die Epiphanie, die der Christophanie zugrunde liegt, hat ein solches Potential, dass sie, ohne in die Kategorien des rationalen Denkens einzudringen, die rationale Weltsicht umstößt. Unter vielen anderen hat Luther das Dilemma erkannt und durchlitten, und das löste seine Antipathie gegenüber den Scholastikern aus, weil er glaubte, dass ihre „Theologie" allein griechische Weisheit sei, „Torheit vor Gott" (1 Kor 3,19). Zusammengefasst erfordert die Christophanie außer den beiden anderen das dritte Auge, das allein der Glaube öffnen kann. Der Glaube, der Berge versetzt (Mt 17,20) und die Pflanzen und die Elemente beherrscht (Mt 16,21; Lk 17,6; Mk 11,23) kann sehr wohl unsere Weltanschauung verändern.

Worin besteht also die Veränderung, die in „unserer" Weltsicht notwendig wäre?

Die Frage hat insofern keinen Sinn, als an Weltanschauungen nicht einfach nach Lust und Laune geglaubt wird. Sie stellen den allgemein verständlichen Mythos dar, der einen Sinn ergibt und die auf die betreffende Weltanschauung bezogenen Dinge und Ereignisse einleuchtend in einen Zusammenhang bringt. Die Bereitschaft, diese neue Sicht aufkeimen zu lassen, ist die große Herausforderung unserer Zeit.

Die Kosmovision

Eine kosmische Sicht hat weniger zu tun mit dem Begriff, den wir uns von der Welt machen (Kosmologie). Vielmehr geht es um die Sicht, die wir von der Wirklichkeit haben, so wie diese sich uns darstellt und wie wir sie in lebendiger Beziehung zwischen Objektivität und Subjektivität sehen. Die Weltanschauungen ändern sich in dem Maße, wie unsere Augen sich für neue Aspekte der Wirklichkeit öffnen, die ihrerseits unsere Kategorien des Verstehens verändern.

Was die in der Christophanie enthaltene Weltanschauung beinhaltet, können wir aus einem nächtlichen Gespräch Jesu mit Nikodemus erahnen: Wie kann man „verharren", immanent sein, *manere* im anderen (Joh 3,9)? Was bedeutet diese Aufforderung, *in* ihm zu bleiben? Es genügt nicht die Erinnerung. Nicht jene, die sagen „Herr, Herr!" ... (Mt 7,21), nicht jene, die mit dem Verstand beten, aber nicht mit dem Herzen (Mt 15,8; Mk 8,6); nicht die Riten zählen, sondern der Heilige Geist und die Wahrheit (Joh 4,24). Welche Vorstellung der Wirklichkeit liegt diesen Worten zu Grunde?

Die Antwort Jesu an den „Meister Israels" ist verwirrend und ähnlich der, die der Erzengel Gabriel Maria gab (Lk 1,37). Er geht nicht auf ein Gespräch über Ideen ein, gibt keine technische Antwort auf das „Wie", sondern er bestätigt den Wert der unmittelbaren und direkten Erfahrung: *Quod vidimos testatur* [von dem, was wir gesehen haben, geben wir Zeugnis] (Joh 3,11). Wiederum das „Sehen". Die Christophanie ist Frucht einer derartigen Betrachtungsweise, nach der sie versucht, sich in verständlicher Sprache auszudrücken und einen Bezug innerhalb ihrer eigenen Tradition findet, der als Frucht einer Wahrnehmung der *phanie* hervorgeht aus der Offenbarung der Wirklichkeit Christi.

Das Problem ist von größter Wichtigkeit. Wir haben uns schon auf die atheistische Hypothese des überflüssigen Gottes bezogen: das Universum funktioniert in jedem Fall, ob Gott existiert oder nicht existiert. Dieser transzendente und abwesende Gott ist vollkommen unnötig. Und dasselbe kann man über Christus sagen. Wenn „das Mysterium Christi" unsere Weltsicht unverändert lässt, wandelt es sich in eine Privatangelegenheit seiner „Anhänger", ohne wirklichen Belang in der Welt. Herausforderung und Aufgabe der Christophanie ist es, eine Betrachtungsweise des Universums vorzustellen, in der das Mysterium Christi seinen Sitz hat. Andernfalls beschränkt sich alles auf „fromme" Floskeln ohne Bedeutung.

Wir haben von Herausforderung gesprochen. Worauf setzen wir unser Vertrauen? Zum Beispiel auf die Worte, die uns sagen, dass Christus auferstanden ist, oder auf unsere wissenschaftlichen Kategorien, die uns die Auferstehung als die Frucht einer kollektiven Halluzination darstellen? Wenn eine persönliche Erfahrung besteht, wird diese die angemessene Sprache finden, die nur im Innern einer bestimmten Weltanschauung[34] verständlich ist. Die Herausforderung ist keine Lappalie.

2. Die Welt der Innerlichkeit

Vielleicht fasst der Leitspruch dieser Einführung alles in sich zusammen, was wir sagen wollen.

Jeder, der in diesen zwanzig Jahrhunderten von jenem jungen Rabbiner vernommen hat, sei es durch Johannes den Täufer oder durch einen Prediger jüngster Zeit, einfach von seiner Mutter und aus Büchern, oder gar, in den westlichen Ländern, aus den Steinen, jeder, der das *kērygma* vernommen hat, um es akademischer auszudrücken, und der sich nicht entmutigen ließ durch die Unwürdigkeit vieler Vermittler, sondern vorangetrieben wurde durch die Gnade oder die einfache Neugierde, ihn suchen und persönlich fragen wollte, ποῦ μένεις? – *ubi manes?* [wo wohnst du?] wird die Möglichkeit gehabt haben, die Antwort in seinem eigenen Herzen zu finden: „Komm und du wirst es selbst sehen."

„Komm, das heißt, folge mir, beobachte, was du aus der Tiefe deines Herzens weißt, was du zu tun und zu sein hast, mache einen ersten Schritt, beginne mit der Praxis, nicht mit der Theorie und nicht mit dem, was die anderen sagen, komm einfach und dann wirst du sehen."

Das Wichtige ist die Vision, die direkte Erfahrung, wie es die Samariter der Frau am Brunnen sagten (Joh 4,42).

Eine bestimmte Theologie, die wir elitär nennen könnten, hat im Gegensatz zu vielen anderen – („kommt" zum Meister, („kommt zu mir", Mt 11,28, „lasset die Kindlein zu mir kommen", Mt 19,14, Mk 10,14 usw.) – glauben machen wollen, dass die Erfahrung von Christus und daher seiner Gnade nur einigen wenigen vorbehalten sei, die die

Die Welt der Innerlichkeit

höchsten Gipfel der Kontemplation erreichen, und dass der normale Mensch, das heißt die Kleinen, weder fortschreiten noch etwas sehen können.

Aber was sieht man denn? Vor allem handelt es sich um das „Sehen", also um eine persönliche Erfahrung, und weniger darum, eine Lehre zu formulieren und zum Beispiel zu bestätigen, dass Jesus ein großer Prophet oder der vom Volk erhoffte Messias war; auch handelt es sich nicht darum, eine Theologie des Christentums auszuarbeiten, das heißt die ‚Aufnahme' des Impulses von Jesus, geschildert von der reichhaltigen und vielfältigen Kultur des Mittelmeerraumes. Wenn Jesus derselbe ist, „gestern, heute und immer" (Hebr 13, 8), haben auch wir heute, einschließlich derer, die anderen Kulturen angehören, gerade auch unter Berücksichtigung der Autorität der *Weisen* aller Zeiten die Möglichkeit und vielleicht auch das Anrecht darauf, den Impuls direkt zu empfangen, was weder der Samariterin, noch der Syrophönizierin, noch der Sünderin versagt wurde.

Immer wurde gesagt, dass der Glaube eine Gabe ist, aber wer sie bekommt, sich ihrer bewusst sein soll. Dieses Bewusstsein ist weder ein doktrinärer Beweis noch eine rationale Überzeugung; es ist eine Erfahrung von Wahrheit (1 Joh 1, 1–3) und nicht nur ein Vertrauen in die fremde Erfahrung – so wichtig und unentbehrlich dies auch sei. Kurz gesagt, der Glaube offenbart uns, dass der Name Christi nicht nur eine historische Persönlichkeit kennzeichnet, sondern auch eine Wirklichkeit in unserem Leben (Phil 2, 9–11). Dies ist eine bewusste Erfahrung, die sich später auf vielerlei Art ausdrücken kann. Erneut bekräftigt die Heilige Schrift sie selbst und behauptet, dass „niemand sagen kann, ‚Jesus ist der Herr', wenn er nicht aus dem Heiligen Geist redet" (1 Kor 12, 3; vgl. 1 Joh 5, 1). Doch wenn jemand diese Behauptung aufstellt, geschieht dies, weil er „etwas" gesehen hat, das heißt, weil er eine Erfahrung gemacht, und nicht, weil er eine Lektion gelernt hat.

Es gibt also als Grundlage einer Erfahrung eine Verbindung. Man soll dies nicht missverstehen. Das Wort *Erfahrung* ist mehrdeutig und polysemantisch. Hier handelt es sich nicht um eine lediglich psychologische „Erfahrung", sondern, um es so zu formulieren, um eine ontologische „Berührung". Es ist eine Erfahrung, die unser innerstes Sein transformiert, man fühlt sich von einer stärkeren Wirklichkeit gefangen, die uns durchdringt und verändert – aber wir wollen jetzt nicht darauf drängen, in eine Diskussion darüber einzutreten, welche Kriterien es gibt, die Echtheit einer solchen Berührung festzustellen, oder über die verschiedenen Formen, die diese Erfahrung der menschlichen Fülle annehmen kann.

Aber wir kommen zurück auf die Frage: „Was ist es, das man sehen kann?". Derselbe Evangelist, der die Frage erwähnt: «Wo wohnst du, *ubi manes*?», gibt uns Antwort mit demselben Verb: «*Manete in me,* μείνατε ἐν ἐμοί» (Joh 15, 4–10); er wiederholt sich neunmal in sieben Versen. Bleibt nicht mehr *mit* mir, wie beim ersten Mal, sondern *in* mir, und dies so innig verbunden wie ich in der Quelle der Wirklichkeit und des Lebens.[35] Die ganze eucharistische Rede Jesu (Joh 6, 22–70) ist auf dieses *Bleiben* ausgerichtet: Wer mein Fleisch isst und mein Blut trinkt, *bleibt* (μένει) in mir und ich in ihm (Joh 6, 57).

Dieses ist das Geheimnis Christi: die gegenseitige Durchdringung, die *perichōrēsis (circumincessio)* würden die Kirchenväter sagen, zwischen dem Göttlichen und dem Menschlichen, ohne zu vergessen, dass im Menschlichen auch das Kosmische vorhanden ist, wie es die ganze eucharistische Rede Jesu bezeugt.

Manete in eo [bleibet in ihm], bestätigt Johannes noch einmal als letzten Rat an seine „Söhne" (1 Joh 2, 28). Was hat dieses *manere* zu bedeuten, das Paulus als ein „Leben in Christus" auslegen wird (Phil 1, 21) und als „unser Leben" (Kol 3, 4)?

Jeder Christ ist in seinem tiefsten Inneren überzeugt, dass Christus eine Wirklichkeit ist, etwas Lebendiges, in sein Herz Geschlossenes. Dies könnte mit dem gemeint sein, was Thomas als *„quasi Erfahrung"* definiert. Vielleicht bewirkt die Taufe, das Ambiente, die Erziehung, dass der Christ auf den Namen Jesu anders reagiert, als er gegenüber irgendeinem anderen Namen reagieren würde. Hier haben wir es mit einer soziologischen Tatsache zu tun, die alle Christen gemeinsam haben.

Aber wir dürfen es damit nicht bewenden lassen und uns der Gleichgültigkeit oder diese Tatsache dem Vergessen preisgeben, wie es so vielen Christen ergeht, bei denen das über ihren Kopf gegossene Taufwasser noch nicht bis zum Herzen gelangt ist. Es öffnet sich dann ein zweifacher Weg, den jeder seinen empfangenen Talenten entsprechend zu durchlaufen hat: die intellektuelle Suche und der innere Weg.

Mit anderen Worten, wir müssen die Frage an die Tradition richten, wer dieser Christus ist, und zugleich unser Herz fragen, was er bedeuten kann. Wenn der eine Weg sich mit dem zweiten nicht vereinen lässt, erreichen wir kein echtes christliches Leben – wir bleiben höchstens in den Anfängen stecken.

Zwei Deutungsmodelle können uns zum Gipfel der Erfahrung dieses *manere* des einen im anderen führen. Das eine Modell könnten wir anthropologisch nennen und das andere philosophisch.

Das erste entspricht dem universalen und gut bekannten Phänomen des Verliebtseins. Das Bild der geliebten Person wandelt sich. Die Außenstehenden sehen nicht das, was der Verliebte sieht. Aber es gibt noch etwas mehr, und wir sprechen von einer wahren Verliebtheit, nicht von einer mehr oder weniger oberflächlichen oder einer einfach ‚endokrinen' Gefühlsaufwallung; wenn zwei sich wirklich lieben, lebt auf gewisse Weise der eine im anderen, die Leiden und Freuden des einen übertragen sich auf den anderen. Es besteht eine Interpretation *sui generis*. Es ist nicht nur „ein Fleisch", wie Paulus sagen würde; da ist vor allem ein einziger Geist. Es besteht das Verweilen des einen im anderen.

Das zweite Modell, das auch ein universales Phänomen darstellt, könnte wie folgt formuliert werden: Alle Menschen sind auf die eine oder andere Weise offen für die Transzendenz. Der Mensch hat ein bestimmtes Bewusstsein davon, dass in der Wirklichkeit etwas mehr, etwas Größeres vorhanden ist als das, was der Blick umfassen kann. Im Allgemeinen wurde im Laufe der Geschichte der Weltanschauungen diese Öffnung zur Transzendenz als religiöser Glaube definiert, und der am meisten verbreitete treffende Ausdruck für diese menschliche Erfahrung ist ‚das Göttliche' und ‚Gott'. Es ist aber darauf zu achten, dass etwas von dieser Transzendenz ins Innerste des Menschen herabsteigt, und dann spricht man von der Immanenz des Göttlichen. Gott, das Heilige, das Numinose oder wie man es auch nennen mag, befindet sich dann in uns. Der Ursprung des Wortes ist *in-manent*. Es gibt ein *manere* Gottes im Menschen. Dies schafft eine gewisse reziproke Wirkung: Gott ist in uns und wir sind in Gott. Paulus, der sich zum Echo der griechischen Weisheit machte, predigte den Athenern, dass wir *in* Gott „leben, uns bewegen und sind" (Apg 17, 28).

Wirklich ist die Erfahrung der göttlichen Größe von der Art, dass man außer ihr nichts wahrnehmen kann. Unser *manere*, unsere „Ex-sistenz", ist dabei ganz in Gott. Und dann ist die Beziehung zwischen Gott und dem Menschen, statt reine Transzendenz zu sein (die keine Relation zulässt), Immanenz. Gott ist das transzendente immanente Geheimnis in uns. Deshalb haben verschiedene Religionen die Überzeugung gemeinsam, dass derjenige, welcher sagt, er habe den transzendenten Gott geschaut, nicht die Wahrheit sagt. *Si comprehendis non est Deus* [wenn du verstehst, ist es nicht Gott], sagt der Heilige Augustinus und fasst damit die ganze patristische Idee zusammen (Sermo 117, c, 3. 5; PL 38, 663). Nur in der Immanenz kann man die Transzendenz entdecken. Wir sind gewahr, dass wir in etwas „verweilen", das, in uns seiend, größer ist als wir, uns transzendiert. Die Mystik spricht darüber dauernd zu uns. Es genügt, den unerschöpflichen ersten Satz der *Īśā-upaniṣad* zu zitieren: „Alles, was sich in dieser veränderlichen Welt bewegt, ist umhüllt von Gott"[36].

Dies ist noch nicht die Erfahrung der Christophanie, die weder bloß ‚menschlich', wie die zuerst beschriebene, noch ausschließlich ‚göttlich' wie die zweite ist. Mehr noch, die Erfahrung der Christophanie offenbart uns, dass, wenn die beiden vorherigen Erfahrungen echt sind, weder die erste nur menschlich noch die zweite nur göttlich ist. Bei der Erfahrung der Christophanie ist es nicht Gott, der in uns bleibt und wir in ihm, sondern eine theandrische oder eucharistische Präsenz, die in uns eindringt, die in uns bleibt und wir in ihr. Einerseits ist sie der anthropologischen Erfahrung des Verliebtseins ähnlich, mit einem Unterschied: die Erfahrung der Christophanie ist nicht bloß eine menschliche Erfahrung. Andererseits ist sie der Erfahrung der göttlichen Transzendenz (Immanenz) ähnlich, aber mit einem Unterschied: es ist nicht bloß göttliche Präsenz. Sie ist menschlich und ‚göttlich' in einer Verbindung *sui generis*. Es ist ein gegenseitiges *manere*, das, obwohl es menschlich ist, die Charakterzüge der göttlichen Immanenz trägt. Es ist ein theandrisches *manere*, das die Eigenart der beiden beschriebenen Erfahrungen annimmt.

Hier wird auf dem Wege der Erfahrung das erlebt, was nachher durch die verschiedenen Lehren ausgearbeitet wird. Die Begegnung mit Christus wird bestimmt vom Wesen der Begegnung mit der geliebten Person und durch das Göttliche. Ohne Verliebtheit und ohne das Schweigen des *Abgrundes* [deutsch im Original] gibt es keine Christophanie, nämlich ‚christliche' Offenbarung. Die christliche Mystik zeigt

Die Welt der Innerlichkeit

diese Polarität nicht ohne Spannungen. Die Ansätze zum Erkennen, zum *jñāna*, haben den göttlichen Aspekt im Auge, die sensibleren Schritte zur Liebe, zur *bhakti*, sind darauf gerichtet, das Menschsein Christi als zentrales Element zu sehen.

In diesem Sinne stellt die Christophanie eine Besonderheit dar. Sie ist keine bloße Theophanie, aber auch kein bloßes verliebtes Entdecken, dass man geliebt wird. Mehr als eine Synthese zwischen beidem, die an eine (hegelsche) *Aufhebung* [deutsch im Original] beider Erfahrungen denken ließe, ist es eine nicht-dualistische Verbindung, die in gewissem Sinne den beiden genannten Erfahrungen zu Grunde liegt. Stimmt es etwa nicht, dass Verliebte dahin tendieren, das Verliebtsein zu vergöttlichen? Ist es nicht so, dass auch die intellektuellsten Mystiker dazu neigen, das Göttliche zu anthropomorphisieren? Die Christophanie ist unitarisch. Sie dividiert nicht die Immanenz Christi in einen menschlichen Anteil und einen Göttlichen. Es ist eine Erfahrung des *advaita*.

Vielleicht ist das Modell in der Heiligen Schrift für diese Erfahrung die Begegnung von Damaskus (Apg 9, 1 ff.). Paulus hat Jesus niemals mit dem ersten Auge (der Sinne) gesehen. Seine Sicht mit dem zweiten Auge (des Verstandes) ist die eines Jesus, der das Gesetz verrät, der den Tod verdient. In Damaskus öffnet sich ihm plötzlich das dritte (spirituelle) Auge, und er sieht Jesus. Es ist daher ganz natürlich, dass er mit dem ersten Auge blind bleibt, und dass er, geblendet, langsam auch die Sicht des zweiten Auges verliert und mit dem dritten Auge die Verwandlung erkennt, die jener Jesus hervorgebracht hatte. Danach wird er sagen können, dass er Christus in Jesus begegnet ist, und er wird mit der Autorität dessen sprechen, der gesehen hat.

Wir können zwei Beispiele aus anderen Religionen anführen. Aber auch hier stellen wir einige Unterschiede fest. Die *Kṛṣṇa-bhakti* bietet uns etwas Ähnliches, aber nicht das Gleiche an. Kṛṣṇa ist eine verinnerlichte und in unserem Herzen lebendige menschliche Gestalt; sie ist immanent in uns. Aber Kṛṣṇa ist ein *avatāra*, das heißt, eine göttliche Herabkunft, keine Inkarnation im christlichen Sinne. Kṛṣṇa ist ein Gott in menschlicher Form, kein Mensch und Gott – wenngleich die Differenzierungen in der Praxis dazu neigen, sich zu verwischen. In der christlichen Terminologie würde man es *Doketismus* nennen – was aus einer bestimmten *viṣṇuitischen* Sicht keinen Sinn ergibt, weil Viṣṇu alles ist. Der Kṛṣṇa des Herzens, der lebendige Kṛṣṇa ist Gott, der menschliche Gestalt angenommen hat, doch diese Form ist illusionär.

Die Gestalt des *guru* in einigen neohinduistischen Formen der Spiritualität könnte mit der Erfahrung der Christophanie in Zusammenhang gebracht werden. Phänomenologisch könnten viele *guru* existieren, wie auch viele *avatāra*, aber eine Vielzahl der Gestalt von Christus wäre widersprüchlich, wie auch die Idee von mehreren Göttern aus einer monotheistischen Perspektive widersprüchlich ist. Es wäre ein einziger Gott – unter verschiedenen Aspekten. Zwei höchste und unendliche Wesen können sich nicht unterscheiden, sie wären nicht zwei. Der *guru*, obwohl manchmal *sat-guru* genannt, beansprucht im Allgemeinen nicht, einzig oder universal zu sein. Die Beziehung ist sehr persönlich. Der *guru* ist ein solcher für den śiṣya, den Schüler, und seine Rolle hat nicht den Anspruch einer kosmischen Funktion – aber dennoch hat diese Tendenz in jüngster Zeit begonnen, sich einen Weg zu bahnen, vielleicht durch christlichen Einfluss.

Jede Erfahrung ist persönlich und daher nicht vergleichbar, aber da wir uns in einer Sprache ausdrücken, die verständlich sein möchte, müssen wir Ideen der Tradition verwenden.

Das eucharistische Leben ist die Konkretisierung dieser Erfahrung. Nicht umsonst erkannte eine bedeutende patristische Tradition, die später im Mittelalter fortgesetzt wurde bis zum Zeitalter der Moderne, in der Eucharistie (nicht unbedingt in der Kommunion, wie einige behaupteten) das Mittel der Unsterblichkeit und die Bedingung für die Auferstehung (Joh 6, 54)[37]. Tatsächlich begegnet man Christus in der Eucharistie auf dieselbe Weise, wie man zu einem Menschen Kontakt aufnimmt: körperlich. Die Eucharistie ist materiell und zugleich ist es nicht irgendein Stück Brot und nicht irgendein Glas Wein, auch ist es keine Anthropophagie. Es ist auch eine spirituelle Begegnung. Kein Zufall ist es, dass vor allem die frühzeitlichen Religionen ähnliche Riten des körperlichen Kontaktes mit der Gottheit kennen, wenn auch unter anderen, von der Eucharistie verschiedenen Aspekten.

Auf jeden Fall ist die eucharistische Spiritualität, im Unterschied zum Festhalten an der Kommunion, die theandrische Form des *manere* des einen im anderen – wie es die Texte ausdrücklich sagen (Joh 6, 33–58).

Es gibt aber noch etwas mehr in der Erfahrung der Christophanie

– und hier ist es notwendig, eine gewisse sowohl eucharistische als auch ‚christische' Frömmigkeit zu korrigieren. Mit wenigen Worten gesagt: Jesus ist nicht Gott, sondern Sohn Gottes und als Sohn dem Vater „gleich", weil der Vater für sich nichts vorbehält. In unserem Kontext ist das *manere*, von dem wir gesprochen haben, ein dynamisches *manere*; auf besondere Weise ist es vorübergehend, weil, wie es auch die Texte sagen, Christus uns zum Vater führt und nicht in uns eingeschlossen bleibt. Wir sollen in ihm verweilen, weil er im Vater ist, ihm entgegen gehend. *Per Christum dominum nostrum*, durch Christus, durch ihn als Mittler wirken alle liturgischen Gebete. Auch die tiefe menschliche Liebe wird nicht eingesperrt im Geliebten, sondern sie transzendiert ihn, ohne ihn zu verlassen; es ist keine eingeschlossene Liebe, kein *amor curvus*, würde das Mittelalter sagen, sondern eine trinitarische Liebe. Und wenn die Eigenschaft der Liebe von solcher Art ist, dann besitzt sie bestimmt die Kraft, auch die Übrigen zu lieben. Die Entdeckung der Immanenz Christi hält sich nicht in unserem Ego auf; sie katapultiert uns dem Vater entgegen und von ihm her ins ganze Universum. Wie wir im Folgenden noch zu erklären versuchen werden, öffnet die Christophanie uns für eine kosmotheandrische Erfahrung.

Zusammenfassend ist zu sagen, die Christophanie ist weder Bekundung Gottes noch Begegnung mit dem menschlichen Geliebten. Es ist eine *„Phanie" sui generis*. Daraus ergibt sich die starke Zurückhaltung gegen jeglichen Vergleich mit denen, die die Erfahrung von Jesus Christus verwirklicht haben. Und dennoch ist das kritische Denken legitim.

Vielleicht ist die beste Beschreibung der christlichen Selbsterfahrung in der abschließenden Doxologie des Paulus an die Römer zu finden (Röm 16,25–26): Jesus Christus hat sich „gemäß der Offenbarung des durch die Jahrhunderte verborgenen Geheimnisses, κατὰ ἀποκάλυψιν μυστηρίου χρόνοις αἰωνίοις σεσιγημένον, jetzt kundgetan (νῦν δὲ ἐφανερώθη)" (Vgl. Kol 1,26).

Dieses „Jetzt" ist das, worauf es uns ankommt, und die folgenden Seiten sind ein Versuch, uns in dieses Licht einzutauchen.

3. Die mystische Sprache

Über die mystische Sprache ist viel geschrieben worden.[38] Es ist angebracht in Erinnerung zu rufen, wie Meister Eckhart und andere wegen Aussagen verurteilt wurden, *ut sonant* [wie sie klingen], ohne auf den Kontext zu achten, *ubi sonant* [wo sie klingen] – und außerdem vergaß man, dass die Worte nur dort klingen, wo sie „Resonanz" in unseren Herzen haben. Eine solche Differenzierung setzt voraus, dass es bei der Interpretation der Texte, seien sie heilig oder nicht, auch wenn sie manchmal als „wörtlich" bezeichnet werden, keine objektive Sprache gibt. Jedenfalls geht unsere linguistische Betrachtung über diese Polemiken hinaus und möchte eine interkulturelle Perspektive einführen, die im Allgemeinen zu Gunsten der dominanten modernen Kultur vergessen wird, die die Sprache wie ein System begrifflicher Zeichen benutzt – abgesehen von den Dichtern, denen man die „Lizenz" erteilt, metaphorisch zu sprechen. *Formalissimi semper loquitor divus Thomas* [der göttliche Thomas spricht immer formvollendet] war ein Ausspruch der späten Scholastik. Man diskutiert über Theologie und auch über Glauben, als ob man über Algebra diskutierte. Man darf jedoch nicht überrascht sein, dass die mystische Sprache auch von den Epigonen der Moderne als *obscurus, involtus, sublimis, abstractus et quadam tenus inflatus* [obskur, aufgeblasen, hochtrabend, abstrakt und bis zu einem bestimmten Punkt übertrieben][39] beschrieben wurde, um die Sympathisanten und nicht die Gegner zu zitieren.

Es reicht aus, einmal eine anderen Kultur zu streifen, um sich darüber klar zu werden, dass die Sprache kein begriffliches Algebra für eine mehr oder weniger einstimmige Formulierung der *res significata* [der bezeichneten Sache] ist, sondern ein System von Symbolen, die beim Zuhörenden eine darauf bezogene Einstellung und besondere Teilnahme verlangen – und doppelte Aufmerksamkeit beim Leser, der den Schreiber weder sieht, noch hört, noch kennt.

„Ist es nicht so, dass die Unklarheit der [deutschen] spekulativen Mystik vor allem *unser* Mangel an Klarheit ist?", fragt sich einer der besten Kenner der mystischen Tradition.[40] Damit soll nicht gesagt sein, dass eine Kritik unmöglich wäre, noch dass auf eine gewisse psychologische Empathie verzichtet werden könnte, um die Sprache des anderen zu verstehen. Dennoch bedeutet es, dass jede vollwertige Sprache ein komplexes, objektiv-subjektives, kulturelles und zeitliches System ist, vor allem auch von Ebenen des Bewusstseins – und des Wissens. Als die traditionelle Theologie vom Glauben forderte, die relevante Wissenschaft zu pflegen, wollte sie, dem Vorurteil des Elitären vorbeugend, niemand ausschließen (trotz der Missbräuche), sondern wollte daran erinnern, dass man sich auf gleicher Wellenlänge befinden sollte, um sich in moderner Sprache auszudrücken und das Gesagte zu verstehen.

Jede Ausdrucksform, die nicht darauf beschränkt wird, bereits festgelegte Begriffe zu wiederholen und mit ihnen zu spielen, sondern dazu gedacht ist, eine profunde und erlebte Erfahrung zu verbalisieren, darf auf gewisse Weise dazu dienen, einen eigenen Sprachgebrauch zu kreieren, sei es auch, dass die verwendeten Worte bereits einer bestimmten Bedeutung gewidmet sind.

Auf den folgenden Seiten habe ich versucht, so einfach und klar wie möglich zu sein, Poesie und Metaphern zu vermeiden; aber die Worte sind Symbole und keine Begriffe. Eine Christophanie, die die anderen religiösen Traditionen der Menschheit gegenwärtig halten will, kann nicht beanspruchen, dass die begriffliche Algebra des Abendlandes als ein neutrales und universales Paradigma angenommen wird. Seit Paramenides scheint es so, als stünden die Begriffe nur als Substitute für die Sache – für die Wirklichkeit. Man akzeptiert die Ideen platonischen Ursprungs, beraubt sie aber ihrer ontologischen Konsistenz (vielleicht über den augustinischen *Transfer* zu göttlichen Ideen) und sie wandeln sich zu einfachen algebraischen Zeichen[41].

Man hat gesagt, dass der Sinn der Sprache ihr Gebrauch ist, aber von wem wird sie benutzt? Natürlich von dem, der sich durchzusetzen weiß, von der Macht. Die Sprache der Starken hat sich in eine Waffe verwandelt. Ein christliches Gespräch sollte sich dieses Gebrauchs (Missbrauchs) vonseiten der Machthaber bewusst sein. „Man wird Rechenschaft von uns verlangen für jedes unbegründete Wort" – und für jedes leere ohne Kraft: ῥῆμα ἀργόν (Mt 12, 26).

Die Mystik gebraucht eine direktere und unmittelbarere Redeweise. Schließen wir diese Einführung ab mit dem Kommentar zu einem Satz der Heiligen Teresa von Avila, der eine Debatte auslöste zwischen ihrem Bruder Don Lorenzo de Cepeda, Johannes vom Kreuz, anderen Personen und den Nonnen in Abwesenheit von Teresa.

Die Erfahrung der Christophanie

Die Heilige hörte von Christus die folgenden Worte: „Teresa, suche dich in mir, suche mich in dir"[42], die ihr Gedicht inspirierten, von dem wir zwei Strophen wiedergeben. Dieses Gedicht scheint uns eine der schönsten Bezeugungen der Erfahrung der Christophanie zu sein. Nicht ohne Grund war diese „unruhige und umherschweifende Frau" – wie sie einer von denen, die sie herabzuwürdigen suchten, beschrieb – die große Liebende der Menschlichkeit Christi.

Seele, dich suchen sollst du in MIR,
und MICH suchen sollst du in dir.
...
Du warst aus Liebe Dienerin,
dein Bild ist leuchtend schön
ins Innerste mir eingeprägt,
und wenn du, meine Liebe, dich verirrtest,
Seele, dich suchen sollst du ganz in MIR.
...
Und geschäh's, dass du nicht wüsstest,
wo du finden könntest MICH,
so gehe nicht von hier nach dort,
wenn du mich finden möchtest,
MICH suchen sollst du dann in dir[43].

Erlauben Sie mir, das Gedicht unter Beibehaltung der ersten Person zu kommentieren.

Der Mensch ist ein Pilger, immer unterwegs, ein Suchender, ein „Sein", das noch nicht ist, ein Werden.

„Seele, suche, lasse nicht nach, verirre dich nicht; dein Sein ist nicht abgeschlossen, nicht vollendet, es ist noch unfertig."

Diese Suche ist die Dynamik des Lebens selbst. Sie ruft die bedeutungsvolle Aussage des Psalms ins Gedächtnis, der von der christlichen Mystik so oft in seiner lateinischen Version kommentiert worden ist: *Semel locutus est Deus, duo haec audivi* [Eines hat Gott gesagt, zweierlei habe ich gehört] (Ps 61,12; hebräisch 62,12)[44].

Die mystische Sprache

Eine einzige *locutio* wurde an Teresa gerichtet: suche. Aber Teresa hörte zwei Aufforderungen: suche dich, suche mich.

Suche dich

Alle Weisheit der Welt wiederholt uns: „erkenne dich selbst", „frage dich, wer du bist", „gehe in dich", „entdecke dein Herz" ...

Dies ist die Aufforderung zur *Erfahrung der Autophanie*, zum Erkennen der Offenbarung der Wirklichkeit, die wir selbst sind, derer wir uns immer mehr bewusst werden sollen, um unser Leben zu meistern: frei zu sein. Frei, um unsere Freiheit zu gewinnen – Befreiung, *soteria*, *mokṣa*.

Suche mich

Der größte Teil der Traditionen der Menschheit fordert uns auf, uns der Transzendenz zu öffnen. Diese menschliche Suche endet nicht in uns: „Suche Gott", „mache dich auf den Weg zum Unendlichen", „öffne dich dem *nirvāṇa*", „gehe aus dir heraus", „erwache", „immer voran" ...

Dies ist die Aufforderung zur *Erfahrung der Theophanie*, das Licht zu erkennen, das nicht von uns kommt, das uns erleuchtet und verwandelt – damit wir zur vollständigen Einsicht dessen gelangen, zu welchem Sein wir berufen sind.

Bis hierher ist nichts neu. Aber Teresa hörte mehr, sie erlauschte zwei weitere Botschaften:

Suche dich, *in mir*,
suche mich, *in dir*.

Dies ist die *Erfahrung der Christophanie*, die wir kommentieren möchten. Es ist nicht nur eine Suche in sich selbst, eine mehr oder weniger egozentrische Innenschau. Auch ist es nicht einfach eine Suche des anderen in der Transzendenz, ein mehr oder weniger vollkommenes Heraustreten aus uns selbst. Es ist ein sich Suchen in einer Ikone, die, weil sie sich in unserem tiefsten Innern befindet, uns nicht fremd erscheint. Christus ist ein Mensch wie wir, aber zugleich ist er uns unendlich überlegen [Christus ist Gottes Sohn, Ausstrahlung, Glanz (ἀπαύγασμα) seines Ruhmes (Hebr 1, 3)], und er erlaubt uns nicht, uns in uns selbst zu verschließen. Wir suchen uns selbst, indem wir Christus suchen; wir suchen Christus, indem wir uns selbst suchen.

Das *Suche dich in mir* umfasst drei Momente:

a) „*Suche dich in mir – indem du dich leer machst von dir.*

Andernfalls kannst du noch nicht einmal mit der Suche beginnen: Du würdest dich nur selbst in dir suchen, mit der Gefahr, in Solipsismus, Selbstvergöttlichung, Egozentrik und Narzissmus usw. hinein zu geraten. Du kannst mich nicht suchen, wenn du von dir ausgefüllt bist – du musst deine Gedanken leer machen."

Alle Traditionen machen das zur ersten Bedingung – Wu wei, śūnyatā, asat, μὴ ὄν, ὑπὲρ ὄν, πένθος, nihil, Gelassenheit [deutsch im Original], Loslassen, Dunkle Nacht, Entsagung, Nüchternheit ... –, wie auch immer dieser Impuls ausgelegt wird (Gnade, *Karma*, Anstrengung, Berufung, Wesenskern ...).

Es ist das Prinzip des eigentlichen menschlichen Lebens, des wirklichen Lebens. Ohne einen solchen Neubeginn (Initiation) bleiben wir eine Gattung tierischen Ursprungs, wir sind noch nicht zu unserem wahren Wesen erwacht. Praktisch alle menschlichen Kulturen kennen Initiationsriten für das bewusste Leben. Die Taufe hat keinen Sinn für ein Tier.

Um uns in „Ihm" zu suchen, müssen wir Leere in uns selbst schaffen. Dieses Leermachen ist vergleichbar mit einem Tod. Ohne diesen totalen eigenen Tod kann man nicht auferstehen, und wir bleiben Todgeweihte während unseres ganzen zeitlichen Daseins. Es wäre krankhaft, an einer negativen und nekrophilen, vielleicht sogar selbstmörderischen Askese festzuhalten, aber ohne diesen ersten Schritt, die monastische *compunctio cordis*, die *Metanoia* des Evangeliums oder die Meditation über die Leerheit, gibt es kein erfülltes menschliches Dasein. In christlichen Begriffen ist die Tilgung der „Ursünde" der Beginn des neuen Lebens.

b) „*Suche dich in mir, indem du aus dir heraus gehst.*

Andernfalls wirst du dir nicht begegnen. Deine Identität, die du suchst, ist nicht in dir; du musst heraus und auf den anderen zugehen.

Die mystische Sprache

Du kannst nicht suchen, wenn du nicht alles zurück lässt, was du ‚besitzest' – du musst aus dir heraus gehen."

Aber weil der andere ein ganz anderer ist, gibt es keinen Weg, keine Pfade und Wegweiser. Der große Unbekannte kann nicht wie ein Bekannter aufgesucht werden: *y por aquí no [h]ay camino, avijñātaṃ vijānatāṃ, ἀγνωσία, rayo de tiniebla, cloud of unknowing,* das Tao, das man benennen kann, ist nicht das Tao ...

Wir können nicht zur Transzendenz gelangen, aber ebenso wenig können wir in der Immanenz eingeschlossen bleiben; wir müssen uns der Transzendenz öffnen – uns nur öffnen, weil wir den Abgrund nicht überschreiten können, ohne ihn dabei aufzuheben. Nochmals öffnet die Verzweiflung uns für die Hoffnung.

„Wie soll das geschehen, da ich keinen Mann erkenne?' (Lk 1, 34) – ich erkenne weder den Weg noch das Ziel.

Suche dich in Mir; dieser andere bin ich; entdecke den einzig anderen, der nicht eigentlich ein anderer ist und dir erlaubt, du selbst zu sein, der deine Isolierung durchbricht und doch deine Einzigartigkeit respektiert. Und wenn du zulässt, dass die Liebe in dich eindringt, wirst du entdecken, dass dieser ganz andere kein anderer, sondern ein Ich ist – dass Ich es bin.

Du wirst in Mir einen Mikrokosmos entdecken; nicht eine kleine Welt, sondern die ganze Welt im Kleinen, als Miniatur. Du beginnst dann, die ganze Welt in Mir zu entdecken, und diese Entdeckung wird dich am Universum teilhaben lassen und dir, in Mir, alle Ebenen der Wirklichkeit offenbaren. Du kannst dich nicht allein fühlen. Du bist ein Mikrokosmos."

Dann wird das *nihil mundani* (trotz der herabsetzenden Bedeutung, die die Worte manchmal bekommen haben) *a me alienum puto* [nichts von der Welt ist mir fremd] unserem Wesen vertraut, und das Innere wird nicht Feind des Äußeren sein, wie es das *Thomas-Evangelium* sagt.

Der Mensch ist ein Pilger, aber die *Pilgerschaft* ist keine Reise nach einem bekannten Ziel, weniger noch eine touristische Exkursion auf der Suche nach exotischen Sensationen. Das menschliche Leben heißt, sich auf den Weg machen zu einem riskanten Abenteuer des Seins oder Nichtseins, wie eine *upaniṣad* es sagt (*astiti nāstiti;* KU I, 1, 20). Abraham verließ sein Land und wusste nicht, wohin er ging (Gen 12,1; Hebr

11, 8). Man muss auf die Suche gehen nach dem Heiligen Gral, der Prinzessin, dem Schatz, dem Himmel, dem Unbekannten, dem Glück ..., Gott.

c) *„Suche dich in mir – und entdecke Mich.*
Andernfalls entdeckst du nur ein Nicht-Du. Entdeckst du aber Mich, dann entdeckst du in Mir einen *Mikrotheos*; nicht einen kleinen Gott, sondern Gott in menschlichem Maß, einen inkarnierten Gott. Der Weg zu mir hat kein Ende; er erschöpft sich niemals."

Die ‚letzte' Wirklichkeit verbirgt sich, und allmählich gewinnt man Einblick in die Ursache: Weil diese Wirklichkeit auch in uns gegenwärtig ist, sind wir, was wir sind, und können uns nicht fremd werden, also nicht davon lassen, wir selbst zu sein. Wir entdecken dann, dass dieses Mich uns nicht fremd ist, dass wir selbst einbezogen sind.

Auf dieser Ebene ist objektives Erkennen nicht mehr möglich: Das Erkennen bezieht auch das Subjekt mit ein. Es ist die mystische Intuition, die Vision des dritten Auges, das Bewusstsein der ‚Verwirklichung' – die nie aufhört (tatsächlich ist sie unendlich).

Gott (das Unendliche, die Wirklichkeit, das Absolute, oder auch das *nirvāṇa* ...) ist nicht Objekt, weder für das Denken noch für das Gebet. Das dritte Auge wetteifert nicht mit dem Auge des Intellekts; es gehört einer anderen Größenordnung an.

Wir entdecken nicht nur die ganze Wirklichkeit in uns, sondern gleichzeitig machen wir uns bewusst, dass wir selbst Wirklichkeit sind. Uns als Teil dieser Wirklichkeit zu empfinden, ist eine unbegrenzte und *weitestgehend* ins Räumliche ausgedehnte Metapher. Wir sind sozusagen Bilder, Ikonen der ganzen Wirklichkeit. Wir lüften den *velamen essendi* (Meister Eckhart) [den Schleier des Seins], um den *Mikrotheos* zu erschauen, der wir sind. Clemens von Alexandrien stellt ein sehr schönes Bild vor: „Alles, was verschleiert erscheint, enthält die größten Wahrheiten ... wie die Formen ... anziehender wirken, wenn sie es zulassen, ihre Schönheit unter leichten Gewändern zu erahnen" (Stromata V, 9).

Auch hier finden wir ein fast universales Thema. Die Perle ist nicht weit. *Noli foras ire* ...[45], der Schatz liegt unter deinem Haus, schließe die Fenster und deine Augen; „das bist du, o Śvetaketu" (CU, VI, 8, 7, usw.). Dieses Mich ist keine Abstraktion, es hat ein erkennbares Gesicht. Der Liebende entdeckt die Geliebte ...

„*Suche dich in Mir.* Aber das ist erst die Einleitung. *Dich* suchst du, musst dich suchen, bist verpflichtet, dich zu suchen, um zu wissen, wer du bist. Aber du sollst es außerhalb von dir tun (da du ja suchst), aber dennoch dich nicht verlassen – andernfalls wirst du dir nicht begegnen, du wirst anderes finden und dich von dir entfremden."

Das γνῶθι σεαυτόν, *(a)gnosce te ipsum*, „erkenne dich selbst" ist ein Imperativ des menschlichen Wesens. Trotzdem können wir uns nicht als Objekte erkennen, weil wir keine Objekte sind. Wir müssten uns als Subjekte erkennen, aber die vollkommene Selbsterkenntnis ist nicht möglich: der Erkannte ist nicht der Kennende.

„Du kannst dich nicht in den Dingen suchen. Sie sind nicht du – und wenn du dich unter ihnen fändest, wärest du nur eine Sache. Auch kannst du dich nicht in einem transzendenten Gott suchen, weil es dir nicht möglich ist, und wenn es doch ginge, würde dieser Gott nicht mehr transzendent sein oder du würdest nicht mehr du sein, dein Ich. Also musst du dich in Mir suchen, und dies wird dir gestatten, die zu sein, die du bist. Du sollst dich suchen, indem du Mich suchst."

Dies führt uns zum zweiten Moment: Was wir suchen, kann nur in uns sein.

Suche mich in dir.
Auch hier können wir drei Ebenen unterscheiden:

a) „*Suche* mich in dir – als dein tiefstes ‚Du'"

Das ist die „Pilgerschaft zum *ātman*" (Śankara), die Suche des Seins (Paramenides), das Unterwegssein zum Gelobten Land (Moses).

„Aber am Anfang findest du in dir nichts, das Mir ähnlich sein könnte. Du wirst in dir nur Ego-ismus, Kleinheit, Begrenzung finden. Wenn du das aber doch nicht wärest?

Hast du vergessen, dass du ‚leuchtend schön in meinem Innern eingeprägt' bist? Wenn du mich in dir suchst, findest du diese Güte, Schönheit und Wahrheit, die es in dir gibt, entdeckst deine Würde und wirst Vertrauen zu dir selbst haben. Wie kannst du an mich glauben, wenn du nicht an dich glaubst, die du das Subjekt deines Glaubens bist?"

Die Menschenwürde, diese Würde, die im Spanien der Teresa so stark gegenwärtig war, ist nicht das Prestige oder der Ruhm, woran Aristoteles, Cicero oder Thomas von Aquin glaubten, ist nicht gesellschaftliche Reputation, so wichtig sie auch sein mag; vielmehr geht es um die Würde der menschlichen Person als solche, die Würde eines jeden Einzelnen von uns. Wenn wir die Selbstachtung verlieren, das Vertrauen in uns selbst, können wir schwerlich die anderen lieben und an ‚Gott' glauben.

Deshalb steht dieses „Suche mich" hinter dem „Suche dich". Wir können ‚Gott' nicht suchen, wenn wir dem, der sucht, nicht vertrauen. Der „Tod Gottes" ist die Konsequenz des Todes des Subjektes, für das Gott Gott sein könnte. Die Krise unserer Zeit ist vor allem die Krise des Menschen, den wir auf einen Wirtschaftsfaktor im mächtigen Getriebe des Wettbewerbs reduziert haben. Obwohl die ‚Olympiaden' des Paulus (1 Kor 9, 24–27 u. ö.) nicht die unseren sind, handelt es sich dabei auf jeden Fall um eine wenig geglückte Metapher. Schließlich bleibt zuletzt nicht derjenige Sieger, der am schnellsten läuft (Röm 9,16 u. ö.). Um die Perle, das Reich Gottes, die Wahrheit, die Gerechtigkeit, die Schönheit … in uns zu suchen, müssen wir eine solche Selbstachtung haben, die glaubhaft macht, dass es in uns etwas gibt, für das sich alle Mühe lohnt. Wie schon gesagt, ist der Mensch etwas anderes als ein Tier mit großem Gehirn.

b) *„Suche mich in dir – als dein ‚Du'"*

Es ist schwierig, von unserer Würde überzeugt zu sein, sogar wenn es uns gelänge, diese tiefe Ebene zu erreichen. Nicht alles, was es da drinnen gibt, ist rein. Der Mystizismus läuft Gefahr, den Menschen zu idealisieren und die menschliche Befindlichkeit zu vergessen. Unsere Suche nach „Ihm" in uns darf die Risiken eines trügerischen Spiegelbildes nicht aus dem Auge verlieren.

„Suche du mich, suche mich so, wie du bist; du bist das Du, das mich sucht, und das Du, das mich findet, nicht als ein anderer, sondern als ein Du in der Vertrautheit deines Seins. Du entdeckst mich und sprichst zu mir wie zu einem Freund, zu einem Geliebten, also wie ein Du, das mit mir verbunden ist. Nur dann, wenn du diese Entdeckung gemacht hast, wird dir klar, dass das Schweigen dieses Du etwas Unerwartetes offenbart. Du hast den Dualismus überwunden, weil du dieses Du erlebst wie ein eigenes Du, aber du hast nicht den Monismus überwunden."

Weder Monismus noch Dualismus. Die Wirklichkeit ist *advitīyam*, nicht-dualistisch, wie es die *upaniṣad* (CU VI. 2, 1) aussagt. Der Dialog ist ein διὰ τὸν λόγον, ein Überschreiten des *logos* im Heiligen Geist. Wenn wir das göttliche Ich in uns suchen, können wir es nur in Verbindung mit uns finden, nicht getrennt von uns oder wie ein „Du". Wir öffnen uns im Erleben des Gebetes: Wir wenden uns an „Ihn" wie ein „Du", wir nennen ihn „du". Die Personifizierung dessen, den wir lieben und suchen, ist dem menschlichen Wesen angeboren. Von Ihm wie von einem Du zu sprechen schenkt ein starkes Gefühl von Vertrauen und Sicherheit, wie es die ganze Weltliteratur widerspiegelt. Aber dieses Du antwortet selten und fast nie auf direkte Weise. Die erste Unbefangenheit geht verloren und es taucht der Zweifel auf, dass alles eine Projektion sei – vielleicht von unseren unerfüllten Wünschen. Unter dem Einfluss eines Übermaßes an Psychologie oder entmutigt durch die „dunkle Nacht der Seele" verlieren viele den Mut und wenden sich zurück (Lk 9, 62).

Aber die Pilgerschaft hört hier nicht auf.

c) „*Suche mich in dir – als dein Ich.*

Suche mich in dir, weil du mich außerhalb deiner selbst nicht finden wirst. Ich bin es, der dir sagt, dass du mich in dir suchen sollst. Die Initiative liegt nicht bei dir. Du hast mich als ein ‚Du' entdeckt, aber es ist gerade dieses ‚Du', das sich an dich als an sein Du wendet. ‚Ich bin', also ‚bist du', *tat tvam asi*! Du bist die Meine, nicht so sehr als Eigentum eines Herrn oder eines Schöpfergottes, sondern eher weil du mein Du bist – und ich dich du nenne. Du bist mir lieb, wie die *Gītā* sagt. Du bist meine Tochter, wie das *Evangelium* sagt. Suche mich nicht wie einen anderen, nicht als Zweiheit, nicht als Eins, sondern als das Ich, das ich bin, das bewirkt, dass du ein Du bist – mein Du. Du bist es, die ein ‚Du' ist, nicht ich."

Wir stehen jetzt vor einem Salto mortale: Er ist kein anderer, kann es nicht sein, wenn ich ihn in mir suche. Der andere ist entfremdend, entmutigend. Die große Gefahr, die große Falle ist, den Impuls zur Suche zu verlieren und sie aufzugeben. Dieser Stillstand ist tödlich.

Wir bleiben stehen, wenn wir den Weg aufgeben, denn wenn Gott der andere ist, ist das Ziel unerreichbar. Das ist Dualismus. Muss aber das Geschöpf entsagen, um für immer Geschöpf zu sein? Werden wir niemals Gott sein? Müssen wir für immer verzichten wie Sisyphos? Ist der Mensch dazu verdammt, einfach ein rationales Tier zu sein und die „Dinge, wie sie sind, akzeptieren" zu müssen? Der Mensch rebelliert, weil er mehr will. Das Echo der Schlange, „ihr werdet sein wie Götter", hallt noch in unseren Ohren wider, und dieses Streben ist in der menschlichen Natur nie erloschen. Der zweite Adam bietet uns eine noch gewagtere Hoffnung an: „Ihr werdet nicht *wie* Götter sein, sondern man wird euch Söhne von Gott selbst nennen, eins mit dem Sohn, vollkommen vergöttlicht."

Der Dualismus macht aus diesem Streben einen stolzen Traum. Der Abgrund ist unüberbrückbar. Dann verliert der Mensch, der nach Unendlichkeit dürstet, den Mut, verliert die Lust an der Pilgerschaft, die seine Unruhe nicht stillt. Er verlässt Gott, stürzt sich auf die Dinge dieser Welt, um die „humane Stadt" zu erbauen, eine „bessere Welt" zu schaffen, von einem verlorenen Paradies zu träumen, seine enttäuschten Hoffnungen in die Zukunft zu projizieren. Aber diese Zukunft kommt nie und das Leben ist kurz. Vielleicht war der Marxismus der letzte messianische Traum einer historischen Zukunft. Der Kapitalismus verspricht noch nicht einmal allen etwas, sondern nur den Siegern (im Krieg der Wettbewerbsfähigkeit).

Der Mensch wird sich dann also, da Gott sich ja auf die Transzendenz zurückgezogen oder ihn verlassen hat, der Arbeit an den Dingen zuwenden, sich zu ihrem Beherrscher, ihrem Herrn machen. So wird machtvoll die Welt der modernen Technik ihren Aufstieg nehmen. Zumindest wird man einen Turm von Babel schaffen können, eine Weltregierung und Ähnliches – alles natürlich unter unserer Kontrolle. Aber letztlich wird auch das vom Menschen erdachte Projekt langsam aus den Fugen geraten, genau so wie der göttliche Plan eines Schöpfers: Dem Gebrüll der Sieger wird es nicht gelingen, die Schreie der Sklaven, der Unterdrückten und aller Holocausts der Geschichte zu ersticken.

Die Unruhe bleibt im Wesen der Menschheit, und seit dem Altertum fallen diejenigen, die sich für am besten gewappnet halten, dem Schlund der Charybdis einer linearen Zeit und einer historischen Entwurzelung zu entkommen, in die Strudel der Skylla und werden verschlungen vom Abgrund einer Gottheit, die die Welt verneint, von einem Abgrund, aus dem sie nicht mehr entrinnen können. Der Monismus ist es, in den der Mensch hinein gerät, der sich mit seinen eigenen Mitteln des Dualismus befreien will: die Welt würde illusorisch oder zumindest vorläufig sein und die Persönlichkeit eine Täuschung. Das *unum, ekam, ἕν* ist alles, das bleibt. Unser Pilgern würde dann „vom Einen zum Einen" ausgerichtet sein (Plotin, Eneaden, V, 1, 6; VI, 9, 11). Man verlässt die „irdische Stadt" und richtet sich nicht ein in der „himmlischen Stadt". Das ist die desinkarnierte, akosmische Spiritualität.

In beiden Fällen war der Dynamismus, die Suche, abgeschlossen. Im ersten Fall bleibt der Mensch einfach „Mensch" und ist bereitwillig, ein guter Mensch zu sein. Die Ethik wandelt sich zur Religion. Im zweiten Fall wandelt der Mensch sich zum Gott und tröstet sich damit zu glauben, dass er keinen „Tröster" mehr brauche, weil der Übergang zur Gottheit schon vollzogen sei. Die gesamte Geschichte der menschlichen Spiritualität ist von dieser Spannung durchdrungen: entweder der Mensch oder Gott; entweder die humanistische und atheistische Epiphanie oder die entmenschlichende und monotheistische Theophanie. Es fehlt ein Mittler, eine zugleich menschliche und göttliche Christophanie. Weder ist der Mensch das Maß aller Dinge (Protagoras, Fragment 1 B), noch ist Gott das *Metron* von allem (Platon, Nomoi 716, c; vgl. Krat. 385 a 6 und Theait. 152a 2–4), sondern die Trinität – wie es die Pythagoreer sahen, an die seinerzeit Ficino (De amore II, 1) erinnerte. Das Suche-mich ist nicht trennbar vom Suche-dich. Das *Mich* und das *Dich* sind aufeinander bezogen. Das *Metron* ist menschlich und göttlich, theandrisch – eher noch kosmotheandrisch.

Dies ist die dritte Ebene: die Entdeckung des göttlichen Ich. Hier steht die Trinität oder das *advaita* im Mittelpunkt.

„‚Du' bist nicht ich. ‚Du' bist ein ‚Du', das in Mir ist, ein ‚Du', das ich aufkeimen lasse – weil ich liebe. Wenn du mich in dir suchst, entdeckst du, dass ich der bin, der dich zum Suchen antreibt, um dir das volle Leben in deiner eigenen Suche zu geben. Du entdeckst das wahre Ich, das du bist, *du* selbst, indem du das Du meines Ich bist. Ich, und nur Mein Ich, kann sagen *ahambrahmāsmi* [ich bin *brahman*], YHWH [ich bin der ich bin]; aber du kannst viel mehr sagen als „du bist Brahman", du kannst etwas Größeres tun als mich anzubeten als ein Du, als dein Du.

Du kannst dich mit mir verbinden und, ohne aufzuhören, du zu sein, die Erfahrung machen, dass *du bist*, weil mein Ich sagt „Ich bin du", obwohl du nicht sagen kannst ‚du bin ich'."

Nun findet der Salto mortale statt. Gott ist nicht das Du, mein Du, mein Besitz – wie in so vielen wenig heilsamen Spiritualitäten. Ich bin nicht ich, *mein* Ich. Gott ist das Ich, und ich bin sein Du. Das göttliche Ich ist das sprechende, dem wir zuhören – nicht als Sklaven, nicht als Geschöpfe, sondern als Söhne (Söhne im göttlichen Sohn) im Heiligen Geist. Dies ist das trinitarische Leben, dies ist die Erfahrung der Christophanie: weder der bloße Dualismus der Geschöpflichkeit, der Erdgebundenheit, noch die monistische Simplifizierung der Göttlichkeit.

Was oder wer dieser Christus sein mag, der zu Teresa gesprochen hat, ist der Brennpunkt unseres Buches.

Zweiter Teil

Der Mystizismus Jesu Christi
Die Erfahrung Jesu

Τοῦτο φρονεῖτε ἐν ὑμῖν ὅ καὶ ἐν
Χριστῷ Ἰησοῦ

Seid untereinander so gesinnt,
wie es dem Leben in Christus Jesus entspricht.

(Phil 2, 5)

I. Annäherung

Was von Anfang an war,
was wir gehört haben,
was wir mit unseren Augen gesehen,
was wir geschaut
und was unsere Hände angefasst haben,
das verkünden wir:
das Wort des Lebens.
Denn das Leben wurde offenbart [ἐφανερώθη];
wir haben es gesehen
und bezeugen
und verkünden euch
das ewige Leben,
das beim Vater war
und das offenbart wurde [ἐφανερώθη].
(1 Joh 1, 1–2)

Dieses leidenschaftliche Zeugnis führt uns direkt in unser Thema. Zweimal spricht sein Autor von der Christophanie, die in beiden Fällen mit dem Leben identifiziert wird, mit dem „Leben, das in ihm war und das das Licht der Menschen war" (Joh 1, 4).

Die Annahme dieser Christophanie gibt uns „die Kraft, uns in Söhne Gottes zu verwandeln" (Joh 1, 12), und als Söhne können auch wir das „Wort des Lebens" „hören", „sehen", „schauen" und „anfassen".

Es geht um eine Erfahrung, die uns die Kraft gibt, uns selbst zu entdecken und zu prüfen, was andere berichten. Dionysius Areopagita spricht davon, „Gerüche unterscheiden zu können" (Coelestis Hierarchia, XV, 3).

Wenn wir davon ausgehen, dass Johannes der Begründer unseres Leitspruches ist, so regt die Christophanie uns nicht nur dazu an, sein Zeugnis zu verstehen, sondern auch seine ureigene Erfahrung nachzuerleben, es zuzulassen, dass der Klang seiner Worte auch in uns widerhallt. Schließlich sind die Worte des Johannes auch Frucht einer Meditation, der Meditation seiner Augen und seiner Hände. Viele Andere haben diese „Bekundung" geschaut und berührt und haben uns das gleiche Zeugnis gegeben. Dies bedeutet, dass unsere Situation sich nicht wesentlich unterscheidet. Der Glaube an Christus ist nicht abhängig von den letzten Pergamenten des Toten Meeres. Auch wir können wie Johannes das „Wort des Lebens" „hören", „sehen", „schauen" und „berühren". Das christliche Denken, vor allem das lateinische und das moderne, hat sich zu wenig im Licht von Tabor aufgehalten und kann weder als eine Halluzination noch als eine intellektuelle Projektion wirken, sondern ist die Betrachtung eines Aspektes des Wirklichen, in der wir selbst mit enthalten sind (vgl. Mt 17,1 ff.; Mk 9,2 ff.; Lk 9,28 ff.; 2 Petr 1,16 ff.). Die Verklärung wandelt auch den Betrachter. Wir möchten diese existentielle Annäherung beschreiben.

1. Das Problem

Prolegomena

Zunächst ist eine kurze Beschreibung notwendig, in welchem Sinne wir einige Schlüsselworte verwenden.

Unter *Mystizismus* verstehen wir alles, was sich auf die Erfahrung oder auf höchste Erfahrungen der Wirklichkeit bezieht. Diese höchste Erfahrung der Wirklichkeit ist der *locus* der mystischen Erfahrung[1].

Das Wort *Wirklichkeit* wird hier als der weiteste Begriff angewandt, der alles einschließt, das auf irgendeine Weise in unser Bewusstsein eindringt – auch als undenkbar, unaussprechlich, nicht-existent und ähnliches.

Unter *letztgültig* (ultimo) verstehen wir die intellektuelle Nichtreduzierbarkeit. Etwas, das *letztgültig* ist, kann nicht auf etwas weiteres bezogen werden, wenn die Folge der Gedanken aufhört, wenn diese nicht auf eine weitere, allgemeinere und bestimmtere übergeleitet werden kann und die Vorstellung nicht darüber hinaus geht. Platon würde es definieren als „das Prinzip ohne [weitere] Grundlage" (ἀρχὴ ἀνυπόθετος, rep. 510 b). Abhinavagupta würde es *anuttaram* nennen,

Das Problem

das nicht Überschrittene (*Parātrīśikā-vivaraṇa* 1). Aber das, was für ein bestimmtes Individuum oder eine Gruppe das Letztgültige ist, braucht dies nicht zwangsläufig für alle Übrigen zu sein (im Gegensatz zu Platon in 511 b, wo er ἀνυπόθετος als „Prinzip von allem" definiert: τοῦ παντὸς ἀρχή). Eine der faszinierendsten Entdeckungen in der Praxis des Dialogs ist die Feststellung, dass das, was für mich undiskutierbar oder offenkundig ist, mithin letztgültig, für meinen Gesprächspartner so diskutierbar sein kann, dass keineswegs Letztgültigkeit vorliegt. Was ich für selbstverständlich halte, muss nicht unbedingt mit dem Mythos meines Gegenüber übereinstimmen.

Unter *Erfahrung* verstehen wir eine bewusste Unmittelbarkeit, das Bewusstsein von etwas unmittelbar Gegenwärtigem. Bei der Erfahrung gibt es weder Mittler noch Übermittlung. Das Gebiet der Erfahrung ist das menschliche Bewusstsein. Man könnte sagen, dass die Erfahrung im *turīya* der *Māṇḍūkya-upaniṣad* wurzelt, einer Urmaterie, aus der alle Bewusstseinszustände deriviert werden. Die Erfahrung liegt allen kognitiven Phänomenen zu Grunde, seinen sie an die Sinne, den Intellekt oder jedes andere Organ gebunden, mit dem wir mit der Wirklichkeit in Berührung kommen – ohne festzulegen, ob und in welchem Maße die Wirklichkeit unterschiedliche Grade haben kann oder wir es sind, die sie unterteilen.

Jede Erfahrung ist in diesem Sinne letztgültig. Als Erfahrung lässt sie sich aus keiner anderen Sache ableiten, von keiner anderen Instanz entschlüsseln. Aber die Erfahrung, die ich beim Berühren eines Stockes habe (den ich aus den Augen verliere, wo er, zum Teil ins Wasser eingetaucht, undeutlich wird), stellt insofern für meinen Verstand keine letztgültige Erfahrung dar, als dieser das Gesamtbild der Erscheinung auf unterschiedliche Weise deuten und ihr verschiedene Ebenen der Wirklichkeit oder des Wahrscheinlichen zuordnen kann. Jene Schlange, die ich in meiner Einbildung auf dem Spaziergang im Morgengrauen erblicke, ist es wirklich eine Schlange oder vielleicht ein Strick, den mein Verstand mich später erkennen lässt? Und das, was ich mit meinem Verstand als einen Strick erkenne, ist es vielleicht eine göttliche Bekundung und vordergründig doch ein einfacher Strick?

Die *letzte Wirklichkeit* ist folglich eine Wirklichkeit, die ich von keiner anderen Sache ableiten oder aus einer anderen Sache herauskristallisieren darf.

Annäherung

Die *mystische Erfahrung* würde dann die Erfahrung meinen, die uns die letzte Wirklichkeit, wie wir sie beschrieben haben, enthüllt.

Dies ist nur eine formale Beschreibung, und sie kann nicht anders sein, weil sie einen Gültigkeitsanpruch oberhalb der vielen möglichen Interpretationen erhebt. Wir lassen die Frage offen, was die letzte Wirklichkeit tatsächlich sein kann. Dies ist schon eine nach der Erfahrung zu klärende Frage. Auch die Letztgültigkeit ist relativ in Funktion des Weges, der zurückgelegt wird, um sie zu erreichen.

Man pflegt zu sprechen von der „Vereinigung mit dem Göttlichen" (durch die Liebe oder die Erkenntnis), von der „Berührung mit dem Heiligen" usw. – Obwohl wir den größten Teil dieser Beschreibungen im engen Zusammenhang mit ihren Kontexten einordnen, können wir das mystische Bewusstsein weder auf eine theistische oder deistische Sicht der Wirklichkeit, noch auf ein ‚religiöses' Phänomen im ‚konfessionellen' Sinne des Wortes begrenzen. Auf jeden Fall hat der Mystizismus wenig mit paranormalen oder parapsychologischen Phänomenen zu tun.

Ein erstes Problem besteht darin, ob es wirklich möglich ist, über eine solche Erfahrung zu sprechen. Jedes Wort soll schweigen und versiegt in Verbindung mit dem Verstand, der es denkt (vgl. TU II, 9, 1) oder, wie es die vedische Tradition, die christliche Tradition und viele andere sagen: „Am Anfang war das Wort", aber der Urzustand ist nicht das Wort, sondern das allumfassende Schweigen; das Wort entstand aus dem Vater, wie der Märtyrer St. Ignatius von Antiochien gegen Ende des ersten Jahrhunderts schrieb: „Der eine Gott bekundete sich (φανερώσας) durch seinen Sohn Jesus Christus, der sein Wort ist, das aus dem Schweigen heraus kam"[2].

Auf jeden Fall sprechen wir von ihm, wie wir vom Schweigen sprechen[3].

Der Bereich des Bewussten ist viel weiter ausgedehnt als der der Wahrnehmung des Verstandes. „Die Intelligenz ist nichts als die durch den Schleier der Ignoranz verhüllte Bewusstheit" (Tripura Rahasya 21). Wir sind uns darüber im Klaren, dass das Unverständliche „existiert", obwohl wir es nicht verstehen.

Ein zweites Problem ist, ob es wirklich möglich sein wird, so unterschiedliche Erfahrungen zu vergleichen: Es ist ein komplexes Problem, weil die eigenen Kontexte verschieden sind. Man benötigt eine

Das Problem

„diatopische Hermeneutik", das heißt eine Interpretation, die nicht nur die zeitliche Divergenz überwindet („diachrone Hermeneutik"), sondern außerdem eine für die verschiedenen Orte *(topoi)*, die unter sich keine direkte Verbindung gehabt haben, so dass man a priori keine Gemeinsamkeiten annehmen kann.

So hat man sich zum Beispiel in christlichen Kreisen Indiens schon seit der Zeit des Brahamabandhav Upadhyaya und in neuerer Zeit im Fall von Abhishiktananda gefragt, welche Verbindung zwischen der christlichen religiösen Erfahrung und der des *advaita* besteht.[4] Zunächst ist es notwendig, beide Erfahrungen in ihren jeweiligen Kontexten zu beschreiben: persönlich/unpersönlich, historisch/nicht-historisch, biblisch/upanischadisch, dualistisch/monistisch, usw.[5] Zwischen zwei letztgültigen Erfahrungen ist kein Vergleich möglich[6]. Es gibt keinen neutralen Bezugspunkt für Meta-Letztgültiges. Jede Frage richtet sich nach dem, der sie stellt, und die Antwort ist nicht nur durch die Frage beeinflusst, sondern auch durch die Koordinaten dessen, der sie stellt.

Müssen wir deshalb jeden Versuch des interkulturellen Vergleichs aufgeben? Nicht unbedingt, wenn wir uns der Grenzen, die diesem Vorhaben innewohnen, in ihrem Zusammenhang bewusst bleiben.

Bei jeder Erfahrung ist es, als ob wir ein Garn aus vier Fäden vor uns hätten. Wir können den einen Faden vom anderen unterscheiden, sie aber nicht trennen. Wir berühren den einen durch den anderen hindurch und sind zugleich in der Lage, die vier Bestandteile wahrzunehmen, ohne sie aber zu trennen.

Bei jeder Erfahrung haben wir tatsächlich die *reine Erfahrung*, jenen spontanen Akt, zeitlos, unreflektiert, durch den wir in unmittelbare Berührung mit der Wirklichkeit treten. Diese Erfahrung ist die Quelle, aus der die nachfolgenden Regungen unseres Geistes sprudeln.

An zweiter Stelle haben wir die *Erinnerung* dieser Erfahrung, die es uns ermöglicht, sie in ein Objekt der Beschreibung, der Analyse usw. umzuwandeln. Hier tritt die Zeitlichkeit auf. Die Erinnerung vergegenwärtigt unserem Verstand die reine Erfahrung, und in gewissem Sinne bereichert er sie insofern, als er sie mit vorherigen Erfahrungen verbindet und unsere von ihr erlangte Bewusstheit auf die Probe stellt. Die Erinnerung ermöglicht uns, über die Erfahrung zu sprechen, obgleich wir nicht dazu fähig sind, ihr einen Sinn zu geben (vgl. zum Beispiel 2 Kor 12, 2–4).

Es gibt an dritter Stelle die *Interpretation*, das Denken, die bewusste Analyse der Erfahrung mittels der Erinnerung. Diese Interpretation findet gemäß den uns verfügbaren Kategorien statt. Es ist klar, dass wir im Augenblick, da wir sprechen und denken, von unserer Bildung, unserer Idiosynkrasie, unserer Kultur geprägt sind. Häufig neigen wir dazu, unserer Interpretation eine ähnlich universale Geltung beizumessen wie der Erfahrung selbst.

Außerdem ist, an vierter Stelle, unsere eigene Interpretation nicht ausschließlich die unsrige; wir sind nicht allein, sondern integriert in den komplexen Kontext einer vollständigen Kultur. Wir sind innerlich abhängig vom Raum und von der Zeit, in die unser Leben hinein versetzt wurde. Unsere Interpretationen stützen sich nicht nur auf die Erinnerung unserer Erfahrung, sondern auch auf das ganze Bündel vergangener Erfahrungen und die entsprechenden Vorstellungen, die wir aus unserer persönlichen und kollektiven Vergangenheit geerbt haben, die praktisch als *feed-back* wirken. Gewollt oder ungewollt beeinflussen die Interpretationen der Anderen auch das Verständnis unserer eigenen Erfahrung. All das zusammen genommen, könnten wir die *Rezeption* unserer Erfahrung innerhalb des gesamten Erfahrungsschatzes nennen, in den wir eingebunden sind.

In Kurzform: $E = e\ m\ i\ r$

Die Gesamterfahrung (E) setzt sich zusammen aus der Erfahrung (e), der verbleibenden Erinnerung daran (m = memoria), unserer Interpretation (i) und ihrer Rezeption (r) im kulturellen Umfeld unserer Bedingung von Zeit und Raum.

Was fragen wir uns zum Beispiel, wenn wir die Frage nach „der christlichen Erfahrung und der *Advaita*-Erfahrung" stellen?

Wir haben viele Informationen über m, i und r, können aber über E nicht viel sagen, wenn wir e, die erste und hauptsächliche Veränderliche, nicht kennen. Wir wissen, dass auch gegenüber der (sensiblen) empirischen Erfahrung unsere Beschreibungen in bedeutendem Maße variieren können.

In unserem Fall können wir sagen, dass die traditionellen Interpretationen der Erinnerung des christlichen ‚Faktums' und des *advaita* in ihren jeweiligen Rezeptionen wirklich sehr unterschiedlich sind. Demgegenüber entdeckt aber derjenige, der glaubt, die beiden Erfahrungen im tiefen Innern der betreffenden Traditionen gemacht zu haben, dass sie homöomorph äquivalent sind. In beiden ‚sieht' man, dass die Wirklichkeit weder auf Einheit (Monismus, Doketismus) noch auf Zweiheit (Dualismus, Humanismus) reduziert werden kann. Das Göttliche und das Menschliche sind weder eins noch zwei.

Auf jeden Fall ist es nicht unsere Aufgabe, Erfahrungen zu vergleichen, sondern die als Möglichkeit beanspruchte mystische Erfahrung von Jesus Christus zu untersuchen. Um die Erfahrung von jemandem als solche zu erkennen, ist es notwendig, dass wir an dieser Erfahrung teilhaben. Aber wie können wir sie kennen lernen? Wir können das ihr eigene kulturelle Umfeld studieren, können entdecken, dass wir ähnliche Interpretationen haben, können vermuten, dass unsere Erinnerungen eine gewisse Übereinstimmung aufweisen; aber können wir darüber hinaus gehen? Niemand kann eine Erfahrung durch „Fürsprache" bekommen: das wäre keine Erfahrung. Die Erfahrung ist persönlich[7].

Aber könnte nicht vielleicht gerade der Glaube diese Teilhabe an der letztgültigen Erfahrung sein? Könnte es nicht geschehen, dass die Person eher Gemeinschaft als Einzelwesen ist? Ist die Göttlichkeit nicht eher unendliches Leben in ewiger Partizipation als ein individuelles höheres Wesen?

Wenn wir die Erfahrung Christi beschreiben möchten, dürfen wir diese großen Fragestellungen nicht übergehen.

Das Umfeld

Die erste Niederschrift dieses zweiten Teils fand anlässlich eines Seminars in Rajpur 1990 in einem *āśrama* am Fuße des Himalaja statt. Die Anwesenden waren Christen und *śivaitas*, die fundierte Kenntnisse in mystischer Praxis der jeweiligen Tradition hatten.

Ich erinnere mich, wie sich, während ich das Seminar über „Śivaitischen Mystizismus und christlichen Mystizismus" vorbereitete, herausstellte, dass unter den verschiedenen Themen ein unverzichtbarer

Vortrag fehlte: der Mystizismus Jesu Christi. Nach meiner Ansicht konnten zwei Gründe für ein solches Fehlen vorliegen.

Der erste, positive, war in dem Wunsch zu suchen, eine gewisse Parallelität zu respektieren und eine gewisse paritätische Behandlung zu wahren. Das Christentum und der Śivaismus sind zwei große Traditionen, die auf gleicher Ebene zu behandeln sind, indem jegliche Art einer Vorwegnahme zu Gunsten der einen oder der anderen auszuschließen ist. Es wäre zumindest seltsam, einen Vortrag über den Mystizismus von Śiva als Gott zu halten. Die Aufmerksamkeit richtete sich auf die Erfahrung seiner Gläubigen. So stand auch auf der anderen Seite der Mystizismus der Jünger von Jesus Christus im Brennpunkt der Aufmerksamkeit. Jedenfalls konnte die Absicht, über die Bewusstheit Śivas von sich selbst sprechen zu wollen, keinen Sinn haben, während die Beschreibung der bewussten Selbsterfahrung Jesu, so schwierig die Einfühlung auch sein mochte, nicht ganz fehl am Platze gewesen wäre.

Ohne Zweifel ist der christliche Mystizismus direkt oder indirekt in der persönlichen Erfahrung Jesu verwurzelt – was man über den Mystizismus von Śiva nicht sagen kann. Das homöomorphe Äquivalent Christi wäre hier nicht Śiva, sondern seine *śakti*.

Der weitere, eher negative Beweggrund, der das Fehlen von Studien über den Mystizismus Christi erklärlich machte, konnte sich aus dem ‚Vorurteil' ergeben, das, im Allgemeinen unbewusst für die Christen, auf der Überzeugung beruht, dass Jesus Christus über allen und jenseits jeder Vergleichsmöglichkeit steht, weshalb es vorzuziehen ist, ihn in keinerlei Absicht von „vergleichendem Mystizismus" zu verwickeln. Da das Seminar ja nicht spezifisch christlich war, gab es aber keinen Grund, Jesus a priori auf andere Weise zu betrachten als den großen *śivaitischen* Mystiker Abhinavaguptācārya, um ein Beispiel zu nennen, insofern, als beide historische Persönlichkeiten sind. Jesus als Gott zu betrachten ist für eine anthropologische oder zusätzlich psychologische Analyse der Göttlichkeit sinnlos; aber Jesus war auch Mensch, und als solcher betrachtet besteht kein Hindernis, eine Untersuchung über ihn, wie sie bei jedem anderen Menschen machbar ist, durchzuführen. Es wurde mit Recht behauptet, dass „Jesus, der Prediger der Botschaft, sich verwandelt hat in Jesus, die gepredigte Botschaft"[8]. Tatsächlich untersucht der größte Teil der Christologien das

Thema Botschaft und stützt sich auf die Wirkung Jesu auf die Urgemeinde[9].

Ist es aber möglich, die Botschaft auch ohne deren Überbringer zu verstehen? Wir „lesen", was er sagte, und untersuchen, wie die anderen ihn verstanden. Das ist vielleicht der Grund, weshalb die christliche Theologie, mit Ausnahme der Mystiker, die persönliche Erfahrung so wenig betont hat. Die Theologie wandelt sich dann um in Exegese und Auslegung.

Können wir versuchen oder haben wir wenigstens das Recht dazu, in gewissem Maße seine Erfahrung wieder zu beleben, sodass unser Begreifen nicht nur eine willkürliche Interpretation ist, sondern eine Aktualisierung der ursprünglichen Erfahrung. Schon der Heilige Augustinus fragte sich, wie man die Absicht und die Sinngebung eines abwesenden oder verstorbenen Urhebers entdecken kann [De utilitate credendi V, 11.]

An dieser Stelle gibt es immerhin eine christliche Annäherung im schweigenden Dialog zum Herzen und Verstand der *śivaitischen* Tradition. Es ist ein christlicher Text, der sich anbietet, in einem *śivaitischen* Kontext seinen Sinn zu haben, obwohl wir, wenn wir in einer westlichen Sprache schreiben, das westliche christliche Einfühlungsvermögen nicht ignorieren können und schließlich in erster Linie der christliche Leser der Gesprächspartner dieser Studie ist[10].

Eine christliche Reflexion im indischen Kontext kann weder auf die Religionen noch auf die sozialpolitische Situation des heutigen Indien verzichten. Ein Vergleich kann uns hilfreich sein: Die Christologie Lateinamerikas, die von der so genannten *Befreiungstheologie* durchdacht und praktiziert wird, lässt zumindest einige Vermutungen aufkommen, schreibt einer ihrer profiliertesten Exponenten. „Aus irgendeinem Anlass waren die Christen fähig, im Namen Christi die grundlegenden Prinzipien und Werte, die durch Jesus von Nazareth gepredigt und verwirklicht wurden, zu ignorieren oder gar zu widerrufen"[11].

Der indische Hintergrund dieser Studie ist demjenigen Lateinamerikas teilweise ähnlich. Die sozialen Strukturen und die historische Situation Indiens sind sogar noch schlimmer als in Lateinamerika. Das Wort *dalit* (unterdrückt, danieder liegend) fasst zusammen, was wir sagen wollen. Es macht uns auf ein Problem aufmerksam, das nicht ausschließlich ein christliches ist, das aber in keiner christlichen Betrachtung beiseite gelassen werden darf[12]. Eine Christophanie in Indien kann die Tatsache des *dalit* nicht ausklammern, die eine besondere theologische Relevanz hat[13]. Unterdrückung und Ausbeutung sind, wie schon angedeutet, weltweite Phänomene, die keine Christophanie ignorieren darf, ohne zu sich in Widerspruch zu geraten. Das von *dalit* herrührende Problem ist umso brennender, als die „Tatsache des dalit" bisher eine *Quasi*-Rechtfertigung aus (pseudo)-religiösen Erwägungen gefunden hat. Es stimmt auch, dass die vedantische Idee, worin die Erde als nicht-real und das *karma* als fatalistische Kette gelten, im eigenen Wesen des „Hinduismus" Wortklaubereien oder Verirrungen darstellen; aber eine bestimmte Mentalität, die bei den Volksgruppen des Subkontinents sehr verbreitet ist[14], akzeptiert diese Art von Erklärungen, die sowohl bei den Unterdrückten als auch bei en Unterdrückern die Toleranzgrenze erhöhen. Wir dürfen uns darüber nicht entrüsten, denn obwohl Jesus das Geld *Mammon* genannt hat (vgl. Mt 6, 24; Lk 16, 13) und uns sagt, dass wir den Nächsten lieben sollen wie uns selbst, verspürt die landläufige westliche und christliche Mentalität kaum Schuldgefühle beim ‚Genuss' eines Lebensstandards, der auf die Allgemeinheit bezogen für so viele strukturelle Ungerechtigkeiten verantwortlich ist[15].

Zusammengefasst: Die Umwelt besteht nicht nur aus der anheimelnden Atmosphäre eines *āśrama* mit friedvollen und kultivierten Leuten; sie schließt auch eine zahlreichere Bevölkerung als das ganze vereinigte Europa ein, deren Mehrheit mit weniger als einem Dollar am Tag lebt und den Anschein erweckt, die Hoffnung zu verlieren. Und ich bitte den Leser, meine Bezugnahme hierauf nicht als Abschweifung zu betrachten, obwohl sie das Empfinden auslösen könnte, uns in andere Sphären zu versetzen. Schließlich hat die Christophanie zum Ziel, den Himmel und die Erde zu vereinen.

Der Ausgangspunkt

a) Der Text

Wir nehmen uns vor, den Mystizismus Jesu Christi zu erforschen![16]
Wir versuchen, in den heiligsten Bereich des Menschen einzutreten; wir nehmen uns vor, die Einsicht in ein Wesen (das menschliche

Wesen) zu erlangen, dessen Natur grundsätzlich Selbstverständnis ist. Im Gegensatz zu allen anderen Objekten der Erkenntnis können wir ein menschliches Wesen nur dann verstehen, wenn wir seine Art, sich selbst zu verstehen, kennen, das heißt wenn wir wissen, welche Selbsterkenntnis es hat. Der Mensch ist ein sich seiner selbst bewusstes Wesen. Und Jesus Christus war auch ein Mensch. Ein Mensch jedenfalls, der auf sich selbst und auf die Anderen den Satz des Psalms 81,6, „Götter seid ihr" (Joh 10,34) angewandt hat, das heißt, dass wir alle uns „der göttlichen Natur bewusst" sein können (2 Petr 1,4). In diesem Licht erhalten die Worte des Paulus einen vom üblichen abweichenden Sinn: „Die Ökonomie der Gnade Gottes" [der Freude Gottes] (Eph 3,2) besteht darin, dass „die Heiden Miterben sind, zu demselben Leib gehören und an derselben Verheißung in Christus Jesus teilhaben …" (Eph 3,6). In der Tat war dies das innigste natürliche Bestreben jedes Christen – mehr noch, eines jeden Menschen; denn der Impuls, zur Unendlichkeit zu gelangen [„wie Götter"] (Gen 3,5), scheint zur menschlichen Natur zu gehören[17]. Trotz der Unterschiede war Jesus nicht der Einzige, der uns den Abgrund des *ahambrahmāsmi* („Ich bin *brahman*") vor Augen führte.

Auf welche Weise können wir vorgehen? Gibt es eine mehr oder weniger geeignete Methode? Wenn wir wissen möchten, wie eine Person sich selbst begreift, müssten wir dann vielleicht diese Person selbst sein? *Individuum ineffabile* [das Individuum kann nicht mit Worten ausgedrückt werden], sagten die Alten.

Vor allem haben wir einen Text, oder besser eine Reihe von sorgfältig analysierten Texten. Man kann behaupten, dass keine andere historische Persönlichkeit einer Untersuchung ähnlichen Umfangs unterworfen wurde. Aber unsere Suche zielt auf viel Höheres ab, weil unser Interesse sich in erster Instanz nicht auf einen Text richtet, sondern auf eine Person – die wir allerdings durch eine Reihe von Texten kennen lernen. Oder können wir uns auf andere Art und Weise dem Mysterium der Person nähern? Eins ist auf jeden Fall gewiss: Die Texte reichen vielleicht nicht aus, um den Urheber zu verstehen („der Buchstabe tötet", 2 Kor 3,6), aber wir können sie nicht beiseite legen (vgl. Tim 3,16; 2 Petr 1,20 u.ö.).

Es wäre ratsam, dass der sorgfältige Exeget über die befreiende Kraft des folgenden Ausspruchs des Heiligen Thomas meditierte: …

omnis veritas quae, salva litterae circumstantia, potest divinae scripturae aptari, et eius sensus [jede Wahrheit, die, ohne den buchstabengetreuen Sinn der Worte zu entkräften, der heiligen Schrift angepasst werden kann, verkörpert (auch) deren Aussage] (De potentia Dei q. 4, a. 1).

Wenngleich es hier nicht möglich ist, sich mit der ganzen Problematik zu befassen, müssen wir sie doch erwähnen, um die moderne nominalistische Versuchung zu überwinden, die menschlichen Probleme durch das Reduzieren auf abstrakte Parameter zu lösen. Auch wenn sie eine gute Hilfe sein kann, ist die Algebra keine für die Anthropologie als solche geeignete Wissenschaft und auch keine für eine Philosophie, die ihrem Namen treu sein will.

Die Spuren von Jesus sind recht klar: dreißig Jahre Privatleben und etwa drei Jahre, oder vielleicht ein einziges, mit intensiver öffentlicher Tätigkeit. Wir haben die vier Evangelien, neben einer begrenzten Zahl von Dokumenten, die als kanonisch und nicht-kanonisch bezeichnet sind, und einige Informationen der späteren Literatur[18]. Außerdem wissen wir, dass sein Durchbruch im Verlauf von zwanzig Jahrhunderten überschwängliche Apologien, wilde Angriffe und ein ganzes Bündel dazwischen einzuordnender Interpretationen wie auch Novellen und Verfilmungen hervorgerufen hat. All dies ist auch Teil des Bildes von Jesus.

Wir kennen einige seiner Worte, viele Aussagen, die man ihm zugeschrieben hat, verschiedene seiner Betätigungen, und wir können mit Einfühlungsvermögen einige Mutmaßungen wagen, welches seine hauptsächlichen Ziele waren.

Aus all jenem geht ein Porträt hervor, das wir wie folgt zusammenfassen können: Jesus war ein Mann aus Galiläa, der in einem unruhigen Gebiet eines kleinen Teils der Erde, marginal hinsichtlich der politischen Kriterien jener Epoche, lebte; er gehörte einem Volk an, das stolz auf seine tausendjährige Geschichte war und eine bevorstehende Katastrophe wahrnahm, deren Auslöser eine innere Krise, mehr noch aber die äußere Beherrschung durch ein fremdes und mächtiges Imperium war. Jesus, sei er ganz Hebräer oder nur vonseiten der Mutter[19] Hebräer gewesen, verband sich weder mit den konservativen Saduzäern noch mit den extremistischen Zeloten, auch entschied er sich nicht für den Mittelweg der Pharisäer oder der eher esoterischen Essener. Er blieb allein und empfand eine ganz besondere Zuneigung für die 'am ha'aretz, die einfachen Leute ohne Schulbildung, deren Begeisterung er eine gewisse Zeit lang erweckte. Zwar folgte ihm, ohne ihn besonders gut zu verstehen, nur eine kleine Gruppe von Männern und Frauen verschiedener sozialer Schichten, in der Mehrheit bescheidener Herkunft. Dies geschah vor zweitausend Jahren. Danach wurde er gekreuzigt durch die Römer, die von seinem eigenen Volk aufgehetzt waren. In jener Zeit wurden Tausende von Männern gekreuzigt, weil sie sich dem politischen *status quo* nicht angepasst hatten. Dies alles ist heute vergessen, bis auf das Leben dieser einzigartigen und faszinierenden Person, die Yeshua [Yehoshua], Sohn von Maria, war.

Bezüglich seiner Aktivität kann man sagen, dass sie sich darauf beschränkte, einfachen Leuten Gutes zu tun, indem er ihren Körper und Geist gesund machte und die Vergebung der Sünden predigte. Nur gelegentlich ging er auf Gespräche mit Gebildeten ein; in den meisten Fällen predigte er im Freien zu bescheidenen Leuten. Seine am besten in Erinnerung gebliebenen Worte sind die *Seligpreisungen*, die anscheinend bei verschiedenen Gelegenheiten auf einem Hügel oder einer Hochebene seines Landes gesprochen wurden; sie wirkten schön und etwas einfältig. Vielleicht übermittelte er seinen intimsten Freunden (so bezeichnete er sie) eine tiefere Botschaft, die ihrer Verbundenheit und Vertrautheit mit ihm besonderen Nachdruck verlieh. Es scheint, dass er den Riten seiner eigenen Tradition folgte, doch, wie es scheint, mit einer gewissen Freiheit.

Der größte Teil seiner Lehren blieb im Rahmen der hebräischen Religion, und er legte großen Wert auf die Liebe zu Gott und zum Nächsten, zum Frieden und zur Freiheit. Wir können solche erhabenen Unterweisungen in einem großen Teil der menschlichen Traditionen vorfinden.

Es stimmt, dass einige ihn als einen Feigling, einen Lügner betrachteten und als einen Menschen, der Erwartungen weckte und Belohnungen versprach, die er niemals hätte erfüllen können. Jesus, der Sohn von Maria, hat Liebe und Hass sowohl in den alten Zeiten, als auch in den modernen hervorgerufen. Wir könnten auch anführen, dass er der Liebhaber von Maria Magdalena, der heimliche Vater des Evangelisten Johannes, ein listiger Heuchler mit dem Gebaren eines Heiligen war, der einen geheimen politischen Plan hatte, sowohl die Römer als auch die Juden zu stürzen und sein messianisch-fundamentalistisches Reich zu gründen; oder wir könnten sagen, dass er nur ein fanatischer Jude war, dessen Pläne in die Luft flogen, weil Judas, der Sanhedrin oder sonst wer seine Bewegung neutralisierte[20]. Vielleicht kennen wir ihn heute besser durch die Früchte seiner Nachfolger. Aber auch diese sind ambivalent; unter seinen Nachfolgern gibt es Heilige und Sünder. Wir dürfen a priori keine mögliche Interpretation ausschließen, möchten jedoch a posteriori unsere These mit der Vorstellung eines zutreffenden Bildes seiner Persönlichkeit vertreten.

b) Der Kontext

Die Züge Jesu bleiben nicht im leeren Raum stehen, sondern sind im jüdischen Boden eingeprägt, in der Epoche der Römer und in einem semitischen Kontext der Formen des Denkens und der Begegnung mit der Welt. Die Menschen, an die er sich wandte, waren nicht von Afrika, von Griechenland, von Europa, von Indien oder von China; seine Herkunft war nicht von Persien, von Ägypten, von Babylonien, nicht von Somalia[21]. Er konnte lesen und wahrscheinlich schreiben, aber es scheint nicht so, als hätte er Kenntnisse über die weite Welt oder über andere Kulturen außer der eigenen gehabt – trotz einiger gelegentlicher Echos, die auf andere Traditionen rückführbar wären, die aber Faktoren allgemein menschlicher Gefühle sein können. Offen bleibt jegliche Hypothese über seine möglichen Reisen außer Landes, als er jung war, aber abgesehen vom Fehlen jeden Beweises finden sich schwerlich nachprüfbare Spuren anderer Kulturen in seinen Worten oder in seinem Verhalten.[22] Trotzdem gibt es eine nicht-hebräische und gewiss nicht orthodoxe Ader in seinen Worten und in seinem Handeln. Häufig lassen die Evangelisten eine gewisse Distanzierung von der jüdischen Atmosphäre und den Bräuchen des Volkes durchscheinen, dem er von Geburt angehörte. Je mehr man aus Jesus einen Juden machen will, wie es eine gewisse gegenwärtige Strömung mit dem verständlichen Wunsch tut, die christliche Schande des Antisemitismus auszurotten, desto klarer tritt seine Distanzierung gegenüber der jüdischen Orthodoxie hervor[23].

Es ist ein positives Zeichen unserer Zeit, dass die Christen, angefangen beim Papst, wegen des christlichen Antisemitismus um Vergebung bitten, und dass man die hebräische Wurzel des Christentums unterstreicht; dies genügt aber nicht, wenn das Syndrom selbst, nämlich die Schuldzuweisung an andere, bleibt, indem man heute Pilatus als den Schuldigen sieht und die Verantwortung auf die Römer abwälzt. Es scheint, als seien die Christen noch nicht bereit, die „Heiden" und die anderen Religionen um Vergebung zu bitten. Ich denke, dass dieser Schritt zur Versöhnung mit dem Judentum nur eine erste Annäherung an eine bessere Harmonie auch mit den übrigen Religionen sein sollte. Bedurfte es des Staates Israel, um den christlichen Antisemitismus zu erkennen? Sollen wir auf die Reaktion des hinduistischen Fundamentalismus warten oder darauf, dass die Republik China von den christlichen Kirchen eine tief greifende *metanoia* fordert? Soll die Theologie immer im Schlepptau der Politik bleiben?

Auf jeden Fall ist es nicht möglich, Jesus zu verstehen, ohne ihn in sein enges volkstümlich jüdisches Umfeld einzuordnen. Wir sagen ‚volkstümlich', weil wir in seinem Leben keine Hinweise auf hohes Bildungswissen finden. Er war weder ein Gamaliel noch ein Paulus von Tarsus, ein Akiba oder einer der Intellektuellen seiner Tradition. Alles, was in der christlichen Theologie der letzten zweihundert Jahre „die Suche des historischen Jesus" darstellen könnte, oder was die Spannung zwischen jenem und dem „Christus des Glaubens" ausmachen könnte, ist aus der Persönlichkeit Jesu Christi nicht verständlich, sofern die konkreten Züge eines jeden, der vor nicht mehr als sechzig Generationen lebte und starb, ausgelöscht oder minimiert werden.

Trotzdem haben diese sechzig Generationen sowohl zur Aufhellung als auch zur Verdunkelung des Verständnisses von Jesus wesentliches beigetragen. Vielleicht wurde keine andere Gestalt im Verlauf der Geschichte in so veränderlicher Form dargestellt[24]. Dabei beziehen wir uns nicht nur im Besonderen auf die „Lebensbeschreibungen von Jesus" sondern auch auf die Jesulogien, die als Grundlage von Theologien, Christologien, Ekklesiologien aller Art herangezogen werden[25]. Kann man sich in diesem Dschungel zurechtfinden?[26] Dieser Kontext bietet ein dichtes Gewebe an, in dem die Gestalt Jesu erscheint; aber auf jeden Fall ist es nicht möglich, ein Bild von Jesus zu zeichnen, das einen gewissen Grad an Konsens erreicht. Gerade diese Unmöglichkeit bringt uns dazu, einige Züge des ‚Persönlichkeitsprofils' Jesu von Nazaret zu entdecken, die die historischen Gegebenheiten transzendieren. Ein Beispiel soll dies erläutern.

Wir können in der Tat aufrechterhalten, dass ein solcher Jesus sagte: „Ich und der Vater sind eins". Wir behaupten weder, dass dies seine Göttlichkeit, noch seinen Wahn oder gar seine Unverantwortlichkeit beweist. Wir sagen nur, dass die Spuren des historischen und mythischen Jesus, so, wie sie bis zu uns gelangt sind, diese Behauptung bezeugen, und dass diese Behauptung eine für das menschliche Leben höchst bedeutsame Erfahrung offenbart.

c) Der Prätext

Die Kenntnis des Kontextes ist erforderlich, um einen Text zu verstehen. Dies ist ein wichtiges Element der diatopischen Hermeneutik, zumal die Interpretationen der Kontexte von verschiedenen Prinzipien bestimmt werden, nach denen sich das Verständnis der Texte richtet.

Wir wissen allerdings, dass jeder Text auch ein Prätext ist, um etwas auszusagen, und dass es nötig ist, den Ansatz herauszufinden, den Prätext zu entdecken, der oberhalb und jenseits des Kontextes liegt. Auch ist es notwendig, die Prätexte zu verstehen: dies ist eine existentielle Frage, die über das rein begriffliche Verstehen eines Textes hinausgeht.

Das Bezeugen des Prätextes ist noch delikater als die Hermeneutik und die Kenntnis des Kontextes, weil er einerseits uns selbst einbezieht und weil andererseits die Kontexte oft verschleiert sind durch Interessen, einschließlich des Interesses an der Wahrheit – einer Wahrheit, die wir jedoch mehr oder weniger ‚inszenieren'. Welcher Prätext hat also die Christen dazu getrieben, dem Mann aus Nazaret die Interpretation zu geben, die sie ihm gegeben haben?

Bei unserer Untersuchung müssen wir einräumen, dass unsere persönliche Sicht ein Jesusbild profiliert, wie wir es sehen; aber die Tatsache, dass wir uns bewusst sind, eine Brille zu tragen und eine Vorstellung davon haben, wie diese das Bild formt und verformt, gestattet uns, unserer Beschreibung die notwendigen Faktoren der Unsicherheit oder Veränderlichkeit hinzuzufügen, die es möglich machen, ein konkretes Bild zu entwerfen, das für eine repräsentative Anzahl derer überzeugend wirkt, für die der Name Jesu nicht belanglos ist.

Unsere Frage ist, ob wir zu den tiefsten Ebenen eines anderen Individuums vordringen können oder ob wir uns damit zufrieden geben müssen, wie ein Forscher vorzugehen, der ein vergangenes Ereignis rekonstruiert. Die letztgültige Fragestellung ist die, ob der christliche Glaube sich ausschließlich auf das Vertrauen stützt, das den Theologen und Forschern gilt, die die Spuren des historischen ‚Gründers' rekonstruieren, oder ob dieser Glaube nicht doch eine andere Quelle hat. Beruht der christliche Glaube auf einem historischen Buch oder auf einer persönlichen Erfahrung? Ist er etwas wie Gnade oder nur die intelligente Schlussfolgerung eines Syllogismus? Dies ist eine Grundsatzfrage!

Ich möchte vonseiten der Christen des Westens, die an den Mythos der Geschichte glauben, nicht missverstanden werden. Man kann nicht bestreiten, dass Jesus eine historische Persönlichkeit von vor ein paar Jahrtausenden gewesen ist. Es führt aber zu nichts, wenn man ignoriert, dass es an vielen Orten der Erde und im dritten christlichen Jahrtausend Sinn haben könnte, die Gestalt Christi von anderen Gesichtspunkten zu betrachten. Mit Verwendung traditioneller christlicher Ausdrucksweisen könnte man sagen, wenn Jesus Jude war, war der auferstandene Jesus – das heißt Christus – weder Heide noch Grieche noch Jude. Doch es ist nicht der Augenblick, sich mit theologischen Kontroversen aufzuhalten. Wir nehmen uns ganz einfach vor, die Gestalt Christi in einem weiter ausgedehnten Kontext als dem semitischen und historischen zu verstehen. Ist die Beschneidung des Geistes notwendig, um den Mann von Galiläa zu verstehen, wenn seine engsten Anhänger schon die Beschneidung des Körpers verweigerten? (Apg 15,1–29)[27].

Ich möchte die Christen beruhigen: sie verlieren nichts von der Tiefe der christlichen Tradition, sofern sie auf das Monopol Christi verzichten. Unsere Interpretation passt in die Orthodoxie hinein – soweit man Orthodoxie nicht mit Mikrodoxie identifiziert. Ich würde auch diejenigen beruhigen, die sich als außerhalb des christlichen Glaubens Stehende betrachten. Nichts von der Tiefe ihrer jeweiligen Traditionen muss verloren gehen, wenn man die Gestalt Christi und die Bezeichnung als Christ als ein homöomorphes Äquivalent betrachtet zu „jenem Höchsten", das andere Kulturen auf andere Weise ausdrücken und verstehen. Die große Schwierigkeit, philosophisch gesprochen, geht erst aus der Substantialisierung „jenes Höchsten" hervor. Homöomorphe Äquivalenz bedeutet nicht religiöse Äquivalenz im Absoluten. Man kann einwenden, dass der auf Jesus zutreffende Kontext die jüdische Welt war und es uns nicht gestattet ist, ihn zu extrapolieren. Dennoch verpflanzten ihn schon die ersten Christen, beginnend vielleicht mit Johannes und kulminierend in Ephesos und Kalzedonien, in die hellenistische Welt. Daher darf man die Möglichkeit einer neuen interkulturellen Verpflanzung nicht ausschließen. Man könnte uns entgegenhalten, dass wir nicht in einer vergleichbaren Situation wie in jenen Zeiten der Entwicklung sind. Ich würde einfach antworten: „Jesus Christus ist derselbe gestern, heute und für alle Zeit" (Hebr 13, 8). Mit anderen Worten: Weder negieren wir die Geschichte noch beabsichtigen wir eine ‚gnostische' Interpretation Christi. Gerade weil die Geschichte sehr wichtig ist, darf sie nicht auf die Vergangenheit reduziert werden[28].

Dies ist unser Prätext, dass aus der Tatsache des Bezeugens selbst der Inhalt offener und flexibler wird. Durch zahlreiche und notwendige Vermittlungen glaube ich an Christus und möchte diese Erfahrung beschreiben, indem ich kritisch über die eigenen vermittelnden Fakten nachdenke.

Nachdem ich meinen Vorsatz bezeugt habe, muss ich erklären, dass dieser weder auf eine Apologie noch eine Verdammung des Christentums abzielt. Die christliche Tradition ist weder bloß dogmatisch noch ausschließlich historisch. Die Geschichte der Christen, und somit des Christentums, ist ebenso erfüllt von Licht wie von Finsternis. Ebenso wie ein stinkender Teich wunderbare Lotusblüten hervorbringen kann, können wir uns auch an den Dornen eines prächtigen Rosenstrauches verletzen.

In der Schwebe bleibt immer noch die hauptsächliche Frage. Wir können zweifellos nicht auf den Text verzichten, aber wie können wir in ihn eindringen, ohne uns – wie die Buddhisten sagen würden[29] – in sterilen Spitzfindigkeiten oder unheilsamen Meinungen zu verfangen. Wie können wir in der Komplexität der Kontexte die Orientierung finden?

Die christliche Antwort ist klar: die Orientierung findet man in der Tradition. Diese liefert uns den Anlass, der uns den Schlüssel für die Interpretation liefert. Oder mit bereits abgesegneten Worten: die Tradition ist, verbunden mit den Schriften, ein notwendiges hermeneutisches Instrument. Aber die Tradition ist, wie die Schriften selbst, vieldeutig und außerdem fließend und lebendig. Der Prätext ist niemals rein objektiv.

Ziemlich oft wurde die Tradition als eine Ansammlung kristallisierter Doktrinen in dogmatischen Formen angesehen, die die Texte der Schriften interpretieren. Wir stehen also einer Art doktrinärem Christentum gegenüber, fast einer auf der Grundlage gewisser historischer Tatsachen verstärkten Ideologie, so wie diese durch die nachfolgenden Generationen ausgelegt worden sind. Das Resultat ist ein Corpus von Lehrmeinungen, ein System von Bekundungen ähnlich der Verfassung eines Staates oder den Statuten einer Institution zur Förderung des Zusammenhaltes, der Disziplin und der Wirksamkeit. Aber kann eine Religion *einfach* eine Organisation sein? Ist der Glaube *nur* die richtige Interpretation einer Lehre?

Tradition bedeutet viel mehr als das. Das Weitergeben der Tradition beschränkt sich nicht darauf, eine korrekte, ansprechende und aktualisierte Version der Schriften anzufertigen. Was die Tradition weitergibt, ist das Leben, der Glaube, ein Gefühl der Zugehörigkeit und Gemeinschaft, ein Lebensziel, eine Teilhabe an einer gemeinsamen Bestimmung. Die christliche Tradition ist nicht nur Lehre. Sie ist auch *Ekklesia* im wahrsten Sinne des Wortes. Sie hat nicht nur damit zu tun, was Jesus sagte und tat, sondern mit wem er zusammen war – und mit wem wir uns zusammenfinden.

Die Tradition ist mehr als eine autorisierte oder genormte Hermeneutik. Was die Tradition uns liefert, ist mehr als ein Text oder eine Interpretation. Sie übermittelt ein lebendiges Wort und daher etwas Gesprochenes. Die Absicht wie auch das Wesen unserer Texte geht weit über das hinaus, was eine kritisch-historische Methode fähig ist, ihnen zu entnehmen. Aber wie können wir es erfahren? Eine bestimmte Exegese mit apologetischen Absichten (was auf unseren Fall nicht zutrifft) hat uns zu überzeugen versucht, dass die Texte selbst ihre Absicht und ihr Wesen bezeugen. Wenn aber der Text selbst es ist, der sich seine Gültigkeit verleiht, geraten wir in einen Teufelskreis und das Zeugnis ist nicht gültig. Der Prätext kann niemals als Fundament dienen: er würde sich als nicht zuverlässig erweisen. Deshalb ist es notwendig, den Text selbst auf andere Weise zu fundieren. Aber die allgemeine Anerkennung des hermeneutischen Zirkels (demgemäß eine besondere Vorkenntnis notwendig ist) kann uns nicht zufrieden stellen, weil wir schon über die Erfahrungen anderer, gleichwertiger Vorkenntnisse verfügen, die unserer Interpretation entgegenstehen. Kurz gesagt, wir benötigen etwas Bestimmtes, das allen Texten der Heiligen Schrift vorangestellt werden soll.[30]

Es ist nicht der rechte Augenblick uns dabei aufzuhalten, weil wir nicht den Faden unserer Darlegung im „hermeneutischen Zirkel" und seinem Komplement, dem „hermeneutischen Mittelpunkt" verlieren wollen, den jeder Zirkel voraussetzt, und ebenso wenig in der hermeneutischen Modifikation, die als „hermetische Mitte" bezeichnet wird[31].

Gewiss kann kein Buch das letztgültige Fundament irgendeines Glaubens sein, weil ja gerade der Glaube es ist, der benötigt wird, um dem Buch seinen Überzeugungscharakter zu verleihen. Man wird sagen, dass *Buch* nicht *Schrift* bedeutet, sondern dass die Schrift *spricht*, aber wer sagt uns, was die Schrift wirklich aussagt? Die Meister bestreiten viele Traditionen. Aber woher haben sie ihr Wissen? Und wie erkennt man die wahren Meister?

Ἀνάγκη στῆναι, würden die Griechen sagen: „Man muss innehalten", ein Fundament finden. Und dies ist das Wort: „Gott war das Wort" (Joh 1,1), wie auch viele Traditionen sagen.

Gerade hier könnte uns die vedische Exegese als Hilfe dienen. Die *Veden* sind wirklich *ursprüngliches Wort*. Es gibt niemand, der uns den Sinn der ersten Worte sagen könnte, denn man müsste dazu andere Worte und Zeichen gebrauchen, und dies *ad infinitum*. Das ist der Sinn des traditionellen *apauruṣeyatva*. Deshalb wird die *mīmāṃsā* als atheistisch betrachtet. Das Wort ist ursprünglich: „Am Anfang war das Wort. Das Wort war mit ihm verbunden" (TMB XX, 14, 2). „Das Wort ist *brahman*" (BU I, 3, 21). Auch der palästinensische *Targūm* vertritt Gen 1,1 mit dem [fast trinitarischen] Satz: „Von Anbeginn schuf und vollendete das *mēmrā* [Wort] von YHWH mit *Weisheit* die Himmel und die Erde."

Aber dieses Wort *vāc*, dieser *logos*, *mēmrā*, muss erlauscht werden. „Der Glaube kommt aus dem Hinhören" (Röm 10,17). Dieses Hinhören ist eine Aufnahme im Herzen und im Geist, die das Wort assimiliert. Dieses Erlauschen des Wortes löst die Erfahrung aus, die Glaubenserfahrung. Vergessen wir nicht, dass das Wort die *Ekstase* des Schweigens ist.

Vielleicht kann man es vereinfachen, wenn man präzisiert, dass das Wort nicht die Schrift ist, aber dass die Schrift doch eines seiner Vehikel sein kann[32]. Das Wort ist nicht reduzierbar auf die Schrift und auf deren Interpretation. Die „apostolische Nachfolge", um einen traditionellen Begriff zu verwenden, ist mehr als eine Übergabe von Lehren.

Zusammengefasst ist der Prätext die Weitergabe des Lebens. Das Endziel des Studiums der Philosophie, sagt die indische Weisheit, ist die Erlösung, die Befreiung – und nicht nur das Endziel, sondern auch das Medium (die Bedingung). Man muss die Befreiung *(mumukṣu)* anstreben und sich kritisch zu ihr auf den Weg machen.

2 Drei Anthropologien

Stellen wir erneut unsere Frage. Vor ungefähr zweitausend Jahren gab es einen Menschen. Im Vergleich mit anderen Gestalten der Geschichte war er nicht besonders herausragend. Er war ein ehrenwerter und gerechter Mann, der sich zu keiner extremen Stellung hinreißen ließ, weder politisch noch religiös: ein Mann, der jung starb, weil er mit seiner unbeugsamen Haltung gegen die Heuchelei diejenigen gereizt hatte, die die Macht innehatten, und weil er das religiöse Gesetz seines Volkes übertreten hatte. Er wurde zum Tode verurteilt.

In den seit seinem Tode vergangenen zwei Jahrtausenden, oder besser seit seiner Auferstehung, wie manche zu sagen vorziehen, hat er Millionen von Menschen inspiriert, ist ihr Bezugspunkt gewesen und hat, vielleicht in höherem Maße als jeder andere, auf den Lauf der Geschichte eingewirkt. Er schrieb nicht eine einzige Zeile, er sprach und handelte. Eine Hand voll einfacher Menschen versammelte sich zu seinem Gedenken und man erinnerte sich gemeinsam seines Todes und seines Lebens.

Was dachte dieser Mensch über sich selbst? Ist es nicht vielleicht ein Sakrileg, in das innerste Heiligtum einer Person einzudringen? Aber wenn er eine so lange Zeit für so viele Leute der verschiedensten Ausprägungen das zentrale Symbol gewesen ist, dann werden wir auch

das Recht haben, uns nach dem warum zu fragen und zu versuchen, in das Mysterium dieses Menschen vorzudringen[33].
Doch dazu müssen wir uns fragen, wer der Mensch ist.
Wenn Jesus Christus für die christliche Tradition etwas zu bedeuten hat, ist es, weil auf die eine oder andere Weise die Christen *hinhören* (vgl. Röm 10 17) und „Worte ewigen Lebens" erfahren (Joh 6, 68), und nicht bloß einleuchtende Behauptungen über die Situation der Welt. Deshalb müssen wir also den Menschen kennen.

„Was sagen die Leute über ‚mich'", fragte Jesus. Man beachte, dass grammatikalisch das Wort „ich" bei der wörtlichen Übersetzung aus dem Griechischen vermieden wird (Lk 9,18; vgl. Mk 8, 27; Mt 16,15); dieses „mich" war offensichtlich Jesus, der Mann, der sich vor seinen Schülern befand.

Vor den Prädikaten der bekannten Antwort von Petrus (Messias, Sohn Gottes) findet man das wahre Subjekt σύ, du (du bist …). Wir müssen Augen und Ohren dem Mysterium des Du öffnen. Er fragt nach seinem „Mich", und die Antwort lautet „Du".

Dieses *Du* verlangt, um verstanden zu werden, eine entsprechende Anschauung über den Menschen. Versuchen wir eine Annäherung an das Problem vor dem Hintergrund eines dreifachen anthropologischen Paradigmas: der Mensch als Individuum, als Person oder als Bild des Göttlichen, wenngleich diese Klassifizierung nicht die einzig mögliche sein mag.

Beschreiben wir zunächst Jesus im modernen individualistischen Rahmen. An zweiter Stelle werden wir eine Überlegung innerhalb einer breiteren westlichen Struktur anstellen, und an dritter Stelle werden wir uns auf die indische Rezeption dieser Problematik beziehen, die, wie es uns scheint, dazu dient, eine Anschauung wiederzugewinnen, die stärker im Einklang mit der ursprünglichen christlichen Vorstellung steht.

Individualistische Annäherung

Es ist nicht zu leugnen, dass Jesus eine historische Persönlichkeit gewesen ist, wenn auch bestimmte Passagen der Schriften und einige Traditionen sich auf Christus als einen generischen, die Art verkörpernden

Menschen beziehen, einen zweiten Adam, in dem das gesamte Wesen der Menschheit angelegt ist[34]. Was aber ist ein Individuum? Eine isolierte Substanz? Die Kultur, die heute Vorrang hat, vor allem westlichen Ursprungs, stellt uns den Menschen als eine individuelle Entität dar. Der Individualismus ist einer der am tiefsten im gegenwärtigen Bewusstsein verwurzelten Mythen, und es ist bekannt, wie schwierig es ist, sich der Macht eines Mythos entgegenzustellen. In einigen intellektuellen Bereichen hat der Individualismus sich zu einem Tabu gewandelt, über das man nicht diskutieren darf.

Im Rahmen einer individualistischen Anthropologie haben wir eine einzige Tür, um zum *sancta sanctorum*, dem Mysterium der Individualität, zu gelangen: Wir können die Schwelle nicht überschreiten, aber wir können die von der betreffenden Person hinterlassenen Spuren beobachten, wenn diese aus ihrer Monade heraustreten. Diese Spuren zeigen sich durch unvermeidliche dreifache, nicht zu trennende Merkmale: *was* enthüllen die Spuren dieser Person an und für sich, *wie* stellen sich die Spuren auf dem Boden dar, wo sie sich befinden, und *welche* Form nehmen sie an, wenn sie durch unsere persönliche Brille untersucht werden?

α) Die Worte und Werke des Individuums als Indizien seiner selbst.
β) (Diese) Worte und Werke, die ausgesprochen und verwirklicht werden innerhalb eines konkreten Kontextes (der ihnen Bedeutung und Wert verleiht).
γ) Unsere Interpretation alles Vorstehenden durch unsere besondere Sicht, die ihrerseits durch eine Reihe von Voraussetzungen beeinflusst ist, ohne die es uns nicht möglich ist, uns mit der Untersuchung der Spuren zu befassen – drei große zu überwindende Hindernisse.

Drei schreckliche Drachen verteidigen die vertrauliche Burg der privaten Individualität – die Heiligkeit des Menschen, würden die ‚Individualisten' sagen.

Das Panorama ist nicht gerade viel versprechend. Die Spuren, die die Lateiner *vestigia* nannten, sind undeutlich und ambivalent, wie es die enorme Vielfalt der diesbezüglichen Literatur zeigt. Um etwas als Bild zu erkennen, muss man auf irgendeine Weise das Original ‚kennen'. Aber das Original ist in der Festung seiner Individualität eingeschlossen.

Man versteht dann den Wunsch, die Festung zu erobern. Die Unternehmung ist nicht einfach.

Obwohl es uns gelingen kann, die Zugbrücke herabzusenken, die uns Einlass in die Burg der Individualität des Anderen gewährt, würde uns niemand glauben, dass wir es zumindest erreichen, die Nachweise darzulegen, die unserer Bezeugung Glaubwürdigkeit verleihen; sie ließe sich nur beweisen, wenn wir zeigen könnten, dass wir wirklich bis ins Herz jener Burg vorgedrungen wären. Solche Glaubwürdigkeit muss durch die moralischen und intellektuellen Qualitäten des Zeugen verbürgt werden, wie dies ausführlich durch eine christliche „Apologetik" gestützt und thematisch durch die indische Philosophie untersucht wurde[35].

Es folgt noch etwas Weiters. Es ist notwendig, dass wir auf irgendeine Weise die Sprache des Zeugen kennen, der in einer menschlichen Redeweise zu uns spricht. Aber wenn wir in unserem Vergleich fortfahren, darf die Burg nicht weiterhin Privatbesitz jenes Individuums sein, sondern sie muss auch für uns zugänglich sein, um das Zeugnis zu ‚verifizieren'. Zusammengefasst, es ist nötig, dass unsere Herzen mit dem gleichen Feuer brennen (vgl. Lk 24, 32) oder wir bekennen können, dass wir glauben, „weil wir selbst gehört haben und wissen" (Joh 4, 42). Nur in uns selbst ist es uns gegeben, dem Mysterium der Identität des anderen Wesens zu begegnen oder es vielleicht zu verstehen[36]. Die Identität des Anderen kann ich nur verstehen, wenn ich seine Identität mit ihm teile[37]. Alles andere ist rein bürokratische Identifikation, keine wahre Identität, wie wir im dritten Teil nochmals sehen werden.

Die Identifizierung besteht darin, den anderen so in ein Koordinatensystem einzufügen, dass die Verwechselung mit jeglichem anderen Wesen ausgeschlossen ist. In unserem Fall können wir Jesus von Nazaret identifizieren als den Juden, Sohn von Maria, geboren sehr wahrscheinlich in Bethlehem gegen 4 v. Chr., der nach einigen Jahren der Tätigkeit in seinem Land an einem römischen Kreuz in Jerusalem starb, unter Pontius Pilatus. Diese Identifikation lässt keinerlei Zweifel über *wen* wir sprechen.

Aber sind wir sicher, so die Identität jenes Individuums feststellen zu können? Ist es uns gelungen, ihn wirklich zu kennen, sind wir in seine persönliche Identität gelangt, in seine Selbsterfahrung, in das,

Drei Anthropologien

was er wirklich über sich denkt, in das, was er tatsächlich ist? Identifizierung ist nicht Identität. Um uns seiner Identität zu nähern, müssen wir auf eine andere Annäherungsweise zurückgreifen, die weiter und über das Vorherige hinaus reicht. Wir brauchen eine volle Erkenntnis von Liebe; andernfalls berühren wir nur das *Was*, und nicht das *Wer* der Person[38].

Phänomenologisch ausgedrückt, ist die Liebe eine nichtdualistische Erfahrung[39]. Dies ist der Grund, weshalb die Liebe schwerlich in irgendein *noēma* von Husserl gelangt. In der Liebe hat weder Gleichheit noch Anderssein Platz. Sie ist weder eins noch zwei. Die Liebe braucht Differenzierung ohne Trennung; sie ist ein ‚Gehen' hin zum „Andern", das rückwirkt zu einem echten ‚Eintreten' in *sich*, durch die Annahme des „Anderen" im eigenen *Selbst*.

Ohne Liebe können wir fähig sein, ein Objekt bis zu einem gewissen Punkt zu ‚identifizieren', es zu lokalisieren, seine Aspekte zu beschreiben und sein Verhalten vorauszusehen. Dies ist das so genannte „wissenschaftliche Erkennen", das nicht Erkennen im klassischen Sinne ist. Aber in unserem Fall verweisen wir nicht auf die ‚Identifikation' eines Objekts, sondern auf das Erkennen eines „Du", eines ebenfalls erkennenden Subjekts. Deshalb muss ich darauf bedacht sein, dass in mir selbst Raum für den „Anderen" vorhanden ist, damit der „Andere" nicht etwas „Äußeres", sondern ein „Anderes-als-ich" ein „anderes" eigenes Selbst ist – das so wie ich an einem uns gemeinsamen höheren „Selbst" teilhat. Auf jeden Fall muss, um den „Anderen" wirklich zu erkennen, die Bewegung reziprok sein: es muss eine Begegnung stattfinden. Ich muss vom Anderen geliebt werden, um ihn in dem Spiegel sehen zu können, in dem mein eigenes Selbst durch die Liebe des „Anderen" verändert worden ist. Die christlichen Schriften sagen wirklich: „Wenn jemand Gott liebt, wird dieser von Ihm erkannt" [*si quis autem diligit Deum, hic cognitus est ab eo*] (1 Kor 8,3); „Ich werde dann erkennen auf dieselbe Weise, wie ich erkannt wurde" [tunc autem cognoscam, sicut et cognitus sum] (1 Kor 13,12).

Praktisch alle Traditionen der Menschheit haben auf der Reinheit des Herzens als wesentliche Voraussetzung für die Erkenntnis und für das wahre Leben bestanden[40]. Nur ein *sahṛdaya* (Mensch mit Herz) ist fähig, die Kraft einer Aussage zu erfassen, sagt die indische Poesie[41]. Nur die ein reines Herz haben, werden fähig sein, wirklich den „Anderen", die „Anderen", den höchsten „Anderen" zu sehen. „Selig, die reinen Herzens sind, denn sie werden Gott sehen" (Mt 5,8). Es ist dasselbe, was auch Johannes sagt: „Und damit wissen wir, dass wir ihn erkannt haben: wenn wir seine Gebote beachten" (1 Joh 2,3); wenn unsere Praxis richtig ist, befindet sich unsere Theorie auf dem guten Weg. Und er bestätigt nochmals in demselben Brief: „Ich schreibe Euch, meine Söhne, weil Ihr den Vater erkannt habt" (Joh 2,13–14). Also können auch wir ihn erkennen (vgl. Joh 3,28). Das Herz der Orthodoxie ist die Orthopraxis.

Aber ist dies möglich? Können wir wirklich diese Zugbrücke überwinden? Können wir den inneren Raum von uns selbst öffnen, um einem anderen ‚Selbst' Platz zu machen. Kann „die Verschmelzung der Horizonte" [Gadamer (1972), 289 ff.], die für ein echtes Verständnis unentbehrlich ist, eine Verschmelzung verschiedener ‚Selbste' verwirklichen, ohne Verwirrung zu stiften? Oder müssen wir, im Gegenteil, respektvoll an der Tür der fremden Selbsterkenntnis stehen bleiben und uns mit Hören und Sehen zufrieden geben wie die Kinder von Iiob? Die christlichen Mystiker haben von der Notwendigkeit gesprochen, dahin zu gelangen, ein *alter Christus* zu sein. Wir nehmen uns vor, *ipse Christus* zu erreichen, ermutigt auch durch den Ausspruch von Paulus: „Ich bin nicht mehr ich [mein Ego], der lebt, sondern Christus lebt in mir" (Gal 2,20).

Für eine individualistische Anthropologie kommt das Wagnis, in den „Anderen" einzutreten und seine Vertraulichkeit zu durchbrechen, einem Eingriff in die Würde des Individuums gleich.

Nachdem man die Liebe von der Erkenntnis abgesondert hat, wandelt der Andere sich zum Objekt, einem Fremden, einer Sache. Dies führt entweder zu der extremen Behauptung, dass *die Hölle die anderen sind* (Sartre), oder man betrachtet sie auf etwas wohlwollendere Art als ein Hindernis oder einen Feind. Um dem vorzubeugen, pflegt man zu unterscheiden zwischen *aliud* (das *id*) und *alius*. Der *alius* ist nicht eine andere Sache, sondern das andere Ich. Gegenüber diesem „Anderen" haben wir Rechte und Pflichten. Wir schulden dem Nächsten Liebe als einem „Anderen", als anderem Ich, und nicht als einer Sache. Dazu braucht man, vor allem, eine Ethik der Außenwelt – eine auf das Recht gegründete Zivilisation. Die Metaphysik ist irrelevant und wird durch die Ethik ersetzt[42].

Drei Anthropologien

Aus dieser Perspektive müssen wir darauf verzichten, den „Anderen" zu erkennen, wir sollen lernen, ihn zu respektieren. Die Entfremdung entsteht, wenn wir durch das *aliud* aufgezehrt sind, weil wir nicht vermocht haben, den *alius* mit menschlichen Zügen wahrzunehmen, der uns gegenüber steht. Weiter darf man nicht gehen, der Zutritt ist verboten.

Dem gegenüber entdeckt die verliebte Erkenntnis das Du und nicht den Anderen. Wenn Jesus ein Anderer und nicht ein Du für das Ich ist, das ihn erkennen möchte, dann ist es unmöglich und eine Gotteslästerung, in die Gefühlswelt Jesu Christi eindringen zu wollen, wie Paulus uns auffordert (Phil 2, 5).

Mit einer kurzen Kritik könnte man sagen, dass das Problem des „Anderen" nicht so sehr am „Anderen" liegt wie an einem selbst, am Ich. Um unser schlechtes Gewissen zu beruhigen, das sich um sich selbst kümmert, und nicht um den Anderen, beharren wir darauf, dass der Andere ein anderes Individuum ist, in dem wir ein abstraktes „Ich" mit den gleichen Rechten anerkennen.

Ein elementarer Hinweis auf die Grammatik würde uns zur Hilfe dienen. Ich kann nur dann „ich sagen", wenn ich mich auf mich selbst beziehe; was wir „anderes Ich" nennen, ist genau genommen eine Abstraktion. Für mich ist es kein Ich, sondern ein Er, Sie, Es. Umgekehrt kann ich Du und Er sagen, ohne auf mein Ich zu verzichten. Das Ich des Anderen kann ich nicht „Ich" nennen, es ist nicht mein „Ich", es ist ein „anderes Ich"; ich bin es nicht. Der andere hat seine Rechte (die nicht meine sind); ich soll ihn lieben wie ein *anderes* Ich selbst, aber nicht, als ob er ich selbst wäre: *individuum ineffabile*. Auf diese Weise wird der Eine zum Konkurrenten des anderen.

Der alte Ausspruch, der von *Plautus* aufgegriffen (Asinaria 495) und danach von weiteren Philosophen verwendet wurde, *homo homini lupus*, ist nicht nur unmoralisch oder gesellschaftsschädigend; es ist ein anthropologisch und metaphysisch irriger Gedanke. Der Mensch ist kein evolutionierter Wolf – wenn er auch Instinkte haben kann, die wir ‚animalisch' nennen –, denn in solchem Fall hätte er die Menschlichkeit verloren. Ganz anders ist die klassische Weisheit, die wir erwähnt haben und die wir nochmals von Erasmus (Adagia I, 1,69) zitiert finden: *homo homini Deus*, ohne weiteren Kommentar an dieser Stelle.

Annäherung

Noch weiter zu fragen, wie es möglich ist, ein anderes Individuum zu erkennen oder wie man es sogar wagen könne, in das *sancta sanctorum* der individuellen Vertrautheit eines anderen Menschen einzudringen, ist auf jeden Fall eine falsche Fragestellung. Mehr noch, es besteht ein innerer Widerspruch, ein Individuum zu sein (*indivisum a se, ab aliis vero distictum* [Individuum in sich und verschieden von den übrigen]) und ein anderes Individuum zu erkennen. Ich würde aufhören, das Individuum zu sein, das ich bin, wenn ich ein anderes Individuum *qua* Individuum erkennen müsste – oder umgekehrt. Das Individuum, das erkannte oder sich naseweis aufdrängte, würde die Individualität des erkannten Individuums zerstören, das aufhören würde, das Individuum zu sein, das es ist. Dieses ‚Erkennen' des Anderen (das offenkundig Erkenntnis ohne Liebe ist), zerstört den Anderen, entfremdet ihn. Wir sprechen vom wahren Erkennen des anderen Ich und nicht von unserer Fähigkeit, Verhaltensweisen vorauszusagen und Geschehnisse zu beherrschen. Wir beziehen uns auf jenes Erkennen, das eine gewisse Identität mit der erkannten Sache zur Folge hat. Es handelt sich hier auch nicht um die *unbeseelten Entitäten*; unser Fall bezieht sich auf das Erkennen des „Anderen".

Zusammengefasst: Wenn der Mensch nur ein Individuum ist, ergibt es keinen Sinn, in das Ego des anderen Einlass finden zu wollen.

Bis hierher haben wir das Problem ausgehend vom modernen westlichen Dogma des Individualismus vorgestellt. Damit ist nicht gesagt, dass die moderne Auffassung von der menschlichen Individualität unter allen Umständen so zu interpretieren ist, dass jeder von uns eine Monade ohne Fenster ist. Wir können Monaden werden, aber in Beziehung mit anderen Individuen. Die Beziehungen sind dann äußerlich. Jede Monade ist eine Nummer, und die praktische Regel wird sein, die zahlreichste Gruppe zu respektieren: die Mehrheit, die, letztlich angetrieben durch den Wunsch nach Frieden, ein Rechtssystem für das Wohlverhalten diktieren wird. Nichts ist einem Individuum überlegen, als eine höhere Anzahl von Individuen. Jeder ist in seiner Festung eingeschlossen. Das *individuum ineffabile* ist Obrigkeit. Jeder Einzelne ist ein kleiner Gott. Der monotheistische Gott zergliedert sich in kleine Götter. Könnte dies der Beginn der Demokratie sein?

Dieser Mythos stellt jedoch in Wirklichkeit keine universale Überzeugung dar. Auch das westliche philosophische Denken der Gegenwart erfährt schon ernsthafte Kritik gegen eine solche Interpretation. Der Mensch *hat* Individualität, aber er *ist* mehr als eine individuelle Entität. Die gegenwärtig dominierende Kultur westlichen Ursprungs hat anscheinend die Vorteile des Individualismus ausgeschöpft, und einige von denen, die Teil dieser Kultur sind, beginnen zu entdecken, dass diese Haltung zum philosophischen Solipsismus, zum soziologischen Atomismus, zur politischen Quantifizierung der Menschen führt und damit zur Isolierung, zum Kommunismus, zum nicht erklärten Krieg aller gegen alle: *homo homini competitor*.

Dies ist das Klima, in das heute die Reflexion über das *humanum* gestellt ist. Einer der positivsten Aspekte ist die neue Bedeutung, die man der Person beimisst, indem man sie vom Individuum unterscheidet.

Personalistische Annäherung

Unser Vorhaben ist der Versuch, an der Selbsterfahrung Jesu von Nazaret teilzuhaben, als ein Sonderfall des allgemeinen Problems der möglichen „gegenseitigen Bewusstseinsdurchdringung", wie im ersten Teil im Zusammenhang mit der Erfahrung der Christophanie angedeutet.

Sind wir absolut sicher, dass jede individuelle Bewusstheit eine uneinnehmbare Festung ist? Kann nicht das wahre *cogito* ein *cogitamus* und das *sum* ein *sumus* sein? Mehr noch: Sind wir wirklich sicher, dass das Sein etwas Totes ist, sodass die Vorstellung der Wirklichkeit als mystischer Leib oder *dharma-kāya* nur eine Phrase wäre? Ist das Sein nicht eher eine Tätigkeit, ein Akt? Sind wir wirklich überzeugt, dass das Bewusstsein nur ein individuelles Epiphänomen oder gar ein Privateigentum ist?

Unser Zweifel erstreckt sich darauf, ob das Problem als solches, wie man *den Anderen* erkennen kann, richtig angesetzt worden ist. Wir berühren eine der philosophischen Hauptfragen unserer Zeit. Wir könnten das herangezogene Beispiel sowohl auf der epistemologischen als auch auf der ontologischen Ebene behandeln. Auch die Anschauung über die *anima mundi* mit ihren entsprechenden politischen und ökologischen Konsequenzen steht im Zusammenhang mit derselben Frage. Es ist das Problem des Personalismus und einer animistischen Weltsicht[43].

Die Person kann wie ein Knoten in einem Beziehungsnetz beschrieben werden. Unter dieser Perspektive ist die Individualität nur der abstrakte Knoten, getrennt von allen Fäden, die tatsächlich zusammenlaufen, um den Knoten zu bilden. Die Knoten ohne Fäden sind nicht, die Fäden ohne Knoten können nicht überdauern. Die Knoten haben eine sehr praktische Funktion; sie ermöglichen wirksame Methoden, auf die menschliche Aktivität Einfluss zu nehmen, angefangen von Personalausweisen bis zu den Menschenrechten des Individuums selbst. Aber ein Knoten ist Knoten, weil er aus zusammengefügten Fäden gemacht ist, die mittels eines Netzwerks von Knoten mit anderen Knoten verbunden sind. Die Knoten sind nicht irreal, aber ebenso wenig sind es die Fäden. Das Netz bildet in seiner Zusammensetzung ein Ganzes. Dieser Vergleich, wenn er auch räumlich und materiell ist, hebt hervor, dass kein individueller Knoten existieren kann, wie auch alle anderen Knoten auf einander angewiesen sind und verbunden bleiben. Die Wirklichkeit ist das Netz, die Wirklichkeit ist Verbindung. Der Vergleich veranschaulicht auch eine andere menschliche Idee, östlich und westlich: dass in jedem Wesen auf irgendeine Weise die übrigen Wesen widergespiegelt, enthalten und vertreten sind. Jeder Knoten ist über die Fäden in Verbindung mit dem gesamten Netz, reflektiert auf gewissen Weise die übrigen Knoten. Das ἐν παντὶ πάντα („Alles in Allem" oder „Alle in Allen") von Anaxagoras, das *sarvam-sarvātmakam* des Sivaismus, die Korrelation Mikrokosmos/Makrokosmos von Aristoteles und der *Upaniṣad*, das *pratītyasamutpāda* des Buddhismus, die *speculatio* des Neoplatonismus, die *perichōrēsis* des Christentums (und von Anaxagoras) und die Spekular-Eigenschaft des Universums (von *speculum*) einer gewissen Philosophie sowie das Gesetz des *karman*, die Theorien des mystischen Leibes von vielen Religionen, die Universalität des *intellectus agens* der muslimischen Scholastik, die universale Vernunft der Aufklärung bis zur modernen wissenschaftlichen Morphogenetik, die magnetischen Felder, die „Gaia"-Hypothese und weitere scheinen eine weniger individualistische Weltsicht zu suggerieren, in der die Burg unserer Geschichte vielleicht nicht der Verteidigung gegen derartig schreckliche Drachen bedarf[44].

Wir haben schon darauf Bezug genommen, dass jede Weltanschauung eine bewusste Wahrnehmung der Welt oder besser des Anstoßes ist, den der *kosmos*, als totale Wirklichkeit verstanden, auf unser bewusstes Dasein ausübt. Eine animistische Weltanschauung würde die Natur als eine lebendige und in gewissem Sinne persönliche Wirklichkeit betrachten. Das *Sein ist persönlich*, könnte eine Formel sein, die diese Sicht zusammenfassen würde. Die Person wäre dann die Ausgangsebene des Seins und nicht nur ein verzögertes Epiphänomen der Wirklichkeit, eine Art Zufall des Seins. Mit besonderer Häufigkeit behandelt die Ontologie das Sein so, als ob es eine Entität ohne Leben oder Bewusstsein wäre. Eine andere äquivalente Formel wäre: das *Sein ist relational*. Diese zweite Annäherung, die wir beschreiben möchten, versteht die Wirklichkeit als ‚persona', als *anthrōpos*, als jene nicht reduzierbare Dimension der Wirklichkeit, in der wir sie erfahren. Die Person ist *sat puruṣa*, der wahre Mensch, ist die ganze Wirklichkeit, könnte man sagen unter Bezug auf den *puruṣasūkta* des *Ṛg-veda* (X, 90; ein Ausdruck, der in diesem Buch allerdings nicht verwendet wird).

Vielleicht befindet sich, im Gegensatz zu dieser *ontologie personnaliste*, eine tote Ontologie am Ursprung eines gewissen Misstrauens gegenüber den metaphysischen Spekulationen[45]. Hinzuzufügen ist, dass der christliche Terror gegen den Pantheismus die Scholastiker dazu führte, eine radikale Trennung zwischen *ens realissimum* (Gott) und dem *ens commune* (definitiv eine Abstraktion) vorzunehmen[46]. Hier wären die Diskussionen über den „Ontologismus" zu erwähnen, die in anderer Form wieder auftauchen. Auf dieser Ebene stoßen alle Probleme aufeinander.

Unser Problem ist das Erkennen des „Anderen". Kann mein Ego ein anderes Ego treffen und daher erkennen? Es ist klar, wenn „Person" bedeutet, der exklusive Eigentümer des eigenen Seins zu sein, *Selbstgehörigkeit* (deutsch im Original)[47], dann gibt es keinerlei Möglichkeit, über die individuellen Grenzen hinaus zu gehen. Wir müssen einander respektieren oder am besten tolerieren, aber sonst nichts[48]. Die Vertraulichkeit als uneinnehmbare Festung hat einen letztgültigen *status* – und die *privacy* gestaltet sich zu einem fast höchsten Wert. Diese Sublimierung der Individualität hat zu der verhängnisvollen Auffassung von Gott als höchstem Individuum geführt, als dem anderen par excellence, der unsere Annäherung beargwöhnt und unsere Identität stört wie ein befremdender Außenstehender, der uns entmenschlicht[49].

Annäherung

Wir haben gesehen, wie die Unterscheidung zwischen *aliud* und *alius* ein gewisses Licht auf unser Problem geworfen hat, obwohl dabei der Mythos des Individualismus intakt blieb – und aus dieser Perspektive können wir die außerordentlichen „Fortschritte" der Exegese und der „Entmythifizierung" und „Entmystifizierung" der Aussagen der Evangelien und Bibel bewerten. *Felix culpa!*

Aber das Problem der anderen bleibt bestehen. Im Grunde ist es das Problem des einen. Das Individuum, nachdem es in seiner Nichtkommunizierbarkeit und Gefangenschaft in seinem subjektiven Solipsismus definiert ist, kann nur seine Fenster öffnen, um den anderen zu finden oder Gefangener seiner Isolation bleiben. Es handelt sich um das letzte Problem des menschlichen Geistes, zumindest gemäß den Upaniṣad: *ekam advitīyam* [Einer ohne Zweiten], und Platon: ἕν καὶ πολλά [Einer und Viele], wobei es also um die Balance zwischen Monismus und Dualismus und um die Schwierigkeit geht, zu erfassen, dass die Oszillation möglich ist, weil es einen nicht-dualistischen Drehpunkt gibt, der sich *in der Mitte* der beiden Extreme befindet[50].

Was wir sagen möchten, ist, dass die großen Öffnungen zum *alius*, die (noch) innerhalb des Mythos des Individualismus wirken, in der Mehrzahl dualistische Theorien sind. Auch die Person wird von einigen als großes Individuum angesehen.

Wenn wir die Spur des deutschen Idealismus aufnehmen und die Wirklichkeit in Ich und Nicht-Ich einteilen (womit einfach die cartesische Dichotomie zwischen *res cogitans* und *res extensa* neu formuliert wird), wenn wir mit der großen Trennung von Geist und Materie beginnen, dann enden wir mit einer atomistischen Sicht nicht nur der Materie, sondern auch des Geistes. Leibniz entwickelt daraus eine philosophische Konsequenz, und der moderne Individualismus bringt die soziologischen Veränderungen hervor. Es ist klar, dass das Nicht-Ich sich nicht mit dem Ich verschmelzen kann, ohne es und auch sich selbst zu zerstören. Das Prinzip des ‚nicht im Widerspruch Stehens' kann durch keine „Diktion" außer Kraft gesetzt werden.

Ehrlich gesagt, der *alius* existiert nicht als „Anderer", sondern als sich selbst. Der andere existiert nur für mich, für die anderen. Der andere ist nicht anderer für sich. Unsere egozentrische Perspektive ist es, die ihn den „Anderen" nennt.

Die Wirklichkeit wird nicht von Ich und Nicht-Ich gebildet. Die

Drei Anthropologien

Wirklichkeit ist nicht dialektisch; der Verstand ist es wohl. Auch das Du gehört zur Wirklichkeit, und das Du ist nicht gegensätzlich oder fremd im Bezug auf das Ich. Das Du ist weder Ich noch Nicht-Ich. Die Beziehung ist advaitisch.

Die Ich-Du-Beziehung ist nicht dualistisch wie eine Beziehung zwischen zwei Substanzen, zwischen zwei ‚Sachen'. Die Ich-Du-Beziehung ist eine konstituierende Beziehung der Wirklichkeit selbst. Es gibt kein Ich ohne ein Du und umgekehrt. Aber die Beziehung ist nicht monistisch, sonst wäre sie nicht wirklich. Ich und Du sind nicht identisch, noch sind sie auf ein (alleiniges) Ich oder ein (alleiniges) Du oder auf ein höheres Es (einer anderen Wesensart) reduzierbar. Mich selbst als ein Du zu erkennen, bedeutet, meine tiefere Identität in mir selbst zu entdecken, weder gegenüber einem „Anderen" noch in einem narzisstischen Spiegel. Es bedeutet, mein dynamisches *ipse* zu entdecken, ich selbst zu sein: *tat tvam asi*! Das *tvam* gehört untrennbar zum *tat* ... „Das bist du": ein Du, das auf den Ruf des Ich antwortet, das es als Du begründet, das seinerseits zustimmt, dass das Ich ein Ich ist. Die Person ist die Gesamtheit aller Personalpronomen. Die Person ist Beziehung.

Wir sind uns bewusst, dass das Wort „Person" eine lange Geschichte hat, und dass es auf unvollkommene Weise zwei grundlegende hellenistische Vorstellungen bei der Formulierung der Trinitätslehre wiedergibt *(prosōpon* und *hypostasis)*. Außerdem wissen wir, dass die Diskussion über die so genannte „Persönlichkeit Gottes", die von den abrahamitischen Monotheismen vertreten wird, und die „göttliche Unpersönlichkeit", die den östlichen Religionen zugeordnet wird, zum Teil auf Missverständnissen basiert und zum anderen Teil auf gegenseitiger Unkenntnis. Auch der jüngere „Personalismus" hat viele Schattierungen[51].

Wir verwenden, ungeachtet all dessen, das Wort „Person", um dieses zweite anthropologische Konzept zu benennen.

Die Person ist weder ein Individuum noch undifferenzierte Existenz. Gerade weil sie etwas Letztgültiges ist, entzieht sich die Person jeder Definition. Person ist Beziehung, weil Sein Beziehung ist. Sein ist ein Verb, ein kommunikatives Agieren, also personalistisch: *esse est co-esse – et coesse est actus essendi* [Sein ist Miteinander-Sein – und das Miteinander-Sein ist ein Akt des Seins][52]. Die Person ist dieser sich bewusst seiende Knoten (das heißt mit menschlichem Bewusstsein), sich bewusst, Knoten zu sein – was man Bewusstheit seiner selbst oder sich als Ich wissen nennen könnte. Person ist jenes Wesen, das *ich* sagt. Dieses „Ich" ist nicht die Subjektivität des individuellen Ich, das mit der Reformation hervorbricht, wenn es auch bis auf Augustinus zurückgeht und mit Kierkegaard bis in unsere Zeit reicht[53].

Mit einer Person kann man nicht nur kommunizieren, sie selbst ist Kommunikation. Eine isolierte Person, im Sinne von individuell, ist ein Widerspruch *in terminis*. Die Person ist weder Singular noch Plural. Daher darf man nicht sechs Personen töten, um sechzig zu retten. Hier ist die Quantifizierung nicht anwendbar. Jede Person hat ihre Bestimmung in sich selbst. Ihre Würde ist unantastbar. Die politischen Konsequenzen, die daraus abzuleiten sind, sollten die verschiedenen derzeitigen Systeme umwandeln. Die so genannten Menschenrechte sind Rechte des ganzen Menschen, nicht des Individuums – der Mensch ist Person.

Das menschliche Wissen über das Persönliche bezieht sich auf die Ganzheit von uns selbst und der Welt, wenn es auch unvollkommen ist. Daher muss man es vom bloßen Kalkül unterscheiden. Kennen ist, am Erkannten teilhaben, und bedeutet daher ein Wachstum des Personseins. Das Konstituierende des menschlichen Wesens, wiederholen wir, ist Beziehung zu sein, und daher ist das Erkennen möglich. Aber eine Person ist nicht nur fähig zur Kommunikation, sie ist bereit zur Kommunion. Kommunion ist nicht Besitzergreifung: sie bedeutet nicht, dass die anderen Beteiligten (Objekte oder weitere Subjekte) mir gehören; es geht nicht um den Besitz von Objekten oder die Herrschaft über Subjekte. Kommunion bedeutet, sich gegenseitig zu gehören (der Eine dem „Anderen"), als Subjekte (und nicht als nur Objekte eines übergeordneten Subjekts). Kommunion bedeutet nicht, dass ich ein Du besitze (oder ein Du ein Ich besitzt), sondern dass beide einander gehören, da es das Eine nicht ohne das Andere gibt und umgekehrt. Das Ich geht nicht über das Du und das Du nicht über das Ich. Die Beziehung ist nicht zufällig, denn ihr Sein ist ein *coesse*, ein *Mitsein. Sein ist Gemeinsamkeit.*

Daraus ergibt sich, dass ich ein anderes Subjekt nicht kennen kann, wenn ich es so behandele, als wäre es ein Objekt. In solchem Fall kann ich es wohl identifizieren, aber ich kann seine Identität nicht entdecken. „Niemand kann sagen, Jesus ist der Herr, es sei denn im

Drei Anthropologien

Heiligen Geist" (1 Kor 12,3). Diese Behauptung könnte eher absurd erscheinen, wenn „sagen" bedeuten würde, Worte auszusprechen, und nicht kennen, nämlich etwas wandeln zu dem, was man kennt.

Es ist von Bedeutung, sich daran zu erinnern, dass die scholastische Philosophie, seit dem Heiligen Ambrosius[54] und wahrscheinlich schon beginnend mit dem Heiligen Justinus, glaubte, dass jede Wahrheit, von wo auch immer sie gesagt wurde, vom Heiligen Geist[55] ausgeht. Thomas von Aquin gefiel es, dies zu wiederholen: *Omne verum a quocumque dicatur, a Spiritu Sancto est* (vgl. Sum theol. I–II, q. 109, a.1; In Johannem VIII, 6, etc.).

Die Frage der persönlichen Selbsteinschätzung Christi stellte nach der Annahme der Dogmen des Konzils von Chazedon kein großes Problem dar: Die Person Christi ist die göttliche Person, die durch zwei Naturen als ‚Organe'[56] wirkt. Demgegenüber begann mit dem Aufkommen der Psychoanalyse und mit dem direkten Anstoß des Modernismus und dem eher indirekten der gesamten Mentalität der Aufklärung am Anfang des 20. Jahrhunderts eine lebhafte Kontroverse um das so genannte „Ich Christi"[57]. Die Frage in der Morgendämmerung des „christlichen Humanismus" zu Beginn des 12. Jahrhunderts war schon die gleiche: wenn man Jesus mit einer menschlichen Persönlichkeit verbindet, scheint man ihn seiner Göttlichkeit zu berauben[58]. Das Problem bleibt bestehen, wie es häufig geschieht, wenn man seine Prämissen nicht vertieft hat. Um die Einheit von Jesus Christus zu sichern, waren die ersten christlichen Konzile sich einig zu erklären, dass Jesus in einer einzigen Person bestand (die nur die zweite Person der Trinität sein konnte) und in zwei Naturen (menschlich und göttlich) – die natürlich zweifachen Willens bedürfen, um die menschliche Freiheit zu wahren. Aber in dem Augenblick, als die Menschlichkeit Christi sich abzeichnete und man seine Autonomie erkannte (andernfalls hätte man ihn nicht als einen Menschen betrachten können), komplizierten sich die Probleme. Wenn das Ich Christi die göttliche Person ist und Jesus zugleich ein vollkommen menschliches Bewusstsein hatte, wie hätte dann ein allwissendes göttliches Bewusstsein mit einem menschlichen Bewusstsein koexistieren können? Die Feinheiten dieser Art von Theologie sind faszinierend und abwechslungsreich[59]. Wir werden aber diesbezüglich keine Einwände vorbringen.

Es ist interessant, darauf hinzuweisen, wann die Frage des

menschlichen Bewusstseins Christi ein Problem zu werden begann. Innerhalb einer scholastischen apersonalistischen Ontologie war diese Frage kein Problem. Mit dem Aufkommen des Individualismus und der durch Descartes und Kant überdachten Philosophien erwies sich die Frage als philosophisch unlösbar. Wenn Christus ein menschliches Individuum war, konnte er nicht gleichzeitig ein göttliches Individuum sein. Die einzige Antwort war die *sola fides*. Aber die intellektuelle *Apartheid* solcher *fides* (die man ironischerweise als *sola* bezeichnete), hatte keinen Bestand, und die Frage wurde brennend: wer war dieser Christus? Die Theologie in der der Aufklärung folgenden Phase verlegte die Fragestellung auf Jesus. Nicht *„wen nennen* die Leute den Menschensohn?" (Mt 16,13), sondern „was sagst du selbst darüber, wer du bist?"

Zusammengefasst: Wenn der Mensch eine Person ist (und kein Individuum), ist die Teilnahme am Selbstverständnis der anderen nicht unmöglich, hat aber ihre Grenzen. Das Ich versteht den anderen in dem Maße, wie er ein Du ist; und dieser andere verwandelt sich immer mehr in ein Du in dem Maße, wie er durch ein Ich erkannt und geliebt wird. Was wir damit sagen, hat Bezug zur alten *disciplina arcani*, so dass nur der Eingeweihte verstehen konnte (der demzufolge am Ritual teilnahm). Aus demselben Grund forderte die Tradition den christlichen Glauben, mit dem das Studium der Theologie begann. Auch dem Studium der *Veden* und des Buddhismus musste eine Initiation vorangehen, die den Weg öffnen sollte für eine bestimmte, nur durch Liebe und natürliche Veranlagung mögliche Erkenntnis.

Diejenigen, für die Jesus Christus zum Du geworden ist, können in gewissem Maße an dem teilnehmen, was die Heilige Schrift den Geist Christi nennt (Joh 14,26; 16,13) und dadurch eine sichere Erkenntnis Jesu Christi erlangen (vgl. 1 Kor 2,16; 1 Joh 5,20).

Diese Erkenntnis hat ihre eigenen Gefahren, die nicht ignoriert werden sollten: Halluzinationen und Verblendungen aller Art. Sie hat auch ihre Grenzen: Das Du nimmt auf die gleiche Weise wie das Ich am Bewusstsein teil, aber beide sind verschieden und können nicht zu Einem vereinigt werden. Die Beziehung ist *advaita*, nicht-dualistisch. Die Geschichte des Mystizismus ist voller Beispiele falscher und unheilsamer Verwechslungen. Das Ich und das Du sind nicht nur voneinander abhängig, sondern auch *interindependent,* wie bei der Trinität.

Drei Anthropologien

Wir können das Du kennen, wenngleich wir keineswegs in ein anderes Bewusstsein eindringen werden, gerade deshalb, weil jeder von uns auf einzigartige Weise an jenem besonderen Bewusstsein teilhat.

Dies ist unser Problem. Nachfolgend werden wir eine dritte Perspektive untersuchen.

Die ādhyātmische (pneumatische) Annäherung

Wir möchten Jesus erkennen. Wir haben zu Anfang gesagt, dass es ein einziges Tor gibt, um in die Innerlichkeit eines Wesens zu gelangen: die von seinen Worten und seinen Werken zurückgelassenen Spuren zu prüfen. Diese Methode ist nur unter zwei Bedingungen legitim: dass wir uns dessen bewusst sind, was wir tun, und dass wir um Erlaubnis für dieses Eingreifen bitten. So geschah es bei unserer erste Annäherung anthropologischer Art – die dem wissenschaftlichen *Experiment* gefährlich ähnlich ist (experimentelle Psychologie).

Als Zweites haben wir gesagt, dass es nicht in Betracht kommt, in das Tor einzubrechen, weil das persönliche Bewusstsein kein eingezäunter Raum ist, sondern eine gemeinsame *Agora*, wo die Menschen ihre Kommunion finden, indem sie zusammen wirken. Daher weisen wir auf die Wichtigkeit des Teilens gleicher Ideale hin, vor allem des Liebens, was uns zur Verwirklichung einer gewissen Kommunion in dem Maße befähigt, wie wir schon an der persönlichen Struktur der Wirklichkeit selbst teilhaben. Dies ist nun unsere zweite Annäherung gewesen, die der Observation der (tiefen) Psychologie in ihrer Bedeutung ähnlich ist.

Es gibt aber noch eine dritte Einstellung, die darin besteht, nicht nur Ideen und Ideale zu teilen, sondern das Sein. Die christlichen Schriften und die Traditionen drängen nicht nur darauf, dieselben Empfindungen wie Christus zu haben, sondern fordern uns auf, mit ihm eins zu sein und in ihn verwandelt zu werden. Dies ist der Weg der *Erfahrung*, die mystische Methode.

Darüber hinaus haben wir gesagt, dass die mystische Erfahrung nicht den Verstand oder die Sinne ausschalten darf. Die *oculi fidei, mentis et sensus* sind miteinander verbunden, und ich möchte hinzufügen, diese Integration stellt ein unausweichliches Muss der zeitgenössischen Philosophie dar. Unsere Suche ist ein Vorstoß in diese Richtung.

Wir verwenden überlegt das Adjektiv *ādhyātmisch* wie auch andere, der jüdisch-christlichen Tradition bisher fern stehende Wörter, weil nicht nur die Kulturen, sondern auch die Religionen ersticken, wenn sie in sich selbst eingeschlossen verharren. Das Wort *ādhyātmisch* verwendet man nicht im Sinne des *sānkhya* (als eine dritte Art von Leiden – die inneren), sondern des *vedānta*, „in Bezug auf den *ātman*", wie es einer integralen Anthropologie entspricht, in der der wirkliche Mensch in all seinen Dimensionen als *satpuruṣa* betrachtet wird.

Wenn die erste Annäherung hinsichtlich der Person individualistisch ist, so bezieht die zweite sich auf die ganze Wirklichkeit. Der Mensch ist weder ein (getrenntes) „Individuum" noch eine vom Rest der Welt isolierte „Person". Auch ist die Wirklichkeit keine Entität *an sich*. Die ganze Wirklichkeit ist miteinander verwoben angelegt.

Mit der Einführung des Begriffes ādhyātmisch treten wir dafür ein, diesen der dreifachen Anthropologie des ursprünglichen Juden-Christentums und ebenso des alten hellenisierten Christentums[60] zurückzugeben. In diesem Sinne hätten wir dieses Kapitel auch als die *pneumatische* Annäherung[61] betiteln können.

In der Tat sahen die ersten christlichen Jahrhunderte den Menschen in inniger Verbindung mit der Materie durch seinen *Körper*, in grundlegender Verbindung mit allen lebendigen Wesen (besonders den anderen Menschen) durch seine *Seele* und in einer besonderen Einbindung in die göttliche Welt durch seinen *Geist (spiritus)*.

Wir führen dieses Wort auch noch aus einem zweiten Grund ein: um zu einer Neubewertung dieser dreiteiligen Anthropologie beizutragen, die in der christlichen Tradition so weit in Vergessenheit geriet, dass man der platonischen Teilung zwischen Seele und Körper[62] den Vorrang gegeben hat. Vielleicht kann eine indische Perspektive als äußerer Anreiz dienen, diese ‚paulinische' Anthropologie zu vertiefen. Nichts ist definitiv in einer lebendigen Tradition[63].

Wir können versuchen, in dieser Vertiefung einen kleinen Schritt voran zu kommen.

Wenn der Mensch aus Geist, Seele und Körper, πνεῦμα, ψυχή, σῶμα gebildet ist (1 Thess 5,23), ist er nicht nur ein evolutioniertes Tier, sondern er birgt in sich einen *Funken*, ein Geistiges, ein Etwas –

und gerade das wird ihn bestimmt auf von den übrigen Wesen unterschiedene Weise zur Vergöttlichung gelangen lassen. In der *vishnuitischen* Tradition besteht keinerlei Schwierigkeit, einem Tier zuzugestehen, dass es ein *avatāra* Gottes ist, weil, wie wir gesagt haben, ein *avatāra* eine ausschließlich göttliche Wesensart hat. „Die Unwissenden erkennen nicht meine wahre Natur, wenn ich menschliche Gestalt annehme", sagt die *Gītā* (IX, 11). Wir wissen, dass in den Tausenden vonseiten der christlichen Scholastik die Frage diskutiert worden ist, ob es Gott möglich gewesen wäre, sich in einem Tier oder auch in einer Sache zu inkarnieren; aber von der *potentia Dei absoluta* abweichende Überlegungen hätten für die Christen keinen mit der Fleischwerdung vergleichbaren Sinn gehabt. Es wäre ein anderes Universum. Der Heilige Thomas, der sehr wohl anerkennt, dass die göttliche Macht absolut ist, spricht sich klar dafür aus, dass *sola natura humana sit assumptibilis* [nur die menschliche Natur annehmbar sein kann] (Sum. theol. III, q. 4, a.1), weil die *creatura irrationalis non habet congruitatem* [die irrationale Schöpfung nicht geeignet ist] (ad. 2).

Wie es auch sei, unser Interesse gilt den unterschiedlichen Auffassungen des Menschen, nach denen das Erkennen des anderen möglich oder unmöglich ist.

Wir sind davon ausgegangen, uns zu fragen, ob wir ein anderes Individuum oder eine andere Person kennen könnten. Unsere zu Grunde liegende Annahme war, dass das Erkennen unser innerlicher Akt ist, durch den wir erreichen, die andern zu kennen. Wenn das Erkennen uns nun aber doch nicht als mehr oder weniger private Tätigkeit zu eigen wäre? Oder wenn es im Gegenteil etwas wäre, woran wir teilhaben? Kennen wäre dann nicht, mir bewusst zu sein, dass mein Ego kennt, sondern die Bewusstheit zu haben, dass ich an der Kenntnis teilhabe, dass die Kenntnis mir zugeflossen und über mich gekommen ist und ich es so empfinde. Die erste Frage war, ob ‚wir' ein anderes Individuum kennen können; die zweite ging um das Problem, das Du unserer Person zu erkennen; die dritte öffnet sich der Problematik des Kennens als solches – gewiss nicht des ‚objektiven Kennens' oder des ‚formalen', sondern des ‚identifizierenden' und daher erlösenden Kennens.

In einem Kommentar zur Heiligen Schrift mit Darstellung der gemeinsamen Überzeugungen verschiedener Traditionen schrieb Richard von Sankt Victor, dass die Liebe am Anfang des Bewusstseins steht und, sobald man sich einer Sache bewusst wird, die Kontemplation erwacht und aus ihr die Erkenntnis hervorgeht[64].

Jahrtausende vor dieser Idee war dies schon kennzeichnend für viele Zivilisationen. Erkenne ‚dich selbst', sagte die griechische Weisheit, die sich später in der christlichen Mystik widerspiegelte[65]. Erkenne dein „Sich-selbst", wiederholt die indische Mystik eindringlich: das Sich-selbst, das Dein wahres Selbst ist, das nicht ‚dein' Ego ist (vgl. Mt 16, 24; Lk 9, 23). Nur wenn es aufhört, dein Ego zu sein, taucht das Sich-selbst auf, das zweifellos dein Sich-selbst ist. Gott und Christus zu erkennen, ist das ewige Leben, sagt die Heilige Schrift (Joh 17, 3) und bestätigt, dass uns die Intelligenz (διάνοια) gegeben worden ist, damit wir die höchste Wahrheit [Gott] erkennen (1 Joh 5, 20). Unsere dritte Frage veranlasst uns also, das Kennen der „Anderen" zu vertauschen gegen die Erkenntnis Gottes. Eine spanische Redensart drückt es poetisch aus: „Der kürzeste Weg führt über die Sterne", und in diesem Sinne würde ich einen geheimnisvollen Text der Upanischaden deuten: „Er offenbarte sich dreifältig": *sa tredhā ātmānaṃ vyakuruta* (BU 1, 2, 3). Platon regt an und Plotin entwickelt, dass die wahre Erkenntnis die Gotteserkenntnis ist.

Die erste Frage bezieht sich also nicht auf die Erkenntnis des anderen, sondern auf die Selbsterkenntnis: „Ko'ham?", „Wer bin ich?" (AU I, 3, 11).

Ein Wissenschaftler objektivierte es eines Tages gegenüber einem östlichen Weisen, der eine gewisse Skepsis bezüglich der technologischen Zivilisation zeigte: „Dennoch waren wir Abendländer im Stande, einen Menschen zum Mond zu schicken." „Gewiss", antwortete der Weise, „aber ihr wisst nicht, *wen* ihr geschickt habt!" Um uns selbst zu erkennen, müssen wir wissen, *wer* in uns erkennt. Das Erkennen des *Wer*, des Sich-selbst ist die Verwirklichung, die Erlösung, wird der *Vedānta* sagen.

Es zeigt sich da eine Gefahr, die man unbedingt beachten muss: den als Geist-Materie verstandenen Gnostizismus und die Ablehnung des Körpers als Gefängnis die Geistes. Wenn die Erkenntnis nur epistemisch ist, schließt dieses angeblich erlösende Wissen den Körper aus und daher auch die Welt. So verfällt man dem Dualismus oder einem Idealismus, der jegliche Wirklichkeit außerhalb der „Idee" verleugnet.

Drei Anthropologien

Doch wir haben mehrmals betont, dass die Erkenntnis eine Erkenntnis des ganzen Seins ist und das Dritte Auge die andere Dimension des Wirklichen sieht. Das französische Verb *connaître* – „zusammen geboren werden" – lässt den Sinn des „Erkennens" direkter werden[66].
Dies bedeutet, dass das Selbstverständnis nicht Erkenntnis irgendeines Objektes ist. Wir sind keine Objekte, sondern Subjekte. Wenn wir Jesus in ein Objekt unserer Erkenntnis verwandeln, können wir zwar eine bestimmte objektive Kenntnis über ein Individuum des Namens Jesus erlangen, aber wir werden nicht die wahre Kenntnis des Jesus erhalten, der sich selbst nicht als Objekt kannte, und wir werden nicht an seinem Selbstverständnis teilhaben. Und wenn der Mensch sich durch sein Selbstverständnis kennzeichnet, werden wir diesen Menschen nicht verstehen, solange wir nicht sein Selbstverständnis teilen. „Du kannst nicht den Kennenden der Erkenntnis kennen", besagt ein indischer Text (BU III 4, 2). „Auf welche Weise kann der Kennende erkannt werden?", fragt der gleiche Text (BU III 4, 14). „Er, der ātman ist weder dieser noch jener ... Aber durch was kann man den Kennenden erkennen?", wird dann weiter gefragt (BU IV, 5, 15).

Die *Upanischaden* lehren uns, dass wir, wenn wir uns auf die Suche nach einem Objekt machen, dieses niemals finden, weil unser Objekt sich in immer mehr Objekte zerteilt; die Spezialisierung wird fortschreiten in einem Prozess ohne Ende. Die *Upanischaden* warnen uns, indem sie behaupten, dass nicht unser objektives Erkennen „jenes Mittel [ist], durch das alles erkannt wird", und die Frage lautet: „Wie kann man ihn erkennen?" (BU II, 4, 14). Die Antwort kann uns weder aus den *Regulae* von Descartes noch aus sonst einer objektiven Methode gegeben werden, denn wenn wir auch gelten ließen, dass wir die Erkenntnis des Erkennenden erlangen könnten, würden wir ihn auf Grund gerade dieser Tatsache als solcher nicht erkennen, weil er sich nämlich in den Erkannten verwandeln würde – den von uns Erkannten. Wir hätten das Subjekt versachlicht, indem wir es in ein Objekt verwandelt hätten. Und unsere Frage bezog sich auf das Subjekt.

Doch gibt es eine Weise, den Erkennenden zu erkennen: sich in den Erkennenden selbst zu verwandeln. Dieses Sich-wandeln ist die wahre, Heil bringende Erkenntnis. Auch Jesus sagt zu den Jüngern, dass sie jede Furcht beiseite lassen und sich in das verwandeln sollen, was er ist: „Seid ich selbst, nährt euch von mir, bleibt in mir."

Tat tvam asi ist die letztgültige upanischadische Aussage; „das bist du"; erkenne dich selbst als ein Du, als das Du, das sich als *ahambrahmāsmi* versteht: „Ich bin brahman". Dies kann wahrhaftig nur gesagt werden, nachdem wir gewahr geworden sind, dass *ātman brahman* (ist), so dass *brahman* derjenige ist, der sagt, es ist (ich bin) *brahman* – und nicht mein Ego. Hierbei sind die drei Personalpronomina im Spiel, und alle drei sind notwendig für eine volle Verwirklichung[67].

Das Erkennen des anderen tritt hier nicht als das Erkennen „eines Anderen" in Erscheinung. Es ist einfach Erkenntnis, die Erkenntnis, die auftaucht, wenn man sich in das wandelt, was man erkennt, was man erkennen soll. „Jenes ist der *ātman* in dir, der sich in jedem Ding befindet", endet der Text, den wir zitiert haben (BU III 4, 2). Es geht nicht mehr um die Frage, in die Intimität einzudringen oder ein hypothetisches ‚Anderes' zu objektivieren. Das ‚Andere' hat sich in dein Selbst verwandelt. Steht es nicht geschrieben: „Liebe deinen Nächsten wie dich selbst" [dein Selbst]?[68] Hierauf bezogen wir uns, als wir eine gewisse von der Anthropologie (und der Ontologie) getrennte Epistemologie kritisierten und vom Erkennen sprachen als einem Wachstum im Sein – unseres Seins.

Wir sprechen hier von etwas, das praktisch alle mystischen Schulen auf die eine oder andere Weise hervorgehoben haben. Volle Erkenntnis ist Synonym einer Teilhabe, die es zulässt, die Identität mit dem Erkannten zu erlangen, was mehr ist als einfach eine epistemische Wirklichkeit. Zur Erkenntnis Jesu zu gelangen, heißt nicht, Informationen über den Sohn von Maria zusammenzutragen, auch nicht darüber, was der Begriff „Sohn Gottes" bedeutet (Harnack hatte Recht in diesem Sinne). Zur Erkenntnis Jesu Christi zu gelangen, ist ein mystischer Akt, es kommt der höchsten Unternehmung des menschlichen Geistes gleich – denn es ist gleichbedeutend mit der Erkenntnis der Ikone der ganzen Wirklichkeit (Kol 1, 15–20).

Zusammenfassend ist zu sagen: Wenn wir das menschliche Wesen zergliedern und dieses Wesen einen intellektuellen Aspekt hat, ist das Selbstverständnis nicht nur Erkenntnis unseres jeweiligen Ego, sondern Teilnahme an höherer Erkenntnis (an der Erkenntnis des wahren Selbst – als subjektiver Genetiv). Eine monotheistische Betrachtungsweise der Welt wird aufrecht erhalten, dass dieses Selbstverständnis das Privileg eines höheren Wesens ist, und wird uns nur einen kognitiven, asymptotischen und analogen Prozess erlauben. In einer trinitarischen Anschauung findet sowohl die Identität als auch der Unterschied Raum. Man kann den anderen erkennen in dem Maße, wie man die gleiche Wirklichkeit teilt. Da aber die Wirklichkeit der trinitarischen Sicht nicht reduzierbar auf eine unterschiedslose Einheit ist, verlieren wir niemals unsere Einmaligkeit, unsere Identität. Ohne Zweifel ist in dieser Erfahrung der Andere kein *aliud*. Er ist das *Du* im Polaritätsverhältnis zum *Ich*. „Niemand kennt den Sohn, nur der Vater: und niemand kennt den Vater, nur der Sohn und der, dem es der Sohn offenbaren will" (Mt 11, 27).

Man weiß durch Erleuchtung, dass in letzter Instanz „er vom Vater der Lichter herabsteigt" (Jak 1, 17), sagte eine spirituelle Strömung, die ausgehend von Jakobus zum Heiligen Augustinus und dem Heiligen Bonaventura gelangt, bis hin zum Ontologismus des 19. Jahrhunderts – wenngleich mit deutlichen Unterschieden.

Wir haben den Menschen als ein sich selbst erkennendes Wesen charakterisiert, aber die totale Selbsterkenntnis ist nicht möglich – wie es schon Sokrates andeutete (Phaidr. 229 e). Der *autos* würde aufhören zu sein. Wiederum braucht man die Trinität. *Brahman* ist *brahman*, aber er weiß nicht, dass er *brahman* ist, sagt ein bestimmtes System des *vedānta*. *Īśvara*, dem *brahman* gleich, ist derjenige, der weiß, dass er *brahman* ist, der sich als *brahman* erkennt.

Mit anderen Worten: „Ich kann nicht absolut identisch mit mir selbst sein". Ich kann meine absolute Identität nicht finden, nicht nur, weil ich in der Zeitlichkeit lebe, die ständiger Wechsel ist (das „Ich bin", das es sagt und es denkt, ist schon ein erinnertes „Ich war" oder ein projiziertes „Ich werde sein"), sondern auch, weil es kein Prädikat gibt, das aussagen könnte, wer des Subjekt ist, ohne es zum Prädikat umzuformen. Die Logik sagt uns, dass ich nicht vollkommen erkennen kann, wer dieses Ich ist, das sagt „ich bin" oder sich fragt „wer bin ich?". Ich kann es nicht mit einer absoluten Reflexion sagen. Aber vielleicht kann ich es sein, ohne es zu wissen oder zu denken. Man kann nicht sagen, dass ich es *nicht sein könnte*, aber man kann behaupten, dass ich nicht „ich" bin, kein „ich bin" sei, sondern ein „bin", das nicht mir gehört. JHWH ist der Einzige, der sagen kann „Ich bin", also seinen eigenen Namen erschöpfend kundtun kann.

Es gibt also kein auf das Ego bezogenes Selbstverständnis. Das erkannte Ich ist nicht das erkennende Ich. Das Ich erkennt sich, indem es sich im Du – als dem Ich ‚gleich' – wiedererkennt.

Die vollständige *noēsis noēseos* (νόησις νοήσεως, Aristoteles, Met. XII, 9, 1074 b, 33 ff.; etc.) führt zum absoluten Idealismus oder zum Solipsismus. Würde das Ich sich selbst vollständig kennen, so wäre das Ich reine Erkenntnis ohne Raum für ein Du. Und wenn dieses Seiende wirklich wäre, würde seine Erkenntnis mit der Wirklichkeit identisch sein. Wäre Gott dieses absolute Ich ohne ein Du, das sich selbst in vollkommener Identität erkennt, so wäre das Seiende gänzlich unverständlich und die Wirklichkeit rein geistiges Verstehen. Das Unverständliche wäre nicht wirklich. Dies ist reiner Idealismus.

Demgegenüber ist das Ichbewusstsein des Ego Bewusstheit des Du. Die Formen dieses Du sind ontologisch abgestuft von der reinen Bewusstheit des (trinitarischen) Du bis zu unserem empirischen Erkennen der materiellen Dinge.

Es gibt aber noch mehr, wie wir bereits angedeutet haben. Das ‚eigene' Bewusstsein des Du (subjektiver Genetiv) aus der Perspektive des Du ist ergründbar. Demgegenüber ist das Du aus der Perspektive des Ich nur das Ichbewusstsein (objektiver Genetiv), das das Ich von sich selbst als Objekt (seiner Selbsterkenntnis) hat. Aber dieses überlässt dem Ich einen ‚leeren Raum' (das ist vielleicht die beste Metapher), der nicht nur Bewusstsein ‚ist' (gerade weil es eben kein absolutes Bewusstsein des Ego – keine totale Selbstidentität des Ich – gibt). Das Ich hat Bewusstsein seiner selbst als (ein) Du – das kein Ich ist (aber sich mit dem Ich identifiziert). Dieser ‚leere Raum' ‚ist' der Heilige Geist. Gewiss ist der Logos dem Vater ‚gleich', der Logos ist nichts weiter als der Logos des Vaters, und der Vater ist dem durch ihn gezeugten Sohn ‚gleich'. Weil es aber kein absolutes Ichbewusstsein (des Ego) gibt, sondern nur Bewusstsein des Du, lässt das höchste Ich (das wir Vater nennen) dem Heiligen Geist ‚Raum' als Hiatus, als Raum zwischen dem Vater und dem Sohn. Der Sohn stellt das *advaita*, den Nichtdualismus zwischen Vater und Sohn dar: auf diese Weise sind sie weder zwei noch einer.

Wenn nur der Vater und der Sohn in absoluter Gleichheit existierten, würde die Dualität in den Monismus verfallen – und es gäbe keinen Raum für uns. Der Heilige Geist verhindert sozusagen den ‚Kurzschluss'; er ist der Dynamismus des Lebens – in dem wir leben[69].

Drei Anthropologien

Auch von einem weniger metaphysischen Gesichtspunkt können wir fragen, wo unser wahres Ich ist: Im Innern oder im Äußeren, in der Kontemplation oder in der Tätigkeit? Ist der Weg der einer Instase oder einer Ekstase?

Mit wenigen Worten: die ādhyātmische Einstellung fragt nicht, als erste Annäherung: „Was ist der Mensch?", noch „Wer ist der Mensch?" als personalistische Anthropologie, sondern sie fragt: „Wer bin ich?" Die erste Methode leitet über zur Frage „Was ist Jesus?"; die zweite fragt weiter „Wer bist du?"; die dritte möchte eindringen in das „Wer bin ich?" und findet sich bei der trinitarischen *perichōrēsis* wieder.

Aber wir dürfen nicht den Faden unserer Darstellung verlieren. In dieser Höhe sollte es klar sein, dass unsere Aufgabe kein zu lösendes Problem ist, sondern ein zu lebendes Leben.

Zusammenfassend gesagt, möchten wir die Selbsterfahrung des Menschen Jesus kennen lernen und wagen dabei, vom Mystizismus Jesu Christi zu sprechen.

Wenn er nur ein historisches Individuum ist, das vor zweitausend Jahren in Palästina lebte, müssen wir der gängigen exegetischen Methode folgen, die sehr nützlich sein wird, um den Kontext aufzuspüren und zu verstehen, in dem dieses Individuum lebte, und auch ein notwendiges Hilfsmittel bieten wird, uns daran zu hindern, unsere Hypothesen auf einen unrealistischen Hintergrund zu projizieren.

Wir müssen jedenfalls die geographische und historische Distanz beachten: Jesus, ein faszinierender und rühriger Unbekannter, ein Er. Wir können entdecken – oder vielleicht nicht –, dass „*er der Weg ist*": eine Lehre.

Wenn wir uns in unserem Bewusstsein als Personen erkennen, nämlich als Polarität ich – du, offenbart sich uns nach und nach in steigendem Maße von selbst die Wirklichkeit des Du (das Ich selbst), soweit unser Inneres durch einen liebenden Intellekt erleuchtet wird: durch Jesus als lebendiger und geheimnisvoller Begleiter. Das *Du*. Wir können entdecken – oder vielleicht nicht –, was es heißt „*Du* bist die Wahrheit": eine persönliche Begegnung.

Wenn wir während des Prozesses, der darauf ausgerichtet ist, uns selbst zu erkennen, dahin gelangen, das tiefere Selbst zu berühren, in das unser Ego sich gewandt hat, das heißt, wenn wir zu diesem Selbst gelangen oder es verwirklichen, werden wir in ihm genau diese Gestalt entdecken, auf die unsere Suche sich bezog: Christus, das Symbol jenes Selbst, mit dem wir ohne jenen Jesus es vielleicht nicht gewagt hätten, uns zu identifizieren: das höhere *Ich*. Wir können entdecken – oder vielleicht nicht –, was bedeutet „Ich bin das Leben": eine mystische Erfahrung.

Die drei Verneinungen „oder vielleicht nicht" sind nicht eine *antiklimax* oder ein Ausdruck persönlicher Furcht. Sie erfüllen eine dreifache Funktion.

Erstens: diese Betrachtungen rufen nicht eine apodiktische Folgerung hervor. Es sind keine Syllogismen: es gibt Raum für die Freiheit.

Zweitens: diese Lesart ist nicht die einzig mögliche: es gibt Raum für andere Deutungen.

Drittens: diese Meditation kann vom Weg abgekommen sein trotz besten Willens: es besteht die Offenheit für Korrekturen.

Diese lange Einleitung ebnet den Weg und sagt uns zugleich, dass die drei Methoden nicht nur legitim sind, sondern ihren jeweiligen Weltanschauungen entsprechen. Nachdem wir diesen Pluralismus erkannt haben, können wir dazu übergehen, die drei Methoden als einander ergänzende zu betrachten.

3. Die existentielle Untersuchung

Der status quaestionis

Bei einem Thema wie dem unsrigen ist der Forschende nicht nur am Rande, sondern bis auf den Grund beteiligt. Es ist ein Problem, das uns ganz gefangen nimmt. Dennoch bedingt dieses lebenswichtige Interesse nicht die Unmöglichkeit einer Betrachtungsweise aus unterschiedlichen Blickwinkeln. Die Forschung wird auf etwas ausgerichtet, dessen Wahrheit wir erhoffen. Kurz gesagt: „Durch Erfahrung findet der Mensch Zugang zu Wissenschaft und Kunst"[70]. Die Äußerungen unserer Erfahrung sind nicht unfehlbar und müssen offen sein für Kritik und Dialog.

Wir haben uns auf eine existentielle Frage eingelassen. Es geht um das Ganze, nämlich um den letzten Sinn dieses Lebens[71]. Diese Frage

Die existentielle Untersuchung

über die letzte Bedeutung des Lebens ist das homöomorphe Äquivalent der Frage nach der Identität von Jesus Christus. Wir fragen, wer Jesus Christus sei, und erwarten eine Antwort, die uns viel mehr enthüllt als die reinen biographischen Daten eines einfachen Individuums. Wer Ākbar oder Moctezuma gewesen seien, sind zweifellos wichtige Fragen, aber wir stellen sie nicht im direkten Zusammenhang mit dem letztgültigen Ziel des Lebens, wie wir es bei dem Impuls tun, der unserer Frage nach Jesus Christus zugrunde liegt. Die Antwort kann uns enttäuschen oder sich von dem unterscheiden, was wir erwartet haben, aber die Frage ist von höchster Erwartung durchdrungen. Diese Erwartung birgt jedoch keine vorgefasste Meinung in sich, weil die Frage kritisch ist und wir deshalb auf jegliche Antwort gefasst sein müssen. Bezüglich der Frage nach dem, was weniger Bedeutung gehabt hätte (als die Nachforschung über Jesus), die Erkundigung nach Ākbar oder Moctezuma, hätte es eine Antwort geben können, aber in Wirklichkeit gab es keine. Christlicher Imperialismus? Es könnte sein, und in der Tat war dies häufig der Fall. Aber die Frage ist legitim und auch real. Dennoch müssen wir drei Voraussetzungen anführen.

a) Man sollte sich die Grundsatzfrage stellen, was die Suche nach dem Mysterium des Menschen und der Wirklichkeit in letzter Instanz in Bewegung setzt; in diesem Sinne ist der Fragesteller nach Jesus nur ein Beispiel für den Fragenden nach dem Mysterium jeglicher Person. In der Tat haben von Homer bis Einstein, von Cäsar bis Mao viele einander ähnliche Idole bestanden: Jesus ist nur eines von ihnen – zentral für Manche, irrelevant für andere.

b) Es ist eine Tatsache, dass die historische Bedeutung in Zeit und Raum und in den Ereignissen (zum Guten und zum Bösen), die das menschliche Leben durch die Einwirkung von Jesus Christus erfuhr, aus ihm einen wenn nicht einmaligen Fall, so doch gewiss einen Ausnahmefall macht. Außerdem hat die Geschichte im allgemeinen Klima der westlichen Kultur, christlich oder nicht, ihre Bedeutung. Die Hauptrolle der Geschichte liegt wahrscheinlich in vorchristlicher Zeit und verdankt vieles den semitischen Mentalitäten, aber die Christen sind den abrahamitischen Traditionen als Erben so weit gewachsen, dass sie eine vollständige *Heilsgeschichte* [deutsch im Original] erarbeitet haben, die beibehält, dass die Geschichte in einer „Geschichte der Erlösung" gipfelt. Auf jeden Fall hat die Geschichte das Bewertungsprinzip der Wirklichkeit größtenteils in der Weise gewandelt, auf die man gerade diesen Jesus Christus interpretiert hat, einschließlich der westlichen Methode, die Zeit zu berechnen. In diesem Sinne ist die Frage nach Jesus Christus etwas Anderes als die Frage nach Aśoka – um einen weiteren Namen zu nennen. Auf jeden Fall stimmt die Bedeutung des historischen Jesus, wie die Dinge bei der zentralen Stellung der Geschichte nun einmal liegen, nicht überein mit der Relevanz Christi für die Völker der Welt, die nicht im Mythos der Geschichte leben. Wir betonen diese Beobachtung, ohne uns jetzt länger damit zu befassen.

c) Wenn die Frage nach Jesus durch eine legitime Neugier nach der Persönlichkeit motiviert wäre, dann unterschiede sie sich nicht von der Frage nach Aśoka, aber der Fragesteller nach Christus hat eine ganz andere Verflechtung, weil Christus, der beansprucht, der Retter zu sein, Neutralität nicht zulässt – schon die Indifferenz ist eine Stellungnahme (Mt 12, 30).

Es müsste also klar sein, dass wir, wenn wir die Frage nach Jesus stellen, diese als wichtig für unser Leben betrachten. Wir können unsere Vorurteile nicht vollständig ablegen, müssten uns ihrer aber bewusst und dazu bereit sein, sie auszulöschen, wenn sie sich als Hindernis zur Entdeckung der Wahrheit erwiesen. Es ist dennoch unbestreitbar, dass das Interesse vieler Leser wie auch unsere Suche nach der mystischen Erfahrung des Mannes von Galiläa nicht auf einfacher Neugier gegenüber einem bestimmten Individuum beruhen (so respektabel und einzig jede Person auch ist), sondern auf der Tatsache, dass dieser Mann auf besondere Weise uns fragt (uns und andere) und wir vermuten und glauben, dass seine Erfahrung von höchster (wir sagen nicht einziger) Wichtigkeit für das Leben eines großen Teils der Menschheit ist. Es ist kein belangloses Thema.

Wir haben schon bekräftigt, dass der persönliche Kompromiss nicht bedeutet, sich zu bemühen, eine Einstellung oder eine Meinung a priori zu vertreten. Wir können enttäuscht werden oder davon ablassen, weil dieser Mann – für uns – keine „Worte des ewigen Lebens" hat oder gerade die Aussage „ewiges Leben" alle Bedeutung verloren hat und uns gar als Lüge erscheint. Die Frage nach der Identität Jesu Christi beansprucht jedoch, eine letzte Frage zu sein. Wir fragen uns, wer war diese Gestalt, da sie ein bedeutendes Gewicht in der Menschheitsgeschichte auf Erden hatte und für viele noch zentrale Bedeutung hat. Wir sollten kritisch prüfen, ob diese Erwartungen berechtigt sind. Sie zu ignorieren, würde jedoch dem Fragenden selbst nicht gerecht, der, wie manche es sehen, die Last von zwanzig Jahrhunderten Geschichte trägt. Ein Kontext von zwanzig Jahrhunderten ist gewaltig, aber für andere Völker beläuft er sich auf fast viertausend Jahre (Abraham), und für noch andere gilt der ganze Kontext der Menschheitsgeschichte seit Beginn des Universums (sanātana dharma etc.). Die Fragestellung nach Jesus Christus ist gewiss nicht ohne Belang – ebenso wenig wie die Frage nach Buddha, Durgā, Viracocha, Kṛṣṇa usw. Der Frage, die Jesus stellt, für wen die Menschen ihn halten, entspricht unsere Fragestellung nach dem, was Jesus darüber aussagt, was der Mensch ist.

Dieses Bewusstsein kann methodologisch nicht darauf verzichten, auf denjenigen Bezug zu nehmen, der die Frage stellt. Wir können unsere Überzeugungen weder leugnen noch sie unterdrücken. Dies bedingt, dass unsre Annäherung eine Synthese der drei Methoden sein kann, soweit wir dies für wertvoll halten. Diese Studie verzichtet nicht auf die Kritik der Formen und auf historische Kritik, auf die Kenntnis der kanonischen und apokryphen Schriften, auf die orthodoxen und heteroorthodoxen und anderen Interpretationen, doch zugleich akzeptiert sie nicht die „Epistemologie des Jägers"; das heißt jene Forscher, die sich frei von Vorurteilen wähnen und auf alles, das sich bewegt, herfallen. Sie verfährt auch nicht auf frömmelnde Weise oder von einer sentimentalen Betrachtung Jesu ausgehend – auch nimmt sie keine einseitige Bewertung der Geschichte vor. Die christliche Geschichte ist nicht frei von Widersprüchen. Vielleicht dürfen wir uns den Scherz erlauben, dass die Christologie sich häufig in eine „Chrestologie" (Röm 16,18) im Sinne schöner Worte und triumphaler Ideen verwandelt hat.

Die Frage nach Jesus ist keine reine Spekulation und kein abstraktes *theologoumenon*. Wenn der Christ derjenige ist, der getauft worden ist und die Eucharistie empfangen hat, sollte dies bedeuten, dass er Christus persönlich begegnet ist – wenngleich diese Erfahrung noch nicht zu ihrer Reife gelangt sein mag. Der wahre Christ ist nicht so sehr der Anhänger einer Ideologie oder jemand, der an die Bekenntnisse anderer glaubt, sondern einer, der der Wirklichkeit Christi begegnet ist[72]. Ohne die persönliche Begegnung bleibt alles eine bloße Floskel (*adhyāsa*). Die orthodoxe Bedeutung jedes christlichen Sakramentes ist eine Begegnung mit Christus. Vergessen wir nicht, dass die Gnade Christi Christus selbst ist, und dass das *opus operatum* der katholischen Theologie nicht ‚magisch', sondern *opus operantis Christi* ist.

Allerdings ist – und bleibt – diese Begegnung dann reine Imagination oder bloße Konvergenz von Ideen, vielleicht auch Idealen, wenn sie nicht vor allem eine Begegnung von Personen ist, eine persönliche Begegnung, was bedeutet, sich im innigsten Bereich unseres Daseins zu treffen, eine Begegnung, die unser ganzes Sein umschließt – manche Mystiker definieren es als ein Sich-verlieben, andere als eine wesenhafte Berührung. Doch all dies würde eine Illusion bleiben, wenn diese Begegnung nicht wirklich geschehen könnte, wenn der wahre Christus nur eine Gestalt der Vergangenheit oder ein Gebilde unserer Phantasie oder bestenfalls eine Erinnerung an jemand wäre, der nicht mehr da ist. Die Begegnung geschieht nicht mit dem „Messias" oder irgendeinem anderen Attribut, sondern mit dem „Du" dieses unsagbaren Mysteriums, das die Christen Christus nennen.

Mit wenigen Worten, diese Begegnung kann verwirklicht werden, wenn die Verbindung und die Kommunion in der innersten Mitte unseres Wesens erfolgt: der Person. Es kann geschehen, dass die Vorstellung, die wir uns von Person machen, erst Gestalt annimmt, weil wir durch diese Erfahrung der persönlichen Begegnung gegangen sind. Wir sagen auf jeden Fall, dass diese Begegnung persönlich ist, weil die Person tatsächlich diese Art der Begegnung ermöglicht. Dennoch ist die Person unsere innigste und geheimnisvollste Wirklichkeit. Sie ist kommunizierbar, weil sie (schon) Kommunion ist. Das Individuum ist das Unbekannte, dem man auf der Straße begegnet, die Person ist es, die im Herzen empfangen wird.

Es bedarf einer Präzisierung, um einerseits jede ‚pietistische' oder sentimentale und andererseits ‚zerebrale' oder rationale Auslegung zu vermeiden. Es handelt sich nicht um eine Begegnung mit einem anderen, wie es geschieht, wenn wir uns mit einem Freund treffen, was reine Einbildung wäre im Falle eines Jesus, der vor zwanzig Jahrhunderten gelebt hat. Auch handelt es sich nicht um eine Begegnung mit meiner Intimität oder mit meinem Ego, was eher einer Entdeckung gleichkäme. Vielleicht ist das Wort ‚Begegnung' nicht geeignet, uns diese vorzustellen. Es geht nicht um Dualismus. Christus ist nicht nur der Freund oder der Gefährte, wenn auch die menschliche Art, sich auszudrücken, fast dazu zwingt, zu solchen Metaphern zu greifen. Christus ist nicht ein anderer. Aber es ist auch kein Monismus, Christus bin nicht ich. Wir sind weder einer noch zwei. Dies ist, wie wir versucht haben zu beschreiben, die nicht-duale Beziehung der Person. Es ist die Erfahrung des *advaita*.

An diesem Punkt angelangt, muss ich die Theorie des *pisteuma* auf mich selbst anwenden. Es ist nicht möglich, in der dritten Person zu sprechen. Ich kann zum Beispiel nicht die Bedeutung von *Durgā* erläutern, wenn ich nicht das *pisteuma* des Gläubigen (an *Durgā*) erreiche, was sich vom *noēma* des nicht Gläubigen unterscheiden kann. In gleicher Weise kann ich keine angemessene Beschreibung von Jesus Christus abgeben, wenn ich meinen Glauben an dieses Symbol in Parenthese (in *epochē*) setze. Wenn ich meinen Glauben bekenne, werde ich jede mögliche Verabsolutierung vermeiden, zu der aber jene neigen, die an die Vernunft glauben, wenn sie von der „reinen" Vernunft sprechen. Ich behalte stets im Sinn, dass dies mein Glaube ist, aber ich kann ihn nicht beiseite legen. Der methodische Zweifel an der Wahrheit und an der Gewissheit erfordert bereits ein ontologisches Raster, das den Zweifel hervorruft. Der methodische Zweifel tritt auf mit dem (stolzen) Anspruch, dass es etwas absolut Zweifelloses gäbe. Andererseits kann man nicht behaupten, an das, was man glaubt, nicht zu glauben, und umgekehrt kann man nicht behaupten zu glauben, was man nicht glaubt. Der kritische Imperativ ist die Relativierung.

Die persönliche Erfahrung

Nachdem all dies gesagt ist, gilt es nun, zum letzten Sprung anzusetzen. Diesmal geht es nicht um eine intellektuelle Übung, auch nicht um einen Willensakt, sondern um einen empirischen und existentiellen Balanceakt in den Abgründen der Wirklichkeit, in dem, was Paulus als die Tiefen definiert, den Abgrund der Göttlichkeit (Röm 8, 39; Eph 3, 18; 1 Kor 2, 9–10). Das heißt, es geht um die Erfahrung der eigentlichen christlichen Mystik.

Die Erfahrung Christi war seine persönliche Erfahrung. Ich kann sie nicht woanders erfahren als in meiner persönlichen Erfahrung, in der Erfahrung meiner eigenen Identität. Wenn ich beabsichtige, sie in

Worte zu fassen, unterliege ich vielleicht dem Einfluss dessen, was ich verstanden habe, und vielleicht benutze ich ein christliches Vokabular oder etwa das von Jesus Christus – und bestenfalls kann es dann sein, dass ich den Eindruck erwecke, aufs Neue nur seine Erfahrung, und nicht die meine, zur Sprache zu bringen.

Wenn ich über seine Worte und Taten meditiert habe, so kann dies einerseits meiner Erfahrung ihre Form gegeben oder den Rahmen abgesteckt haben, in dem sie zum Ausdruck kommt; andererseits kann die persönliche Erfahrung meiner eigenen Identität als solche ein Vorbild oder vielleicht auch ein Modell im Beispiel Jesu gefunden haben. *Hypotheses non fingo* [ich fingiere keine Hypothese], könnte ich mit Bezug auf Newton sagen; *Erfahrungsverschmelzung* [deutsch im Original] könnten diejenigen hinzufügen, die von Gadamer[73] inspiriert worden sind.

Nachdem diese verwickelten Zusammenhänge erkannt sind, möchte ich darauf verzichten, mir die Frage zu stellen, ob ich fähig wäre, meine persönliche Erfahrung auch in einer differenzierenden Sprache auszudrücken oder ob nicht auch andere Traditionen der Deutung meiner Erfahrung Form gegeben haben. Ich habe daher die Absicht, eine hermeneutische Indikation hervorzubringen, um die Erfahrung Christi verständlich zu machen, indem ich aus jeglicher Quelle trinke, die ich dafür geeignet halte. Man soll niemals das kritische Bewusstsein beiseite lassen.

„Bei meinem Erwachen zur Wirklichkeit, oder einfach zur Bewusstheit, möchte ich erneut alle Dinge entdecken, die ich jedoch als Schleier erkenne. Diese Schleier enthüllen mir ihre scheinbaren Formen, aber zugleich verbergen sie das, was sie sind. Wenn ich ihrer ‚Essenz' nicht begegne, wende ich mich meinem eigenen Innern zu. Ich beginne die bewusste Pilgerschaft nach meiner Mitte, aber auch hier finde ich keine Grundlage, keine Zuflucht im Nichts; ich komme auf keinerlei Fundament. Ich kann mich nicht mit meinem Körper identifizieren oder mit meiner Psyche oder mit dem, was ich heute bin, gestern war oder morgen sein werde. Ich fühle mich darüber, darunter, jenseits oder einfach verschieden von allem, dessen ich mir bewusst sein könnte. Mein eigenes Fundament ist ein *Abgrund* [deutsch im Original] (und darin inbegriffen ein *Ungrund* [deutsch im Original]). Ich entdecke einfach nicht mich selbst, mein Ich. Doch gerade dieses „Ich selbst" fragt sich: Wer (bin) ich? *Ko'ham?*

Die existentielle Untersuchung

Der Verstand sagt mir, dass ich, da ich nicht aus mir selbst komme, von irgendwo anders hergekommen sein muss. Die Folgerung, ‚Geschöpf' zu sein, kann logisch und legitim sein, aber es ist nicht Erfahrung. Meine Erfahrung ist einfacher, macht keinen Sprung nach außen, ich begegne ihr in mir selbst. Es ist die Erfahrung der Kontingenz, die nicht die des in die Welt geworfenen ‚Sünders' ist, und nicht die des zum Himmel berufenen ‚Gerechten'. Die Erfahrung der Kontingenz ist tangential (wie das Wort selbst es ausdrückt), weder immanent noch transzendent. Was diese Erfahrung tangential berührt *(tangere)*, was mich berühren lässt *(cum-tangere)* ist weder die unberührbare Transzendenz noch die Immanenz, die auch nicht berührbar ist. Die Transzendenz lässt sich nicht untersuchen: ‚Keiner hat Gott je gesehen' (Joh 1,18); die Immanenz auch nicht: es gibt keinen Raum, dies zu Wege zu bringen. In der Erfahrung der Kontingenz entdecke ich die tangentiale Berührung zwischen der Immanenz und der Transzendenz. Die Berührung erfordert, dass jemand etwas anderes berührt, aber in der Berührung gibt es weder Dualität noch Einheit; es ist die nicht-duale Verbindung – *advaita*. Bei der Erfahrung der Kontingenz fühle ich mich nicht als ein „Geschaffenes" (von jemand anderem), weil ich das Unendliche berühre, aber ich fühle mich auch nicht als ein „Erschaffender" (meiner Selbst), weil diese Berührung in einem Punkt ohne jegliche Ausdehnung stattfindet. Ich nehme wahr, dass ich teilhabe, dass ich integrierter Bestandteil desselben Flusses bin, den wir Wirklichkeit nennen – aber das Wort „Teil" (Teilhabe) drückt die Erfahrung nicht adäquat aus.

Das, was ich in Wahrheit bin, kann nicht etwas sein, was ich nicht bin; weder Engel noch Dämon; weder Himmel noch Erde; weder Erde noch Gott. Ich bin ein Punkt der Tangente, wo diese beiden Pole sich jeweils berühren: ich bin die Verbindung, die Mitte.

Alles, was ich *habe*, habe ich empfangen – von meinen Eltern, von meinen Vorfahren, von der Kultur, von der Erde, von einer in Entwicklung begriffenen Vergangenheit, *karma*, Gott oder was auch immer. Was ist *habe*, kann als Geschöpf bezeichnet werden. Aber das, was ich *bin*, ist gewiss nicht identisch mit dem, was ich *habe*. Ich habe das innere Selbst und damit alles übrige. Das Ich habe ich nicht, ich bin (es). Was ich bin, ist nicht Geschöpf, aber auch nicht Schöpfer. Ich weiß nicht, was ich bin. Ich weiß, dass ich durch das Wissen, begrenzt zu sein, gewissermaßen schon die Grenzen überwunden habe; das Erkennen meiner Endlichkeit zeigt mir die Unendlichkeit. Ich bin weder endlich, weil ich weiß, dass ich es bin, noch unendlich, weil ich mir meiner Endlichkeit bewusst bin."

Ich muss zugeben, dass es mir vielleicht nicht in den Sinn gekommen wäre, mich zu fragen, wer „ich bin", wenn nicht andere mir den Anstoß gegeben hätten, es zu tun, und mich dazu aufgefordert hätten, eine Antwort zu finden. Ich weiß es nicht. Heutzutage redet man überall und mit Furcht von der Entfremdung vom inneren Selbst.

„Von Jugend an hörte ich davon reden, dass Gott es war, der ‚mich' schuf; doch seit jener Zeit machte ich die Erfahrung, dass, obwohl ich es mir erst später erklären konnte, dieses ‚Ich' nicht mein wahres Selbst war. Ich habe zwar ein ‚Ich', jedoch bin ich mit dem ‚Ich' nicht identisch, ‚mein' Selbst scheint über jenes ‚Ich' weit hinaus zu reichen. Doch über jenes Selbst, das auf besondere Weise von meinem ‚Ich' untrennbar ist, kann ich nichts aussagen – vielleicht außer, dass es nicht *ich* ist, obwohl es in mir ‚anwesend' ist, wie ein orientalischer Text unter vielen anderen es zu bestätigen scheint:

Alle Wesen sind in mir gegenwärtig,
doch bin ich nicht in ihnen
und auch die Wesen sind nicht in mir. (BG 9, 4–5)[74].

Ich fühle mich verantwortlich für Alles, was dieses ‚Ich' tat, aber nicht ganz verantwortlich für das, was es war (oder ist). Alles war ‚mir' gegeben – meine Vorstellungen, die intellektuelle Fähigkeit der Einfühlung in Zeit und Raum, die Geburt, die Neigungen und alles Übrige. Keine wissenschaftliche Antwort ist erschöpfend. Alles kann die Frucht der globalen menschlichen Entwicklung sein, die sich im ‚Ich' vollendet hat, aber nichts erreicht oder enthüllt das wahre Selbst. Das Selbst ist nicht ‚ich', obwohl das ‚Ich' das Selbst benutzt, missbraucht und manchmal sogar usurpiert. Ich habe lange über eine Stelle des Ṛg-veda (1, 164, 37) meditiert:

Wer ich bin, weiß ich nicht.
Einsam wandere ich unter der Last des Verstandes.

Die existentielle Untersuchung

*Wenn mich die ursprüngliche Wahrheit erreicht,
wird mir das Wort selbst zuteil."*

Wir stehen einem Paradox gegenüber. Je mehr mein ‚Ich' bewirkt, desto weniger aktiv ist das Selbst, je aktiver das Selbst ist, desto weniger greift das ‚Ich' ein. Die Erklärung scheint einfach: Ich kann weder sagen noch wissen, wer ich bin, da ja die möglichen Aussagen als solche sich nicht mit dem Subjekt vereinbaren lassen. Mein eigenes Bewusstsein lässt sich niemals vollständig objektivieren. Das Ich weiß entweder noch nicht oder ist schon über das Wissen hinaus, wer oder was ich bin. In aller Kürze:

„Ich bin dort angelangt, das ‚Mich' als das Du des Ich wahrzunehmen. Das Ich bewegt mich wie ein Du. Das Du ist die *agora*, der Marktplatz, das kṣetra, das Feld des Ich. Meine Rolle war mehr das Hören als das Sprechen. Auch konnte ich bemerken, dass mein vermeintliches Gebet eher bedeutete, mich einer Führung zu überlassen, als um Hilfe zu bitten, eher war es eine Antwort oder Reaktion auf einem Anreiz, dem ich unterlag, als eine einem anderen zugedachte Antwort. Gott mit Du anzureden schien mir, ohne respektlos zu sein, wenig angebracht – und egozentrisch. Auf jeden Fall ist Gott das höchste Ich und ‚ich' habe mich empfunden als sein Du.

Dennoch hatte ich in schwierigen oder leidvollen Augenblicken meines Lebens den spontanen Drang, Gott, den Vater, die Gottheit mit Du anzurufen – und noch häufiger natürlich Christus, meine iṣṭadevatā[75].

Danach schienen die Rollen sich zu vertauschen: der *intimus intimo meo* von Augustinus, Ibn Arabī, Thomas, Eckhart, Calvin, von den Upaniṣad und von vielen mehr begann sich zur Realität zu wandeln[76]. Mein kleines *Ich* war unbedeutend, war nicht letztgültig. Ich entdeckte ein Echo in einem kryptischen Satz von Paulus: „Aber ich will mit keinem Wort mein Leben wichtig nehmen, wenn ich nur meinen Lauf vollende und den Dienst erfülle, der mir von Jesus, dem Herrn, übertragen wurde: das Evangelium von der Gnade Gottes zu bezeugen (Apg 20, 24). Das Ich wandelte sich zum Entweichenden, während ein realeres Selbst auftrat, das weder mein Ego noch ein göttliches Selbst war. Mein wahres Selbst konnte weder ein einfaches rationales Tier sein noch ein göttliches Wesen. Ein *mesitēs* (1 Tim 2, 5) schaltete sich ein, ein Mittler (kein Vermittler) zwischen dem Unendlichen (dessen traditioneller Name Gott ist, Transzendenz, das absolute Ich …) und meinem Ego, meinem ‚Selbst'. Mir kamen natürlich all die Texte in den Sinn, die das Innewohnen Christi im tiefsten Zentrum meines Seins beschrieben, außerdem alle ähnlichen Bestätigungen vonseiten der großen geistigen Lehrer anderer Traditionen."

Ich konnte auch persönlich die vier Leitsätze des Konzils von Chalkedon[77], die Theanthropie von Bulgakov und die *theosis* mehrerer Kirchenväter nachempfinden. Ist es vielleicht die Erfahrung der göttlichen Immanenz? Man könnte es auch die Erfahrung von *advaita* nennen. Der erwähnte Mittler ist der *anthrōpos* Jesus Christus – als der zweite Adam, in dem die gesamte menschliche Natur vertreten ist (vgl. 1 Kor 15, 22 und Denz. 624). Kann ich sagen, dass ich mich als Mensch entdeckte?

„Ich erfuhr die innere ‚Energie', die ‚Gnade', die ‚Kraft', die mein innerstes Selbst erfüllte und mich Dinge tun ließ, die sonst nicht vorstellbar gewesen wären (wenngleich die Psychologie immer eingreifen kann und nur zweidimensionale Erklärungen anzubieten hat). Ich entdeckte Christus."

Aber ich spreche aus der ‚Erinnerung' und lege allergrößten Wert auf die ‚Interpretation'.

„Wenn ich an mich denke, sage ich nicht mehr ich; auch sage ich nicht mehr du, wenn ich an jemand anderen denke", schrieb Yunus Emré, der türkische Derwisch des 14. Jahrhunderts.[78] „Mein Ich ist Gott, ich kenne keine anderen außerhalb meines eigenen Gottes", schrieb die Heilige Katharina von Genua (Vita XIV)[79].

Ich bin mir der Tatsache bewusst, wenn ein Mensch wie ich (und viele andere) solche Erfahrungen machen kann, macht dies es glaubwürdiger, dass der „Mensch Jesus Christus" diese auch auf höherer Ebene durchleben konnte. *Omnis cognitio est per aliquam similitudinem* [Alle Erkenntnis geschieht durch eine gewisse Ähnlichkeit] (Thomas von Aquin, Sum. theol. I, q. 14, a. 11, ad 3), wie es auch Aristoteles und Kant bestätigen.

Zusammenfassend: Auf die gleiche Weise, wie eine rationale ‚Arena', mehr oder weniger objektiv, vorhanden ist, wo die unterschiedlichen Formen der Rationalität sich begegnen können, gibt es einen Ort der Begegnung von verschiedenen Erfahrungen, der nur die *agora* der

Erfahrung genannt werden kann. Wenn ich mit der Erfahrung Jesu in Berührung komme, muss die Begegnung im Wirkungskreis einer gemeinsamen Erfahrung – *minutis minuendis* – sein.

Die Suche nach Glaubwürdigkeit

Alles Gesagte sollte von Anfang an klar sein, weil es die Wahl der Texte[80] rechtfertigt und relativiert.

Die Wahl der drei Texte bekundet schon eine gewisse Bevorzugung. Wir könnten sie vertreten, indem wir bekräftigen, dass die christliche Tradition solche Texte in den Mittelpunkt stellt. Aber, nochmals, dieses Verständnis der Tradition ist schon abhängig von einer Option, obwohl es historische Routine ist, mit der die Sachkundigen die „große Kirche" so nennen. Wir sind uns der dunklen geschichtlichen Aspekte und der Maßnahmen der Kirche zur Vermeidung dieser Routine voll bewusst. Die Texte, die wir zitieren werden, sind natürlich nicht die einzigen, die man hätte auswählen können, doch sie liefern ein Bild von der mystischen Erfahrung, die „der Mensch Jesus Christus" gehabt haben könnte.

Unsere Kommentare können gültig sein, wenn auch der historische Jesus jene Aussagen nicht wörtlich gemacht hat oder nicht die zweite Person der Trinität ist. Wir betrachten ihn auf jeden Fall als einen *prōtotypos* der menschlichen Bedingung. Es sollte klar sein, dass auf diesem hohen Niveau, wenn man von Erfahrung und Begegnung mit Christus spricht, es sich nicht um eine Heraufbeschwörung oder Vorstellung der Vergangenheit handelt, sondern um die Begegnung mit einem Lebenden.

Mit dem Gesagten soll weder die immense Arbeit der exegetischen Analyse noch der Kontext der traditionellen Orthodoxien ignoriert werden. Es wird auch nicht beabsichtigt, Jesus Christus in einen afrikanischen Kontext einzubinden (Christus als der Protovorfahre, der Heiler, der Anführer usw.)[81] oder in einen asiatischen Kontext, der ihn als den *sadguru* beschreibt, als den (oder einen) *jīvanmukta*, den höchsten *satyagrahā*, *advaitin* oder *yogi*, den inkarnierten *Prajāpati*, *cit*, den obersten *avatāra*, *ādi-puruṣa*, die heilige *śakti*, das tempiterne *Aum* usw.[82]. Auch sollen wir Christus nicht verwechseln mit den Schlüsselfiguren anderer Religionen[83]. Dies sind wichtige Probleme, aber wir haben uns jetzt eine viel bescheidenere, wenngleich gewagtere Aufgabe gestellt. Es geht um ein persönliches Exerzitium des Inhalts, den die Alten als *fides quaerens intelectum* definierten, denn ich bin überzeugt, dass der Glaube der Lebensinhalt des Menschen ist (Hab 2,4; Röm 1,17; Gal 3,11; Hebr 10,38), und dass der Glaube der Weg zur Befreiung ist *(Upadeśasāhasrī I, 1)*[84]. „Wenn ihr nicht glaubt, werdet ihr nicht überleben" oder „werdet ihr nicht verstehen", sagt eine weitere Auslegung eines alten hebräischen Textes (Jes 7,9).

Nachdem dies klargestellt ist, entdecken wir sofort, dass wir mit diesem Anliegen nicht allein sind[85]. Der größte Teil der echt mystischen Interpretationen Christi weist wirklich in die gleiche Richtung. Es gibt auch eine bedeutende Ähnlichkeit mit den Behauptungen vieler anderer Gelehrten und Philosophen anderer Traditionen – ohne zu behaupten, dass alle „dasselbe" sagen (als sei es eine „Sache an sich" im Sinne von Kant).

Andererseits lohnt sich die Mühe hervorzuheben, dass, obwohl das Christentum bestätigt, auf der Person Jesu zu basieren, mit Ausnahme einiger Interpretationen der ersten Jahrhunderte, das christliche Selbstverständnis eher fundiert ist auf den historischen Überlieferungen der Worte und Werke Jesu als auf seinem persönlichen Bewusstsein. Man sollte sich nochmals daran erinnern, dass in Übereinstimmung mit der fast einstimmigen Tradition des größten Teils der Religionen für das rechte Studium der „heiligen Lehre" der Glaube oder die Initiation erforderlich ist. „Maestro der Initiation" ist ein Titel, der besonders bei einer bestimmten afrikanischen wie auch ozeanischen Christologie verliehen wird[86]. Dennoch weht ein starker Wind der Objektivität in der modernen christlichen Tradition des Westens, der das mystische Bewusstsein hinweg gefegt hat bis an den Rand des christlichen Lebens. Der Christenglaube, der begonnen hat als „Religiosität des Wortes", hat sich, soziologisch gesagt, zu einer „Religion des Buches" weiterentwickelt. Das *colloquium salutis* [Kolloquium des Heils], von einer bestimmten Theologie gefördert, zwischen dem göttlichen Wort und dem menschlichen Wort, ist vor allem ein Kolloquium zwischen zwei „Worten", und nicht nur das Lesen eines Textes.

Wer auch immer jener junge Rabbiner gewesen sein mag oder welche Selbsterkenntnis er gehabt haben könnte, für das Wichtige und Entscheidende hielt man in dem, was man über ihn geschrieben hatte, den Glauben, und das nicht nur in den ersten (kanonischen) Dokumenten, sondern auch in den nachfolgenden Schriften (Konzile betreffend, in einigen Fällen inklusive päpstliche). Zweifellos, und dies trotz zahlreicher divergierender Vorstellungen, kann man einen gewissen Konsens feststellen in dem, was er gesagt und getan hat. Eine Zeit lang schien es so, dass alle Probleme damit gelöst waren, wenn man sagte, dass er Gottes Sohn sei oder jedenfalls ein außerordentlicher Prophet, ein Werkzeug der Göttlichkeit mit einer kosmischen und historischen Rolle. In kurzen Worten, das wirklich Wichtige war seine Funktion, seine Lehre und sein Beispiel. „Christlicher Glaube" verwandelte sich praktisch in ein Synonym der Erkenntnis eines Zusammentreffens von Tatsachen und Lehren. Die Gestalt des lebendigen Jesus Christus wurde eingehüllt und geschützt mit einem schweren doktrinären Mantel, genau so wie die traditionellen Jungfrauen des mittelalterlichen Europa, fast vergraben unter schweren Gewändern, Juwelen und Blumen. Es geht weder darum, die Legitimität noch den Wahrheitsgehalt jener Glaubenssysteme zu erörtern. Wir möchten lediglich eine andere Pilgerschaft antreten oder einfach Reisegefährten sein auf dem menschlichen Weg, diesmal frei von Gepäck.

Mit anderen Worten, heute pflegt man von einer Christologie „von oben her" zu sprechen, im Gegensatz zu einer Christologie „von unten her"[87]. Die Etiketten, obwohl sie praktisch sind, begrenzen immer die Wirklichkeit, die, wie der Regenborgen, keine Grenzen zwischen den Farben hat; doch wenn diese Studie auf eine Einstufung einzugehen hätte, könnte sie definiert werden als eine Christologie „von innen her" – aus dem Wissen, dass das „Himmelreich", dieses ἐντός, sich nicht „zwischen" oder „inmitten" befindet, sondern in einer innigen Verbindung mit allem Geschaffenen, denn alle Wirklichkeit ist „dreifaltig". Aus diesem Grunde müssen wir immer unsere Erfahrungen dem Dialog und der Kritik des „Wir", dem „Du" der Gemeinschaft, unterwerfen.

Es gab kein Motiv, übermäßig neugierig auf den Menschen Jesus zu sein, seit dem Augenblick, als man ihn grundsätzlich als göttliches Wesen ansah. Diese Haltung ist verständlich, während die Emphase des Christentums vor allem auf dem Theozentrismus lag. Jesus blieb weiterhin einfach ein Instrument Gottes: Er erweckte ihn vom Tode, inspirierte, was er zu sagen und zu tun hatte, und war auf seiner Seite, wenn er Wunder wirkte. Nach all dem bestätigte Jesus selbst, dass er gekommen war, nach dem Willen des Vaters zu handeln und nur das zu sagen, was der Vater ihn sagen lassen wollte. Wenn der Christ auf ihn hört, gehorcht er dem Willen Gottes. Was wollen wir mehr? Ist es vielleicht krankhafte Neugier, das zu untersuchen, was der Mensch Jesus fühlte und jenseits von dem erfuhr, was er einfach sagte und tat?

Wir können die Notwendigkeit einer Psychoanalyse Jesu von Nazaret empfinden: sie ist legitim, obwohl man in jenem Fall nicht von seinem mystischen Bewusstsein, sondern von seiner psychologischen Komponente sprechen sollte. Diese ständige Vorsicht ist angebracht, weil das Interesse für die Psychologie, die Schwächung eines gewissen Gottesbildes und die wachsende Faszination für die Gestalt Christi außerhalb der kirchlichen Schemata diesen Wunsch zu rechtfertigen scheinen, mehr über den Menschen Jesus zu wissen und über das, was ihn dazu gedrängt haben könnte, das zu sagen und zu tun, was er gesagt und getan hat[88]. Wer glaubte er zu sein?

Wir können ihn in Ruhe lassen mit der Couch des Psychoanalytikers, aber wir können auch an seiner Seite gehen und ihn fragen, *wo er wohnt* (Joh 1, 38) und von wo er spricht. Wir folgen diesem zweiten Pfad als einem Weg, der sich sowohl von der experimentellen Psychologie als auch von der deduktiven Theologie unterscheidet. Wir wissen allerdings, dass er derartiges eher gemieden hat[89]. Wenn sich heutzutage die Lebensbeschreibungen Jesu im Übermaß multiplizieren, stellt sich die Frage: Geschieht dies aus Neugier, auf Grund rein literarischer Mode oder weil im Guten wie im Bösen seine Gestalt weiterhin inspiriert? Jesus ist immer noch eine Persönlichkeit, die uns nicht teilnahmslos sein lässt[90].

Die abendländische christliche und postchristliche Tradition könnte an Fragestellungen dieser Art interessiert sein, wie viele moderne Werke über Jesus zeigen. Andererseits darf man aber auch die Bedeutung der „feministischen Theologien" nicht übersehen, die heute aufzutauchen beginnen. Diese weisen nicht nur ein Korrektiv auf, das sehr notwendig war im Hinblick auf die patriarchalen (oder „kyriozentrischen") Interpretationen, sondern sind auch ein wesentliches Komplement christologischer Studien.

Wir beabsichtigen jedoch, uns der Gestalt Christi nicht aus psychologischer Neugierde oder mit apologetischen, einschließlich theologischen Zielen anzunähern, sondern aus indischer Perspektive, die sich fast unbewusst fragt, welcher Art die „vom Göttlichen berauschte" Person oder von welchem Typus eines religiösen Helden diese historische Gestalt sein könnte, die ihr Leben hingab an eine der bedeutendsten Bewegungen der letzten zwei Jahrtausende[91].

Verlieren wir unseren Kontext nicht aus den Augen. Wie wissen mehr oder weniger, was er getan hat, auch haben wir gehört, was er gesagt haben könnte; alles, was sich daraus entwickelte, ist uns vor Augen. Ist es dann nicht legitim, uns nochmals zu fragen, wer er war? Wir wissen das, was die Christen gesagt haben.[92] Aber er selbst, wer glaubte er zu sein, wie empfand er sein menschliches Bewusstsein?[93]. Er fragte: Was sagen die Leute, wer der „Menschensohn" ist? Wir drehen die Frage um und richten sie an ihn: „Du, was sagst du über dich selbst? Wer behauptest du zu *sein*? Oder sollten wir uns zufrieden geben mit der Johannes dem Täufer gegebenen ausweichenden Antwort (Mt 11, 2–6)[94]. Ist es vielleicht eine Gotteslästerung, es zu wagen, in die persönliche Intimität dieses Christus einzudringen?

Ehe wir dazu übergehen, die möglichen Intuitionen von Jesus dem Christus zu betrachten, beabsichtigen wir, an einem Beispiel unseren logischen *iter* zu erläutern, indem wir einen anderen Satz analysieren, von dem wir annehmen, dass er von einem Menschen wie uns ausgesprochen worden ist: « Ich bin ein Elefant, der durch die Himmel fliegt ».

Beim einfachen Hinsehen gelingt es mir nicht, eine Behauptung dieser Art zu verstehen. Ich kann nicht zeigen, dass ich ein fliegender Elefant bin – dass ein Mensch ein Elefant sei, der fliegt. Ich muss zugeben, dass die Behauptung – für mich – unverständlich ist. Einen Satz wirklich zu verstehen, bedeutet, seine Verständlichkeit zu entdecken, überzeugt zu sein von der Wahrheit dessen, was man versteht[95]. Ich sehe mich also gezwungen, mich darauf zu beschränken zu bestätigen, dass ein gewisses menschliches Individuum, das anscheinend Herr seiner Sinne ist, diese für mich unverständliche Behauptung macht. Ich vertraue mich einer anderen Person an und glaube, dass für sie der Satz einen Sinn haben muss, der sich mir entzieht.

Wenn ich die Absicht habe, das zu entziffern, was jene Person mit einer Behauptung dieser Art ausdrücken möchte, kann ich zu bestimmten Vermutungen gelangen.

Zwar muss ich gestehen, dass ich nicht diesen Bewusstseinszustand erreicht habe. Da ich den Totemismus, den Schamanismus und andere analoge Phänomene studiert habe, kann ich mir immerhin mehr oder weniger vorstellen, dass es einem menschlichen Wesen gelingen mag, sich mit einem Elefanten zu identifizieren – und jene, die die Erfahrung der Gefühle und der Intelligenz dieses Dickhäuters gemacht haben, können mit mir darin übereinstimmen und können auch in der Lage sein, eine Art Elefantenbewusstsein zu erreichen und mit Überzeugung bestätigen, dass sie (auch) ein Elefant sind. Wenn ich meine Empathie auf das Maximum ausdehne, könnte ich dahin gelangen zu behaupten, „ich bin ein Elefant", aber nicht ohne Vorbehalt, Reserve und Argwohn, weil ich ja mein menschliches Bewusstsein nicht aufgegeben habe.

Allerdings muss ich gestehen, dass die Behauptung mir nicht ganz und gar unverständlich erscheint, zumindest teilweise, dank der Empathie mit jemand, dem ich vertraue und der sagt: „Ich bin ein Elefant." Kurz gesagt, ich kann ‚glauben', dass die Behauptung „ich bin ein Elefant" einen gewissen Sinn für ein ganz besonderes menschliches Wesen haben kann, obwohl ich nicht in ganzer Vollständigkeit seine ‚Ebene' oder seinen Bewusstseinsgrad erreichen kann.

Der zweite Teil der Behauptung erweist sich für mich als absolut unannehmbar: „der durch die Himmel fliegt". An diesem Punkt angekommen, muss ich sagen, dass dieser Mann entweder träumt oder Opfer einer Halluzination ist. Kein wirklicher Elefant – sage ich – ist jemals durch die Himmel geflogen. Gewiss irrt sich mein Held, wenn er sich zu einer Behauptung dieses Stils hinreißen lässt. Die Sache hat keinen Sinn, und trotz meines guten Willens und meines Wunsches, ihm zu glauben, muss ich zu dem Schluss gelangen, dass er sich entweder täuscht oder er uns alle täuscht. Es kann der Fall sein, dass es ein (ganz einzigartiges) menschliches Wesen geben mag, das mit der übernatürlichen Kraft des Fliegens ausgestattet ist; das sich mit einem Elefanten identifiziert hat, aber gewiss nicht mit einem „Elefanten, der fliegt", denn ein Elefant fliegt nicht.

Beim Zusammenfügen der beiden Teile seiner Behauptung habe ich den mich erleichternden Verdacht, dass auch der erste Teil eine Illusion ist. Während mein *noēma* beide Teile ablehnt, kann mein *pisteuma* allenfalls den ersten Teil der Behauptung akzeptieren, aber so-

Die existentielle Untersuchung

wohl das *noēma* als auch das *pisteuma* zwingen mich, den zweiten Teil abzulehnen. Wir können nicht an etwas glauben, das sich für uns als nicht glaubwürdig erweist, auch dann, wenn es sich auf die anerkannte Behauptung stützt, dass Christus Gott ist, von dem die Kirche eine göttliche *hot-line* hat oder das *magisterium*, eine besondere Art höheren Wissens usw. „Wenn tausend Schriften mir versichern, dass das Feuer nicht brennt, so werde ich ihnen nicht glauben", sagte der *mīmāṃsaka* vor Tausenden von Jahren.

Man muss unterscheiden zwischen dem rationalen Wissen und anderen Arten der Erkenntnis, wie es der größte Teil der religiösen Traditionen bestätigt. Aber wir dürfen uns nicht widersprechen. Der Glaube soll verständlich und das Verstandene glaubhaft sein. Tertullian kann vertreten, *credo quia absurdum*, weil er glaubt, dass das Unmögliche glaubhaft sein kann – womit der die rationale (natürliche) Ordnung umkehrt. Aber er kann nicht sagen „ich glaube das Unglaubliche"[96].

In Kürze, es gibt keinerlei Motiv, Hypothesen zu formulieren, wenn wir nicht fähig sind, diesen Hypothesen Sinn zu verleihen. Wir können nicht glauben, „Ich und der Vater sind eins", wenn es dieser Behauptung a priori für uns an Sinn mangelt. An Sinn fehlt es, wenn wir uns gegenüber Behauptungen verschließen, die nicht auf den Sinnen beruhen oder von ihnen ableitbar sind. Für den Sinn solcher Behauptungen sind wir also verschlossen, wenn unser Leben nur auf sensorischen und rein rationalen Ebenen abläuft, das heißt, wenn wir für die dritte Dimension der Wirklichkeit unsensibel und für das mystische Bewusstsein blind sind.

Mit dem Risiko, den Eindruck zu erwecken, diese Erfahrung über Jesus Christus zu fördern oder gar zu glauben, dass diese Erfahrung ein Schatten der Erfahrung Christi sei, treten wir dem gegenüber, was ich als die drei großen *mahāvākyāni*[97] von Jesus Christus betrachte.

II. Die Aussagen

... ἐὰν οὗτοι σιωπήσουσιν,
οἱ λίοι κράξουσιν.

... *si hi tacuerint,*
lapides clamabunt.

... *wenn diese schwiegen,*
würden die Steine schreien.
(Lk 19,40; vgl. Hab 2,11)

Fast überflüssig ist es, sich zu fragen, welche der drei Aussagen, die wir kommentieren werden, die bedeutendste ist; obwohl sie alle miteinander verbunden sind, kann man behaupten, dass die erste im Mittelpunkt des gesamten christlichen Verständnisses steht[98].

Nach dem Zitieren einiger Texte (a) werden wir eine kurze Interpretation geben (b) um abzuschließen mit einem experimentellen Kommentar (c).

Wir vergegenwärtigen uns die scholastische Unterscheidung zwischen sondieren, denken und verstehen:

Discernere est cognoscere rem per differentiam ab aliis.
   Cogitare autem est considerare rem secundum partes et proprietates suas: unde dicitur quasi coagitare.
   Intelligere autem dicit nihil aliud quam simplicem intuitum intellectus in id quod sibi est praesens intelligibile.
   [*Unterscheiden* ist, eine Sache durch Differenzierung gegenüber den anderen zu erkennen.
   Denken ist hingegen, die Sache in ihren Teilen und Eigenschaften zu betrachten: daher „cogitar" als „co-agitar".

Die Aussagen

Verstehen ist nichts anderes als die reine Intuition des Intellektes über das, was sich ihm als unverständlich darstellt.]

(Heiliger Thomas, In IV Sent. I dist. 3, q. 4, a. 5, c.)

Thomas bezieht sich auf einen Text des Heiligen Augustinus (De utilitate credendi, XI, 25), in dem unterschieden wird zwischen *opinari, credere* und *intelligere*[99].

Wir erinnern auch an eine andere in ihrer Einfachheit sehr schöne Unterscheidung:

> O Gott, steh' mir bei, wie verschieden es doch ist, diese Worte zu hören und daran zu glauben und auf diese Weise zu verstehen, wie wahr sie sind![100]
>
> (Moradas VII, 1, 8)[101]

Oder auch von einem fast unbekannten Klassiker, Miguel de Molinos, in seiner Einführung von 1676:

> Die mystische Wissenschaft entspringt nicht aus dem Denken, sondern aus der Erfahrung; sie ist nicht erdacht, sondern bewiesen; nicht gelesen, sondern empfangen.
>
> (Guía espiritual/Spiritueller Führer, Vorwort)[102]

Der Leitspruch dieses Abschnitts bewegt uns zu sprechen, nicht im Namen der Steine, jener „lebendigen Steine", die von Petrus so geliebt wurden (Petr 2, 4–8), sondern im Namen der „Masse des Volkes" (ηλῆθος, Lk 19, 37), der Menschen unserer Zeit, die nach Worten des Lebens dürsten, und nicht nur nach Empfehlungen eines *know-how* – auch in spirituellen Dingen

1. Abba, Patēr!

Die Texte

i) Abba, Vater,
alles ist dir möglich.
Nimm diesen Kelch von mir!
Aber nicht was ich will,
was du willst soll geschehen.
                (Mk 14, 36; vgl. auch Mt 15, 39; Lk 22, 42; Joh 12, 27)

Welch eine aufschlussreiche Wiederholung! *Abba* bedeutet „Vater" und πατήρ bedeutet „Vater"[103]. Wenn Jesus aramäisch sprach, kann er das Wort nicht wiederholt haben, aber stellen wir uns vor, dass Markus (oder seine Quelle oder Quellen) sich gezwungen sah, die Ambivalenz besonders zu betonen: einerseits „papá", biologischer Vater, geliebter Familienvater; andererseits der Vater als meist gebrauchte Begriff, um den allernächsten und am wenigsten erschreckenden Aspekt der Gottheit zu bestimmen, was für eine Vielzahl der Religionen gilt, einschließlich des Judentums – in der Eigenschaft als patriarchalische Religion[104]. In Anbetracht vieler Urkunden der antiken Religionen könnte man sich fragen, ob es ein Anthropomorphismus ist, Gott „Vater" oder „Mutter" zu nennen. Die menschliche Beziehung zu den Göttern zeigt sich beim Urmenschen als weit ausgedehnter als die nur biologische. Die Welt des Göttlichen wird als Modell der menschlichen Welt gesehen und nicht umgekehrt. Die zweidimensionale moderne Kosmologie hat vergessen, dass die Menschen des Altertums eine dreidimensionale Sicht hatten. *Dii nos respiciunt* [die Götter schauen auf uns], sagte der afrikanische Sklave Terenz (Phormio, 817), womit er sich auf einen allgemein verbreiteten Glauben bezog – um nicht unzählige orientalische Texte zu zitieren (IsU 1, als Beispiel).

Das Wort *abba* blieb wahrscheinlich in den ersten christlichen Liturgien erhalten, um die besondere Beziehung zu der Göttlichkeit hervorzuheben, auf die das Wort im Munde Jesu abzielte[105]. Er könnte es häufig ausgesprochen haben, aber im Text erscheint es ein einziges Mal. Bei anderer Gelegenheit erscheint nur πατήρ. Im Johannesevangelium begegnen wir 35 mal ὁ πατήρ μοῦ, „mein Vater". Es ist wichtig zu unterscheiden, dass das einzige Mal, da das aramäische Wort im Munde von Jesus in Erscheinung tritt, das fast verzweifelte Gebet von Gethsemane ist: Er betet, dass ihm jene „Stunde" erspart bleiben möge, fügt aber hinzu, dass der Wille des Vaters geschehen möge[106].

Jesus hat keine Zweifel, er ist überzeugt, dass Gott sein Vater ist. Er spricht von Gott als „mein Vater"[107] in provozierender Form (Kittel sagt „respektloser"[108]) für seine eigene jüdische Tradition[109]. Er wendet sich an Ihn als Vater in der Vertrautheit seines Gebets, in der Freude (Mt 11,25; Lk 10,21), am Kreuz (Lk 23, 34, 46), im höchsten Gebet, wenn er sich vor dem Tod befindet (Joh 12,27.28) im direkten Gebet an den Vater (Joh 17,1.5) und nennt ihn „heiliger" oder „gerechter" Vater (Joh 17,11.25) usw.

Das aramäische Wort tritt weitere zwei Male in den Briefen des Heiligen Paulus auf. Der Kontext ist unsere menschliche Anrufung des Vaters (Abba ist ein Vokativ), und wir dürfen sie kraft des Heiligen Geistes in einer Beziehung wahrer Kindschaft aussprechen.

ii) All jene, die vom Geist Gottes gelenkt werden, sind Söhne (υἱοί) Gottes. Und Ihr habt nicht einen Geist von Sklaven erhalten, um zurückzufallen in die Furcht, sondern einen Heiligen Geist, der uns zu Söhnen macht (πνεῦμα υἱοθεσίας), auf Grund dessen wir rufen dürfen ‚Abba, Vater!'. Der Heilige Geist selbst vereinigt sich mit unserem Geist, um zu bezeugen, dass wir Söhne (τέκνα) Gottes sind. Und wenn wir Söhne (τέκνα) sind, sind wir auch Erben Gottes, Miterben Christi, wenn wir wirklich mit ihm leiden, um dann auch mit ihm verherrlicht zu werden.

(Röm 8,14–17)

Wenn Paulus uns den Ruf: „*Abba, Patēr!*" in den Mund legt, bestätigt er, dass er uns auszusprechen erlaubt, Gottes Söhne zu sein. Sofort danach fügt er hinzu, dass sowohl der Heilige Geist als auch unser Geist bezeugen, dass Gott unser Vater ist, das heißt, dass wir seine Söhne sind. Durch diese Bezeugung unseres eigenen Geistes werden wir dazu ermutigt, vom Geist Jesu zu sprechen[110].

Dieselbe Erfahrung wird im dritten Text beschrieben:

iii) Da ihr ja Söhne seid, hat Gott den Geist seines Sohnes in eure Herzen gesandt, der ruft: „Abba, Vater!". Deshalb seid ihr nicht mehr Sklave, sondern Sohn (υἱός) und als Sohn (υἱός) auch Erbe durch Gottes Willen.

(Gal 6, 6–7)

Hier haben wir wiederum einen „Lebenskreis", eine Art von *perichōrēsis*. Weil wir Söhne sind, sendet Gott seinen Geist, und weil er seinen Geist sendet, sind wir seine Söhne. Die christliche Theologie hat in Christus die „Ursache" für unsere Kindschaft gesehen.

Die Interpretation

Aus diesen Texten ergeben sich zwei grundlegende Erwägungen: Jesus nennt Gott seinen Vater und fordert die Seinen auf, dasselbe zu tun kraft des Heiligen Geistes, der in ihnen wirkt. Was bedeutet das?

Die erste Bedeutung ist innerhalb der hebräischen Tradition jener Zeit zu suchen, die zumindest eine Hauptader der semitischen Tradition der zurückliegenden zwei Jahrtausende widerspiegelt. „Gott ist Vater" – und Vater ist derjenige, der zeugt, der erzieht, der korrigiert, der schützt, der beherrscht, der liebt. Dies gehört ohne Zweifel zu einer patriarchalen Kultur, vielleicht zu kritisieren, aber gerade deshalb hat das Wort eine inklusive Bedeutung von Lebensspender (Vater und Mutter). Geläutert von seinen anthropologischen Bedingtheiten können wir das Wort Vater im Sinne von Quelle, Ursprung, Fundament interpretieren – wie es von der nachfolgenden Generation verstanden wurde, wenn sie es im Kontext der Trinitätslehre benutzte. Es hat weder etwas mit dem Stand noch mit dem Geschlecht zu tun[111].

Doch an zweiter Stelle, und erstaunlicherweise schon von Anfang an, unterstreicht Jesus, dass Gott *sein* Vater ist, er ist sein ‚Papa' auf eine so vertraute Weise, dass die christliche Tradition es buchstäblich so gedeutet hat, dass Jesus von Nazaret keinen anderen Vater gehabt hat. Ob es möglich ist oder in welchem Maße es vereinbar ist mit der Existenz eines anderen rein menschlichen Vaters, der mit dem göttlichen Vater nicht konkurriert, ist ein Thema, das hier im Augenblick nicht zu erörtern ist. Wir haben nur die Absicht, die Erfahrung Jesu zu verstehen. Es scheint, dass er zweifellos eine sehr starke Erfahrung seiner göttlichen Herkunft hatte.

Die zahlreichen Texte, in denen Jesus sich auf den Vater als den seinen bezieht, sind einwandfrei bezeugt und so sorgfältig studiert worden, dass es nicht notwendig ist, auf sie zurückzukommen. Jesus nennt Gott seinen Vater.

Eine einzige Bemerkung scheint hier angebracht. Die Vater-Sohn-Beziehung ist so vertraut, dass wir leicht abgleiten können entweder zu einer anthropomorphen Gottesvorstellung (Gott ist der Vater des Menschen) oder zu einer theomorphen Vorstellung des Menschen (der Mensch ist der Sohn Gottes). Die klassischen Theologien halten an der ersten fest: Gott ist der (transzendente) Vater des Menschen. Die mehr zeitgenössischen bevorzugen die zweite: der Mensch ist der (immanente) Sohn Gottes[112].

Die beiden letzten Texte sind nicht als Worte Jesu überliefert, sondern sie stellen die zentrale Botschaft Christi dar, ganz so, wie sie von einem authentischen Jünger Jesu verstanden worden wäre: Wenn Jesus Gott wirklich seinen Vater nennt, haben diejenigen, die den Heiligen Geist empfangen haben, dieselbe Befugnis, Gott ihren Vater zu nennen; sie sind auch Söhne. Dies trifft zu, wenn man Jesus als unseren Bruder entdeckt. Brüder sind jene, die denselben Vater haben.

Es ist wohl fast überflüssig, daran zu erinnern, dass „nennen" nicht ein einfach nominalistisches Klassifizieren ist. Jede aktive oder passive Ernennung kommt der Übertragung einer Aufgabe und der Gewährung einer Vollmacht gleich (siehe Röm 9,12; Hebr 5,4; 1 Kor 1,9 u. ö.). Die Kraft des Namens und der Ernennung ist im Bewusstsein der heutigen Zeit schwächer geworden.

Es besteht ein Unterschied zwischen der Sohnschaft Christi und der unsrigen. Dies erscheint als eine Stütze des christlichen Selbstverständnisses, deren Erhalt wichtig ist. Bis jetzt hat man eine solche bestehende Differenz mit der Behauptung begründet, dass Jesus natürlicher Sohn Gottes ist und wir Adoptivsöhne sind.

Wir berühren hier einen sehr heiklen Punkt, für den uns nochmals eine interkulturelle Überlegung hilfreich sein kann.

Für eine bestimmte Art von Mentalität, die wir als Frucht des Geistes der römischen Zivilisation betrachten können, ist das Recht mit seinen juristischen Kategorien (ontologisch gesehen) nahezu real.

Für das Volk Israel ist die Verbindung mit dem Göttlichen, gegründet auf einen Bund und ein Versprechen, schon vollständige Transzendenz Gottes. Israel ist das Volk Gottes und Gott ist der Hirte, der Herr. Die Beziehung ist nicht verwandtschaftlich. Dies wäre Blasphemie. Die Christen verlassen sich auf die Worte Jesu und um die Differenz zu unterstreichen behaupten sie, dass wir Adoptivsöhne sind und Jesus natürlicher Sohn ist.

Dieses *theologoumenon* weist einige Schwierigkeiten auf. Das Wort, zweite Person, ist gewiss der natürliche Sohn Gottes; er hat dieselbe göttliche Natur in Übereinstimmung mit der Sprache des Konzils. Dennoch hat Jesus auch eine menschliche Natur wie wir. Wir fragen uns, ob dann Jesus natürlicher Sohn nur durch seine göttliche oder auch durch seine menschliche Natur ist. Wenn Jesus in der Eigenschaft als Mensch nicht natürlicher Sohn Gottes wäre, dann wäre seine Inkarnation vom Standpunkt Gottes nicht wirklich (es wäre der thomistische Monotheismus). Wenn Jesus in der Eigenschaft als Mensch natürlicher Sohn Gottes wäre, dann stünde der Tatsache nichts entgegen, dass auch wir dies sind. Um die Unterscheidung beizubehalten, sagt man, dass Gott eine Ausnahme mit Jesus macht, während er uns davon ausschließt. Dies ist kongruent mit einem moralischen Verständnis der Inkarnation: Christus kam zum Welt, nur weil der Mensch gesündigt hatte – ein viel diskutiertes Thema in der mittelalterlichen Theologie, das die verschiedenen Schulen zutiefst entzweite: Christus als Erlöser (von der Sünde) oder Christus als Wiederhersteller (der Schöpfung bis zur göttlichen Fülle). In der Tat hatte Ersteres in den westlichen Kirchen und in der Volksfrömmigkeit den Vorrang.

Dennoch scheint eine Reihe von Texten unserer Herkunft einen in Wirklichkeit höheren Wert beizumessen als den, zu Erben einiger Rechte ernannt zu werden, wie es Paulus, der große Theologe der Wahl und der Prädestination, tief schürfend erläutert (Röm 8, 29–30; 11, 1 ff. u. ö.)

Zunächst haben wir den Satz des Petrus: Wir sind „Teilhabende an der göttlichen Natur" (2 Petr 1, 4)[113]. Dies ist nicht der so gefürchtete Pantheismus[114]. Wir sind *im Begriff*, Teilhabende an der göttlichen Natur *zu werden*, wenn wir mit ihr in Kommunion eintreten (θείας κοινωνοὶ φύσεως). Es ist mehr als eine Teilhabe, es ist eine *koinōnia*. Gott *ist* selbst göttliche Natur; wir gelangen (γένησθε) durch seine

Kraft zu ihr. Durch das Wirken des Heiligen Geistes „werden wir in jene Ikone selbst *verwandelt*" (τὴν αὐτὴν εἰκόνα μεταμορφούμεθα; 2 Kor 3,18). Diese Metamorphose ist der Sinn des ganzen Abenteuers des Geschaffenen – und stellt einen Teil der trinitarischen *perichōrēsis* dar. Auch das Evangelium sagt uns, dass Christus der Weinstock ist und wir die Reben (Joh 15,5). Der Heilige Augustinus kommentiert diese Worte und hat keinen Zweifel zu bestätigen, dass *unius quippe naturae sunt vites et plamites* [von gleicher Natur sind tatsächlich die Weinstöcke und die Reben] (Tractatus 80), und der Heilige Thomas billigt die Behauptung. Selbst Paulus hat keine Bedenken, einen griechischen Dichter zu zitieren und zu sagen, dass wir schon jetzt „von seinem Stamme" sind, von derselben Herkunft: τοῦ γὰρ καὶ γένος ἐσμέν (Apg 17,28), wie der vorstehende Satz bestätigt: „In ihm leben wir, bewegen wir uns und sind wir (ἐσμέν)", und nicht nur in der Zukunft (1 Kor 15,28). Der heilige Lukas verweist auf Worte Jesu, die unsere wahre Herkunft mit seiner Auferstehung verbinden (Lk 20,36). All diese Texte sprechen von einer realen und nicht nur gesetzmäßigen Abstammung.

Die beiden weiteren Texte, die von *Abba* sprechen, unterstreichen, dass wir „wenn wir Söhne sind, auch Erben sind". Wir wollen in diesem Moment nicht diskutieren, ob τέκνον [Kind, Neutrum] und υἱός [Sohn] dasselbe bedeuten oder ob υἱοθεσία [Adoption] laut Röm 8,15 Adoption als Rechtsform (*fictio iuris*) gilt oder eine andere, weniger juristische Bedeutung hat. Auf jeden Fall sagen uns diese Texte, dass auch wir teilhaben dürfen an der Kindschaft Christi in Verbindung mit dem göttlichen Vater. Wir stellen fest, dass nicht gesagt ist, dass wir Erben seien und deshalb dieselben Rechte wie der Sohn hätten, sondern, dass wir Söhne sind und demzufolge auch Erben. Die Texte heben außerdem hervor, dass Christus der „Kopf des Körpers" ist, ein Grund, wegen dem auch wir an der göttlichen Natur teilhaben[115].

Für eine andere Denkweise ist die *fictio iuris* nicht real, und folglich ist eine künstliche, nicht wirkliche Kindschaft unbefriedigend.

Wir begegnen hier erneut dem Einfluss der monotheistischen Ideologie, die, um die Absolutheit Gottes nicht zu beeinträchtigen, nur die Inkarnation als ein Wunder eines allmächtigen Gottes ansehen kann, das ausnahmsweise für seinen eigenen göttlichen Sohn geschah[116]. Für eine trinitarische Auffassung ist dagegen der dem Vater

„gleiche" Sohn derjenige, für den „alles getan wurde" [πάντα δι' αὐτοῦ ἐγένετο] (Joh 1,3), so dass der Eingeborene auch der Erstgeborene ist (Kol 1,18; Offb 1,5 u. ö.). Unsere Herkunft ist eine wirkliche Teilhabe an der göttlichen Natur, die in dem Maße verwirklicht wird, wie es uns gelingt, so zu sein, wie wir, mit Christus, berufen sind zu sein (Kol 3,1 u. ö.). Die Vergöttlichung ist ebenso wenig durch Lehrmeinungen bestimmbar wie die Humanisierung durch den *Logos*.

Gerade das bestätigt die Tradition, wenn sie sagt, dass wir durch Gnade dahin gelangen können, Christus zu sein, während Jesus es durch Geburt ist – auch vollbracht durch das Wirken des Heiligen Geistes (Lk 1,35).

Wir halten es für angebracht, an diesem Punkt noch zu verweilen, weil wir über unser Recht (und unsere Pflicht) nachdenken, auch unsererseits auszurufen: *Abba, Patēr*!

Erinnern wir uns nochmals an die patristische Aussage: „Wenn Gott sich zum wahren Menschen macht, dann deshalb, um auch aus dem Menschen einen wahren Gott zu machen". Wir könnten hier im umgekehrten Sinne die Argumentation der Kirchenväter gegen Arius anwenden: Wenn Jesus nur ein Mensch wäre (wie Arius behauptete), könnte er uns nicht vergöttlichen. Wenn wir nur ‚menschlich' bleiben müssten, wäre auch die Göttlichkeit Christi nicht notwendig. Ein transzendenter Gott hat keine Notwendigkeit für einen „Gottesmenschen", um uns zu vergeben oder zu erlösen. Mit einem Wort, unsere Abstammung ist wirklich und nicht nur etwas, das uns das Recht einräumt, Erben zu sein. Worum geht es also bei der Abstammung?

Jesus ist der natürliche Sohn Gottes im metaphorischen Sinne. Gott hat keine Frau, wie Mohammed anscheinend ironisch gesagt haben soll. Außerdem gibt es nur Analogie, und zwar eine sehr schwache, zwischen der göttlichen Natur und der menschlichen Natur, wie es ein viel zitierter Konziltext (Denz 806) besagt. Das *primum analogatum* wäre das des Lebens, das Leben erzeugt, das die Quelle ist, an der man teilhat. *Natura naturans et naturata* [Natur, die zeugt und gezeugt wird]. Sohn ist, der empfängt aus der *fontanalis plenitudo* (Bonaventura), genau die „Natur" macht ihn zum Sohn[117]. Um zu klären, was diese Natur ist, muss man auf eine ganze Metaphysik eingehen. Wir können das Thema noch nicht einmal streifen[118].

Adoptivsohn ist eine weitere Metapher. Wenn die erste eine ‚natürliche' Metapher, das heißt der ‚Natur' der Dinge entnommen ist, ist die zweite eine kulturelle Metapher der rechtlichen Ordnung.

Die Abstammung ist eine menschliche *Unveränderliche*. Alle Menschen sind Kinder Gottes. Die Adoption ist bezüglich der Abstammung nur ein relatives kulturelles *Universal*, bezogen auf eine Gruppe menschlicher Traditionen, und deshalb ist sie nicht auf derselben Ebene wie die erste Metapher.

In diesem Moment wäre eine Überlegung zum Begriff des Erstgeborenen πρωτότοκος nützlich (Röm 8, 29; Kol 1 15 u. ö.), vor allem, wenn die christliche Sprache verständlich für andere Kulturen im Sinne des Aufrufs zur „Inkulturation" sein möchte. „Er ist der Erstgeborene" *(pūrvo hi jātaḥ)*, sagt eine *Upaniṣad* (SU II, 16). Der Adoptivsohn ist kein wahrer Sohn. Die Adoption ist eine *fictio iuris* und erfordert eine eigene Auffassung des menschlichen Rechts. Die Metapher ist nicht anthropomorph wie die erste, sondern kulturell und hat nur Sinn innerhalb einer sehr spezifischen Kultur – in der Mehrzahl der Fälle zur Regelung von besonderen Rechtsstreitigkeiten in Sachen Ehre und Erbschaft durch Fremde.

Wir befinden uns in einem Regime, wo es sowohl Sklaven als auch „Freie und Freigelassene" gibt. Doch wir sind nicht Sklaven Gottes, sondern Söhne des „Herrn" (siehe Röm 8,15). Sklaven und Freie haben dieselbe menschliche Natur, wenngleich diejenigen, die ‚befreit' worden sind, die Freigelassenen, sich in Erben des Herrn oder des Reichs umwandeln. Diese Befreiung ist das Werk der geschenkten Güte des Vaters, der uns auserwählt hat; sie ist nicht unser Verdienst. Alles befindet sich im Zusammenhang einer kulturellen Matrix, die das erste christliche Ferment in sich birgt[119]. Diese Kultur ist jedoch nicht universal.

Aus Gott einen Juristen zu machen, ist legitim, aber diese Sache muss man *cum grano salis* nehmen. Die Metapher würde uns sagen, dass wir in Wirklichkeit nicht Söhne Gottes sind, sondern dass wir es nur *per accidens*, durch zufällige Gnade sind – um den Pantheismus zu verhindern, in den man verfallen würde, wenn die monotheistische Anschauung nicht überwunden würde[120].

Alles Gesagte hängt mit einem westlichen, juristischen Verständnis der Gnade zusammen und ist im Einklang mit dem Dualismus „Schöpfer/Geschöpf". Wenn das Sein Gott ist, in einem breiten Monotheismus, dann erleidet unsere „Teilhabe" am Sein eine ontologische Degradierung. „Das Geschöpf an sich ist nichts", sagt Thomas[121], der den mystischen trinitarischen Ausruf des heiligen Augustinus kannte: *Deus supra quem nihil, extra quem nihil, sine quo nihil est* [Gott, über dem nichts, außerhalb dessen nichts, ohne den nichts ist] (Soliloq. I, 4). Gewiss gibt es kein *ad extra* in Gott. Darauf antwortet die trinitarische Erfahrung.

Im monotheistischen Kontext können wir keine wirklichen Söhne Gottes sein, und in der vom römischen Geist durchdrungenen Mentalität ist die juristische Adoption eine überzeugende Hypothese. Es ist wichtig, den Pantheismus zu vermeiden und zugleich unsere Abstammung nicht zu unterschätzen, ohne sie jedoch auf eine natürliche Notwendigkeit zu reduzieren. Wie wir zu Anfang gesagt haben, ist unser Titel, *Die Fülle des Menschen*[122], nicht menschliche Fülle. Wir sind mehr als ‚menschlich'. In diesem Bewusstsein führte die Theologie den Begriff des Übernatürlichen ein mit den sich daraus ergebenden Folgen[123]. Die gesamte philosophische Infrastruktur muss trinitarisch neu überdacht werden. Christus macht den Dualismus unmöglich und überwindet den Abgrund zwischen Mensch und Gott.

Der Heilige Johannes spricht nicht von „Schöpfung" (Gen 1,1), sondern sagt wörtlich, dass wir „Gemachtes", aus dem *Logos Generiertes* sind (πάντα δι᾽ αὐτοῦ ἐγένετο, Joh 1,3)[124].

Unsere Abstammung als Söhne Gottes ist also Wirklichkeit. Der Heilige Paulus benutzt die Metapher des Körpers, von dem Jesus Christus der Kopf ist und wir die Glieder sind – aber alle „nehmen teil" an demselben wahren Leben. Genau dies ist das Mysterium Jesu Christi: vollständig Mensch und vollständig göttlich – und in ihm auch wir, obwohl *in fieri* „wie in einem Spiegel, auf verschleierte Weise" [ἐν αἰνίγματι, *in aenigmate*, „als Enigma" (NTT)] (1 Kor 13,12). Wir sind noch Pilger, fühlen aber, dass auch wir eins mit dem Vater sind. Es steht geschrieben, dass uns der Heilige Geist gegeben worden ist (Röm 8,9), der uns wissen lässt, dass wir in Gottes Sohn sterben (Joh 14,23; 1 Joh 3,24)[125].

Der Ausspruch des Johannes ist die Weihe der Christophanie: „Wir sind jetzt Söhne Gottes, aber es hat sich noch nicht offenbart (ἐφανερώθη), was wir sein werden; dass wir, wenn es sich offenbart (φανερωθῇ), Ihm ähnlich (ὅμοιοι) sein werden (1 Joh 3,1–2).

Abba, Patēr!

Die christophanische Erfahrung ist unsere Epiphanie (Kol 3, 1–2). Auch Paulus bestätigt: „Wenn die Christophania stattfindet (Χριστὸς φανερωθῇ), [die] euer Leben [ist], dann wird sich daraus auch eure Epiphanie (φανερωθήσεσθε) ergeben mit ihm im Gloria" (Kol 3, 4).

Selbst das Zweite Vatikanische Konzil bestätigt, dass wir „als Söhne im göttlichen Sohn, im Heiligen Geist ausrufen dürfen: Abba, Vater!" (Gaudium et Spes 22).

Zusammengefasst: Wenn Christus Gott seinen Vater nennt, können auch wir diese Erfahrung machen durch die Gabe des Heiligen Geistes (siehe Röm 8, 9). Wenn beide (Christus und wir) Gott unseren Vater nennen, dann dürfen wir zu verstehen suchen, was Jesus sagen wollte.

Die Erfahrung

Ich wage die nachfolgende Beschreibung, wobei ich Jesus die Worte in den Mund lege, *salva reverentia*.

„Du, göttliches Geheimnis, das meine Mitmenschen Vater nennen, du bist in Wahrheit der direkte Ursprung, der, welcher das hervorbringt, was ich bin; du bist die Quelle, aus der ich herabsteige. Ich fühle, dass (dein) göttliches Leben durch mich hindurch geht, dass mein Leben nicht von mir selbst kommt, sondern von einer Quelle, die mir nicht nur allgemein das Leben gibt, sondern auch die Worte, die Ideen, die Inspiration und alles, was ich bin. Alles, was ich sage, ist immer etwas, das ich ‚gehört' habe."

Wäre Jesus in einer Tradition geboren, die in den Veden als *apauruṣeyatra*[126] gilt, hätte er bestätigen können, dass seine Sprache nichts anderes ist, als die Bekundung des ursprünglichen Wortes – des *Logos*, *vāc* (TMB XX, 14, 2; TB II, 8, 8, 4; SB I, 4, 4, 1 u. ö.). Da er aber einem monotheistischen Volk angehört, erklärt er seine Erfahrung, indem er sagt, dass er durch die Dinge und Ereignisse den Willen des Vaters entdeckt und reflektiert. Petrus verstand ihn intuitiv, und daher segnete er ihn. Petrus sprach: „Du bist", und danach empfand er die Notwendigkeit, etwas von den der Kultur seines Volkes eigenen Attributen hinzuzufügen: „Sohn des lebendigen Gottes", „Gesalbter" und mehr.

Die Aussagen

Dies alles war zu sehr von der jüdischen Kultur durchdrungen; Jesus sagte ihm, dass er es nicht öffentlich machen solle.

Im Sprachgebrauch der folgenden Jahrhunderte könnte man sagen, dass er die *creatio continua* oder noch besser sogar die *continua generatio* [durch den Vater] ausübte: Er fühlte sich dauerhaft als Gezeugter, Geschaffener, Erhaltener, Belebter, Inspirierter durch dieses unsichtbare Mysterium, das viele Menschen Gott nennen und auf unterschiedlichste Weise beschreiben. Dies ist die *incarnatio continua*, die wir weiter unten noch beschreiben werden.

„Heute bist du gezeugt worden", „Du bist mein geliebter Sohn" (Mt 3,17; Mk 1,11; Lk 3,22; Mt 17,5; Mk 9,7; Lk 9,35), an den Ufern des Jordan und auf dem Berg Tabor hörte er es sagen – und das Wort *Sohn* ist immer noch wahrster Name: Gottes Sohn und Menschensohn.

Diese gestaltgebende Sohnbeziehung kennzeichnet in gewissem Maße das Schicksal allen Seins, wissend oder unbewusst, natürlich in sehr unterschiedlichem Grad. Ihre Botschaft ist vielleicht zusammengefasst in der Bestätigung, dass wir alle Söhne sind, dass alle Dinge da sind, weil sie an dieser Abstammung teilhaben. Man fühlt sich als Sohn und gleichzeitig als Bruder. „Vater *unser*", und nicht nur seiner, war seine Lehre. Alle sind Brüder, weil alle Söhne sind.

Es bekundet sich eine innige und feste, aber auch hierarchische Verbindung. Jener ist der Vater, er ist der Sohn; jener die Quelle, er der Fluss lebendigen Wassers, das der Vater hervorbringt. Ohne den Vater, nichts. Er hat das Gehorchen durch Erfahrung gelernt, wie Paulus intuitiv erkannte (oder wer auch immer Hebr 8,7–9 geschrieben hat). Es besteht ein Unterschied zwischen ihnen. „Nur der Vater ist gut" (Lk 8,19), der Sohn „hört" (*ob-audire*), auch wenn er seine ‚Vorhaben' nicht kennt (Mt 34,36). Jesus ist sich seiner Berufung voll bewusst: der Welt das Wort [des Vaters] zu geben (Joh 17,14), danach Rückkehr zum Vater und am Ende seines kurzen Lebens ausrufen können: τετέλεσται, *consummatum est!* (Joh 19,30), als er seinen Geist in die Hände des Vaters empfiehlt (Lk 23,46).

Hat dies alles einen Sinn für uns? Gewiss hat es einen. Wenn wir nicht in der einen oder anderen Form das nacherleben könnten, was diese Worte beinhalten, wäre unser Reden über Jesus ein unnützes Unterfangen steriler Spekulation. Aber wir, und wir sind nicht die Einzigen, finden seine Worte voll von „unendlichem Leben"[127]. Dieses erlaubt uns, eine analoge Erfahrung zu verwirklichen. Die christliche Tradition, vielleicht gerade beeinflusst von den polemischen Aussagen Jesu gegenüber den Juden („Götter seid ihr", Joh 9, 34, Zitat Ps 82, 6), hat häufig gesagt „ihr seid Christus", *alter Christus* oder, wie ich zu sagen wage, *ipse Christus*, der Lehre von Paulus folgend. Wir haben schon den Satz zitiert: „Habt unter euch dasselbe Gefühl, das in Jesus Christus war" (Phil 2, 5), eine fast unübersetzbare Aussage: τοῦτο φρονεῖτε (*hoc sentite*, übersetzt die Vulgata; *mind* [AV, RV]; *attitude* [NAB]; *bearings* [NEB]; *sentiments* [BJ, BCI] … *so gesinnt* [NJB]): nehmt Teil an derselben spirituellen Erfahrung, derselben tiefen Intuition, die Jesus Christus hatte. Dies ist die Erfahrung, die zu leben wir aufgefordert sind.

„*Abba, Pātēr!* Ich bin nicht der Ursprung meines eigenen Seins, ich bin ein reines Geschenk, alles, was ich bin, habe ich bekommen, einschließlich dessen, was ich als mein ‚Ich' definiere. Alles ist Gnade. Ich erfahre meine Kontingenz, da ich ja in mir selbst nicht mein Fundament, den ‚Grund' meines Lebens finde. Aber dies bedeutet nicht Entfremdung, das heißt, es bedeutet nicht, dass dieser ‚Grund' irgendwo anders liegt, etwa außerhalb von mir. Das Fundament bin nicht ‚ich', trotzdem ist es nicht außen, sondern im *interior intimo meo* [im Tiefsten meines Seins], um noch einmal den großen afrikanischen Bischof zu zitieren (Conf. III, 6, 11)."

Mit anderen Worten, das Fundament, der Grund, ist nicht ein „Anderer", ein Nicht-Ich, sondern ein „Du", eine in mir immanente Transzendenz, die ich als das Ich entdecke (und daher mein Ich).

„Nicht nur entdecke ich aus der Erfahrung meine eigene Kontingenz, ich erfahre auch, dass alles von Dir kommt, der mysteriösen Quelle, der viele als dem ‚höchsten Wesen' Substanz verliehen haben. Dich ‚Vater' zu nennen, setzt bestimmt voraus, dass eine Sohnbeziehung zu Dir vorhanden ist. Es bedeutet die Erfahrung, gezeugt worden zu sein, sozusagen hervorzugehen aus einer Quelle und deren Wesensart zu teilen. Im Fluss strömt das Wasser der Quelle, kein anderes Wasser. Das bedeutet nicht, das es eine weitere Substanz geben müsse, die über das Vater-Sein hinausgeht. Das Wort ‚Vater' ist eine Funktion, nicht eine Substanz: der Vater erschafft. Mein Vater ist nicht ein Wesen, das, unter vielen anderen Tätigkeiten, auch mich zeugt. Er hat keine andere Aktivität als diese: zu erschaffen. Du bist *mein* Vater, indem du mich hervorbringst. Du bist nichts außer dem Vater-Sein. Darüber hinaus gibt es nichts."

Ich spreche von dieser Erfahrung des erschaffen Seins, des Gezeugt- und Geborenwerdens, und nicht von der Erfahrung, einen „Anderen" wahrzunehmen. Weder will ich etwas substantialisieren noch etwas in die Vergangenheit projizieren, das, weil es eine Erfahrung ist, nicht mehr in der Gegenwart vorhanden sein kann. Ich will auch nicht ‚personifizieren'. Vielmehr handelt es sich darum ‚dieses' als *fons et origo totius divinitatis* [Quelle und Ursprung aller Göttlichkeit] zu erfahren, um die Konzile von Toledo zu zitieren (Denz. 490, 525, 568), wie die *theotēs*, um an den Heiligen Paulus zu erinnern (*hapax legomenon* [singulärer Ausdruck], Kol 2, 9), wie das Schweigen aus dem Wort hervorbrach, um es mit dem Heiligen Irenäus zu sagen. „Und auch wir sind uns unseres geschaffenen und ungeschaffenen Ich bewusst", sagt ein traditioneller Theologe[128]. Zweifellos hätte sich zu einer anderen Zeit und in einer anderen Kultur die Erfahrung Jesu mehr auf den Namen Mutter bezogen, und die Metapher wäre wahrscheinlich stärker und nahe liegender gewesen.

„Ich fühle auch, dass dieses Privileg nicht ausschließlich mein ist. Jedes Wesen hat dich zum Vater; alles Sein ist geschaffen durch dich, die Quelle von allem, aber nur die bewussten Wesen sind fähig, dich Vater zu nennen."

Wir existieren, weil wir „sind von" *(ex-sistere)*, weil wir herrühren aus jener unendlichen Quelle, die von keinerlei Namen begrenzt ist oder, wie ein Mystiker (Eckhart) sagte, *sunder Namen* [ohne Namen], *über al Namen* [über jedem Namen], *innominabilis* [unnennbar] und *omnionominabilis* [nennbar mit jedem Namen] – hierbei einer tausendjährigen apophatischen Tradition folgend. *Neti, neti* (BU III, 9, 26).

Als Konsequenz der Erosion von Wörtern und des Missbrauchs der religiösen Macht haben weder Vater noch Mutter, noch Gott, weder Leerheit noch Mysterium einen Nachhall im Geist der Herzen vieler Zeitgenossen. Vielleicht ist es, weil der Geist sich „mechanisiert" hat, zusammen mit dem Herzen, wie schon Lao-tse voraussah.

Nachdem die Relativität der Formulierung festgestellt ist, können wir jetzt einen Absatz der Angemessenheit der Sprache Jesu widmen, als er rief *Abba, Patēr!*

Vor allem ist es ein Vokativ, und die drei Augenblicke, in denen er erscheint, stellen extreme Situationen dar: ein Weinen, ein Schrei, ein Bittgebet, darüber hinaus von einem Blutschweiß begleitet. Es ist eine spontane Bekundung von Freude, Leiden oder Hoffnung. Es ist nicht der literarische Gebrauch der dritten Person, es wird nichts über andere oder über vergangene Situationen erzählt. Nichts anderes als eine Verkörperung erfüllt die menschliche Natur, wenn sie in extremen Situationen das unergründliche Leben als Geschöpf erfährt. Wir brauchen die Verkörperung. Eine iṣṭadevatā ist der menschliche Weg, um uns dieser Erfahrung anzunähern. Es ist für uns notwendig, die göttliche Ikone zu finden, mit der wir Verbindung aufnehmen können.

Außerdem bezieht „Vater" sich nicht nur auf Quelle, Macht und Person. Er bedeutet auch Schutz und besonders Liebe. Wir denken an den Vater auch als Mutter. In den verborgendsten Winkeln unseres menschlichen Bewusstseins entdecken wir in uns nicht nur, dass wir lieben, sondern auch, dass wir gerade deshalb fähig sind zu lieben, weil wir geliebt werden. Alle Wesen haben die Notwendigkeit zu lieben und geliebt zu werden. Die menschliche Liebe ist eine Antwort. Die Liebe ist uns anvertraut worden. Das Denken, das das Charakteristische des Menschen ist, ist nichts anderes als das ‚Abwägen' der Liebe, die jede Sache braucht, um ihren Platz in dem harmonischen Gewebe der Wirklichkeit zu erreichen, wie wir schon angedeutet haben. Das Denken ist mehr ein qualitativer als ein quantitativer Akt. Der Moderator ist derjenige, der, weil er die Tendenz erkennt, den *nisus* jeder Sache zu ihrem Ort zu dirigieren, ohne Gewalt die Ereignisse und Sachen zu ihrem Ziel leitet – eine Aktion, die sich nicht ohne Liebe zu einem guten Ende führen lässt. Wir identifizieren nicht immer Quelle mit Liebe, aber wir erhoffen die Liebe bei unserem Streben nach einer Quelle, wir fühlen, dass die Liebe zu dem, von dem wir geliebt werden, zu ihrer Zeit empfangen wurde. Die Quelle aller Dinge ist auch der Ursprung der Liebe. Vielmals, wenn auch in geringerem Maße, werden wir uns der so oft zitierten *perichōrēsis* bewusst. Zuweilen antworten wir nicht derselben Person mit derselben Liebe, mit der wir geliebt werden, aber wir geben sie weiter, um sie auf irgend eine Weise auszudrücken, an eine dritte Person. Um ein Beispiel zu geben, wir können nicht auf geeignete Weise der Liebe unserer Eltern entsprechen, aber wir gießen diese Liebe über unsere Kinder aus. Der ‚Tanz' geht weiter. Ein Strom von Liebe fließt durch die drei Welten. Natürlich ist die Liebe nicht nur ein Gefühl, sondern die Dynamik der Wirklichkeit selbst, die Kraft, die das Universum bewegt, wie es viele heilige Schriften und eine Vielzahl von Dichtern aussagen.

An dritter Stelle vereinigt der Vater eng in sich Macht und Liebe, zwei letztgültige ‚Elemente' des Universums. Der Vater ist dem Sohn überlegen, er ist der Beschützer. Ich wiederhole, dass das Symbol Vater auch für die Mutter gilt, die das Leben, die Existenz, die Nahrung und die Liebe spendet. Dieses Symbol hat auch die Bedeutung des miteinander Teilens, der Teilnahme an demselben Abenteuer und damit der Gleichheit. Der Sohn ist dem Vater gleich. *Abba, Patēr* bedeutet sowohl Überlegenheit als auch Gleichheit.

Kurz gesagt, wir können ohne Zweifel das *Abba, Patēr* wieder aufleben lassen! Der Mensch ist keine Waise: Die Erde ist seine Mutter, der Himmel ist sein Vater, wie es so viele alte und ursprüngliche Traditionen bestätigen.

Es gibt mindestens zwei Wege, um zur Erfahrung des *Abba, Patēr* zu gelangen, die Erfahrung der Gnade und, auf sehr paradoxe Weise, die der Kontingenz.

„Ja, ich bin mir voll bewusst, dass ich alles, was ich bin und habe, vom Vater erhalte, von der Quelle; ich fühle gleichzeitig, dass alles Gnade ist, dass alles mir gegeben worden ist, dass auch die Initiative eine Gnade des ‚Vaters der Lichter' ist (Joh 1,17).

Zugleich, wenn ich Frucht der Gnade bin, wenn der Ursprung meines Handelns und meines Seins nicht mein Ich ist, entdecke ich meine radikale Kontingenz: Nicht ich bin es, der mich selbst erhält, ich habe in mir nicht den Grund des Seins, ich bin kontingent.

‚Alles vermag ich durch jenen, der mich stark macht' [ἐν τῷ ἐνδυναμοῦντί με – durch den, der mir die Dynamik, die Kraft gibt] (Phil 4,13), in dieser Erfahrung meiner Schwäche erfahre ich, dass mein Fundament (mein *Grund* [deutsch im Original]) viel fester und stärker ist als das, was es wäre, wenn ich in mir selbst wurzeln würde. Ich kann mich allein nicht erhalten; meine Stütze ist, was mich erhält: *Abba, Patēr!*"

Ich kann jetzt die Geschichte des Mannes von Galiläa als einen Schlüssel lesen, der enthüllt, bis zu welchem Punkt er auf hervorragende Weise diese Erfahrung verwirklichte, in welchem Maße er die Nähe und zu gleicher Zeit die Distanz zwischen Vater und Sohn wahrnahm.

Abba, Patēr!

Wenn der Mystizismus uns die Erfahrung der letzten Wirklichkeit erläutert, so ist der Mystizismus Jesu Christi die Erfahrung dieser Gleichheit und Verschiedenheit zu dem, der das Leben gibt, zu der Quelle des Universums, *Abba, Patēr!* Jeder Mensch ist ein Kind Gottes. So ist auch das zu verstehen, was er über die Kinder und das Reich Gottes sagte. Jene, die wahrhaftig die Erfahrung des Vater- oder Mutterseins erleben, müssen nicht die eigentlichen Erzeuger sein. Viele Theologien, die diese Frage kommentieren, verraten, so wie ich selbst es bisher getan habe, die Erfahrung der Erwachsenen. Das Kind ist es, das in der Freude und im Leid „Vater" sagt – und hier zeigt sich die Größe der Beziehung. Es geht nicht nur um ein Gefühl der Abhängigkeit oder der Liebe, sondern um ein Gefühl ursprünglicher Zusammengehörigkeit. Aus diesem Grund können wir heute auch besser „Mutter" sagen – was für den historischen Jesus vielleicht nicht möglich gewesen ist. Um diese Erfahrung zu machen, ist es nicht erforderlich, dass wir Schriftgelehrte oder Pharisäer, Praktizierende von Kult oder Religion sind; es genügt, Kind zu sein. Nicht alle sind Väter oder Mütter, aber jeder ist Kind gewesen und klein geboren worden.

Nun gelangen wir zu einem Punkt, an dem meine Erfahrung sich vom Gebrauch des alten und ehrwürdigen Ausspruchs *Abba, Patēr!* trennt. Ich will dem Ausdruck geben, was die Denkart vieler Zeitgenossen ist, Christen inbegriffen. So, wie die Söhne sich im Laufe des Erwachsenwerdens darüber klar werden, dass ihre Väter nicht allmächtig sind, reift auch das *Abba, Patēr* zu einer Beziehung, in der eine Notwendigkeit des Abhängigseins von einem alles bewältigenden Vater nicht mehr besteht. *Mitarbeiter* (συνεργοί) nennt uns die Heilige Schrift (1 Kor 3,9), und trotzdem sage ich es mit schwankenden Gefühlen.

„Ich kann beten und glauben an *Abba, Patēr*, aber mit demselben Leiden und Schmerz wie du, als du, wie man uns erzählt hat, in Gethsemane gebetet hast."

Das Wort ‚Vater' hat in unseren Tagen viel von seiner Symbolkraft verloren. Der Patriarchalismus ist schlimm, aber die Zerstörung der Familie ohne jegliche Kompensation ist noch schlimmer. Darüber hinaus sind wir uns zu sehr der einem kompromissbereiten Diskurs über einen liebevollen und mächtigen Vater innewohnenden Schwierigkeiten bewusst, der die immensen Tragödien aller Zeiten und die noch schlimmeren unserer Technokratie zulässt – schlimmer, weil sie keine religiöse ‚Rechtfertigung' haben. Als unter offensichtlichem Missbrauch der menschlichen Religiosität vonseiten der religiösen Macht die sozialen Ungerechtigkeiten und die menschlichen Qualen als religiöse Strafe – so pervers sie auch sei[129] – dargestellt und gesehen wurden, wurden sie durch die Opfer mit weniger Verzweiflung ertragen als die augenblickliche Situation, in der die „sekundären Ursachen" sich zu unabhängigen von der „primären Ursache" gewandelt haben. Wir haben in unserem ersten Teil auf die *dalit* Bezug genommen.

„Welche Erleichterung, wenn ich entdecke, dass die alte Formulierung *Credo in Deum Patrem omnipotentem* nicht deiner Erfahrung entspricht! Du hast fast das Gegenteil in Gethsemane und in verletzender Form am Kreuz erfahren (Mt 27,46; Mk 15,34). Du hast die göttliche Vaterschaft, aber nicht deren Allmacht[130] erlebt. Du hast dich seinem Willen, aber nicht seiner Willkür unterworfen."

Wie konnte seine Allmacht all dies zulassen? Und all die Bemühungen um eine Antwort, die besagt, dass die Vorhaben Gottes unerforschlich sind, scheinen zu dem Ergebnis zu führen, dass „Gott die Trinität offenbart, um unsere Intelligenz zu demütigen". Ich kann nicht an all diese *theologoumena* glauben. *Abba, Patēr!* ist ein Gebet, das aus einem verletzten Herzen kommen kann, aber nicht aus einem entmenschlichten Wesen.

Es gibt aber noch mehr.

Vielleicht ist meine Erfahrung durch andere Kulturen geprägt. Ich kann unsere Notwendigkeit einer Personifizierung verstehen, aber nicht den Anthropomorphismus einer individualistischen Gestalt des Vaters. *Abba, Patēr!* stellt für mich nicht dar, zu glauben an ein göttliches anderes (ein Substanz gewordenes Wesen), weniger noch an ein besonders hervorgehobenes Ich. Weder Dualismus (du dort oben und wir hier unten) noch Monismus (ein Gott, der alles absorbiert). Erst in diesem Punkt erfährt der Ausspruch „Mein Vater" seinen vollen Sinn. Der Vater gehört zum „Ich bin", das bewirkt, dass auch ich sei. In diesem Licht überschreite ich den blinden Glauben, dass mein Vater allmächtig ist – neben weiteren philosophischen Aporien derselben Auffassung.

Ich glaube nicht, dass es unsinnig wäre, eine Verbindung zwischen dieser Erfahrung des Kindesverhältnisses und der dritten und letzten Initiationsversuchung Jesu zu sehen – und ich würde sagen, auch unserer Versuchung der schwindelnden Höhe (Mt 4,8). Aus der Höhe der politischen, wirtschaftlichen, intellektuellen und vor allem spirituellen Macht sieht man die „Königreiche der Erde" und ihren Ruhm (δόξα), und man denkt, dass alles unser sein kann, natürlich um es auf beste Weise zu nutzen. Jesus wählte nicht das „geringere Übel", als er niederkniete, um sich in den neuen „Fürsten dieser Welt" zu wandeln und sie so dem Vater darzubringen.

Man will die Welt von oben her verändern, von der Macht her, man will die Politik und die Wirtschaft beherrschen, um das „Reich Gottes" wiederherzustellen – jenes Reich, das nicht mit „äußeren Zeichen" kommt (Lk 17,20). Dies ist die große Versuchung der Christenheit. Wir haben die Gotteskindschaft vergessen. Weder Franz von Assisi noch Johannes XXIII. machten Gebrauch von ihrer Macht. Das *Abba, Patēr!* ist kein frommer Herzenserguss. Die Vergöttlichung des Menschen ist nicht die Apotheose (ἀποθέοσις) des Individuums. Erneut ist die Vision nicht monotheistisch.

Diese erste Erfahrung, wenngleich durch den nachfolgenden Text modifiziert, die die Gleichheit und die gleiche Wesensart mit dem Vater bekundet, ist ebenso unauslöschlich und definitiv wie die zweite. Wie einige Mystiker behaupten, kann das menschliche Bewusstsein einen überragenden Zustand erreichen, aber auch dann, wenn dieses Bewusstsein durch die menschlichen Gefilde schweift (wir Menschen sind es, die vom unendlichen Bewusstsein sprechen), weist es einen unendlichen Unterschied gegenüber der Quelle auf. Die Erfahrung der Trinität ist genau diese: Sich eingehüllt zu wissen in eine kosmotheandrische *perichōreis*[131]. Gott ist Mysterium, und auch wir sind innerhalb dieses Mysteriums.

2. Ich und der Vater sind eins

Die Texte

Ebenso wie die erste Aussage nicht einmalig war, sondern der Ausdruck einer verschiedene Male auf unterschiedliche Weise bekundeten Überzeugung, durchzieht auch diese zweite Behauptung die gesamte

Botschaft Jesu – mit den vielen Schattierungen, die die Schreiber der *Evangelien* oder er selbst eingebracht haben können.

Wir müssen hier auf die Bedeutung hinweisen, die eine bestimmte Tradition und auch eine bestimmte moderne Exegese der Unterscheidung zwischen den *Synoptiken* und dem *Evangelium von Johannes*[132] beimessen. Unser Interesse richtet sich nicht auf die *ipsissima verba* (die wörtlichen Aussagen, die er gemacht haben könnte), sondern auf die komplexe Gestalt Christi, wie sie nicht nur von den ersten Generationen verstanden werden konnte, sondern auch von den Christen aller Zeiten, nämlich durch die Kirche[133].

Wir bestehen auf diesem Punkt. Entweder haben die Christen als Opfer einer kollektiven Halluzination auf die Gestalt von Jesus Christus Wünsche, Ängste und Erwartungen projiziert und ihn so verwandelt, wie sie ihn gerne gehabt hätten, oder umgekehrt, jener Mann war wahrhaftig so, wie sie glauben[134]. Aber die Grundfrage der ersten Hypothese bleibt noch bestehen.

Die buddhistische Tradition hat aus dem Buddha einen *bodhisattva* gemacht. Die vishnuitische Tradition hat aus Kṛṣṇa einen Gott gemacht, China einen Weisen aus Lao-tse, usw. Alle diese Traditionen haben jene Interpretationen gegeben, weil es im Menschen etwas gibt, das ihn dazu treibt, dies zu tun. Eine zweidimensionale Sicht der Wirklichkeit befriedigt den Menschen nicht. Der heilige Augustinus, Śaṅkara und viele andere sprechen von der Unruhe des menschlichen Herzens. Wenn das Göttliche nicht das höchste Ideal des Menschen ist, hat Gott für den Menschen keinen Daseinsgrund, und er wandelt sich zu etwas Unnützem oder Diabolischem. Wir möchten sagen, wenn Christus in unserem Fall nicht die Offenbarung Gottes ist, dann ist er die Offenbarung des Menschen. Aber kehren wir zu unseren Texten zurück.

Entweder die Sätze, die wir kommentieren, haben für uns heute Sinn oder sie sind gesagt für einen „Elefanten, der durch die Himmel fliegt". Vielleicht kann man einen Gott akzeptieren, der unverständliche Sätze spricht, aber dann wäre Christus ein göttlicher *avātara*, kein wirklicher Mensch. Kein Mensch könnte die Sätze aussprechen, die er gesprochen hat, wenn sie völlig außerhalb des menschlichen Zugangs und somit unseres Verstehens wären.

Wählen wir drei von zahlreichen möglichen Zitaten aus:

i) Ἐγὼ καὶ ὁ πατὴρ ἕν ἐσμεν.
Ego et Pater unum sumus (Vg).
Der Vater und ich sind dasselbe[135] (NTT).

(Joh 10, 30)

Der unmittelbare Kontext dieses *mahāvakya* ist aufschlussreich. Er offenbart einen Disput, vielleicht eingefügt und umgestaltet in einem zweite Moment, aber auf jeden Fall entfacht. Nachdem diese Behauptung ausgesprochen war, wollten die Juden Jesus steinigen, steinigen bis zum Tode. Es geht um Leben und Tod.

Wir werden nicht den Kontext der ganzen Textstelle beschreiben. Nur ein Kommentar: In der Diskussion schwächt Jesus die Behauptung nicht ab. Er minimiert nicht die Antwort, im Gegenteil, er erweitert sie bis zum Maximum und wagt eine ‚blasphemische' Exegese eines Psalms (Lk 32, 6): „Götter seid ihr"[136]. All dies wird am Ende des Disputs resümiert, wobei Jesus behauptet, dass seine Werke dazu dienen sollten, Zeugnis von der Wahrheit seiner Worte zu geben. Wir werden gebeten, das Zeugnis eines Lebens zu akzeptieren und anzuerkennen:

ἐν ἐμοὶ ὁ πατὴρ κἀγὼ ἐν τῷ πατρί.
In me est Pater, et ego in Patre (Neovulgata).
Pater in me est, et ego in Patre (Vg).
Mein Vater ist in mir und ich bin in meinem Vater (NTT)

(Joh 10, 38)

An analoger anderer Stelle dehnt sich diese Einheit auf all jene aus, die an ihn glauben werden:

> Dass alle eins seien; wie du, Vater, in mir und ich in dir, dass auch jene in uns eins seien … Ich in ihnen und du in mir, damit sie [vollkommen] aufgehen werden in der Einheit (NTT).
>
> (Joh 17, 21–23)

Und dieses stellt schon die Einführung in unseren zweiten Text dar.

ii) Ὁ ἑωρακὼς ἐμὲ ἑώρακεν τὸν πατέρα.
Qui vedet me, videt [et] Patrem (Vg)[137].
Wer mich gesehen hat, hat den Vater gesehen (NTT)[138].

(Joh 14, 9)

Wenn der erste Text voll von Gefahr und dialektischem Aufruhr ist, ist dieser zweite gefärbt von Leid und Traurigkeit; er ist Teil der so genannten letzten Worte Jesu, sein Testament, seine Abschiedsworte. Nachdem er ihn vom Vater sprechen gehört hat, wagt Philippus, ihn darum zu bitten, dass er ihm den Vater zeige. Die Antwort hat einen traurigen Klang:

Philippus, so lange Zeit habe ich mit dir verbracht, und du hast mich nicht erkannt.

Er sagt nicht: „Ich habe schon so lange Zeit mit dir verbracht und vom Vater gesprochen: wie kommt es, dass du *ihn* noch nicht kennst?" Er sagt nicht *ihn*, sondern *mich*!

Wer mich gesehen hat, hat den Vater gesehen. („Ihr jedoch habt mich nicht gesehen").

Und der Text fügt hinzu:

Glaubst du nicht, dass ich im Vater bin und der Vater ist in mir? (NTT)

(Joh 14, 10)

Derselbe Gedanke wird von Johannes in einem weniger vertraulichen und öffentlicheren Kontext während des letzten Einzugs in Jerusalem aufgegriffen:

Jesus aber rief mit lauter Stimme: „Wer an mich glaubt, glaubt nicht an mich, sondern an den, der mich gesandt hat, und wer mich sieht, sieht den, der mich gesandt hat".

(Joh 12, 44–45)

Was wir betonen möchten ist, dass diese Bestätigungen Sinn hatten für Jesus oder jene, die sie Jesus von Anfang an in den Mund legten – und danach für unzählige Generationen. Die Bestätigung scheint ihnen nicht unglaubhaft. Vielleicht besagt sie, dass er ein Elefant ist (und auch wir es sind), aber es erweist sich nicht als unzulässig (als ob man sagte, dass der Elefant durch die Himmel fliegt). Was diese Texte radikal veränderte, ist unsere Vorstellung von einem getrennten, unerreichbaren oder auf sonstige Weise fernen Gott.

Weiter fügen wir noch aus anderer Perspektive hinzu:

> iii) Καθὼς ἀπέστειλέν με ὁ ζῶν πατὴρ κἀγὼ ζῶ διὰ τὸν πατέρα καὶ ὁ τρώγων με κἀκεῖνος ζήσει δι᾽ ἐμέ.
> *Sicut misit me vivens Pater, et ego vivo propter Patrem,[:] et qui manducat me, et ipse vivet propter me (Vg/NVg).*
> Da er (Quelle von) Leben ist, der Vater, der mich sandte, und ich vom Vater lebe, so wird, wer mich isst, durch mich leben (NTT)[139].
> (Joh 6, 57)

Der Kontext ist die Erörterung der Eucharistie. Die Einheit von Jesus und seinem göttlichen Vater wird auf all jene ausgedehnt, die in eucharistischer Kommunion mit ihm sind.

Lassen wir eine der am weitesten verbreiteten Aussagen Jesu nach Johannes beiseite: „Ἐγώ εἰμί, *ego sum*, ich bin" (Joh 8, 58) die anklingt an die traditionelle Selbstbeschreibung von Jahwe in Ex 3, 14 („Ich bin der Ich-Bin"). Ein weiteres polemisches „Ich bin" tritt wieder auf im Höhepunkt des Prozesses gegen Jesus (Lk 22, 70). Die Sätze Jesu mit dem Begriff „Ich" wurden alle sorgfältig analysiert. Wir übergehen auch eine andere exklusive Aussage Jesu, als er offen gefragt wurde, wer er sei (Joh 8, 25), und die schwierig zu übersetzen ist. So wichtig die Bestätigungen *egō eimi* sein mögen, ziehen wir es doch vor, ihre Deutung zu unterlassen, um nicht den Leitfaden zu verlieren[140].

Die Interpretation

Eine eher seelische als individuelle Deutung dieser Texte könnte von großem Nutzen sein, doch wir wollen uns auf die Absicht beschränken, die Erfahrung wieder aufleben zu lassen und dem modernen Leser vor Augen zu führen, was in den Worten verborgen ist.

Was klar in diesen Worten erscheint, ist die traditionelle *perichōrēsis*, die hier nicht auf den innertrinitarischen Bereich begrenzt ist, sondern sich auf die ganze Schöpfung erstreckt. Der Text scheint zu sagen, dass ein ‚Strom' – ein Leben vorhanden ist, das vom Vater zu Christus und all denen fließt, die mit ihm kommunizieren.

Quaecumque sunt a Deo ordinem habent ad invicem et ad ipsum Deum [Alle Dinge, die von Gott kommen, sind in Beziehung miteinander und mit Gott selbst] (Thomas von Aquin, Sum. Theol. I, q. 47, a. 3).

Und dies ist immer ein gemeinsamer Glaube gewesen.

Nach ältester christlicher Tradition befindet sich, wenn Christus ein zur Trinität Gehöriger ist, auch sein Körper einbezogen in das trinitarische Leben – und in ihm sind auch wir.

Und der Vater schaut nicht weiter als sein Sohn; und der Sohn liebt nichts weiter als den Vater; und der Eine und der Andere sind nichts weiter als eine einzige Freude [der Heilige Geist],

so umschrieb es poetisch ein moderner Autor[141].

Vom monotheistischen Standpunkt schien die radikale Trennung zwischen dem Menschlichen und dem Göttlichen bedroht durch die ‚blasphemischen' Bekenntnisse. Dies war die Herausforderung von Jesus. Die ersten christlichen Denker verstanden es gut. „Gott macht sich zum Menschen, damit der Mensch sich zu Gott machen kann", woran wir schon erinnert haben. Es gibt eine Brücke, und die Brücke kann überschritten werden. Dieser Mann scheint zu sagen, dass der Abgrund zwischen dem Göttlichen und dem Menschlichen nicht existiert. Wahrscheinlich war es deshalb richtig, dass er die Furcht auslöschte und die Liebe predigte.

Bekannt sind die Spitzfindigkeiten des Heiligen Thomas, der zur Verteidigung der göttlichen Absolutheit bemerkt hat:

omnis relatio quae consideratur inter Deum et creaturam, realiter quident est in creatura … non autem est realiter in Deo [jede Beziehung zwischen Gott und der Kreatur ist in der Kreatur real, aber nicht in Gott] (Sum. theol. III. q. 2, a. 7);

demzufolge

haec unio [divinae et humanae] non est in Deo realiter, sed solum secundum rationem tantum [diese Einheit (zwischen der göttlichen und menschlichen Natur) ist nicht wirklich in Gott, sondern nur zum Verständnis] (ebd. ad 1) (vgl. Quodlib. 1, a. 2; ebd. IX, a. 4, usw.)[142].

Es ist nicht der Augenblick, weitere Kommentare zu machen, wir möchten nur unterstreichen, in welchem Maße das thomistische System Konsequenz des Monotheismus jüdischen Ursprungs ist und auch durch Aristoteles geprägt wurde – obwohl der θεός des Aristoteles sehr verschieden vom *Deus* des Thomas ist. Ein offenkundiges Beispiel ist die Reduktion der Gestalt Christi allein auf die historische Funktion des Erlösers, so dass, wenn der Mensch nicht gesündigt hätte, Christus sich nicht inkarniert haben würde (Sum. theol. III q. 1, a. 3), da das Heil aufgrund anderer möglicher Meinungen erlangt wurde[143]. Unsere Meinung ist trinitarisch oder, wie wir an anderer Stelle definiert haben, kosmotheandrisch[144].

Jenseits dessen, wie einige moderne Übersetzungen den ersten Text mit einer Umkehrung der Satzordnung anbieten und das Possessivpronomen wegen des Kontextes hinzufügen, können wir auf die Benutzung des Plurals im Wort hinweisen. Der Text lautet nicht: „Ich bin eins mit dem Vater". Der Satz sagt nicht aus: „Ich *bin* dem Vater gleich", sondern „Ich und der Vater *sind* derselbe"; „wir *sind* einer" [eine Verbindung]. Das bedeutet, es gibt ein definitives „Wir", ein letztgültiges Wir: „Ich und der Vater". Es gibt Vater und Sohn; sie sind verschieden. Der Vater ist Vater und der Sohn ist Sohn. Aber der Vater ist Vater, weil er Vater des Sohnes ist, weil *er* zeugt; und der Sohn ist ein solcher, weil er Sohn des Vaters ist, gezeugt durch ihn. Ein Vater ohne Sohn wäre nicht Vater. Ein Sohn ohne Vater wäre nicht Sohn. Der Vater ist Vater-des-Sohnes und der Sohn ist Sohn-des-Vaters. Diese Vaterschaft und Kindschaft ist ganzer Sinn ihres ‚Seins'. Sie sind reine Beziehung. Philosophischer ausgedrückt, das Sein ist keine Substanz. Das Sein ist Bezogenheit (obwohl ‚sein' grammatikalisch ein Verb ist).

Es gibt nichts außerhalb der Trinität. Die Trinität ist der Einheit nicht untergeordnet. Eine der Trinität gemeinsame göttliche *reale* Essenz oder Natur, aber verschieden von Vater, Sohn, Heiligem Geist, würde die Trinität zu reinem Modalismus wandeln. Von drei Essenzen oder Naturen zu sprechen, hat entweder keinen Sinn oder würde Tritheismus bedeuten. Gott ist nicht Einer (eine Substanz?) und auch nicht Drei (drei Götter?). Gott ist das letztgültige und unendlich aufeinander bezogen Sein der Wirklichkeit. *Deus ex quo, per quem, in quo omnia* [Gott, von dem, für den, in dem alle Dinge (sind)] (siehe Röm 11, 36; 1 Kor 8, 6; Kol 1, 16; u. ö.).

Betonen wir nochmals: Es gibt Identität und Unterschied. Der Unterschied ist Vater und Sohn. Die Identität ist dieser Eine, ἕν, *unum* (eine Verbindung). Vorangehen soll hier eine einfache, aber wichtige

Die Aussagen

Bemerkung. Ein passender Ausdruck hätte statt des gewohnten Begriffs ‚Unterschied' verwendet werden sollen. Vater und Sohn sind gewiss nicht identisch, aber auch nicht verschieden. Sie könnten nur auf einer gemeinsamen Ebene verschieden sein, die einen Unterschied zwischen ihnen zuließe. Wenn wir die *Abba*-Erfahrung tiefgehend betrachten, ist der Vater weiter nichts als Vater und der Sohn ist weiter nichts als Sohn. Weder Vater noch Sohn sind Substanzen[145]. Dann öffnet sich uns die Tür dieser zweiten Erfahrung, die die erste nicht aufhebt, sondern im Gegenteil unterstützt. Das seiend, was wir sind, sind wir eins[146].

Vater und Sohn sind nicht verschieden; sie sind wechselseitig aufeinander bezogen. Einer ist bedingt durch den anderen und es gibt den einen nicht ohne den anderen. Die Schwierigkeit des Verstehens verschwindet, wenn wir uns darüber klar werden, dass beide Namen nur Beziehungen sind. Die Beziehung ist in der Tat die Kategorie der Trinität – und des *advaita*. Die Beziehung zwischen Vater und Sohn verneint die Dualität (der Vater und der Sohn und umgekehrt sind nicht zwei: „Wir sind eins"), ohne in die monistische Identität zu geraten (der Vater ist nicht der Sohn noch ist es umgekehrt). Die Beziehung ist die grundlegende Kategorie – auch der Schöpfung[147].

Der Ausdruck „*mein* Vater" erreicht hier seine tiefste Bedeutung. Man hatte ihm erwidert: „Unser Vater ist Abraham" (Joh 8, 39). Er antwortete: „Wenn Gott euer Vater wäre, würdet ihr mich lieben" (Joh 8, 42), ihr würdet verstehen, dass die Kraft nur vom Vater kommt (Joh 1, 14.18; 3, 16.18; 1 Joh 4, 9)[148]. Der Ausdruck „*mein* Vater" entspricht dem umstrittenen μονογενής *unigenitus* (Joh 1, 14.18; 3, 16.18; 1 Joh 4, 9). Er dürfte sich auf die Kontroverse um den πρωτότοκος, *primogenitus* beziehen (Röm 8, 29; Kol 1, 15–18; Offb 1, 5)[149]. In Wahrheit wird keine der beiden Formulierungen von Jesus benutzt. Wir können sein Sohnverhältnis als nicht exklusiv, aber vollkommen interpretieren. Jesus ist nicht der einzige Sohn im Sinne seiner Abstammung von einem Vater, der viele weitere Söhne gehabt haben könnte, sondern im Sinne der einzigartigen Vater-Sohn-Beziehung *semper nascens*, wie Eckhart sagen würde[150]. In dem Sinne kann der Sohn ein einziger sein, weil der Vater ihn ständig zeugt. Aber in diese göttliche Vater-Sohn-Beziehung sind auch wir und die gesamte Schöpfung einbezogen (Joh 1, 3), mit Gewissheit in der Erwartung und Hoffnung: „Die ganze Schöpfung wartet sehnsüchtig auf das Offenbarwerden der Söhne Gottes. Aber auch wir seufzen in unseren Herzen in der Hoffnung auf die Erhebung (Annahme) als Kinder Gottes, die Erlösung unseres Körpers" (Röm 8,19–23)[151]. Es ist bekannt, dass das Wort *primogenitus* aus dem *Credo* entfernt wurde, um die Interpretation des Arius zu vermeiden, der sich dessen bediente, um Jesus auf seine rein menschliche Bedingung zu reduzieren: der Erste unter vielen Brüdern (Röm 8,29).

Es ist wichtig, sich der Zusammenhänge klar bewusst zu werden, da wir sonst leicht diesen und andere Texte falsch interpretieren könnten. Philosophisch ist es leicht. Wenn wir die Relation in sich nicht erfassen, werden wir „Opfer" der Dialektik als der einzigen Methode, die Differenz des Sprunges von A nach B und vor allem von A nach Nicht-A zu finden. Es ist das substantialistische Denken, das zuerst A sieht, dann B und hinterher das Verhältnis zwischen den beiden. Nur ein Intellekt, der kein Verfechter des *intus-legere*, sondern eines unmittelbaren *inter-legere* ist, kann sofort die Verbindung herstellen. Dies ist das Denken des nicht-dualistischen *advaita*, das nach Überwindung des Individualismus Subjekt-Objekt sich die Realität so bewusst macht, wie sie sich darstellt, und das weder Synthese noch Analyse vornehmen möchte, weil es nicht von einem auf der Wirklichkeit fundierten a priori ausgehen kann.

In unserem Fall geht es um eine Quelle, eine Quelle meines Seins, eine mysteriöse Quelle des Seins, die weder mein Ego noch mein Nicht-Ego ist. Dieser Ursprung ist ein solcher nur insofern er verursacht. Der Vater ist Vater, weil er zeugt, der Sohn ist Sohn, weil er gezeugt wird. Sie sind zwei Pole einer Wirklichkeit. Dennoch ist diese ‚Wirklichkeit' keine andere Sache als die Beziehung, die sie beide kennzeichnet.

Diese Beziehung – in der auch das ganze Universum ist – mündet nicht in einen letztgültigen Monismus, das heißt, sie ist nicht geschlossen, weil auch der Heilige Geist da ist, der sie offen hält. Die Rückkehr des Sohnes zum Vater findet nicht auf dem Weg der Vaterschaft statt, um es auf irgendeine Weise zu sagen. Gezeugt worden zu sein, ist nicht dasselbe wie zeugen, empfangen ist nicht dasselbe wie geben, Passivität ist keine Aktivität. Hier ist der *locus* des Heiligen Geistes, auch in der Lehre des *filioque* – obwohl „durch den Sohn" einleuchtender wäre. Bonaventura nennt den Sohn *Persona media Trinitatis*[152], und Jakob Böhme sagte, dass „Gott Person nirgends als in Christus ist"[153]. „Der Sohn Gottes ist die Kunst des Vaters *[ars patris]*", sagt der Heilige Augustinus[154] und bestätigt Bonaventura[155]: „Ich und der Vater sind Eins", eine Beziehung, weil Vaterschaft und Sohnschaft, als Beziehung gesehen, nicht zwei sind. Nur vom Gesichtspunkt der Substanz her ist das Ausgehen von A nicht dasselbe wie das Ausgehen von B. Der Weg, der nach oben führt, ist derselbe wie der nach unten, würde Heraklit sagen (Frag. 60).

Die Erfahrung

„Ich erfahre, dass ich auf Grund der Verbindung mit dem Vater lebe: Er ist die Quelle des Lebens[156]. Ich fühle, dass dieses Leben mir nicht nur gewährt worden ist, sondern mir Gestalt gegeben hat, so dass es Ich ist und ich sagen kann: „mein Leben", wie Christus sagte: „mein Vater". Ich spüre dieses Leben in mir fließen, mich gestalten – im *Sinne* der *creatio et incarnatio continua*. „Wie der Vater das Leben in sich hat, so hat er auch dem Sohn gegeben (ἔδωκεν), das Leben in sich zu haben" (Joh 5, 26)[157]. Wir teilen miteinander das Leben, wie die Quelle und der Fluss das Wasser miteinander teilen[158]."

Vielleicht ist es angebracht, nochmals auf die Worte des Johannes zurückzukommen, um diese Erfahrung auszudrücken und nicht von der Vergangenheit, sondern von der Zukunft zu sprechen: Wir sind Söhne und daher aus demselben Wasser, aus demselben Samen, aber „noch hat sich nicht offenbart (οὕτω ἐφανερώθη), was wir sein werden" (1 Joh 3, 2). Die Christophanie ist noch nicht ganz offenkundig.

Das Wasser muss geläutert werden, aber genau das ist der Punkt; die Erfahrung unserer göttlichen Herkunft ist eine menschliche Erfahrung – wir werden nicht nur Söhne Gottes genannt, wir sind es wirklich (1 Joh 3, 1) Wir sind *brahman*, aber wir wissen es nicht, wird ein homöomorphes Äquivalent sagen.

Ist das Leben nicht vielleicht das Abenteuer, *utraque unum* (Eph 2, 14) zu machen [aus den zweien Eins]. Erneut die Erfahrung der Trinität.

Jetzt beabsichtige ich, meine eigenen Worte zu benutzen:
„‚Ich und der Vater sind Eins' in dem Maße, wie mein Ego ver-

schwindet, in dem Maße, wie ich einwillige, mich teilen zu lassen von jedem, der zu mir kommt, sich von mir ‚nährt' oder, wenn man mich ansieht, sähe man nicht [mich], sondern nähme nur das wahr, was ich sage oder auch was ich bin. Dies geschieht, wenn ich jene Transparenz besitze, die um so reiner ist, je freier ich von meinem kleinen Ego bin. Wenn mein Ego sich bemerkbar macht, kommen die anderen in Konflikt mit mir, und häufig begegnen sie nichts anderem als ihren eigenen Projektionen, jenem, wovon sie schon überzeugt sind, und dem, was sie sich als Seiendes vorstellen. Mein Ego ist wie eine Mauer, an der sie abprallen.

Wenn ich hingegen frei von jeder Angst bin, so bin ich wahrhaftig ich selbst, mein Selbst. Die Transparenz lässt eine Spontaneität zu, die aus mir herausquellt, wenn ich rein bin. Ich erfahre dann die Armut des Geistes. Das Himmelreich ist mein, wenn ich nichts habe, das mir zu eigen ist. ‚Selig, die arm sind vor Gott; denn ihnen gehört das Himmelreich' (Mt 5, 3) bezieht sich nicht auf eine wirtschaftliche Frage: Es ist eine Aufforderung zu entdecken, dass das innere Universum mein ist, oder besser gesagt, dass ich es bin, sofern nicht doch noch ein Ego in mir vorhanden ist, das mit diesem Eigentumsverhältnis in Konflikt gerät[159]. Keineswegs ist dies ein pantheistisches Durcheinander, auch keine Verneinung der Persönlichkeit. Wenn ich nicht mein bin und mich als ein Du entdecke, ein Du des göttlichen Vaters, dann bin ich die ganze Wirklichkeit – gesehen aus diesem kleinen Fenster, das ich noch mein nenne: ‚Ich und der Vater sind Eins'.

‚Die ein reines Herz haben, werden Gott schauen' (Mt 5, 8) sagt dieselbe Erfahrung aus. Die Segnungen sind keine Lehren, noch sind sie moralische Leitgedanken oder kategorische Imperative: Sie sind Äußerungen vertrautester Erfahrungen, aus denen ich, wenn ich nichts für mein Ego wünsche, alles habe und alles bin. Ich bin eins mit der Quelle, wenn auch ich als Quelle diene, all jenes zurückfließen lasse, was ich bekomme – wie Jesus."

Dies ist nicht Stolz, es ist die Erfahrung von Ostern, von Auferstehung. Die christliche Erfahrung hört nicht auf mit dem Karfreitag, sondern mit dem Sonntag der Auferstehung, die in uns Wirklichkeit wird durch Pfingsten – das uns nicht vergöttlicht, indem es uns entmenschlicht, sondern das uns menschlich macht, indem es uns vergöttlicht. Gewiss haben wir nicht immer ein solches Format, aber jeder

Mensch spürt nicht nur den Durst nach dem Unendlichen, sondern auch, dass es ein Wasser gibt, das ihn löscht, so unstet und verborgen dieses Wasser auch sein mag.

„Die Person, die mir lauscht, hört gewiss meine Stimme, sieht mein Gesicht, liest meine Gedanken, erleidet alle meine Begrenzungen. Dennoch geschieht es manchmal, dass jemand über meine Stimme hinaus lauscht, über mein Gesicht hinaus sieht, jenseits meiner Gedanken etwas wahrnimmt, die Intuition hinter meiner Begrenztheit auffängt. Ich wage zu sagen, wer wirklich sieht, der sieht schon den Vater, das Mysterium, die Wirklichkeit[160]. Das ist nur möglich, wenn dieses vertraute Miteinander nicht egoistisch ist, nicht auf egoistische Weise gehütet wird, sondern gern geteilt wird in der Gemeinschaft, im Dienen, in Liebe. Diese Erfahrungen sind viel häufiger als es vielleicht den Anschein hat."

Christus ist nicht hauptsächlich zum „Verbreiten" von Lehren gekommen, sondern um das Leben zu vermitteln (Joh 10,10), insbesondere um sich selbst mitzuteilen: sein eigenes Leben – das des Vaters. „Und das Leben war das Licht der Menschen" (Joh 1, 4). Auch ohne zu verneinen, dass er diese Erfahrungen auf manchen Ebenen durchlebte, gegenüber denen unsere Intuitionen als blasse Imitationen erscheinen, ist es nicht unbedingt notwendig, dass wir uns als mental Schwache und Sünder darstellen, damit er heilig und göttlich erscheinen kann. Wahrscheinlich hätte diese Haltung Jesus nicht gefallen. Wir haben wiederholt das *Ego dixit, dii estis* (Ps 82,6; Joh 10, 34) zitiert; warum sollten wir uns dann nicht berechtigt fühlen, wie Götter zu sprechen? Die persönliche Würde setzt nicht nur voraus, dass wir eines der vielen Glieder einer Kette von Wesen sind, (auch einschließlich des höchsten Seins) sondern auch, dass jeder von uns einzigartig, unersetzlich ist, weil er einen unendlichen, göttlichen Wert hat.

Keine dieser Erfahrungen ist uns fremd oder unzugänglich. Wir verstehen wahrhaftig, wovon er sprach. Was wir zu Anfang gesagt haben, kann uns jetzt plausibler erscheinen, und selbst wenn wir nicht absolut sicher sein können, dass der Mann von Galiläa diesen oder jenen Satz ausgesprochen hat, spüren wir ihn in unseren Herzen; seine Botschaft durchdringt unser ganzes Leben und offenbart die höchste Erfahrung des menschlichen Seins. Ich möchte nicht einen gefühlsbetonten Autor zitieren, sondern Thomas von Aquin selbst:

Ich und der Vater sind eins

Wenn Jesus Christus seine Lehre dem geschriebenen Wort anvertraut hätte, dann hätten die Leute sich eingebildet, dass seine Lehre weiter nichts aufzuweisen habe als das, was in der Heiligen Schrift enthalten war[161].

Ich habe die Absicht, meine eigene Erfahrung zu beschreiben, und deshalb muss ich in meinem Herzen nachforschen, mich darüber hinaus auf die Schriften beziehen. Erneut sagt Thomas uns, dass das so genannte Gesetz des Neuen Testaments kein geschriebenes Testament ist, sondern in unser Herz eingegeben wurde: *Lex novi testamenti est indita in corde* (Sum. theol. I-II, q. 106, a 1). Außerdem: *lex nova est ipsa gratia Spiritu Sancti* [das neue Gesetz ist die wahre Gnade des Heiligen Geistes] – womit die Tradition wiedergegeben und auch die Heilige Schrift zitiert wird (Hebr. 8, 8–10; Röm 3, 27; 8, 2)[162].

Ich muss deshalb auf mein Herz hören, wenn es rein ist, und in ihm den Heiligen Geist entdecken. Dieses Lauschen ist nicht leicht. Der heilige Iiob vernahm die Worte: „Höre mir zu: Schweige und ich lehre dich die Weisheit" (Iiob 33, 33). Diese Reinigung des Herzens ist schwierig – aber nicht unmöglich, wenn sie auch von Dauer sein muss. Hören und schweigen, um ‚lesen' zu können im eigenen Herzen. Dann entdecken wir, dass wir es allein nicht erreichen können. Wir brauchen die anderen. Hierauf beruht die menschliche Gemeinschaft, der mystische Leib, die κοινωνία.

Zu all diesem führt uns die Meditation über das „Sich-Leermachen" Christi in seinem ganzen Leben, das er ohne Privilegien als einfacher „Menschensohn" lebte. Ich denke dabei an die *kenōsis*[163]. Dieser Begriff ist grundlegend für eine wahre Begegnung mit vielen Religionen Asiens, besonders dem Buddhismus, wo er gerade entdeckt wird[164].

Wie auch immer der Tod des Ich sein mag, das *anonadamiento* (die Leerheit) in der spanischen Mystik, ist eine unumgängliche Bedingung, die praktisch von allen spirituellen Strömungen vertreten wird. „In Christus eine neue Schöpfung" (2 Kor 5, 17).

Wir wiederholen, dass dies nicht absolut verneint, dass diese höchste menschliche Erfahrung (diejenige, ein leeres Gefäß zu sein, das sich mit Unendlichkeit zu füllen hat) von anderen Traditionen auf unterschiedliche Weise ausgedrückt werden kann. Haben wir nicht nach allem diesen gesagt, dass Jesus Christus die Offenbarung des verborgenen unendlichen Geheimnisses ist und daher im Kosmos gegenwärtig ist seit Ewigkeit? (Röm 16, 25–26).

„Obwohl weit entfernt davon, eucharistisch zu sein, Brot des Lebens für die Übrigen, und sehr zögernd in der Wahrnehmung, dass, wer mit mir in Berührung kommt, die Quelle des Lebens selbst berührt, die in Wirklichkeit mir und all den Übrigen das wahre Leben gibt, und noch so undurchsichtig, dass nicht alle, die mich sehen, den Vater sehen, kann ich dennoch nicht verleugnen, dass all diese Erfahrungen auch mir gehören und demzufolge erreichbar sind für alle Menschen. Könnte nicht gerade das die wahre ‚frohe Botschaft' sein?"

„Ich und der Vater sind Eins." Wir haben schon die Furcht vor dem Pantheismus zerstreut, indem wir erkannten, dass die Entfernung zwischen dem Vater und uns unendlich ist – wie die zwischen den ‚Personen' der Trinität. Unser Sein vereint mit Gott, unser göttlicher Aspekt wie die christliche Tradition gern zu sagen pflegte, bedeutet keine unterschiedslose Vereinigung. Aber ebenso wenig lässt es eine Trennung zu. Wenn wir Eins mit Christus sind, sind wir es auch mit dem Vater. Ich bin nicht die Quelle, aber diese ist weder getrennt noch trennbar von mir[165]. Die Aufgabe ist nicht beendet; dies ist die Zeit, die zeitliche Ausdehnung des Abenteuers des Kosmos (1 Kor 15, 20–28). Wir können jetzt keine Exegese dieser Texte machen. Das Schweigen ist vielleicht hier das Angemessenste.

Wenn ich mich weigere, „*ein* menschliches Wesen" genannt zu werden, oder wenn ich das evolutionistische *Denken* kritisiere, beanspruche ich, einzigartig und deshalb unklassifizierbar zu sein; ich befinde mich in einer Reaktion gegen die Invasion der modernen naturwissenschaftlichen Mentalität, die die Tendenz hat, eine der zentralen menschlichen Erfahrungen zu verdunkeln: nämlich die, einmalig, göttlich zu sein, eine Ikone der Wirklichkeit, angelegt in Einheit mit der Quelle von allem, ein Mikrokosmos, der die Ganzheit des Makrokosmos widerspiegelt; mit einem Wort, eins mit dem Vater, unendlich, unvergleichbar, nicht austauschbar. Das Ich ist nicht das Selbst. Ich bin nicht nur das Produkt einer Evolution, ein Staubkörnchen oder im Geist eingefangen inmitten eines immensen Universums. Der Mensch, der vollwertige, konkrete und wirkliche Mensch, ist kein Element einer Klassifikation, er ist Klassifizierer. Das gilt für jeden von

Ich und der Vater sind eins

uns. Die Würde des Menschen beruht gerade darauf, sich dessen bewusst zu sein. Ich und der Vater *sind* Eins. Und das ist es, was der Mittler *anthrōpos Christos Iēsous* (1 Tim 2, 5) zu sagen wagte. Der *ahambrahmāsmi* muss im Lichte des *tat tvam asi* gesehen werden! Dies ist die Fülle des Menschen. *Respice in me et miserere mei: quia unicus et pauper ego sum* [Schaue mich an und habe Erbarmen mit mir, weil ich einzig und arm bin]: so übersetzt die *Vulgata* den Psalm 24, 16, wo die LXX den Begriff μονογενής mit einzig und πρωχός mit arm übersetzen, während das Hebräische (Psalm 25, 16) dafür Begriffe benutzt, die „einsam" oder „unglücklich" entsprechen.

Wir müssen den Diskurs der *ādhyātmischen* Anthropologie wieder aufnehmen. Im Anschluss an die Frage nach der Herkunft und dem Sein, die das ursprünglich ekstatische Bewusstsein der Menschheit kennzeichnet: Was sind die Dinge, die anderen und Gott?, taucht – mit oder ohne Angst – die erste existentielle Fragestellung auf: „Wer bin ich?"

„Ich bin": Verbindung zwischen dem Sein und dem Nichts. Zwischen diesen beiden Extremen hat die Geschichte des menschlichen Bewusstseins sich bewegt – wie es auch die jüdischen Psalmen singen.

„Wer bin ich?". Jesus, ganz als Mensch, hat sich diese Frage gestellt. Er hat sich darum gekümmert, was die anderen darüber sagten; aber die Antworten scheinen ihn nicht sehr überzeugt zu haben – außer einer, die nicht von menschlichen Lippen kam: „Du bist mein Sohn". Diese Antwort, die er am Jordan und auf dem Tabor vernahm, bestätigt durch Petrus, protokolliert durch den Zenturio, bestritten von den Pharisäern, debattiert von den Jüngern, scheint die Haupterfahrung Jesu zu sein: ich bin kein autonomes Ich (ich sage nur, was ich höre – meine Worte sind nicht meine eigenen), ich bin kein Ich, sondern ein Du des Ich, das Du Gottes. Weder Autonomie (der Mensch ist kein Individuum nach seinem Belieben), noch Heteronomie (wir sind weder Instrumente noch Spielzeuge, die von dem anderen oder von anderen gehandhabt werden), sondern *Ontonomie* (wir sind verbunden mit dem Vater als *inter-dependente* Wesen).

Im Vertrauen auf seine Erfahrung können auch wir versuchen, sie mit größter Zuversicht zu leben. Wir sind weder Gott noch Nicht-Gott; weder wirklich noch nichtwirklich, weder Engel noch Dämonen. *Sad-asad-anirvacanīya,* [ein unbeschreibliches (weder) Sein (noch) Nicht-Sein], sagt der *Vedānta.*

Vielleicht könnte man die Erfahrung Jesu in diesem historisch-religiösen Rahmen beschreiben und sagen, dass es die jedem Menschen zugängliche Antwort ist: Wer bin ich? Vielleicht weiß ich es nicht, wie der Ṛg-veda sagt (I, 164, 37), aber eins weiß man: „Ich bin niemals mit mir selbst identisch. Das Subjekt der Frage kann sich niemals ganz mit dem Prädikat der Antwort identifizieren. *Quomodo potest videre videntum?* [Wie kann der Sehende sich selbst sehen?], fragte der Heilige Augustinus, womit er sich zum Echo der *upanischadischen* Problematik machte[166]. Um sich als ein Du, ein *tvam (tat tvam asi)*, zu entdecken, ist es notwendig, dass jemand, oder sei es das Ich, uns dies zuspricht, und dass wir in der Lage sind zu hören: „Du bist!". Dem „*Abba, Patēr*" von Jesus entspricht das „Du bist mein Sohn" des Vaters.

Um uns in Söhne Gottes zu verwandeln, wie Jesus, brauchen wir uns nicht zu „entmenschlichen" mit negativer Askese, den Körper und die Materie verlassend, wie es uns viele neoplatonische, vedantische und sonstige Spiritualitäten nahe legen. Die christliche *theōsis* ist nicht die Flucht des Einzelnen zu einem geheiligten Einzelnen, sondern zur vollen Verwirklichung des *caro factum est* [er wurde Fleisch], also der Inkarnation.

3. Es ist gut für euch, dass ich fortgehe

Dieses dritte *mahāvākya* stellt das tiefste Stadium der spirituellen Erfahrung dar, auch weil es die menschlichste ist. Die *kenōsis* folgt darauf. Die *theōsis* (Vergöttlichung des Menschen) ohne *kenōsis* (göttliche Leerheit) wäre diabolisch (Gen 3, 5). Die Trinität ist die zentrale Achse der christlichen Erfahrung. Christus stellt sowohl die Vergöttlichung des Menschen als auch die Vermenschlichung Gottes dar. Wenn Christus ganz Gott oder ‚mehr' göttlich als menschlich wäre, könnten sein Leben und seine „Mysterien" nicht auch unser Schicksal darstellen – und sein *karma* wäre nicht menschlich.

Jene „Meditation über den Tod" – μελέτη θανάτου würde Platon sagen (Phaidr. 81 a) – die seit der Antike, sowohl im Morgen- wie im Abendland, von Weisen empfohlen wurde, um die Weisheit des Lebens zu erlangen, findet hier einen durch seine Einfachheit tiefen Kommentar.

Kein Pessimismus, weil alles fällt und stirbt, weil unsere Körper altern und sich auflösen; keine Spannung vor dem Tode, auch nicht der mehr oder weniger morbide Wunsch zu sterben; keine Spekulation über das Leben oder über das Jenseits. Einfach die Erkenntnis der Wirklichkeit und der Respekt vor dem, was ist – als habe er uns unterrichtet und gesagt, dass es gut sei, dass „die Steine Steine sind" (vgl. Mt 4, 3–4; Lk 4,4). Es ist gut zu erkennen, nicht, dass ich vergehen muss, nicht, dass man mich an anderem Ort erwartet, nicht, dass ich es eilig habe zu gehen, und nicht, dass ich im Gegenteil mich an die klammere, die mit mir gelebt haben, sondern zu erkennen, dass unsere Stunde im einen oder anderen Augenblick kommen muss und es gut ist, dass es so geschieht, weil die zeitliche ex-sistentia auferstehen soll, um einzutreten in die tempiterne „sistentia", in das *manere* des Heiligen Geistes. Als sie bitten, dass er bei ihnen bleibe, und ihn erkennen, verschwindet er sofort (Lk 24,29–31). „Das Leben stirbt nicht", sagt ein vedischer Text (CU VI, 11, 3). *Vita mutatur*, singt die christliche Liturgie: „Das Leben ändert sich, aber hört nicht auf"[167]. Es ist gut, dass die Zeit nicht in uns stehen bleibt und wir nicht in der Zeit.

Die Texte

i) Ἀλλ' ἐγὼ τὴν ἀλήθειαν λέγω ὑμῖν, συμφέρει ὑμῖν ἵνα ἐγὼ ἀπέλθω. ἐὰν γὰρ μὴ ἀπέλθω, ὁ παράκλητος [οὐκ ἐλεύσεται] πρὸς ὑμᾶς ἐὰν δὲ πορευθῶ, πέμψω αὐτὸν πρὸς ὑμᾶς[168].
Sed ego veritatem dico vobis: expedit vobis ut ego vadam. Si ego non abiero, Paraclitus non veniet ad vos; si autem abero, mittam eum da vos (Vg)
Doch ich sage euch die Wahrheit: Es ist gut für euch, dass ich fortgehe. Denn wenn ich nicht fortgehe, wird der Beistand nicht zu euch kommen; gehe ich aber, so werde ich ihn zu euch senden (NTT)[169].

(Joh 16,7)

Wir werden uns bei der Szene nicht länger aufhalten, obwohl sie sehr erschütternd ist und *a posteriori* geschaffen sein könnte. Es geht jedoch um eine menschliche, universal menschliche Situation: Die Zukunft stellt sich keineswegs glänzend dar, die Anhänger Jesu fürchten, verfolgt zu werden, und der seelische Zustand, der sich bei den Jüngern andeutet, ist der, dass der Meister bereit ist, sie von einem Augenblick zum anderen allein zu lassen, ohne irgend etwas zum Abschluss gebracht zu haben, sie quasi aufzugeben. Die Frustration und Verzweiflung des Judas ist verständlich: Die Mission Jesu kam zum Abschuss mit einem totalen Misslingen. Das Volk hatte ihn verlassen, weil es gefährlich geworden war, ihm zu folgen, die Synagoge erklärte ihn zum Ketzer, mehr noch, zum Gotteslästerer, die politischen Repräsentanten verachteten ihn und die ‚Seinen' verstanden ihn nicht. Er hat ihnen nichts Dauerhaftes übergeben, keine Institution, hat nicht getauft und nicht geweiht, noch weniger etwas gegründet (obwohl er vielleicht die Absicht dazu geäußert haben könnte). Er hinterlässt ihnen den Heiligen Geist und hinterlässt sich selbst als schweigsame Präsenz in der eucharistischen Handlung. Er hat sie als Lämmer mitten unter die Wölfe geschickt, und bis zum Ende weigert er sich, die Taktik zu ändern: die Wölfe sind weiter auf der Lauer. Er verspricht den Betroffenen nur das Eine: den Heiligen Geist.

Es ist dies nicht der Augenblick, die Bedeutung des vieldeutigen Wortes συμφέρω zu vertiefen, das mit konvenieren, das heißt zusammenkommen, passen, zu übersetzen ist und im diesem Szenarium auch „gut sein" – vorteilhaft, opportun, in Harmonie mit der Situation – bedeuten kann.

Sein Leben nähert sich dem Ende. Gewiss ist er bereit, zum Vater zu gehen (Joh 14,12; 16,17,28; 20,17 u.ö.). Auf jeden Fall ist er bereit zu gehen, obwohl er dem Alter nach auf dem Höhepunkt seiner Kraft ist. Er tröstet sie, indem er sagt, dass er sie nicht als Waisen zurücklassen wird (Joh 14,18); aber er gibt ihnen zu verstehen, dass sie ihn nicht wieder sehen werden. Und der Schatten seines schon nahen Todes schwebt dauernd über ihnen.

Er verspricht ihnen Rat, Mut, einen Mittler, einen Fürsprecher, eine Hilfe, einen Parakleten. In anderen Texten wird dieser Beistand als der Heilige Geist beschrieben, und häufig wird er der „Geist der Wahrheit" genannt (Joh 14,17,26; 15,26; 16,13 u.ö.), was vielleicht an die Sprache der Gemeinde von Qumran erinnert[170].

ii) ὅταν δὲ ἔλθῃ ἐκεῖνος, τὸ πνεῦμα τῆς ἀληθείας,
ὁδηγήσει ὑμᾶς εἰς τὴν ἀλήθειαν πᾶσαν.

Es ist gut für euch, dass ich fortgehe

*Cum aute, vemerit ille,
Spiritus veritatis deducet vos
in omnium veritatem.*
Wenn er aber kommt, der Geist der Wahrheit,
wird er euch in die ganze Wahrheit führen.

(Joh 16,13)

Der Text könnte nicht klarer sein. Sobald er geht, wird der Geist der Wahrheit kommen und uns zur vollen Wahrheit führen. Handelt es sich um einen dem Menschen innewohnenden Glauben oder um ein blindes Vertrauen auf den Heiligen Geist? Man vermutet, dass Jesus auch sagte, dass es der Heilige Geist ist, der das Leben gibt: τὸ πνεῦμά ἐστιν τὸ ζῳοποιοῦν, *Spiritus est qui vivificat* (Joh 6,63) – allerdings tendieren auch manche Exegeten dahin, diesen Satz dem Kontext der Eucharistie zuzuordnen.

Der Heilige Geist ist ein Geist der Wahrheit: einer Wahrheit, die uns frei macht (Joh 8,32; 2 Kor 3,17). Dieser Heilige Geist führt uns nicht zu präzisen Formulierungen, nicht zu Fragmenten der Wahrheit, sondern zur „vollen Wahrheit", zur ungeteilten Wahrheit, zur Entdeckung (ἀλήθεια) des verborgenen Knotens der Wahrheit[171]. „Heilige sie (weihe sie ein) in die Wahrheit" (Joh 17,17). Der Heilige Geist macht uns nicht allwissend, sondern wahrhaftig; er führt uns nicht dahin, alles zu wissen, sondern alles zu sein – das *totum in parte*, die Ikone der Wahrheit.

Wir erinnern daran, dass die Wahrheit, von der Jesus spricht, nicht eine *adaequatio* [Anpassung] eines abstrakten Intellekts an eine Idee ist, sondern *aequatio ad* [Vergleich, Gegenüberstellung mit] (daher *aequitas*, Übereinstimmung) mit der Ordnung (ṛta, dharma, τάξις, ordo) der Wirklichkeit. Wie wir gesagt haben und nochmals betonen, ist der Weg der Wahrheit die Suche der Gerechtigkeit – und umgekehrt. Trennt man die Wahrheit, diese Wahrheit, die uns frei macht, von ihrer Inkarnation in das Leben, nämlich von der Gerechtigkeit, so bedeutet dies Aussonderung des menschlichen Lebens in eine theoretische, begriffliche Welt und in eine andere praktisch zeitliche mit tödlichen Konsequenzen. Die Justiz des *Evangeliums*, die δικαιοσύνη, ist untrennbare menschliche Justiz und göttliche Rechtfertigung. Eine Christophanie für unsere Zeit kann diese Dichotomie nicht akzeptieren – wie die Befreiungstheologie es uns zu sagen beabsichtigt.

Die Aussagen

Mehr noch. Vielleicht kann man die Wahrheit in Konzepte einordnen, aber die Wahrheit ist kein Konzept, ebenso wie die Orthodoxie keine Lehre ist. Wie wir in unserer Widmung angeführt haben, ist die Wahrheit selbst ‚Pilgerin', aber diese Eigenschaft von ihr hätte keinen Sinn (und würde in einen anarchischen Relativismus verfallen), wenn man die Wahrheit mit einem System von Begriffen identifizieren würde. Nicht nur die Wahrheit ist eine Relation, sondern auch die *wahrhaftigen* Anbeter beten das göttliche Mysterium im Geist und in der Wahrheit an (Joh 5,24). Die Wahrheit ist Geist von Wahrheit.

iii) ὁ πιστεύων εἰς ἐμὲ τὰ ἔργα ἃ ἐγὼ ποιῶ κἀκεῖνος ποιήσει καὶ μείζονα τούτων ποιήσει, ὅτι ἐγὼ πρὸς τὸν πατέρα πορεύομαι.

Qui credit in me, opera, quae ego facio, et ipse faciet, et maiora horum faciet, quia ego ad Patrem vado.

Wer an mich glaubt, wird die Werke, die ich vollbringe, auch vollbringen, und er wird noch größere vollbringen, denn ich gehe zum Vater (NTT)[172].

(Joh 14,12)

Wir erinnern an die traditionellen theologischen Unterscheidungen, die zu denken verbieten, dass der Schüler den Meister überragen könnte, obwohl dieser Text es zu bestätigen scheint. Die Bestätigung lässt in aller Form erkennen, dass wir uns erst am Anfang einer neuen Bekundung des Heiligen Geistes befinden und es unsere Pflicht ist, sie in kreativer Weise und immer noch wunderbarer fortzusetzen.

Es erscheint wichtig, die kausale Verbindung des Satzes hervorzuheben: wir werden größere Dinge tun, *weil* er zum Vater geht. Er lässt uns nicht als ‚Waisen' zurück, das heißt, ohne Vater (Joh 14,18). Er ist der Mittler, μεσίτης (1 Tim 2,5), nicht Vermittler (siehe Joh 14,20). Der Mittler hat das erfüllt, was er zu tun hatte (Joh 18,4). Jetzt sind wir aufgerufen. Aber die Verbindung bleibt; er kehrt zurück zur Quelle, wo wir das Lebenswasser schöpfen können (Joh 4,14), das klar verbunden ist mit dem Heiligen Geist (Joh 7,37–39).

Kommen wir nun zurück zu den Gefühlen Jesu, als er jene Worte sprach und seinen ersten Jüngern die Gelegenheit gab, ihm jene Worte in den Mund zu legen.

Die Interpretation

„Es ist gut, dass ich gehe" hat einen tiefen christologischen Sinn. Es befreit uns von jeder Versuchung des Panchristismus und auch des Christozentrismus. Jesus war sich bewusst, dass es an der Zeit war fortzugehen. Er war nicht gekommen, um zu bleiben, sondern in einer persönlicheren Form in uns zu *verweilen*, das heißt, nicht als ein mehr oder weniger willkommener, von außen kommender Gast, sondern uns *innewohnend*, in unserem Herzen. Dies ist der Sinn der Eucharistie. Dies ist das Wirken des Heiligen Geistes.

„Es ist gut, dass er geht", um dem entgegenzuwirken, dass wir ihn zum König machen, das heißt zu einem Idol, oder ihn festlegen in Begriffen, in intellektuellen Inhalten; mit seinem Leben würden wir ein System erarbeiten, würden ihn in unsere Kategorien einsperren und den Heiligen Geist ersticken.

Es ist gut, dass er geht, wie in Emmaus, wie am Berg von Galilea, als sie ihn töten oder zum König machen wollten. Wir fühlen uns geneigt zu wiederholen:

„O Menschen mit wenig Glauben! Haben wir noch nicht verstanden, dass das Reich Gottes weder hier noch dort ist (Lk 17, 21–23; siehe Mt 24, 23; Mk 13, 21), dass es sich nicht objektivieren lässt, dass all unsere Vorstellungen provisorisch, nur wegweisend und darüber hinaus konventionell sind?"

Die Christophanie erleuchtet jedes Wesen, sie ist nicht eine Bekundung von anderem, sie ist keine menschliche Entfremdung, sondern die höchste Potenzierung unserer wahren Identität. Auch von Christus kann man den Satz des afrikanischen Sklaven sagen, der nachher zum Befreiten wurde: *Homo sum; humani nihil a me alienum puto*[173] [Ich bin Mensch, nichts Menschliches (Reales) ist mir fremd][174]. Dieses *humanum* ist die Menschlichkeit, ist der „vollkommene Mensch". Es handelt sich deshalb nicht darum, alles auf einen Mittelpunkt zu reduzieren, der Jesus Christus wäre. Die Wirklichkeit hat so viele Zentren wie es Zentren des Bewusstseins gibt, was bedeutet, dass es so viele Zentren wie Wesen gibt. Die Konsequenz ist kein Panchristizismus, denn weil er fortging, ermöglichte er dem Heiligen Geist, uns unsere Identität zu verleihen.

Dieses letzte *mahāvākya* stellt in gewissem Sinne die Quintessenz der Botschaft Jesu dar: keine Gewissheit, keine Sicherheit, keine externe Regel. Totales Vertrauen auf uns, auf jeden Einzelnen von uns. Der Heilige Geist wird kommen.

Nicht nur geht er fort, nicht nur verlässt er uns und gibt uns Zuversicht und Verantwortung, sondern er hat die Überzeugung, dass es gut ist. Er erinnert uns an Lao-tse und Tschuang-tse!

Die Versuchung ist groß, die Organisation zu kritisieren und den ‚Verrat' vieler Christen und vor allem der offiziellen Kirchen hervorzuheben, weil sie alles fixieren, das Leben reglementieren und Gesetze erlassen wollten. Es ist richtig, einen kritischen und offenen Geist zu bewahren und keine Angst zu haben, das zu denunzieren, was den Geist Christi zu verfälschen oder zu entstellen scheint. Aber vergessen wir nicht, dass es gut war, dass er gegangen ist und es nicht richtig gewesen wäre zu bleiben, wie es auch nicht richtig wäre, dass ein allmächtiger Gott (nur als Beispiel und ohne gründlich auf das Thema einzugehen) den Menschen daran hindern würde, seine Freiheit zu missbrauchen. Es ist richtig, dass die Kirche in den Händen der Menschen ist, dass die Menschheit ihr Schicksal schmiedet, dass auch wir mitverantwortlich für das Schicksal der Welt sind. „Und ich überlasse die Welt ihren Disputen" (Koh 3,11) lautet ein Bibeltext in seiner lateinischen Version[175], die, obwohl sie nicht dem Original entspricht, in diesem Sinne interpretiert wurde. Die Unabänderlichkeit, die den Dynamismus des Lebens bricht, ist der Tod.

Dieses Vertrauen auf den Heiligen Geist, der in der Praxis Vertrauen auf den Menschen bedeutet, diese Freiheit ist das Testament jenes „mächtigen Propheten in Werken und Worten" (Lk 24,19). *Ubi spiritus ibi libertas* [Wo der Heilige Geist ist, dort ist die Freiheit] (2 Kor 3,17).

Die traditionelle Deutung des ganzen „letzten Gespräches" Jesu ist bekannt. Jesus scheint sich seiner Mission und seiner Verantwortlichkeiten bewusst. Das „Abschiedsgespräch" spielt an auf die Trinität und auf die Kirche und gibt ein unzweifelhaftes Beispiel des Klimas der ersten christlichen Generationen. Ohne jene Kapitel wäre es sehr schwierig, die Christen zu verstehen[176].

Die modernen Studien haben Wunder vollbracht beim Filtern von Redaktionsextrakten und beim Analysieren der eventuellen historischen Tatsachen, die diesen Text entstehen ließen. Aber man kann

Es ist gut für euch, dass ich fortgehe

nicht leugnen, dass auf die eine oder andere Weise das Versprechen des Heiligen Geistes zum *kērygma* Jesu gehört[177].

Vielleicht waren es die ersten christlichen Generationen, die glaubten, dass der Sohn Gottes, entschlossen, seine Kirche zu gründen, und in dem Bewusstsein, eine Rolle zu spielen, die ihm vom göttlichen Vater anvertraut worden war, jene in den *Evangelien* aufgezeichnete Rede gehalten hätte, die als Höhepunkt seiner Lehre gedeutet werden kann. Es ist jedoch nicht zu verleugnen, dass die aus diesem Text erkennbare Haltung typisch ist für den Mann aus Galilea. Er predigte durch sein Beispiel. Statt eine triumphalistische „Vorstellung" zu inszenieren, wie es das Werk der nachfolgenden christlichen Gemeinden war, das nicht vermuten ließ, dass Jesus Zweifel gehegt haben könnte, kann man seine eigenen Worte als Vortrag einer realistischen Situation deuten, der alle idealistischen Erwartungen in Stücke schlägt.

Man könnte sagen, dass Jesus gescheitert ist und jede Gelegenheit verpasst hat, seine Kirche zu gründen. Die begeisterte Masse wollte ihn zum König machen: er entfernte sich. Die Apostel wollten, dass er auf der Höhe des Gebirges bliebe: er stellte sich dagegen und stieg hinunter in die Ebene. Er wollte auch den Schriften kein Gehör schenken und anstatt die Steine in Nahrung für sich selbst zu verwandeln, zog er es vor, dass die Steine blieben, was sie waren. Gewiss war er kein Diplomat, um sich mit Macht durchzusetzen. Aber unter den zuletzt herrschenden Umständen konnte er nicht mehr entkommen. Sie ergriffen ihn und entledigten sich seiner: er starb als Verlassener.

Wir kommentieren also nicht eine einfache Erklärung und erarbeiten keine spezifische Exegese. Wir möchten seine Erfahrung verstehen und fragen uns, ob am Ende unsere eigene Erfahrung der grundsätzlichen Haltung entspricht, auf die wir aus dem, was er getan und gesagt hat, schließen können.

Jesus wiederholte dauernd diese Botschaft. Er lebte sie und predigte sie: „Μὴ μεριμνᾶτε" [Sorgt euch nicht] (Mt 6, 25–34; Lk 12, 11–22). Macht euch keine Sorgen um die Zukunft, seid unbefangen und grübelt nicht, wie und was ihr reden sollt (Mt 20,19).

Wir halten es für angebracht, in diesem Moment eine bewegende Textstelle herauszugreifen, die die Menschlichkeit Jesu erkennen lässt. Es ist nicht die Frage eines Allwissenden, die, an Petrus gerichtet, in diesem die Reue für seinen Verrat erwecken soll – wer es auch sei, der

Die Aussagen

diese Schilderung geschrieben hat, und wie auch ihr Gehalt an historischer Wahrheit sein mag. Wir beziehen uns natürlich auf die Frage „nach Tisch": „Simon, Sohn des Johannes, liebst du mich mehr als diese?" (Joh 21,15–16). Obwohl er auferstanden ist, auf jeden Fall muss er fortgehen und fleht um Liebe, menschliche Liebe. Er kann gehen, wenn er sicher ist, geliebt zu werden. Er fragt nicht: „Simon, Sohn des Johannes, hast du meine Botschaft verstanden? Ist dir klar geworden, wer ich bin?" Einschließlich der Erwähnung der Tatsache, nicht imstande gewesen zu sein, dorthin zu gehen, wo er wollte, und das zu tun, was er erträumt hatte, hat dies einen autobiographischen (und prophetischen) Bezug.

„Ich lasse alles in Händen der Liebe – und nicht meines Willens oder der Vorhaben jeglicher Art. Ich muss fortgehen, ich gehe einfach und lasse euch mit einer Frage zurück: Habe ich Liebe in euch wachgerufen? Euch, die ihr euch, wie Petrus, eurer selbst nicht sicher seid wegen eurer vielen Verfehlungen, die ihr mich aber noch liebt, euch vertraue ich meine Botschaft an."

Er verhielt sich wirklich wie ein Diener – und nicht wie ein *pantokrator*.

Beachten wir auch die vertauschten Rollen. Jesus bittet nicht Petrus, dass er bereuen soll; auch sagt er ihm nicht, dass er ihm vergibt. Er fragt ihn, ob er ihn liebt. Dann wird ihm vergeben werden. Nur die Liebe löscht die Sünde aus: „Ihm werden (seine) vielen Sünden vergeben, weil er viel geliebt hat ..." (Lk 7,47)[178]. „Empfangt den Heiligen Geist: Wem ihr die Sünden vergebt, dem sind sie vergeben", sagt der auferstandene Christus (Joh 20,22–23). Man hat die Kraft zu vergeben, die Verletzung auszulöschen, nur dann, wenn man liebt, das heißt, wenn man den Heiligen Geist hat – der Liebe ist. Der Heilige Geist ist es, der uns in die Lage versetzt zu vergeben. Allein, auch mit dem besten Willen, können wir es nicht. Diesen Heiligen Geist hat er uns also zurückgelassen, als er ging.

Wir haben die Absicht, eine menschliche Erfahrung zu verstehen. Das können wir nur erreichen, wenn wir den, der diese Worte gesagt hat, weder von seinem persönlichen Leben trennen, noch von seinem Wunsch, seine menschliche Bedingung mit uns zu teilen.

Nicht zufälligerweise haben wir dieses *mahāvākya* an letzter Stelle angeführt. Der Beweggrund ist im zentralen Dogma des Lebens Jesu zu suchen: in der Auferstehung. Wenn Jesus nicht fortgeht, kommt weder der Heilige Geist noch erhält die Auferstehung ihren vollkommenen Sinn. „Männer von Galiläa, was steht ihr da und schaut zum Himmel empor?" (Apg 1,11) ist paradoxer Weise ein Diskurs über die Auferstehung. Die Kinder Gottes sind Kinder der Auferstehung (Lk 20, 36). Die Auferstehung ist die Offenbarung des trinitarischen Lebens in uns.

Es war gut, dass er ging – jedoch andernfalls: Wie könnten wir ihm, als dem Auferstandenen, wieder begegnen. Die Auferstehung ist die wahre Präsenz der Abwesenheit. *Resurrexit: non est hic!* [Er ist auferstanden, er ist nicht hier!] – weder hier noch dort, wie Gottes Reich (Lk 17,21).

Der Apostel sagte: *Praedica verbum* (2 Tim 4,2), aber Jesus geht darüber hinaus: „Verwandle dich in das Wort", sei du selbst die ‚Fortsetzung' der Inkarnation – die mit mir nicht endet, mehr noch, in diesem Mir bist du auch Du. Dies ist der letztgültige Sinn der Eucharistie! Der Verlust des mystischen Sinnes der Wirklichkeit hat uns dazu geführt, wie wir gesagt haben, den Boten mit der Botschaft zu verwechseln und letztere mit einer Lehre, um nicht zu sagen mit einer Ideologie. Das *kērigma* dieses Textes, wie vieler anderer, ist nicht das Diskutieren, sondern das Inkarnieren eines Lebens in der freudigen Proklamation der Fülle des Lebens.

Wir haben erwähnt, wie die scholastische *creatio continua* uns davon befreit, in einem festen und konditionierten Universum zu leben. Jetzt müssen wir uns auf eine andere Erfahrung beziehen, die schwierig zu vermitteln ist, weil sowohl Worte als auch Gedanken fehlen, wie es eine Upanischade bestätigt[179]. Sie könnte mit *incarnatio continua* ausgedrückt werden. Diese Erfahrung befreit uns davon, in einem nur historischen und zeitlichen Universum zu leben, und macht uns unsere göttliche Würde bewusst. Die christliche Inkarnation ist kein Zufall, etwas, das sich durch Zufälligkeit in der menschlichen ‚Natur' ereignet.

Diese Inkarnation ist tatsächlich die trinitarische Vision der Schöpfung. Das göttliche Mysterium wird Fleisch, wird Materie, ‚schafft' nicht *ex se* (das wäre Pantheismus und deshalb sagt man im Dialog mit Platon *ex nihilo* – ohne eine „primäre Materie"), sondern gewiss *a se* – und außerhalb von Gott gibt es nichts[180]. Wir untersuchen jetzt nicht, ob Christus, der zweite Adam, die menschliche Natur annahm oder nur die eines Menschen als Individuum, wie wir weiter oben angeführt haben. Wir sagen, dass die Inkarnation des Wortes in Jesus die Offenbarung des seit „ewigen Äonen" verborgenen Mysteriums ist (Röm 8,19–23).

Dies ist weder der Augenblick noch der Ort für eine ‚Theologie' der als *incarnatio continua* verstandenen Eucharistie; wir beziehen uns darauf im dritten Teil als Beispiel der Harmonie und des Zusammenhangs der christlichen Institutionen. Häufig genug hat man die Eucharistie auf eine private Widmung oder einen fast abergläubigen Akt oder einen entinkarnierten Glauben reduziert. Etwas wollten wohl die Kirchenväter sagen, als sie von der Eucharistie als dem φάρμακον ἀθανασίας [Pharmacum der Unsterblichkeit][181] zu uns sprachen.

In diesem Sinne scheint es mir nicht übertrieben zu bestätigen, dass dieses *mahāvākya* der Gipfel der Erfahrung Jesu Christi darstellt, ob es bewusst oder unbewusst der Abglanz seines Ruhmes und das Abbild seines Wesens (von Gott) war (Hebr 1, 3). In der Tat ist sein „Fortgehen" Symbol der trinitarischen *perichōrēse*, ist die Offenbarung des göttlichen Lebens, das heißt trinitarisch, in der ganzen Wirklichkeit, die wir als theanthropokosmisch oder kosmotheandrisch definiert haben – verbunden mit der christlichen Tradition, die über den ganzen Kosmos die Kunde des göttlichen Ruhmes ausbreitet (Ps 19,2).

Es gibt keine zwei Universen, das göttliche und das materielle[182]. Die Schöpfung ist nicht außenstehend *(ad extra)* von Gott; sie ist ein Moment, eine Dimension der radikalen Trinität. Das trinitarische Leben kreist durch das ganze Universum. „Der Vater hat alles geschaffen, und das Ganze war in ihm, und das Ganze ersehnt seine Erkenntnis"[183].

Aber kehren wir zurück zu der Absicht, den tiefen ‚Grund' der Worte Christi zu entdecken. Es war Zeit für ihn zu gehen, damit sich der Dynamismus des Lebens nicht auf einen dürren Dualismus reduzierte. Es geht um die Nicht-Dualität, die Trinität. Der Heilige Thomas sagt es ausdrücklich: *Unum idemque actu quo Deus generat Filium creat et mundum.* [Mit demselben Akt, mit dem Gott den Sohn zeugte, schuf er die Welt.] Dieser Satz ist Ausdruck des trinitarischen Dynamismus, den man unzutreffend *ad extra* zu definieren pflegt[184].

Die christliche Tradition hat in Christus den Mittler gesehen, den μεσίτης, der vom Vater kommt und zum Heiligen Geist geht, ohne sich jedoch von ihnen zu trennen: *via vera*, die hinführt zum *ewigen Leben*. Dieser Mittler ist aber ungeteilt[185]. Sein Leben ist trinitarisches Leben. In uns kommt und geht das Leben, es bleibt nicht stehen; und wir sind in diesem Dynamismus, wir leben in diesem Übergang. In grammatikalischen Begriffen ausgedrückt, wie gesagt, ist das Sein ein Verb, eine Handlung, ein *actus*, würde die Scholastik sagen, eine Aktivität, ἐνέργεια – nicht eine Substanz. Es war Zeit, dass er ging, wie es auch für uns bestimmt ist zu gehen. Er stellt das Vorbild dar. Das Leben ist Geschenk: ein Geschenk, das uns gemacht wurde, und das wir unsererseits hingeben und auf diese Weise an der Aktivität des Vaters teilnehmen – aber wir werden im Gegensatz dazu nicht Eins. „Wer *sein* Leben liebt, wird es verlieren" (Joh 12,25; usw.), weil dieses Leben Übergang ist, würde der Buddha sagen.

Die Erfahrung

Die Frage, die wir uns stellen, ist die, ob wir jene Behauptung verstehen können, ohne sie zu minimieren, zu verwässern, aber auch, ohne die Worte Jesu in Erklärungen eines übermenschlichen Bewusstseins umzuformen. Ich frage mich selbst als normaler Mensch, wie kann ich verstehen, was in einem menschlichen Herzen vorgeht, das diese Worte spricht. Nennen wir ihn nicht Bruder und Freund, wie er es uns sagte?

Daher bitte ich, mir zu erlauben, dass ich erneut in der ersten Person spreche.

„Ich muss gehen, sonst wird der Heilige Geist nicht kommen. Ich brauche mich nicht darum zu kümmern, meinem Leben Dauer zu geben, da ja, wenn ich nicht gehe, das ewige Leben nicht andauert und nicht an andere weitergegeben wird. Alles, was ich gewesen bin, gefühlt, erfahren, geliebt und gesehen habe, wird ohne Frucht bleiben, wenn ich es mit mir ins Grab nehme, als ob es mein individuelles Eigentum gewesen wäre. Ich bin nicht der ausschließliche Eigentümer meines Lebens – jenes ewigen Lebens, das mir gewährt wurde. Wenn ich mich an es klammere, fließt das Leben nicht, ich werde nicht leben. Das Leben ist uns gegeben worden, schrieb Rabindranāth Tagore, und nur, wenn wir es hingeben, verdienen wir es. Wir haben noch nicht auf den Satz des Johannes (12, 25) hingewiesen, der von den anderen Evangelisten aufgegriffen wurde (Mt 10, 39; 14, 25; Lk 9, 24; 17, 33; Mk 8, 35), der, mit unterschiedlichen Worten ausgedrückt, uns sagt, dass wir uns nicht an unser „Leben" klammern, sondern es einer Sache widmen sollen, die größer ist als unser Ego. Meine Stunde wird kommen. Unsere Stunde wird kommen. Ich hinterlasse viele meiner Projekte unvollständig, viele meiner Erwartungen bleiben unerfüllt. Je länger ich lebe, desto mehr entdecke ich, was ich hätte tun können.

Ich soll mich nicht danach sehnen, unsterblich zu werden, oder mich nicht darum sorgen, dass meine Pläne, Ideen oder Ideale nicht exakt verfolgt und meinen Wünschen entsprechend erledigt werden. Im ewigen Leben gibt es Dynamismus, in der Wirklichkeit gibt es jenen Heiligen Geist der Wahrheit, der auch aus mir fließt, wenn ich mich nicht in mich selbst einsperre. Dieser Heilige Geist durchdringt andere in eigener Initiative, ohne dass ich es im voraus programmieren müsste. Dies ist Freiheit. ‚Wo der Heilige Geist ist, da ist Freiheit' (2 Kor 3, 17). Freiheit ist Frucht der Wahrheit (Joh 8, 32)."

Diese Erfahrung Jesu offenbart eine wahrhaftig befreite Seele. Sie setzt voraus, eine totale Transparenz erreicht zu haben und sowohl die Last der Vergangenheit als auch die Furcht vor der Zukunft transzendiert zu haben.

Auf jeden Fall sind die Arbeiten auf der Welt (und die der Welt) noch nicht vollendet. Haben wir denn nicht gelernt, dass Lao-tse, Sokrates, Śaṅkara, Kant, Gandhi und unsere Vorfahren (um ungleiche Beispiele anzuführen) alle gegangen sind – aber nicht ihr Geist? Mensch sein und einzigartig sein für gewisse Zeit – und danach die Fackel den Übrigen übergeben. Wir wissen, dass wir gehen werden, aber es bedarf einer gewissen Weisheit zu lernen, dass es eine gute Fügung ist. Die Ewigkeit ist keine lange oder unbegrenzte Zeit. Das Ewige Leben ist nicht das fortdauernde Leben in der Zukunft – sondern das unendliche Leben in der Erfahrung (und auch in der Erwartung) der „Tempiternitas"[186]. Unser individueller Wassertropfen verschwindet in der Zeit, aber unser persönliches Wasser (das Wasser des Tropfens) lebt ewig – wenn es uns gelungen ist, das (göttliche) Wasser, das wir sind, zu erkennen[187].

Das erste *mahāvākya* schaut in gewisser Weise auf die Vergangenheit: Der Vater ist zeitlich ‚vor' uns, mächtiger als wir, die ewige Quelle.

Es ist gut für euch, dass ich fortgehe

Die zweite Aussage bezieht sich gewissermaßen auf die Gegenwart: Wir sind gleicher Natur, sind nicht zwei, und unser Verbundensein gibt uns das Leben, ist unsere wahre Existenz. Die dritte Aussage tendiert zur Zukunft und zur Überwindung ihrer Fesseln in uns.

„Ich muss fortgehen, ich gehe ohne Zweifel und beklage mich nicht, ich leide nicht an dem Wunsch nach ‚Unsterblichkeit', als ob sie eine Verlängerung meiner Existenz sei, oder auch meiner Ideale, Gedanken, Pläne, Projekte. Wenn einer liebt ‚bis zum Extrem' (Joh 13,1), glaubt er an den, den er liebt. Ich will nicht den Strom des ewigen Lebens gerinnen lassen, der vom Vater kommt und fortdauert. Ich teile dieses göttliche Leben, nehme an diesem Abenteuer teil, benötige kein schweres Gepäck. *Consummatum est!* Der Heilige Geist kommt, ohne dass ich ihn sende, obwohl ich keine Macht über ihn habe und fühle, dass nicht ich es bin, der ihn sendet. Er wird kommen. ‚Der Geist und die Braut aber sagen: Komm!' (Offb 22,17)[188]. Wer hört, der rufe: ‚Komm!'.

Dies bedeutet keineswegs, dass ich mich vor der Zeit zurückziehe, dass ich vor meinem Schicksal fliehe und mich weigere, meinem *dharma* zu folgen oder mein *karma* nicht akzeptiere. Ich bin bereit zu gehen, wenn meine Zeit kommt, und nicht, weil ich des Lebens müde wäre. Und da die Stunde für uns ungewiss ist, erscheint es mir als eine große Lektion des wahren Lebens, besonders für unsere Generationen, die von dem Wunsch nach Gewissheit und von der Versessenheit auf Sicherheit geplagt werden.

Diese Ungewissheit, das Nichtwissen, ob es ein Morgen für mich gibt, erlaubt mir, das Heute mit aller Intensität zu leben, als sei es schon das Letzte und Definitive. Ich kann dann die Zeit loslassen (vgl. Eph 5,16; Kol 4,5) und die Tempiternitas in jedem Augenblick entdecken. Jede Handlung ist einzig und unwiederholbar. (Jeder Tag enthält das ganze Leben [vgl. Mt 6,34]). Ich lebe also in der andauernden Schöpfung, und nicht in der Wiederholung mechanischen Handelns. Ich vergesse nicht, dass mein letzter Schritt erst nach dem vorletzten stattfindet. Jeder Schritt soll einmalig sein – und im gegebenen Augenblick soll ich gehen.

Es kann zweifellos geschehen, dass ich nicht fähig bin, immer auf der Ebene dieser Intuition zu leben, doch ich kann nicht bestreiten, sie zu *kennen* (im Sinne der Erfahrung), wenn ich ein wahrhaft echtes

Leben lebe, frei von allem Ego. Dann gibt es in mir eine Kraft ohne Ego, eine Macht *(exousia)*, die den Heiligen Geist zur Welt ‚sendet'. Mich mit dem Heiligen Geist zu identifizieren, kann mir nur gelingen, wenn mein Herz rein ist.
Da ist noch mehr: Wenn ich nicht gehe, wird der Paraklet nicht kommen."

Wir verzichten darauf, hier zu untersuchen, wer oder was jenes sei, „das mit uns sein wird", dieser „Tröster", „Fürsprecher", „Einschreitende", „Berufene", „Ersehnte". All dies kann zusammengefasst werden in dem traditionellen Begriff: Heiliger Geist.

„Wenn ich mich an das Leben klammere, an mein Ego, meine Mission, meine Aufgabe, mein Ideal oder, schlimmer noch, an meinen Besitz, die Familie, die Leute, die Welt; wenn ich nicht alles loslasse, nicht auf jeden Wunsch verzichte, mein Leben zu verlängern (obwohl ich es als unsterblich bezeichne) und darauf beharre, Monumente meiner Kreationen zu erbauen und danach trachte, das, was ich mir konstruiert habe, mit aller Macht zu beherrschen, damit nicht alles verloren geht, so wird das ewige Leben erstickt. Ich soll mein Leben ordnen nicht für die Zukunft, sondern für die Gegenwart. Ich bin vergänglich, oder besser, ich nehme teil an der *perichōrēsis*, am Tanz des ganzen Universums, am konstanten Rhythmus von allem, an der trinitarischen oder kosmotheandrischen Entfaltung der Wirklichkeit.

Ich verstehe die außergewöhnliche Erfahrung Jesu: frei zu sein von allem Denken, die Angst vor der Zukunft zu überwinden, zu lernen, dass die Blumen, die heute erblühen, morgen vertrocknet sein werden, darauf zu verzichten, über die Zukunft zu phantasieren – ein immer auf das Morgen projiziertes Leben zu leben – und auf diese Weise die tempiternen Augenblicke unseres menschlichen Daseins entfliehen zu lassen.

Nur dann, ohne Furcht vor dem Tod und ohne Haften am Dasein, hat man die volle Freiheit, die Gerechtigkeit auf allen Ebenen zu suchen, von der ‚Rechtfertigung' bis zur politischen Justiz. Man verwirklicht dann die Erfahrung, dass die Suche nach dem „Gottes Reich" untrennbar ist von ‚seiner Justiz' (Mt 6, 33). Dieses Reich befindet sich in unserem Innern – in uns, und nicht in einem individualistischen Ich. Deshalb fühle ich nicht die Tragödie des Scheiterns, obwohl der Lastwagen der ‚externen Geschichte' sich nicht auf dem rechten Weg zu befinden scheint. Du hast auch am Verlassensein gelitten, aber nicht an Verzweiflung."

Ich kann vollkommen verstehen, dass der Mann von Nazaret Traurigkeit fühlte, aber keine Besorgnis, Schmerz, aber keine Hoffnungslosigkeit, und eine tiefe Gelassenheit, nicht ohne Freude, als er sich darüber klar wurde, dass es Zeit für ihn sei zu gehen, da er ja gelebt hatte und das Leben in Fülle hatte. Andere können imstande sein, größere Werke als die seinen zu tun, wenn sie auf den Heiligen Geist vertrauen – der in jedem von uns ist. Er ging sehr jung.

Yeshua [Yehoshua] ha nōzeri, Jesus von Nazaret ist im Begriff zu gehen, wir alle sind im Begriff zu gehen. Er gründet nichts, gestaltet nicht den Anfang irgendeiner Religion. Er spielt nicht die Rolle des Meisters, ein Titel, der ihm nicht gefiel. Seine Zeit ist gekommen, und er geht, nachdem er seine Mission erfüllt hat, die kein großer Erfolg zu sein scheint. Sein Testament ist allein der Heilige Geist. Das bedeutet, dass seine Nachfolger das vollständige Recht haben, eine Kirche zu gründen, Riten zu schaffen und sein Werk in kreativer Form fortzusetzen – gleichwohl mit dem Risiko, sich zu irren. Theologie ist nicht Archäologie. Der Glaube ist nicht Sache der Vergangenheit und auch nicht Hoffnung der Zukunft, da beide im Unsichtbaren sind (für die Sinne und den Geist, doch nicht für den Intellekt).

„Das Annehmen meiner menschlichen Bedingung, die Erkenntnis, dass meine Zeit abgelaufen ist und ich gehen muss, das Überzeugtsein, dass der Heilige Geist weder gedämpft noch beeinflusst oder dirigiert werden darf, ist die höchste Erfahrung. Der Sohn Gottes will für sich keine Ausnahmen oder Vorrechte.

Dies ist die letzte Prüfung. Ich werde gehen, ich muss gehen. Das Ego wird sterben, um dem Heiligen Geist Raum zu geben. Das ewige Leben ist Auferstehung."

Die Erfahrung der drei *mahāvākiāni* ist eins. Es sind keine drei Erfahrungen: Jede ist mit den anderen verknüpft, und wenn man sie getrennt betrachten würde, wären sie falsch: Sie würden zum Dualismus, zum Monismus, zum Pantheismus, zum Nichts führen.

Wenn man die Erfahrung des *Abba, Patēr!* erlebt, fühlt man, obwohl man spürt, dass der Vater größer ist, dass „ich und der Vater eins sind". Der *Abba* ist nicht außerhalb von uns. Wenn er für einen Augenblick aufhörte, uns das Leben zu geben und zu ‚zeugen', würden nicht nur wir verschwinden, sondern auch er, der aufhören würde Vater, das heißt Lebensspender, zu sein. Die Quelle ist in uns. Wir sind Einer, das „Du", das das „Ich" hervorkommen lässt. In einer gewissermaßen paradoxen Form ausgedrückt: Der Vater gibt sich das Leben, indem er es uns gibt, unsertwegen ist er Vater, ist er das ewige Leben.

Darüber hinaus führt die Entdeckung des Einen, nachdem man den Vater gesehen hat, zur Entdeckung des Ganzen. Der Vater ist niemandem allein zu eigen. Er ist Vater, weil er das Ganze mit göttlichem Leben erfüllt, und wenn ich mit ihm eins bin, bin auch ‚ich' das Ganze.

Mit anderen Worten, wenn der Christ Christus in sich selbst entdeckt, wenn er die Immanenz erlebt, zu der er eingeladen worden ist, entdeckt er nicht Jesus (Jesus ist der Mittler), sondern er sieht den Vater („Philippus, der mich gesehen hat, hat den Vater gesehen"), und, indem er sich zu Gott wandelt, wandelt er sich zur Ganzheit. Diese Erkenntnis ist Assimilation und Verlust der persönlichen Differenzierung. Dies ist das Mysterium des Heiligen Geistes[189].

In der Tiefe der Erfahrung wird das *Ich* als Mikrokosmos erfasst. Jeder von uns ist nicht eine Welt, als ob viele kleine Welten existierten. Jeder von uns ist der einzige Kosmos in seiner Ganzheit, wenn auch als Miniatur. Daher hat die christliche Tradition die griechische Vorstellung vervollständigt, die besagt, dass der Mensch auch ein *mikrotheos* ist, ein Mikro-Gott; nicht ein kleiner Gott in Verbindung mit dem großen Gott, sondern Gott, derselbe Gott. Wiederum macht das substantielle Denken den Satz inakzeptabel, wenn man ihn atomistisch interpretiert. Wir sind keine kleinen Götter.

Der Heilige Geist kommt, wenn ich gehe, und indem ich gehe, lasse ich ‚Raum' für den Dynamismus der Wirklichkeit. Der Vater „geht fort" in den Sohn, gibt sich ihm ganz hin und verschwindet als Vater, oder besser, er verschwände als Vater, wenn er nicht zur Vaterschaft auferstände auf Grund der trinitarischen *perichōrēsis*, durch das Wirken des Heiligen Geistes. Auf dieselbe Weise „geht" der Sohn, und der Heilige Geist ist derjenige, der alle Dinge ‚erneuert' oder besser, der es möglich macht, dass die Wirklichkeit eine ‚absolute' Neuheit werde, und nicht nur eine ‚zirkuläre' Erneuerung (Apg 21, 5; 2 Kor 5, 17 u. ö.). Aber an diesem Punkt angelangt, brechen alle Metaphern zusammen.

Auch das fast universale Empfinden von Liebe lässt einen Ibn 'Arabī ausrufen: „Der Liebende, der Geliebte, die Liebe", und nimmt dieselbe Erfahrung wahr. Die Liebeserfahrung ist wirklich der Schlüssel, der uns in dieses Mysterium einlässt, in diese *guhā*, das größte Geheimnis, wie Abhinavagupta sagt, das nicht geheim, das an keinem fernen Ort verborgen, schwierig, esoterisch ist. Das größte Geheimnis ist, dass es kein Geheimnis gibt[190]. Das Licht in sich selbst ist Finsternis, nicht zu sehen, unsichtbar, es braucht mich, den undurchsichtigen Körper, um leuchten zu können. Das Licht ohne mich wäre Dunkelheit. Ich ohne Licht wäre nichts.

Es besteht eine Abstufung zwischen den drei *mahāvākyāni*. Nur wenn alles, was ich sage, das Echo einer transzendenten Stimme ist, obwohl in der Immanenz, wenn ich in dieser Präsenz lebe und diese der letztgültige Grund meines Seins und Wirkens ist – und ich mir dessen auf irgendeine Weise bewusst bin –, nur dann kann ich nach dem *Abba, Patēr!* sagen, dass „ich und der Vater eins sind". Nur wenn das Licht, das wie ein geschmolzenes Metall fließt, alle Dunkelheiten einhüllt und durchdringt, kann mein Ich, jene Gussform aus Gips, sagen, dass ich das Original, Christus, erreicht habe. Nur wenn das Bild vervollständigt und die Ikone gemalt und geweiht ist, kann ich auf den Vater ausstrahlen und er sieht mich, ich sehe ihn im Heiligen Geist, der uns umgibt. So kann auch ich, nur wenn diese Fülle verwirklicht worden ist, sagen *consummatum est* und entdecken, dass es gut ist, dass ich gehe, damit der Heilige Geist kommt und ständig im Kommen ist.

III. Die mystische Erfahrung Jesu Christi

Jesus sprach zu seinen Jüngern: „Vergleicht mich, sagt mir, wem ich ähnlich bin". Simon Petrus antwortete ihm: „Du bist einem gerechten Engel ähnlich". Matthäus sagte ihm: „Du bist einem weisen Philosophen ähnlich". Thomas sagte ihm: „Meister, mein Mund ist absolut unfähig zu sagen, wem du ähnlich bist". Jesus sagte ihm: „Ich bin nicht dein Meister, denn du hast getrunken und dich berauscht an der brodelnden Quelle, die ich ermessen habe". Er nahm ihn zur Seite und sagte ihm drei Worte. Als Thomas zu seinen Gefährten zurückkam, fragten sie ihn: „Was hat Jesus zu dir gesagt?". Thomas antwortete: „Wenn ich euch auch nur ein einziges Wort sagte, was er mir gesagt hat, würdet ihr Steine aufraffen, um mich zu steinigen, und aus den Steinen käme Feuer und würde euch versengen".

[Koptisches] Thomas-Evangelium, 13

1. Eva me suttam

„Dies habe ich gehört", wie zahlreiche buddhistische Schriften sagen, oder auch ἤκουσα, wie Sokrates sagte (siehe Phaidr. 274 c): Da war ein Mann, der zur Welt kam und behauptete, eins zu sein mit dem Ursprung; er sei aus jener besonderen Quelle gekommen und müsse zurückkehren zu jener Quelle: In dem Zeitraum, der ihm gewährt worden war, verbrachte er sein Leben mit guten Werken, jedoch ohne etwas Vorprogrammiertes oder wirklich Außerordentliches zu tun, wenngleich alles, was er tat, intensiv, vollständig, wahrhaftig war. Einfach ein Mann, der durch die Welt ging, ohne sich extremen Gruppen anzuschließen, und der bereit war, alles zu verzeihen außer der Heuchelei und, obwohl er keinerlei Unterschiede machte, schien er immer

Eva me suttam

Partei zu ergreifen für die Benachteiligten und Unterdrückten, und so beendete er sein Leben. Er sah den Ursprung, der alles werden lässt, und erlitt den Schlag der Kräfte des Bösen, aber er hatte ein grenzenloses Vertrauen zum Wehen eines gewissen Windes, den er den Geist nannte, der alles durchdrang, und dies war das einzige, was er als Erbschaft hinterließ.

Er sah sich als Mensch: Menschensohn, *barnasha* (82mal in den Evangelien). Ihm gefiel dieser Name, und er entdeckte für sich selbst und für die Übrigen, dass seine Menschlichkeit nichts anderes war, als das andere Gesicht der Göttlichkeit, untrennbar, wenngleich verschieden: so verschieden, dass es sich der Existenz der Sünde schmerzlich bewusst war. Aber dennoch sah er weder in sich selbst noch in irgendeinem anderen menschlichen Wesen das Böse, sondern das Himmelreich. Davon predigte er und danach lebte er.

Seine Geburt lag im Dunkeln. Er verbrachte einen guten Teil seines Lebens im Schatten, und sein Tod war noch undurchschaubarer. Dennoch empfand er keinerlei Frustration; als er versucht wurde durch die Macht, verachtete er sie; als er scheiterte, wagte er zu versprechen, dass er im Begriff war, wirklich gegenwärtig zu sein, nicht nur mit dem Heiligen Geist, sondern auch mittels einfachen Mahls und Tranks in Gemeinschaft. Er gebrauchte keine Gewalt und ließ sich von der Macht nicht einschüchtern; er predigte die Vergebung und die Liebe; er sprach Worte, die, nach seiner Bestätigung, nicht von ihm ausgingen. Er arbeitete kein Lehrsystem aus; er benutzte die Sprache seiner Zeit.

„Ich habe noch etwas mehr gehört." Ich habe zwanzig Jahrhunderte währende Betrachtungen über diesen Mann und Dutzende von Lehrsystemen aller Art gehört. Ich kann sie nicht ignorieren. Andererseits kann ich sie auch nicht alle studieren. Große Geister haben uns erstaunliche Synthesen angeboten. Ich habe aus vielen von ihnen gelernt. Ich habe auch Stimmen anderer außergewöhnlicher menschlicher Gestalten sowohl der Vergangenheit als auch der Gegenwart gelauscht. Die Heiligkeit (um dieses Wort zu benutzen), die Weisheit, die Verwirklichung kann eine seltene Pflanze sein, aber sie wächst in jedem Klima, zu allen Zeiten.

Ich habe auch schmerzliche Kontroversen und argwöhnische Begegnungen zwischen Anhängern und Epigonen gehört. Zuweilen habe ich mich fast dazu gezwungen gesehen, Partei zu ergreifen. Ein gehörter Satz ist mir zur Hilfe gekommen: ‚Wer nicht gegen euch ist, ist mit euch' (Lk 9, 50), obwohl Aussagen im gegenteiligen Sinne – ‚wer nicht mit mir ist, ist gegen mich' (LK 11, 23) – mich vor buchstäblich genauen Lektüren und Interpretationen außerhalb des Kontexts gerettet haben. Das ‚Ihr' der Gemeinschaft ist nicht das ‚Ich' des Auferstandenen, das gegenwärtig und verborgen in jedem Menschen guten Willens ist.

Außerdem habe ich gehört, dass wir nicht auf die Fähigkeit des Unterscheidens verzichten dürfen, und das hat mich dazu geführt, den Vorrang der persönlichen Erfahrung zu entdecken, um das zu erreichen, was in einer anderen Tradition bekannt ist als *nitya-anitya-vastuviveka* (Unterscheidung zwischen zeitlichen und ewigen Dingen – dargestellt in einem berühmten Wert eines fast vergessenen Jesuiten, Nieremberg). Da ich mich auf mich selbst zu stützen hatte, musste ich mich bemühen, mein ganzes Sein zu reinigen, und diese niemals zu Ende kommende Aufgabe hat mich befreit von jeder Art von Verabsolutierung meiner eigenen Überzeugungen.

Ich habe eine solche Menge von Dingen gehört, dass ich mit mehr Aufmerksamkeit dem Heiligen Geist lauschen musste, um mich auf das Leitmotiv dieses dritten Teils zu beziehen. Ich habe alles vereinfacht zu einer ‚Trinität' von Worten. Es nimmt mir nicht die Furcht, gesteinigt oder zum Ketzer erklärt zu werden (ich bin immer geneigt zu berichtigen). Weniger fürchte ich, Dinge zu sagen, die die anderen nicht hören können, als die Unmöglichkeit selbst, das, was ich gehört habe, in Worte zu inkarnieren. Ich kann nur hoffen dass sie dort Widerhall finden, wo wahres Lauschen ist, in der Tiefe des Herzens, wo das ewige Leben uns lebendig macht – in dem Maße, wie sich die ‚lebendigen Steine' (1 Petr 2, 5) in Feuer verwandeln und alles reinigen, Gott sei alles in allen."

2. Itipaśyāmi

„Dies sehe ich": Das innere Leben Jesu offenbart eine universale Erfahrung. Das zeigt uns die Geschichte. Aber auch ich, abgesehen von Intensität und Reinheit, bin imstande, diese Erfahrung zu verstehen und zu erleben. Tatsächlich ist jeder Mensch dazu in der Lage, obwohl die

Itipaśyāmi

Sprache und daher die Lehren sehr verschieden sein können und gegenseitig unvereinbar. Ich nehme keine dialektische Position ein, indem ich behaupten würde, dass ich nicht zweifelte zu sagen: „Ich bin Gott", weil Gott gesagt hat: „Ich bin Mensch". Dies wäre ein Irrtum. Ich beschreibe meine Erfahrung auf vertrauliche und persönliche Weise. Ich fühle einfach, dass das Göttliche in mir ist, und dass ich mich in dieser göttlichen Wirklichkeit befinde; dass ich diese Einheit erfahre, die mein Leben wahrhaftig wirklich macht. Und dennoch bin ich mir völlig im klaren darüber, wie weit ich (noch) entfernt bin, diese Fülle zu erreichen. Paradox ist, je näher ich jenem Ideal zu sein glaube, desto ferner fühle ich mich von ihm. Und wenn ich meine Umgebung anschaue und die Menschheitsgeschichte analysiere, verstehe ich die ängstliche Frage: „Wie viele sind es, die die Erlösung, die Fülle, die Verwirklichung erreichen?" (vgl. Mt 19, 25; Mk 10, 26; Lk 18, 26). Vielleicht öffnet sich die Tür im letzten Augenblick. Ich weiß es nicht.

Die *kenōsis* des „Menschensohnes" ist kein Privileg für ihn. Es geschah nicht, weil er demütig gewesen wäre, sondern weil er Mensch war. Dies ist vielleicht eine der tiefsten Bekundungen der conditio humana. Alle sind wir *kenōtisch,* leer von der Göttlichkeit, die verborgen in jedem von uns liegt, alle sind wir unseres echtesten Gewandes beraubt, um es so zu sagen; wir alle, obwohl wir göttlichen Ursprung haben und Tempel der Gottheit sind, erscheinen nicht nur gegenüber den anderen, sondern auch uns selbst gegenüber als bloße Individuen einer Spezies, die dem Leiden und dem Tod unterworfen ist. Er hat es nicht versteckt. Nur eine göttliche Person kann so viel Menschlichkeit zeigen. Diese Menschlichkeit wurde von Göttlichkeit überstrahlt.

Ich bemerke, obwohl es mir schwer fällt, es festzustellen, dass nicht nur sein Leben, sondern auch meines einen unendlichen Wert hat, gerade weil es endlich ist in seiner Form und in seiner Darstellung. Es ist einzigartig und daher unvergleichlich; man kann es nicht vergleichen, nicht auf gleiche Ebene mit etwas anderem stellen. In meiner Endlichkeit, in meiner Konkretisierung, meinem Bewusstsein, in meiner Kontingenz geschieht es, dass ich das Unendliche, die Göttlichkeit berühre *(cum-tangere).*

„Ich sehe", dass der Mann von Galilea diese meine menschliche Bedingung lebte, weil er sie teilte. Dieses Fühlen der Einheit ist das, was meine Würde ausmacht. Nichts und niemand kann meinen Platz einnehmen, weil mein Platz im ganzen Universum nicht ersetzbar ist. Dies ist das Mysterium des Menschen. Der Menschensohn zeigt mir, dass auch ich mich selbst verwirklichen muss als Menschensohn, gerade als Mensch. Viele Personen neigen dazu, sich mit der Rolle zu identifizieren, die sie bekleiden: Bürger, Politiker, Arbeiter, Arzt, Landwirt, Vater, Ehemann. Noch viel subtiler sind die religiösen Identifikationen: Christ, Buddhist, Mönch, Priester; oder spirituelle Rollen, wie Heiliger, *guru*, *samnyāsin*, usw. Gewiss müssen es gute Leute sein, die ihrer eigenen Pflicht entsprechen. Aber all diese Vorstellungen erschöpfen nicht unser Sein, sie berühren nicht den Kern dessen, was wir sind: ein Mikrokosmos der ganzen Wirklichkeit, ein Geschlecht der *satpuruṣa*, eine Ikone der Göttlichkeit. Ich kenne das Ganze, den göttlichen Vater, den *brahman*, Gott, und bin (simultan) ein Funke, der Sohn Gottes, *ātman*, Geschöpf: das Du des Ich kraft des Heiligen Geistes. Der Mensch Jesus verwirklichte diese Vereinigung, *kenōsis*, wie Origenes sie definierte (oder *anakrasis*, im Unterschied zu der hypostatischen Union der Inkarnation, die er *koinōnia* nannte) (Contra Celsum III, 41). Die ersten Konzilien definierten sie als vollständig menschlich und vollständig göttlich. Und dies ist der göttliche Aspekt, der uns allen gemeinsamen *conditio humana* – Jesus Christus natürlich eingeschlossen.

3. Satpuruṣa

Der Mystizismus von Jesus Christus ist einfach menschlicher Mystizismus. Was sonst könnte er sein? Es ist die letztgültige Erfahrung des Menschen als Mensch. *Satpuruṣa* kennzeichnet nicht nur ein Individuum oder ein menschliches Wesen, sondern die ganze Fülle dessen, was wir alle sind. Wir sprechen von Vergöttlichung, aber wenn wir aufhören, Menschen zu sein, kann sich dies umkehren in Entfremdung. Wir können an Vernichtung glauben, aber wenn wir das aufgeben, was wir wirklich sind, kann es sich in eine Flucht wandeln. Wir können unsere Menschlichkeit annehmen, aber das kann auch Synonym einer passiven Annahme unserer Entwurzelung sein, wenn wir auf das verzichten, was wir wahrhaft sind, oder wenn wir in einen flachen „Ho-

Satpuruṣa

mozentrismus" verfallen, der für jede Selbsttranszendenz verschlossen ist.

Ich würde wagen zu behaupten, dass seine Erfahrung die rein menschliche Erfahrung war, die alle Besonderheiten transzendiert, ohne sie zu verneinen. Nur wenn wir konkret sind, können wir universal sein. Seine Erfahrung war nicht, ein jüdischer Mann zu sein, noch weniger ein christlicher, kein Mitglied einer Klasse, Kaste, Partei oder Religion, sondern einfach Mann, Menschensohn. Dies war seine *kenōsis*, und somit die Möglichkeit, zu uns allen aus dem Urgrund unserer wahren Menschlichkeit zu sprechen oder aus irgendeinem anderen Inhalt, mit dem wir den echten Kern dessen, was wir wahrhaftig sind, ausdrücken möchten. Und auf recht paradoxe Weise entdecken wir, je mehr wir jedes Attribut oder jede Rolle meiden, um so mehr uns selbst als vollständig menschlich und immer mehr göttlich.

Was das Menschliche anbelangt, so müssen wir als Individuen gehen. Alle sind gegangen, einschließlich Jesus. Was das Göttliche angeht, wird, wenn wir gehen, der Heilige Geist bleiben. Wir lassen die Wirklichkeit nicht als Waise unserer Präsenz zurück. Wir sind gewesen – für immer.

All das kann unvereinbar sein mit einem starren Monotheismus. Wir sind nicht Gott, nur Gott ist Gott. Aber Christus ist der Sohn Gottes, eins mit dem Vater, weil das göttliche Mysterium reine Gabe, Geschenk ist. In traditionellen Begriffen ausgedrückt, der Sohn ist gezeugt, und der Heilige Geist geht aus der göttlichen Quelle hervor. Das ganze Universum ist in diesen Prozess einbezogen. In christlicher Sprache ist die ganze Wirklichkeit Gott Vater, Christus und Heiliger Geist. Diesem Christus wohnen nicht nur alle Mysterien der Göttlichkeit inne, sondern er umfasst auch das Mysterium der Schöpfung – im Werdegang von Wachstum und Reife.

Von diesem Grad der Erfahrung ausgehend, wäre die Antwort, wenn ein *śivaita* oder irgendein anderer sagte, dass er Jesus oder den Namen von Christus nicht benötigte, zweifellos die, dass er sich darum keine Sorgen machen und sich nicht an jenen Namen oder jenem Symbol festhalten solle. Im Gegenteil, der Heilige Geist wird nicht kommen, „um uns die ganze Wahrheit zu zeigen" (Joh 16,13), vielmehr wird er uns offenbaren, dass niemand das Monopol der persönlichen Verwirklichung hat. Er musste gehen, sowohl für die Christen als auch

Die mystische Erfahrung Jesu Christi

für die anderen. „Warum nennst du mich gut?" (Lk 18,19; Mk 10,18), „Der Vater ist größer als ich" (Joh 14,28) oder, wie Mario Victorino sagte, nachdem er sich gegen 360 vom Neoplatonismus zum Christentum bekehrt hatte. „Der Vater ist gegenüber dem Sohn wie das Nichts (ὁ μὴ ὤν) gegenüber dem Sein (ὁ ὤν)". In der *kenōsis* unseres Ego tritt hervor, was wir wirklich sind. Auch Meister Eckhart zitiert später in seinem Traktat über die *Abgeschiedenheit* (deutsch im Original; DW V, 431) unser drittes *mahāvākya*, um uns zu sagen, dass, wenn wir uns von der Menschlichkeit Jesu trennen, uns nicht die *vollkommene Lust* (deutsch im Original) des Heiligen Geistes gegeben wird.

Jedes unserer Worte, das wir benutzen, ist unvermeidlich mit spezifischen Nebenbedeutungen behaftet, aber wenn wir beabsichtigen, den Mystizismus von Jesus Christus zu beschreiben, können wir dies nicht, ohne auf die Worte zurückzugreifen. „Der *puruṣa* ist Alles", sagt ein Vers der Veden (Ṛ̣V X, 90, 2). Alles hängt davon ab, wie es interpretiert wird: kosmischer Mensch, göttlicher Mensch, vollkommene Menschheit, usw. *Ecce homo!*, sagte Pilatus, „*Puruṣottama*", „höchster Mensch" (vgl. BG VIII, 1; X, 15; XV 18–19) ist die oberste göttliche Form *(paramaṃ rūpam aiśvaraṃ)* „höchster göttlicher Mensch", sagt die *Gītā* (XI, 3, 9).

Wenn man bestätigte, dass Jesus Christus derjenige ist, der seine menschliche Bedingung vollkommen verwirklicht hat, wäre es nur eine Phrase, wenn ihr nicht erläuternd hinzugefügt würde, dass dies auch unser Schicksal ist; und es wäre eine sehr begrenzte Bestätigung, wenn man sie ohne den richtigen Zusammenhang gäbe: „der *paramaṃ puruṣam divyam*", „der höchste göttliche Mensch", sagt die Gītā (VIII, 8, 10). Wir streifen das Unaussprechliche.

Wir können den Mystizismus in der dritten Person nicht verstehen. Wir können es noch nicht einmal in der zweiten Person. Aber die erste Person muss, um das Schweigen zu brechen, jemand haben, mit dem sie sprechen kann. Es muss ein Du sein, eine *iṣṭadevatā*, die dann, indem sie alles umdreht, mich in ein Du vertauscht. Das Schweigen ist also die endgültige Erfahrung, die offenbart, dass das Wort aus dem Schweigen kommt, kraft der Liebe. Das Wort ist, wie wir gesagt hatten, nichts anderes als die Ekstase des Schweigens.

Um es zu wiederholen: Das Mysterium Christi ist das Mysterium der ganzen Wirklichkeit: der Göttlichen, menschlichen, kosmischen,

Satpuruṣa

ohne Verwechslung, aber ohne Trennung. Christus wäre nicht Christus, wenn er nicht göttlich wäre, mehr noch, wenn er nicht Gott wäre. Das Göttliche kann nicht in Teile zerlegt werden. Christus wäre nicht Christus, wenn er nicht Mensch wäre, mehr noch, wenn er nicht die ganze Menschheit wäre. Aber diese Menschheit, *ausgedehnt* in der Zeit, ist (noch) nicht erschöpft und wird es nicht sein, solange die Zeit Zeit ist, und die Zeit hat keine Ende, weil schon das Ende zeitlich ist. Das Leben ist diese konstante Neuheit oder Schöpfung. Christus wäre nicht Christus, wenn er nicht zeitlich wäre; mehr noch, wenn er nicht die gesamte Körperlichkeit wäre. Aber diese Körperlichkeit oder Stofflichkeit, die im Raum *ausgebreitet* ist, ist (noch) nicht am Ende und wird es nicht sein, solange der Raum Raum ist, weil die Grenze des Raumes räumlich ist. Die Materie ist Teil des Wirklichen – zusammen mit den anderen ‚zwei' Dimensionen in unendlicher Durchdringung. Die Christen sehen in Jesus Christus dieses Symbol als Leuchtfeuer, das, indem es uns anstrahlt, uns etwas ahnen lässt, das wir nicht ‚sehen', sondern ‚fühlen' und es ‚leben' bis zur Verwirklichung der (taborischen) Erfahrung allen Lichtes.

Die menschliche Sprache soll schweigen; jeder *logos* für sich allein ist unzureichend: „Es ist gut, dass ich gehe".

Vielleicht entspricht die eher theologische Aussage der philosophischen Formulierung, nach der man die Transzendenz nur in der Immanenz entdecken kann, nämlich indem man sich zum Echo der patristischen Tradition macht und sagt, dass man Gott nur im Heiligen Geist sehen kann.

Der Psalm 36,10 besingt es mit außerordentlicher Einfachheit und Schönheit:

Quoniam apud te est fons vitae,
et in lumine tuo vedemus lumen.
[Denn in dir ist die Quelle des Lebens
in deinem Licht schauen wir das Licht.]

(Und ich möchte den Leser bitten, hier eine kontemplative Pause zu machen. Man braucht das Dritte Auge, um die lebendige Wirklichkeit der Symbole zu erfassen.)

Dritter Teil

Christophanie: Die ‚christische' Erfahrung

καὶ αὐτός ἐστιν πρὸ πάντων
καὶ τὰ πάντα ἐν αὐτῷ συνέστηκεν

ipse est ante onmia
et omnia in ipso constant

er ist vor aller Schöpfung
und in ihm hat alles Bestand

(Kol 1, 17)

Neun *sūtra*[1]

Das Problem Christi hat tiefstes Nachdenken des abendländischen Geistes ausgelöst, nicht nur bei den professionellen Theologen, sondern auch – und mindestens mit gleicher Tiefe – bei den Philosophen ohne Unterscheidung von Glauben oder Kirchenzugehörigkeit[2]. Das Anliegen dieser *sūtra* ist eine Betrachtung über das, was noch als der Glaube der großen Kirche definiert werden könnte, ohne jedoch die zu Grunde liegenden enormen philosophischen Probleme zu streifen.

Die klassische Theologie behauptet, dass die Offenbarung Christi ein *novum* für die Menschheitsgeschichte und für die Natur des Menschen selbst darstellt. Das philosophische Denken tendiert demgegenüber im Allgemeinen zu der Aussage, dass der menschlichen Natur eigen ist, was uns die Theologen auf verschiedene Weise sagen. Die Philosophie scheint auf jeden Fall den besseren Teil gewählt zu haben und hat das *novum* Christus[3] für sich vereinnahmt. Wir haben schon von der *theologia ancilla philosophiae* trotz gegenteiliger Behauptungen gesprochen.

Diese *sūtra* beanspruchen, ein Mittelweg zu sein zwischen der klassischen Theologie, die die Gestalt Christi mehr oder weniger qualifiziert in einen monotheistischen Rahmen fasst, und einer theoklastischen Strömung, die Christus (und das Christentum) von jeder Bindung an „Gott" ‚befreien' möchte.

Wir verwenden das Wort *sūtra* und nicht ‚These', weil für das *sūtra* die deduktive Methode nicht gültig ist: das *sūtra* „sagt", es spricht zu uns aus dem Innern einer Bewusstseinsebene, die man unbedingt erreicht haben muss, um seinen Sinn zu erfassen. Das menschliche Denken darf sich nicht beschränken (und ich würde sagen degradieren) auf Induktion/Deduktion, wie es die Vorherrschaft des modernen wissenschaftlichen ‚Denkens' befürchten lässt. Niemand kann eine Eiche aus einem Samen ‚deduzieren', aus einer physikalisch-chemischen Zusammensetzung kann man einige Eigenschaften der Eiche erhalten, aber nicht die Eiche selbst.

Diese neun *sūtra (sūtrani)* stellen keine weiteren zu vertretenden Themen dar. Es sind eher ‚Verdichtungen' gelebter (und oftmals erlittener) Erfahrungen innerhalb einer Tradition. Es sind Fäden (das ist, was das Wort *sūtra* bedeutet), die, verbunden mit anderen, die Kette des Gewebes der Wirklichkeit bilden. Der Leser sei ermutigt, es in einen Teppich zu verwandeln. Trotz allem wächst auch der Samen nicht von selbst, er braucht den *Humus*, der ihn wachsen lässt.

Es bedarf noch vieler weiterer Fäden, die uns mit der Vergangenheit verbinden und uns zur Zukunft öffnen.

I. Christus ist das christliche Symbol der ganzen Wirklichkeit

Jede Feststellung, die weniger sagen würde, als dieses erste *sūtra*, könnte weder dem christlichen Glauben noch der Erfahrung praktisch aller menschlichen Traditionen – wenn auch unter anderen Namen und in unterschiedlichem Kontext – gerecht werden. Auf mehr oder weniger deutliche Weise beanspruchen die verschiedenen Kulturen der Welt, eine zusammenhängende Sicht des Kosmos zu haben. Kohärenz bedeutet nicht notwendigerweise die Rationalität eines logischen Systems, sondern vielmehr den Anspruch auf ein letztgültiges Ziel, ein zentrales Symbol. Ich sage „Symbol", um eine Erfahrung der Wirklichkeit auszudrücken, in der Subjekt und Objekt, Interpretation und Interpretiertes, das Phänomen (φαινόμενον) und sein *noumenon* unentwirrbar vereint sind. Die symbolische Erkenntnis ist nicht auf die rationale Evidenz und auf jede Art von Dialektik reduzierbar. Gott, Sein, Materie, Energie, Welt, Mysterium, Licht, Mensch, Geist und Idee sind Beispiele solcher Symbole. Das Symbol symbolisiert das Symbolisierte im Symbol selbst, und nicht an einem anderen Ort. Es unterscheidet sich vom einfachen Zeichen[4]. Wer der Mentalität der Illustration entsprechend das Zeichen, von epistemischer Natur, mit dem Symbol, das ontologischen Charakter hat, vertauscht, könnte dieses *sūtra* falsch interpretieren, als ob es eine gnostische Sicht Christi vertrete. Nichts steht dem Geist unseres *sūtra* ferner, das das Wort „Symbol" im gleichen Sinne anwendet, in dem die christliche Tradition es benutzt, wenn sie sich auf die Sakramente bezieht[5].

Die christliche Tradition, die aus einem gewissen jüdischen Monotheismus hervorgegangen ist und dann einem gewissen griechischen Politheismus einerseits und philosophischen Monismus andererseits begegnete, hat die älteste trinitarische Tradition wiedererobert, die Anschauung der Wirklichkeit als: Himmel – Erde – Menschheit; oder auch als: Geist – Materie – Bewusstsein. Christus ist jenes zentrale Symbol, das die ganze Wirklichkeit umfasst (symbolisiert). Damit wollen wir nicht sagen, dass die Auffassung der christlichen Trinität (ohne die das Symbol „Christus" seine volle Bedeutung verliert) dasselbe sei wie in anderen religiösen Traditionen (jede Kultur ist eine symbolische Welt). Wir behaupten jedoch, dass die Erfahrung der Wirklichkeit als trinitarisch, obwohl auf sehr verschiedene Weise verstanden, praktisch universal zu sein scheint.

Christus ist „jenes Licht, das allen leuchtet, die auf diese Welt kommen" (Joh 1,9)[6]; „Alles wurde durch ihn geschaffen" (Joh 1,3) und „alle Dinge beruhen auf ihm" (Kol 1,17); „er ist einziggeboren" (Joh 1,18) und der „Erstgeborene" (Kol 1,15); „das Alpha und das Omega" (Offb 1,8), der Anfang und das Ende von allem, der „Sohn Gottes", Gott ‚gleich', die Ikone der ganzen Wirklichkeit; der Kopf des Körpers (Kol 1,18), noch im Prozess des Werdens, in den Geburtswehen (Röm 8,22). Das Abenteuer der Wirklichkeit ist ein räumlicher und zeitlicher *egressus* (Ausbruch) Gottes und ein *regressus*, eine Rückkehr zur Quelle, sich weiter ständig ausdehnend bis ins Unendliche durch das ‚Wirken' des Heiligen Geistes, der ‚verhindert', dass die Wirklichkeit zur Dualität wird. Die „Rückkehr" führt nicht zum Ausgangspunkt, weil Gott kein geometrischer Punkt ist, sondern *actus purus*, ἐνέργεια (reine Aktualität, Dynamismus). Diese Ex-tension (räumlich) und Dis-tension (zeitlich) vereinen sich mit der Spannung des Menschen im „Wachstum bis zur vollendeten Gestalt Christ" (Eph 4,13). „Gott wird zum Menschen, damit der Mensch dahin gelangen kann, Gott zu sein", haben wir gesagt und mit der Patristik wiederholt. Dieses „zum Sein Gelangen" ist ein Weg, der zu keinem Ort führt, weil Gott überall ist. Der Satz Jesu: „Ich bin der Weg, die Wahrheit und das Leben" (Joh 14,6) muss nicht notwendigerweise im objektiven Sinne und noch weniger begrifflich verstanden werden. Der *Weg* ist genau die *Wahrheit* des *Lebens* des Menschen. Der Sinn des Weges ist das Ziel, aber auf dem Weg des Lebens befindet sich das Ziel in jedem Schritt, wenn er echt ist – hierzu kann man zum Beispiel Meister Eckhart (DW V, 35) zitieren. Die christliche Kultur hat das Symbol „Christus" oft gleichgesetzt mit Güte, Wahrheit und Schönheit.

Hier wären Kommentare notwendig über den *Karmel Christi* der *Philipper* oder die kosmischen Texte der *Kolosser*, der *Epheser*, der *Korinther*, der *Römer* oder das Buch der *Offenbarung*, das *Johannes-Evangelium* und auch über die *Synoptiker*. Christus war „vor Abraham" (Joh 8,58)

Christus ist das christliche Symbol der ganzen Wirklichkeit

und wird der Letzte sein (1 Kor 15, 38). Alles, was man dem Geringsten und Unbedeutendsten antut, wird ihm geschehen (Mt 25, 40). In ihm sind alle Schätze der Weisheit und Erkenntnis verborgen (Kol 2, 3). Es geht darum, uns zu erinnern, das heißt, unseren Geist und unser Herz zu erforschen; denn der Mittelpunkt des christlichen Verständnisses der Wirklichkeit ist gerade „der Mensch Jesus Christus", der „Mittler" (1 Tim 2, 5) (und nicht Vermittler), das heißt „vollkommen göttlich und vollkommen menschlich", „untrennbar und trotzdem verschieden" von der Göttlichkeit, wie die nachfolgende Tradition es ausdrückt.

Die während der patristischen Epoche, der Entwicklungsperiode des christologischen Bewusstseins der Kirche vorherrschende Vision des Kosmos machte die kosmischen Interpretationen der Funktion Christi plausibel. Die himmlische Welt war das Wichtigste. Ein Zehntel der Engel ging verloren (die gefallenen Engel), so wie die Frau des *Evangeliums* eine ihrer zehn Drachmen verlor (Lk 15, 8–10). Und dieser Ausfall wird durch die menschliche Gattung kompensiert, die so die zehn Rangordnungen der Engel vervollständigt. Ein Hundertstel der Schöpfung, also die menschliche Gattung, verliert sich wie das verirrte Schaf (Lk 15, 4–7), und Christus, der gute Hirte, verlässt alles, um den in Sünde verirrten Menschen zu retten. Origenes sagt dazu unter anderem folgendes: „Christus kümmert sich um das Geschlecht der Menschen, mehr noch, um die ganze Schöpfung als einen Körper, und jeder von uns ist ein Glied, je nach seiner Rolle" (PG 12, 1333 A)[7]. Die Tradition, die sich mit freier Interpretation auf die Schriften beruft (Mt 5, 48; Kol 4, 12; Jak 1, 4; 3, 2; Phil 2, 12; 2 Kor 13, 11; Eph 4, 13; Kol 1, 28 u. ö.), spricht zu uns vom vollkommenen Menschen τέλειος ἄνθρωπος, der die ganze menschliche Natur darstellt[8]. Und dieser Christus *ist* von Anfang an. Der heilige Hieronymus bekämpft die Irrlehre der Ebioniten, die behaupteten, dass *Christum ante Mariam non fuisse* [Christus vor Maria nicht existierte], und besteht darauf, dass gerade deshalb Johannes der Evangelist in hervorgehobener Weise die Göttlichkeit Christi betont (De scriptoribus ecclesiasticis 9).

Es ist nicht notwendig, diese Weltsicht zu akzeptieren, aber gewiss können wir uns mit der wissenschaftlichen Kosmologie nicht zufrieden geben – die andererseits nicht beansprucht, sich auf ‚theologische' Fragen einzulassen. Die aktuelle christliche Anschauung verliert jedoch ihre Basis, weil es an einer geeigneten Vision des Kosmos fehlt und die Theologie das Risiko eingeht, ins Leere zu sprechen oder falsch verstanden zu werden. Die moderne Vision des Kosmos hat ihre dritte Dimension verloren.

Eine nicht restriktive christliche Vision dürfte bejahen, wie wir gesagt haben, dass jedes Wesen eine Christophanie ist, eine Manifestation des christischen Abenteuers der ganzen Wirklichkeit auf dem Wege zum unendlichen Geheimnis. Die ganze Wirklichkeit, wiederholen wir, könnte aufgerufen sein, in christlicher Sprache Vater, Christus, Heiliger Geist: genannt werden: die *Quelle* aller Wirklichkeit, die *Wirklichkeit* in ihrem Akt des Seins (das heißt, in ihrem Werden); die seiende Wirklichkeit, als der *Christus totus*, der– noch – nicht voll verwirklicht und indessen – nur – Zeit ist, und der *Heilige Geist* (der Wind, die göttliche Energie, die die Bewegung dieser *perichōrēsis* aufrecht erhält).

Es müsste dann klar feststehen, dass das homöomorphe Äquivalent Christi in einer Vergleichsstudie das eines *avatāra* des Göttlichen ist, eine Herabkunft des Göttlichen, um den *dharma* zu unterstützen und ein konkretes *kalpa* (Äon) zu erretten (siehe BG IV, 7–8). Ein *avatāra* ist eine wahrhaftige Manifestation des Göttlichen in doketistischer Form, kein reales Wesen in der Welt des *saṃsāra*. Kṛṣṇa ist kein Mensch, er ist ein Gott, eine Manifestation Gottes in menschlicher Form. Christus ist in den Augen der christlichen Kirche kein Glied des *pantheon*, noch ist er ein verwirklichtes, vergöttlichtes Individuum; seine Vergöttlichung ist kein Akzidens. Christus ist die wahre Inkarnation Gottes, sein Primogenitus, um erneut eine andere Tradition zu zitieren: *pūrvo hi jataḥ* (SU II, 16).

Wir bemerken noch einmal, dass innerhalb einer monotheistischen Theologie die Inkarnation in Gott ein Akzidens ist und zumindest eine große Schwierigkeit darstellt. Das Absolute kann sich nicht in einen Menschen *konvertieren* – auch in keine andere Sache. Im Sinne einer trinitarischen Sicht ist die zentrale Stellung Christi gegenüber der ganzen Wirklichkeit die direkte Konsequenz der Inkarnation. Es ist kein Christozentrismus, weil die Trinität kein Zentrum hat, aber nichts Menschliches oder Geschaffenes ist außerhalb dieses göttlichen Wortes, mittels dessen alles geschaffen wurde – eine Vorstellung, die übrigens von vielen Traditionen anerkannt wird. Meister Eckhart ist nicht der Einzige, der bestätigt, dass die Würde des Menschen in der Inkarnation begründet ist.

Christus ist das christliche Symbol der ganzen Wirklichkeit

Die Behauptung, dass es „außerhalb von Christus keine Erlösung gibt", ist fast eine Tautologie. Erlösung bedeutet volle Verwirklichung oder, in traditionellen Begriffen, Vergöttlichung, und die Vergöttlichung geschieht nur in der Vereinigung mit dem Göttlichen – dessen Symbol in der christlichen Sprache Christus ist. Wenn diese *theōsis* kein illusorischer Aspekt ist, sondern eine wirkliche „Teilhabe an der göttlichen Natur" (2 Petr 1, 4), so wird diese nur verwirklicht, wenn wir uns mit Christus Eins werden lassen, das heißt, dahin gelangen, Teil von *Christus totus* zu werden, so dass wir *ipse Christus* (Christus selbst) sind, wie es der heilige Paulus rät bei der Auslegung der Aufforderung des Evangeliums, vollkommen wie der Vater zu sein, der in den Himmeln ist. Dieses Mysterium, das schweigend bewahrt wurde seit den Zeiten der Jahrhunderte (χρόνοις αἰωνίοις, Röm 16, 25) ist das, was die Christen als Christus verstehen. Christus ist menschlich und göttlich, ohne Verwechslung der beiden „Naturen" und dennoch ohne jegliche Art der Trennung.

Wenn man sagt, dass „Christus das Symbol der ganzen Wirklichkeit" ist, bedeutet das, dass in Christus nicht nur „alle Schätze der Göttlichkeit" enthalten sind, sondern auch, dass „alle Mysterien des Menschen" darin verborgen sind und alle Masse des Universums. Er ist nicht nur der „Primogenitus", sondern der „Unigenitus", das Symbol der Wirklichkeit selbst, das kosmotheandrische Symbol par excellence.

Christus ist das Symbol aller Vergöttlichung des Universums, die *theōsis* der griechischen Kirchenväter[9]. *Per ipsum, cum ipso, in ipso* [durch ihn, mit ihm, in ihm] alle Dimensionen der Wirklichkeit treffen zusammen, und alles hat in ihm seine Konsistenz (Kol I, 17). Das ganze Universum ist aufgerufen, die trinitarische *perichōrēsis* insbesondere in Christus und durch ihn miteinander zu teilen. Einige sprechen vom kosmischen Christus, andere vom *Christus totus*. Ich würde es vorziehen, ihn den kosmotheandrischen Christus zu nennen oder einfach den Christus.

Wir schließen dieses erste *sūtra* ab mit einem Text des heiligen Bonaventura, der die Tradition der Vergangenheit zusammenfasst mit einer Intuition, die auch für die Zukunft gültig ist:

Respice ad propitiatorem et mira,
quod in ipso principium primum iunctum est com postrero,

Christus ist das christliche Symbol der ganzen Wirklichkeit

Deus cum homine sexto die formatum (Gen 1, 26),
aeternum iunctum est cum homine temporali,
in plenitudine temporum de Virgine nato,
simplicissimum cum summe composito,
actualissimum cum summe passo et mortuo,
perfectissimum et immensum cum modico,
summe unum et omnimodum cum individuo composito
et a ceteris distincto,
homine scilicet Iesu Christo.

[Schaue auf den Versöhner und bewundere,
denn in ihm vereint ist das erste Prinzip mit dem letzten.
Gott mit dem am sechsten (letzten) Tag (der Schöpfung) geformten Menschen,
das Ewige ist mit dem zeitlichen Menschen vereint,
geboren von der Jungfrau in der Fülle der Zeiten,
das Einfachste mit dem Komplexen,
das Wirkliche mit dem, der am meisten litt und starb,
das Vollkommenste und Immense mit dem Kleinen,
das absolut Eine und Vielförmige
mit einem geschaffenen Individuum und von den Übrigen verschieden:
nämlich der Mensch Jesus Christus]

(Itinerarium VI, 5)

II. Der Christ erkennt Christus *in* Jesu und *durch* ihn

Man weiß, dass „Christus" der griechische Name ist, mit dem man das hebräische Wort *Mashia'* übersetzt, das einfach „Gesalbter" bedeutet. Die allgemeine Bedeutung dieses Wortes hat im Judentum eine spezifische Nebenbedeutung erhalten: der Messias, den das Volk Israel erwartete. Später veränderte sich nochmals die spezifisch hebräische Bedeutung und, individuell auf die christliche Tradition bezogen, bedeutete es schließlich Jesus, der Sohn von Maria. Dieser Jesus, „ein mächtiger Prophet in Werken und Worten vor Gott und vor dem ganzen Volk" (Lk 24,19), wandelte sich für die Christen in die Offenbarung des im ersten *sūtra* erwähnten Christus. Nach und nach ließen die Christen davon ab, sich mit den Juden zu streiten, und sie ließen den Anspruch beiseite, dass Jesus der Messias von Israel sei. Der Name Christus erhielt eine neue Bedeutung, die aber noch nicht frei davon war, Spannungen und Verstimmungen hervorzurufen.

Die christliche Revolution tat sich kund im ersten Konzil von Jerusalem, das die Beschneidung abschaffte (Apg 15,1), das vorrangige Sakrament des Paktes zwischen Gott und dem hebräischen Volk. Jene Revolution bestand nicht darin, den hebräischen Messias durch einen zum Tode verurteilten Hebräer zu ersetzen, sondern in Jesus den Menschen zu erkennen, in dem „körperlich die ganze Fülle der Göttlichkeit wohnt" (Kol 2,9) und die Offenbarung des „Erben aller Dinge, die das Universum enthält, mit dem Wort seiner Macht" (Hebr 1,3).

Aus reiflich erwogener christlicher Sicht konkurriert Jesus nicht mit dem Messias der Juden. Der Wandel des christlichen Denkens besteht nicht darin zu behaupten, Christus sei der Messias der Juden – die Andeutungen von Jesus selbst könnten als eine klare Bezeugung dienen –, sondern darin zu proklamieren, dass in Jesus „das seit ewigen Zeiten unausgesprochene (in Stille verborgene) Geheimnis" (Röm 16,25) jetzt offenbart worden ist und in ihm alle Dinge *geschaffen* worden sind (Kol 1,16).

Der Christ erkennt Christus *in* Jesu und *durch* ihn

Mit anderen Worten, in der christlichen Offenbarung entdeckt der Christ den lebendigen Christus, durch den das Universum geschaffen wurde (Joh 1, 3; Kol 1, 16 u. ö.). Wer glaubt, dass „Jesus der Christus ist", ist Christ. Diese existentielle Konfession verkündet schon die Erlösung desjenigen, der sie ausübt, wiederholen die heiligen Schriften. Es ist ein Bekenntnis, eine existentielle Bestätigung und eine weder objektive noch objektivierbare Aussage. Niemand rettet sich durch die Äußerung einer einfachen theoretischen Erklärung (zum Beispiel des Lehrsatzes des Pythagoras) oder die Bestätigung einer Tatsache (der König Aśoka hat gelebt) oder auch ein Gebet (Herr!, Herr!). Das Bekenntnis zu seinem Namen ist gleichbedeutend mit dem persönlichen Zeugnis, der Wirklichkeit begegnet zu sein, die der Name verkündet. Dies ist der Grund, weshalb sein Name ein „rettender Name" ist, und „es gibt keinen anderen Namen unter dem Himmel, durch den wir das Heil erlangen könnten" (Apg 4, 12; vgl. Phil 2, 9–10).

„Niemand kann *Kyrios Iēsus* sagen, wenn er nicht aus dem Heiligen Geist redet" (1 Kor 12, 3). *Jesus ist der Christus*: das ist das christliche *mahāvākya* (die große Bestätigung). In der Tat hat die christliche Tradition die beiden Namen zu einem einzigen vereinigt. Jesus Christus als unteilbare Erfahrung ist das zentrale christliche Dogma. Die Verbindung „ist" entfällt, weil sie im Gegenteil einen epistemischen Einschnitt in die Einheit einer solchen Erfahrung herbeiführen würde.

Es ist interessant zu beobachten, dass der gebräuchliche Ausdruck in den heiligen Texten nicht nur ‚Jesus Christus'[10] lautet, sondern auch ‚Christus Jesus'[11]. Obwohl sie als homolog zu verstehen sind, sollte man das Argument in Grenzen halten. Auf jeden Fall hat diese Umkehrung einen tiefen Sinn: Sie bestätigt einerseits die Unterscheidung und andererseits die Äquivalenz. Christus ist gewiss nicht der Nachname von Jesus.

Jesus ist jener, den „der Geist des Herrn" mit der Salbung geweiht hat (Gesalbter, Messias, Christus), ἔχρισεν (Lk 4, 18): Das ist, was er den Bewohnern von Nazaret in seiner ersten Predigt verständlich machen wollte, als er den Propheten Jesaja (61, 1) zitierte.

Die Beziehung zwischen Jesus und Christus wurde danach überarbeitet mit den vier Adverbien des Konzils von Chalzedon: ἀσυγχύτως, ἀτρέπτως, ἀδιαιρέως, ἀχωρίστως (Denz. 302), was die lateinische Version übersetzt mit *inconfuse, inmutabiliter, indivise, inseparabiliter*.

Der Christ erkennt Christus *in* Jesu und *durch* ihn

Das trinitarische Mysterium ist der Rahmen, in dem dieses Verständnis der zentralen Stellung von Jesus Christus Sinn hat: Jesus Christus kann nicht Gott sein ohne Qualifikationen. Er muss „Gott von Gott, Licht von Licht", der Primogenito, der Unigenito *(prōtotokos, monogenēs)* des Vaters sein. Und dieser Christus wird erkannt als eine einzige Person, in der die beiden Naturen bestehen (ohne Verwechslung, ohne Veränderlichkeit, ohne Teilung, ohne Trennung). Wir benötigen vier Adverbien (nicht Adjektive), um einen erleuchteten Glauben zu haben, um jenes *rationabile obsequium* [intelligenten Kult] oder *logikē latreia* des Briefes an die Römer (12,1) zu verwirklichen, wie es von der Tradition interpretiert worden ist.

Wir betonen die Worte *in* und *durch* in diesem *sūtra*, um mögliche Missverständnisse zu vermeiden: Jesus ist der Christus, aber Christus kann nicht vollständig mit Jesus identifiziert werden.

Das mögliche Missverständnis geht aus der hier nicht anwendbaren Extrapolation nach der modernen wissenschaftlichen Methode hervor, da man eine Wirklichkeit nicht auf eine algebraische Formel reduzieren kann, die sich auf die Tafel schreiben ließe. Wenn A gleich B ist, ist B gleich A. Aber weder ist Jesus A, noch ist Christus B. Der Effekt des *pars pro toto*, der sich in diesem Text auf das symbolische Wissen bezieht, wird in unserem *sūtra* auf die *ikonophanische* Bewusstheit angewandt: die Ikone A ist nicht das Original B, aber sie ist auch nicht einfach ein Bild. Die Ikone im taborischen Licht gesehen ist die Offenbarung, die Entschleierung des Originals, das Symbol, das es darstellt, das es für den enthüllt, der es als Ikone, und nicht als Kopie entdeckt. Jesus ist das Symbol des Christus, was selbstverständlich für die Christen gültig ist.

Was uns angeht, würde das Beispiel der Eucharistie genügen. Die Eucharistie ist die wirkliche Anwesenheit Christi, das auferstandenen Jesus (aber sie enthält nicht die Proteine von Jesus von Nazaret).

Das Bekenntnis *„Jesus ist der Christus"* setzt ein sehr konkretes Verständnis der Geschichte, der Materie und einer bestimmten Anthropologie voraus, da Jesus zweifelsfrei eine historische Gestalt, eine körperliche Realität, ein wahrhaftiger Mensch ist. Zu bejahen, dass der „Jesus der Geschichte", das heißt, der Sohn von Maria, der „Christus des Glaubens" ist, nämlich der „Menschensohn", der Christus unseres ersten *sūtra*, ist gerade der Skandal der christlichen Konkretisierung.

Dennoch besteht der christliche Skandal weiter, nicht nur für die Außenstehenden, sondern auch für die Christen selbst. Aus diesem Grunde ist es nicht angebracht, auf den „christlichen Wahnsinn" zu spekulieren und die Nichtchristen zu kritisieren, weil sie die Grandezza des Christentums nicht begreifen und akzeptieren können (als ob die Christen fähig wären, sie zu verstehen!). Eine solche Einstellung setzt nicht nur einen bedauerlichen Stolz voraus, sondern auch eine Abtrünnigkeit. Das Kreuz kann nicht eine Waffe gegen die Übrigen sein. *Ergo evacuatum est scandalum crucis?* [Ist damit das Ärgernis des Kreuzes beseitigt?] (Gal 5,11).

Dies ist der Grund, dass die Bestätigung „Jesus ist der Christus" konstitutiv offen steht, denn das Prädikat der Bestätigung ist ein Mysterium. Obwohl das Subjekt eine konkrete historische Gestalt ist, der Sohn der Maria, der *Jeshua*, der zu Ehren seines Namens *Jeho-shua* [Gott ist Erlösung] „alles gut gemacht hat (καλῶς)" (Mk 7,37). Mit einer hervorragenden Metapher sagte man, dass „wer immer mit dem Logos in Berührung komme, Jesus von Nazaret treffe", weil „in Christus das Sein von Gott selbst eingeht in die Einheit mit dem Sein des Menschen"[12] oder, wie mehr als ein Konzil sagt, Christus die menschliche *Natur* annimmt: *sicut nullus homo est, fuit vel erit, cuius natura in illo assumpta non fuerit, ita nullus est, fuit vel erit homo, pro quo passus non fuerit ...* [So wie es keinen Menschen gibt, noch gab, noch geben wird, dessen Natur nicht in ihm (Christus) aufgenommen worden ist, so gibt es keinen Menschen, hat es keinen Menschen gegeben und wird es keinen Menschen geben, für den (er) nicht gelitten hätte], schrieb die Synode von Quiercy im Jahr 863 (Denz. 624) und berief sich auf 1 Kor 15,22–23 und die ganze patristische und mittelalterliche Tradition[13].

Dieses zweite *sūtra* bestätigt, dass der Christ dem Christus in Jesus durch ihn begegnet. Es ist eine persönliche Begegnung, eine ‚erfahrene Berührung'. Aber gleichzeitig ist es notwendig, auf die *gnōsis* der christlichen Tradition zurückzukommen, auf jenes „Erfahrungswissen", das mit großer Häufigkeit den Schriften von Paulus und von Johannes innewohnt und im Einklang sowohl mit der hebräischen als auch mit der griechischen und mit dem größten Teil der übrigen menschlichen Kulturen steht, in denen das Wissen eine ontologische Aktivität, und nicht ein einfaches epistemologisches Verfahren darstellt. „Dies ist das ewige Leben: dass ich dich kenne ... und Jesus Christus" (Joh 17,3). Dieses erlösende Wissen ist etwas, das mehr bedeutet als eine Überzeugung des Verstandes oder die Bejahung einer Lehre. Die christliche *gnōsis* wie auch die *vedantische* ist kein Gnostizismus – der anfängt, wenn die *gnōsis* sich zu etwas rein Epistemischen wandelt.

III. Die Identität Christi ist nicht seine Identifikation

Die modernen nominalistischen und wissenschaftlichen Methoden der Annäherung an die Wirklichkeit sind in das theologische Denken eingedrungen, was dazu geführt hat, dass man häufig das *Was* eines Individuums mit dem *Wer* einer Person verwechselt. Außerdem führt uns trotz des Nominalismus die Tatsache, ein *Konzept* verstanden zu haben, paradoxerweise dazu zu glauben, dass wir die *Sache* verstanden haben. Es ist bezeichnend, dass das „Was" eines elementaren Partikels (Individualität) auch problematisch für die physische Theorie wird. Man hat entdeckt, dass der Betrachter die Betrachtung modifiziert nach den bereits bekannten Gleichungen von Heisenberg (1927). Es überrascht, dass diese Tatsache, die in den traditionellen Wissenschaften nahezu evident war, von den modernen Philosophen vergessen worden ist, die anscheinend glauben, dass das Denken nur epistemologischer Reflex sei (Bild der Sache), und nicht ontologische Aktivität (Aktion selbst). Dies ist der zu zahlende Preis, wenn man die „Philosophie", das dritte Auge oder die mystische Vision ausgeschaltet hat. Das Denken über die Wirklichkeit ist in der Tat nicht ein einfacher Reflex der Wirklichkeit, sondern auch eine mit ihr verbundene Handlung – dabei beziehen wir uns nicht nur auf Phänomene der Parapsychologie oder der Magie, sondern außerdem auf das spirituelle Leben, auf das Gebet und auf das ganze psychische Leben. Zusammengefasst, die Koordinaten von Descartes helfen, ein Phänomen zu identifizieren, aber nicht, die Identität des Ereignisses zu erkennen.

Es ist vielleicht angebracht, kurz das zu wiederholen, was im zweiten Teil gesagt wurde. Identität und Identifikation kann man nicht trennen, aber sie sind nicht dieselbe Sache. Ein Knabe wurde von der Polizei identifiziert, als er Drogen nahm: seine Identität ist, der Sohn zu sein, den seine Eltern kennen, und trotzdem ist die Identität des Jugendlichen nicht trennbar von der Identifikation der Polizei.

Von Jesus können wir die objektive Identifikation kennen: er wur-

Die Identität Christi ist nicht seine Identifikation

de geboren und starb zu bestimmter Zeit an bestimmtem Ort und hinterließ ausreichende Spuren, um ihn identifizieren und sicher sein zu können, dass wir uns auf ein konkretes Individuum beziehen. Das ist alles, was wir verstanden haben, aber die Identität kann uns noch entgangen sein. Wie im Beispiel des Knaben bedarf es der Liebe, um die Identität einer Person zu erkennen. Petrus ergründete, wie wir schon gesagt haben, das *Du* Christi in seiner berühmten Antwort auf die Frage nach der Identität Jesu (Mt 16,13–20; Mk 8,27–30; Lk 9,18–21). Der Apostel antwortete mit den gewohnten Prädikaten, über die er verfügte: „der Messias, Sohn des lebendigen Gottes" (Attribute, die der Meister ihm selbst sagte, machte er nicht publik); immerhin wurde er als „Glücklicher" bezeichnet, nicht weil er eine ‚orthodoxe' Antwort gegeben hätte, sondern weil er das *Du*, die Identität Christi, entdeckt hatte, was einer Offenbarung vonseiten Gottes bedurfte. Ich verzichte darauf, der Antwort des Petrus eine upanischadische Note zu verleihen, und ich halte fest, dass die Essenz seiner Antwort „du bist" *(tvam asi)* war. Es genügt uns, in diesem Kontext die Entdeckung des persönlichen Du und die Begegnung mit Jesus zu unterstreichen. Die Entdeckung der Identität ist Werk „weder des Fleisches noch des Blutes" – weder des Kalküls noch des Gefühls.

Der Unterschied zwischen Identität und Identifikation kann das Schweigen Jesu zur Stunde der Offenbarung seiner eigenen Identität erklären. Wer auch immer die Erfahrung des undurchschaubaren Abgrundes des „Ich" gemacht hat, wird die Notwendigkeit empfinden, die eigene Identität verschleiert zu halten, sie nur denen zu offenbaren, für die die Trennung von Objekt – Subjekt überwunden ist, das heißt, den geliebten Personen, den Unschuldigen (siehe Mt 11,25–27; Lk 10,21). Jesus antwortete weder Herodes noch Pilatus.

In hohem Maße haben die Christologien sich auf die Identifikation Jesu konzentriert. Manchmal haben sie vergessen, dass die Identität keine objektivierbare Kategorie ist, haben die Identität von Jesus Christus extrapoliert, sie in einer konkreten kulturellen Situation in verschiedenem Kontext entdeckt. Die Prädikate gelangen nie zur Kenntnis des Subjekts. „S" ist „P" ist nicht identisch mit „S ist", und darüber hinaus ist diese letzte Formel nicht ein Synonym von „S" –, wie es das buddhistische Denken auf besondere Weise deutlich macht. Zum Beispiel ist die Bestätigung „Jesus ist der Messias" in Indien dazu prädestiniert, missverstanden zu werden und entfremdend zu wirken. Indien befindet sich nicht in der abrahamitischen Tradition. Die Identität einer Person ist auch nicht die Summe ihrer Attribute, die ihrerseits jedoch dazu dienen, sie zu identifizieren.

Der Folgesatz zu diesem Punkt ist das spezifische, ontologische und gnoseologische Statut der Theologie – und der Philosophie, weil die christliche Theologie ein besonderes Feld der philosophischen Aktivität ist. Mit Ausnahme einiger Perioden, wie besonders die der Aufklärung, hat die Philosophie nicht für sich beansprucht, ausschließlich *opus rationis* zu sein. Die Philosophie – wenn dies der Begriff ist, der die Absicht des Menschen verdeutlicht, den Sinn des Lebens und der Wirklichkeit durch jedes Mittel zu finden, was wir *glauben*, benutzen zu können – ist eher die intellektuelle (nicht rationale) Begleiterin der Lebensweisheit bis zur Erlösung (Verwirklichung, Befreiung oder zu Ähnlichem). Intellektuell gesprochen, ist die Philosophie die bewusste Begleiterin der Pilgerschaft des Menschen auf der Erde, die ihn das Wesen der Religion verstehen lässt.

Wenn eine heutige Reflexion über Christus mit ihrem wahren Inhalt verbunden und nicht nur begrifflich orientiert sein soll, muss man über Christus nachdenken und kann sich nicht auf eine Exegese von Texten beschränken. Man muss die Identität Christi suchen und darf sich nicht mit seiner Identifizierung zufrieden geben. Also bedarf die Annäherung an die Erkenntnis der Identität Christi der Absicht, sowohl sein eigenes Bewusstsein im höchstmöglichen Maße als auch unsere Glaubenserfahrung in dem Maße zu ergründen, wie die Erfahrung eine verständliche Reflexion erlaubt. „Wer bin ich?", fragen die Menschen [auch wir alle] (Mk 8, 27). Das haben wir im zweiten Teil angesprochen.

In Begriffen der religiösen Phänomenologie dient das Wort *pisteuma* [von *pistis*, Glaube] dazu, das *noema* [von *nous*, Verstand] der Phänomenologie Husserls zu vervollständigen. Während Letztgenanntes, ein Inhalt des menschlichen Bewusstseins, von jeder äußerlichen Nebenbedeutung durch die „eidetische Reduktion" gereinigt ist, ist der erste Begriff ein erleuchtetes und kritisches Bewusstsein, in dem der Glaube des Gläubigen nicht in die Parenthesen der phänomenologischen *epochē* gesetzt wird. Das, was der Gläubige glaubt, das *pisteuma*,

Die Identität Christi ist nicht seine Identifikation

und nicht, was der Betrachter zu interpretieren weiß *(noēma)*, ist das Thema *sui generis* der religiösen Phänomenologie.

Die Beziehung zwischen Identität und Identifikation stellt in der christlichen Geschichte eine besondere Spannung dar. Wenn das *Wer* Christi „seine göttliche Person" ist, neigt die christliche Spiritualität dazu, mit dem Neoplatonismus übereinzustimmen, und sie erhebt sich zu den Gipfeln eines Dionysius Areopagita, der christlichen *gnōsis* oder eines Teilhard de Chardin, um einige Beispiele zu geben. Wenn das *Wer* Christi „seine menschliche Natur" ist, neigt die christliche Spiritualität zur Übereinstimmung mit dem lebendigen und liebenden Jesus und zur Entwicklung der Auswirkungen des nuptialen Mystizismus des Bernard von Clairvaux, der Katharina von Siena oder der Theresa von Avila, um einige Namen zu nennen. Sprechen wir von Spannung, nicht von Zerbrechen, und tatsächlich haben die großen christlichen Leitfiguren die kreative Polarität zwischen der menschlichen und der göttlichen Dimension aufrecht erhalten. Gerade der „kosmische" Origenes war der erste, der einen christlichen Kommentar zum Hohelied schrieb; Johannes vom Kreuz, der gute Schüler von Teresa, der großen Liebenden der Menschlichkeit Jesu, drang in die Tiefe der Göttlichkeit ein, wo es nur noch das Nichts gibt; Thomas von Aquin zitiert in der Summa Theologiae den Dionysius mehr als alle anderen, und William Law wurde konvertiert durch die Lektüre von Jakob Böhme. Wir geraten hier in Versuchung, den letzten Vers der Göttlichen Komödie zu interpretieren: *l'amor che muove il sole (dell'intelletto) e le altre stelle (del cuore)* [die Liebe, die die Sonne (des Intellekts) bewegt und die anderen Sterne (des Herzens)]; *bhakti* [Anbetung] und *jñāna* [Erkenntnis] können sich nicht trennen, wie es der mittelalterliche Mystiker Jñāneśvar hervorragend beschrieb.

Die Identität, die man in der persönlichen Begegnung entdeckt, soll die Kriterien der Identifikation annehmen, und letztere soll bestrebt sein, die Identität zu entdecken, die ihrerseits bestätigt, dass die Identifikation richtig ist. Auch der Dämon kann die Schriften zu seinen Zwecken zitieren (vgl. Mt 4, 6 u. ö.). Aber auch der Engel des Lichts einer angeblichen Christlichkeit (die glaubt, die Identität erreicht zu haben,) kann denselben Dämon in sich bergen. Man soll sich daran erinnern, dass die persönliche Begegnung, auf die wir uns hier bezogen haben, nicht anthropomorph auszulegen ist – im Sinne einer zweidimensionalen Anthropologie.

IV. Die Christen haben nicht das Monopol für das Erkennen Christi

Wenn der Glaube an das Mysterium Christi – wenn auch durch Verneinung und Widerspruch – die Offenbarung, die in Jesus geschah überragt, so erschöpft das Nachdenken vonseiten der Christen über die Fakten von Jesus einschließlich der Christuserfahrung nicht den Reichtum dieser Wirklichkeit, die die Christen nur Christus nennen können.

„Der Name, der größer ist als alle Namen" (τὸ ὄνομα τὸ ὑπὲρ πᾶν ὄνομα) ist auch größer als der Name von Jesus; es ist ein überragender Name, das heißt, ein in jeder echten Anrufung gegenwärtiger Name. Es ist erstaunlich, dass der Text von Phil 2, 5–11 (der keinerlei Sinn für Eigentum anerkennt, bis zu dem Punkt, die *kenōsis*, die „Leerheit" von Jesus Christus zu lobpreisen), so verstanden werden konnte, als sei er eine Rechtfertigung für die Aneignung dessen durch die Christen, der sich leer machte, um am Kreuz Gehorsam und Tod zu erfahren. Es ist paradox, dass die Christen darum kämpften, jenes „kein anderer Name" gerade da als exklusiv umzuwandeln, wo es sich um den handelte, der auf alle Namen verzichtete und sich auch von der Menschenwürde leer machte, die Rolle des Sklaven annahm, was in jener Epoche einem aller Rechte Beraubten gleichkam.

Mein Buch ‚Der unbekannte Christus des Hinduismus' (1981, deutsch 1986) war dem *unbekannten Christus* als Parallele zum „Unbekannten Gott" gewidmet, von dem Paulus spricht (Apg 17, 23), aber gelegentlich wurde es missverstanden, als werde von einem den Christen bekannten und den Hindus unbekannten Christus gesprochen.

Der „unbekannte Christus des Hinduismus" ist bei den Christen *a fortiori* unbekannt, und die Hindus haben keine Notwendigkeit, ihn mit diesem griechischen Namen zu nennen. Auf gleiche Weise wäre es irreführend, Christus im Sinne des Judentums *Mashiaḥ* zu nennen, ebenso wäre es fehl am Platze, denselben Namen Christus auf die homöomorphen Äquivalente der anderen Religionen anzuwenden. Auf die gleiche Weise besteht eine Verbindung *sui generis* zwischen dem Mashiaḥ und dem Christus. Auch bestehen Beziehungen, die sich noch nicht gezeigt haben, zwischen Christus und den homöomorphen Äquivalenten anderer religiöser Traditionen. Aber die Verbindung soll sich auf beiden Seiten ergeben. Zum Beispiel, obwohl man vom jüdisch-christlich-islamischen Standpunkt von einem kosmischen Testament sprechen kann, das sich auf andere Religionen bezieht, genügt es nicht, dieses Konzept anzuwenden, ohne auch darauf zu hören, wie man Christus in anderen Religionen sieht[14].

Die anderen Religionen benutzen verschiedene Sprachen und benennen „Es" in unterschiedlichen Formen. Dieses „Es" ist keine Substanz. Von den Christen ist zu erwarten, dass sie in jenen Traditionen Vorstellungen und Erleuchtungen desselben Mysteriúms anerkennen und nicht außer Acht lassen dürfen, sie als weitere Aspekte von Christus zu betrachten, wenn sie ihre Religion nicht auf eine private Sekte reduzieren wollen – und das gilt zweifellos auch für die übrigen Religionen.

Keine tief erlebte Religion gibt sich damit zufrieden, einen Teil des Ganzen zu vertreten. Sie strebt vielmehr zum Ganzen, wenn auch in begrenztem und unvollkommenen Maße. Jede Religion will einen Pfad zeigen, um die Wirklichkeit zu ‚verwirklichen', und die Wirklichkeit ist ein Ganzes. Aber jede Person und jede Religion ist Teilnehmende, Fortschreitende, sich Nähernde, die in diesem Ganzen ankommt und darin auf begrenzte Weise lebt. Niemand hat die Herrschaft über das Ganze, und auch niemand kann den menschlichen Durst nach Unendlichkeit vollständig stillen und sich mit einem Teil des Ganzen abfinden. Dies führt uns zum Effekt des *pars pro toto*. Nochmals wenden wir eine ungeeignete Methode an, wenn wir solche lebenswichtigen Probleme behandeln, wir beschränken uns auf das Quantifizieren und Berechnen. In jeder Ikonophanie befindet sich das Ganze, aber „wie in einem Spiegel und auf rätselhafte Weise" (1 Kor 13,12).

Die Tatsache, dass die Christen keine vollständige Kenntnis jenes Symbols haben, das sie Christus nennen, offenbart ihnen, dass sie Christus nicht beherrschen, und dass Christus alle Erkenntnis übersteigt (Eph 3,18–19; Kol 2,3). Wenn Christus, in christlicher Sprache, der Retter der Menschheit ist, der Erlöser und Verherrlicher des Kosmos, muss man sich erneut fragen, wer dieser Christus ist. Es geht darum zu erklären, wie das Mysterium, das die Christen Christus nennen, sich in anderen Religionen offenbart. Diese sprechen nicht von Christus, besitzen aber verschiedene Symbole, denen sie eine heilbringende Funktion beimessen, die homöomorph der von Christus gleichwertig ist. Die Christen behaupten, dass es Christus ist, mag er auch ungenannt und unbekannt sein, der diese Heilsfunktion ausübt. Ist es wirklich derselbe und einzige Christus?

Die Frage benötigt eine dreifache Antwort:

1) *Vom philosophischen Standpunkt* ist die Antwort abhängig von der Fragestellung selbst: es gibt weder eine gültige noch eine universale Antwort, auch nicht eine „objektiv" zu betrachtende. Jede Antwort hängt ab vom vorausgesetzten Verständnis der Frage selbst, das der Kontext prägt, innerhalb dessen die Antwort gegeben werden kann. Wenn die Frage sich allerdings auf das letztgültige Problem bezieht, kann man nicht das mehr oder weniger krypto-kantianische „Ding an sich" als „Jesus selbst" bezeichnen. Das Selbst von „Jesus Christus gestern, heute und in Ewigkeit" (Hebr 13,8), seine Identität, ist keinerlei Variante vom *noumenon*. Sein Selbst, seine Identität ist eine stets neue Präsenz, eine beständig neue Schöpfung (siehe 2 Kor 5,17). Das Mysterium Christi ist kein *Ding an sich* (deutsch im Original).

Wir haben uns auf verschiedene Parameter zur Verständlichkeit bezogen. Darüber hinaus müssen wir darauf hinweisen, dass das philosophische Problem unverzichtbar ist. Von wem sprechen wir, wenn wir uns auf Jesus von Nazaret beziehen? Gewiss von einem Mann, Sohn einer jüdischen Frau, der vor vielen Jahrhunderten lebte und dem eine kleine Gruppe von Jüngern folgte, die über ihn schriftliche Zeugnisse hinterließen, die sich später über die ganze Erde ausbreiteten und die auch eine Fülle von Interpretationen über die Person selbst enthielten. Jesus war gewiss eine historische Persönlichkeit, die in einer bestimmten geschichtlichen Zeitspanne lebte. Aber wer war jener Mann? Ist die Geschichte ein entscheidender Faktor der Wirklichkeit? Was ist der Mensch? Bestimmt mehr als ein Körper, vielleicht sogar mehr als eine Seele. Und nochmals: Was verstehen wir unter Körper und unter Seele? Eine menschliche Person zu begrenzen auf ein Exemplar der Rasse der Anthropoiden in der Zeit und im Raum, bedeutet innerhalb einer reduktionistischen Anthropologie zu verharren. Sind

Die Christen haben nicht das Monopol für das Erkennen Christi

wir uns sicher, dass, wenn wir sagen wollen, wer Rajagopalachari wirklich war, und nicht nur der Politiker der Unabhängigkeit Indiens, eine historische Biografie und die Lektüre seiner Schriften ausreichen? Wenn wir denken, dass die Wirklichkeit einer Person nur ihre historische Existenz ist, manchen wir schon a priori jegliche Antwort zunichte, die sich nicht auf die Geschichtlichkeit der Person bezieht. Wenn wir außerdem denken, dass das, was die Person über sich selbst denkt, ihr Wesen nicht berührt, akzeptieren wir schon ein Vorurteil von Objektivität, das die Antwort bedingt. Diese Probleme zeigen uns an, dass das eigentliche Subjekt der Christophanie von der Auffassung abhängt, die man vom in Frage stehenden Subjekt hat. Diese Studie will die Geschichtlichkeit Jesu nicht verneinen, akzeptiert aber nicht a priori das Vorurteil, dass die Geschichtlichkeit einer Person die Ganzheit ihres Seins ausschöpft.

Zu sagen, dass man von einem historischen Wesen spricht (und dies als wirklich versteht), das als solches bekannt sein soll, lässt schon als Vorurteil zu, dass die historische Existenz das Wesentliche der Person darstellt, und dass die Person ein Individuum ist.

2) *Vom Standpunkt der anderen Religionen* ist die Antwort auf die Frage, ob es sich um „denselben Christus" unter anderen Namen handelt, ein entschiedenes *Nein*. Sie haben ein Selbstverständnis und eine Wertung, die sie mit Argumenten stützen, die Frucht ihrer Erfahrung sind: es gibt für sie keine Notwendigkeit, irgendeinen christlichen Parameter zu benutzen, sondern sie gebrauchen ihre eigenen Kategorien des Verstehens und werden die anderen Weltreligionen, einschließlich des Christentums, in ihren eigenen Begriffen auslegen. Die Buddhisten können „anonyme Christen" genannt werden unter der Voraussetzung, dass die Christen ihrerseits auch als „anonyme Buddhisten" angesehen werden können. Es gibt aber einen Unterschied: Während für das christliche Selbstverständnis der Diskurs der anonymen Christen einen gewissen Sinn haben kann, ist für einen großen Teil der buddhistischen Welt ein anonymer Buddhist eine überflüssige Hypothese, weil sich kein Problem in vergleichbarem Maße stellt.

Es bedarf einer Veränderung der Perspektive seitens der Christen, weil ein wahres Verstehen zwischen den verschiedenen Religionen niemals ein Weg in eine einzige Richtung sein kann. Jede Anstrengung, das zu verstehen, was die Christen im Bereich der anderen Religionen

Christus nennen, muss wechselseitig in Beziehung gebracht und gegenübergestellt werden mit Īśvara, mit dem Wesen des Buddha, des *Kor'an*, der *Torah*, des *Ch'i*, des *Kami*, des *Dharma*, des *Tao*, doch auch mit Wahrheit, Gerechtigkeit, Frieden und vielen anderen Symbolen. Dem, was Christus in anderen Religionen darstellt, muss die entsprechende Frage gegenübergestellt werden, was die anderen Symbole innerhalb des Christentums darstellen können.

Mit dem Gesagten wollen wir nicht behaupten, dass alle angeführten Namen „Christus selbst" bedeuten. Sie könnten auf jeden Fall homöomorphe Äquivalente sein, aber es muss auch nicht notwendigerweise derartige Äquivalente geben. Man soll den Pluralismus respektieren im Sinne der möglichen Unvereinbarkeit und Unermesslichkeit der Kulturen – etwas, das weder den Dialog noch die Rechtfertigung der Glaubensformen eines jeden ausschließt.

3) *Aus der Perspektive der christlichen Überlegung* ist die Antwort bejahend, aber mit Vorbehalten. Bejahend ist sie, weil Christus das Symbol des letztgültigen Mysteriums der Wirklichkeit ist und damit ein gewisses Streben zur Universalität verkörpert. Diesen Anspruch haben praktisch alle Religionen gemeinsam. Alles, was an Wahrem gesagt worden ist, sagen sowohl die Buddhisten als auch die Christen, ist buddhistisch beziehungsweise christlich[15]. Der *sanātana dharma* (hinduistisch) ist laut Definition der „universelle *dharma*". Für den Islam wird jeder Mensch als Muslim geboren, bevor die Gesellschaft ihn auf eine besondere Religion begrenzt. Es ist das menschliche Syndrom selbst, das nicht leicht akzeptieren kann, dass die eigene Wahrheit nicht objektiv und universal ist[16]. Die Vorbehalte beziehen sich indessen auf die Tatsache, dass jede Kultur nur mit den eigenen Parametern der Verständlichkeit begreift, die nicht akritisch extrapoliert werden können. Außerdem ist es nicht möglich die Frage zu beantworten, ob es sich wirklich um denselben Christus handelt oder nicht, denn der „unbekannte Christus" der anderen Religionen ist wahrhaftig unbekannt für die Christen, die jedoch keinen anderen Namen kennen, um ihn zu bezeichnen.

Die Christen sprechen von einem unbekannten Christus, um aus Christus keine sektiererische Gestalt werden zu lassen. Bezogen auf das letzte Mysterium verwenden die anderen Religionen legitim andere

Ausdrucksweisen, die nicht zulassen, dass die christliche Sprache sich zur Universalsprache wandelt.

Es gibt zwei Schwierigkeiten, die Verständlichkeit dieses *sūtra* zu akzeptieren. Die erste tritt auf, wie wir schon zu erklären versuchten, wenn Christus und Jesus identifiziert werden; die zweite, wenn Christus zur Substanz gemacht wird. Dies ist die gleiche Schwierigkeit, die sich uns darstellt, wenn wir an die Trinität als Substanz denken, wie wir auch schon angedeutet haben.

Dieses *sūtra* – das klar zu sein scheint, wenn wir den heiligen Texten über Christus lauschen und das Frucht menschlicher Erfahrung ist, die durch den Glauben ermöglicht wird –, nimmt man oft mit einer gewissen Verschwiegenheit auf, einerseits bedingt durch das Vergessen der mystischen Dimension in der christlichen Theologie und im christlichen Leben, andererseits durch die *forma mentis* der Völker am Mittelmeer. Diese Mentalität ist vor allem sensibel für die Unterscheide und betrachtet „den spezifischen Unterschied" als die Essenz einer Sache. Erinnern wir uns zum Beispiel an die Denkweise der Chāndogya-upaniṣad oder noch spezifischer an die Einführung in das größte der [höchsten] *mahāvākyāni* der vedantischen Tradition, um uns eine andere Form zu vergegenwärtigen, die dem Menschen zum Verständnis einer Sache oder eines Vorgangs verhilft. Die in der westlichen Kultur vorherrschende Form, zum Verständnis zu gelangen, beruht auf der Klassifizierung und dem Unterschied; in der indischen Mentalität stützt sich das Verständnis im Gegenteil auf die Identität, wie ich versucht habe, an anderer Stelle zu erläutern. Ein individualistisches Denken sagt uns, dass das Wichtige am silbernen Ring der Ring ist. Ein anderes Denken sagt uns, dass das Wichtige des silbernen Ringes, Tabletts oder Bechers das Silber ist.

Diese kurze philosophische Abschweifung möchte erklären, warum das christliche Denken, das Jahrhunderte lang auf der *forma mentis* des Primats der Unterscheidung fundiert war, geglaubt hat, die Identität Christi ginge verloren, wenn man das Spezifische, das ihn unterscheidet, aufgäbe. Eine weitere Vertiefung dieses Themas könnte von höchster Wichtigkeit für das christliche Denken unseres Jahrtausends sein.

V. Die Christophanie ist die Überschreitung der an Sippe und Geschichte gebundenen Christologie

Dieses fünfte *sūtra* stellt ein weiteres Korollar der Vorstellung dar, dass Christus nicht absolut identisch mit Jesus ist. Jesus ist für die Christen die Tür (Joh 10, 9), durch die man zur Erlösung gelangt. Er ist der *Weg*, der zum Vater führt (Gott, Rettung, Fülle, Verwirklichung ...), der Weg, der das wirkliche *Leben* ist; Leben, das die *Wahrheit* ist (Joh 14, 6). Die Christen glauben im Allgemeinen, dass dieser Jesus auch der Weg für die Übrigen ist. Sie müssen jedoch zugestehen, dass sie nicht wissen, auf welche Weise, denn dieser Jesus erscheint nicht als solcher vor den Augen der Übrigen, die häufig nur eine vage Vorstellung haben, wer er war, und die kein Interesse daran haben, von ihm erlöst zu werden – wenn sie andererseits auch zugeben, dass die „Erlösung" der geeignete Begriff sein mag, um die verschiedenen anthropomorphen Äquivalente über den Sinn des menschlichen Lebens auszudrücken. Für den Fall, dass Christus sie erlösen sollte, müsste er es auf anonyme Weise tun. Dies ist die erste Konsequenz, die wir kommentiert haben, das heißt, dass die Christen kein erschöpfendes Wissen über Christus haben.

Eine weitere Konsequenz bezieht sich auf die Tatsache, dass die Gestalt Christi fast ausschließlich im Dialog mit den Kulturen des Mittelmeers geprägt worden ist.

Das ist der Grund, weshalb wir eine provozierende Sprache gebrauchen und von einer angestammten Christologie sprechen, die sich im Laufe der letzten zweitausend Jahre christlicher Geschichte durchgesetzt hat und die fast ausschließlich auf die eigenen Interessen ausgerichtet ist mit einer bedauerlichen Gleichgültigkeit gegenüber dem Rest der menschlichen Erfahrungen: eine Christologie *ad usum nostrorum*, für die internen Zwecke der Christen, einschließlich auch für die Eroberung der Welt. „Für wen halten die Leute den Menschensohn?" (Mt 14, 13), fragte Jesus. Die ersten christlichen Generationen öffneten sich zum Dialog mit Hebräern, Griechen, Römern und „Barbaren"[17]

Die Christophanie ist die Überschreitung der Christologie

bezüglich dieses „Wer", aber sobald eine Antwort ausgearbeitet war, ließen sie davon ab, die Frage noch an weitere Zivilisationen zu richten, mit denen sie in Berührung kamen. Ganz im Gegenteil gründeten sie die *Congregatio de propaganda fide* und verbreiteten nur die eigene Antwort. Sie ahmten nicht nach, was der Meister tat, nämlich ab und zu die Frage zu stellen: „Was sagen die Leute, was sagen die Buddhisten, die Hindus, die Afrikaner ... wer der Menschensohn ist?"

Der größte Teil der Gelehrten ist sich heutzutage einig, dass fast zwei Jahrtausende lang JHWH, der Gott der Hebräer, ein Stammesgott, einer unter vielen war, meist sehr mächtig und in manchem Fall ebenso grausam. Es bedurfte einer langen und schmerzhaften Evolution, vor allem durch das Wirken des großen Propheten Israels, um den Stammesgott der Hebräer in den Gott für alle und von allen zu konvertieren. Es kann die Aufgabe der Christen sein, in unserem *kairos* die Stammes-Christologie zu konvertieren – ja konvertieren – in eine Christophanie, die weniger an eine einzige kulturelle Ader gebunden ist.

Ich möchte dem Stammesgedanken Achtung erweisen. Die Abendländer haben ihm, wie auch manch anderen Begriff, der sich auf andere Zivilisationen und Religionen bezieht, einen gewissen verächtlichen Sinn gegeben. Zunächst einmal hat der Stamm einen früheren Ursprung als der Begriff Volk.

Der Ausdruck Stamm ist nicht nur ethnisch. Der christliche Ethnozentrismus ist, zumindest theoretisch, in dem Stadium, überwunden zu werden. Aber die Bedeutung des Stammesbewusstseins ist viel tiefer verwurzelt. Der Stamm ist keine strikt biologische Gruppe wie die Familie, noch eine rein politische wie der Staat; er ist eminent historisch, tellurisch – auch ktonisch. Dies ist eine wichtige und heikle Frage.

Wenn wir bejahen, dass die Geschichte der moderne Mythos des Abendlandes ist, wollen wir damit nicht sagen, dass die Geschichte ein „Mythos" im allzu gebräuchlichen Sinne der Vokabel sei, sondern dass die historischen Tatsachen als der Horizont gesehen werden, wo das Wirkliche in Erscheinung tritt; so wird der historische Jesus mit dem wirklichen Jesus identifiziert. In der Tat würde Jesus von Nazaret, wenn er nicht eine historische Persönlichkeit gewesen wäre, seine ganze Wirklichkeit verlieren.

Die Christophanie ist die Überschreitung der Christologie

Die Christophanie lehnt die Geschichtlichkeit Jesu nicht absolut ab, sondern sie behauptet, dass die Geschichte nicht die einzige Dimension des Wirklichen ist, und dass die Wirklichkeit Christi sich daher nicht in der Geschichtlichkeit Jesu erschöpft. Die Überwindung der historischen Christologie durch die Christophanie gehört zum kulturellen Moment, in dem wir leben.

Vor der so genannten Moderne, im Zentrum einer anthropozentrischen und auf epistemologische Probleme konzentrierten Ontologie, ignorierte die traditionelle Christologie nicht die Rolle des Heiligen Geistes, wenngleich sie sich unvermeidlich innerhalb einer ptolemäischen Weltsicht ausdrückte. Mit dem Triumph der Kosmographie des Kopernikus, in der es keinen Platz für die Engel, für die Geister und auch für Gott gibt, der höchstens ein transzendenter Ingenieur in sonntäglicher Ruhe sein kann, wird die kosmische und universale Funktion Christi auf die Menschlichkeit reduziert, und diese identifiziert man mit seiner *Geschichte*. Dies wird auch offenbar im II. Vatikanischen Konzil, das weder antimodern noch antisemitisch sein will – Probleme, die die Kirche dringend bewältigen muss –, und das, weil es die Parameter der Aufklärung nicht überwinden konnte, die Kirche als „Gottesvolk" darstellte, im Grunde eine Imitation des von JHWH auserwählten Volkes Israel – wobei man die Dimension der Engel und des Kosmos vergaß und die Perspektiven der anderen Kulturen ignorierte. Man erinnere sich daran, dass auch die gefallenen Engel nach der älteren Tradition, die gemeinsam akzeptiert wurde bis Petrus Lombardus (IV Sent. II, 9, c. 6), durch Christus erlöst wurden, und dass die *apokatastasis pantōn* (Apg 3, 21) [Wiederherstellung von allem in Christus], die *anakephalaiōsis* (Eph 1, 10) [Vereinigung von allem in Christus] und die großen Bestätigungen der Heiligen Schrift von einem kosmischen Christus, vom Alpha und Omega des ganzen göttlichen Abenteuers der Wirklichkeit, sprechen. Wir dürfen das Leben Jesu im konstanten Kampf mit den Dämonen nicht vergessen, ihn, der in der Wüste blieb mit den Tieren und den Engeln (Mk 1, 13), und dass das Erste, was er nach der Auferstehung unternahm, das Hinabsteigen zu den Höllen war (Denz. 16; 27–30 u. ö.)[18].

Die legitime Besorgnis, nicht ganz mit den hebräischen Wurzeln Jesu zu brechen und den Monotheismus nicht zu verlassen, weil die Alternative eines „heidnischen Polytheismus" als noch schlimmer betrachtet wurde, bewirkte, dass die Gestalt Christi auf einen universalen Messias und auf einen speziellen Sohn Gottes reduziert wurde. Kurz gesagt, die Trinität ist eine notwendige Prämisse zur Erklärung der Inkarnation, aber die trinitarische Erfahrung war nicht gemeinsame christliche Erfahrung – abgesehen von ehrenvollen Ausnahmen zu allen Zeiten. Der Wechsel der Weltanschauung hat bewirkt, dass zahlreiche christologische Aussagen als eng oder sektiererisch betrachtet wurden, wie das Axiom *extra ecclesiam nulla salus*.

Der platonische und neoplatonische Einfluss auf das christliche Denken führte dazu, dass mit einem monotheistischen Hintergrund (Gen 1,1) und gerade nicht christlich–trinitarisch der offenbarende Satz des Johannes kommentiert wurde, dass „alles zum Sein gelangt ist [gemacht worden ist, ἐγένετο] durch Ihn [den Logos]" (Joh 1, 3). So konnte ein qualifizierter Exponent der christlichen Tradition, durch den heiligen Augustinus inspiriert, schreiben: *Verbum Dei est ratio omnium rerum* (Heiliger Thomas, Summa contra gentes 4,13) [das Wort Gottes ist „die Vernunft" aller Dinge], aber diese *ratio* stellte für ihn nicht die auf der Welt existierenden Dinge dar, sondern die *rationes aeternae* [ewige Ideen, Beweggründe] im Denken Gottes – weil die Idee als wirklicher betrachtet wurde als das Ding an sich. So trennt man Christus in zwei: einen intratrinitarischen *logos* und eine Herabkunft dieses *logos* in die Zeit und in den Raum – mit den sich daraus ergebenden metaphysischen Schwierigkeiten für einen Gott, für das absolute Sein – entgegen den klaren Feststellungen zahlreicher Konzile (Denz. 301–302; 317 ff. u. ö.). Thomas wird sich gezwungen sehen zu sagen, dass die Inkarnation nicht so ist, dass Gott sich zum Menschen macht, sondern dass der Mensch (Jesus) sich zu Gott macht.

Es ist bezeichnend, in welchem Maße die Auffassung vom mystischen Leib Christi[19] vergessen worden ist. Der Grund ist offensichtlich, denn die Furcht des Monotheismus ist, dass die Inkarnation zum Pantheismus führen könnte. Wenn ein menschlicher Leib göttlich sein kann, muss es sich um eine absolut einmalige Ausnahme handeln.

Während das Gebiet des *logos* sich hauptsächlich innerhalb der Geschichte entwickelt, transzendiert das Gebiet des Geistes auch die Zeitlichkeit. Der *logos*, sei er Wort oder sei er *ratio*, verlangt für uns Menschen den zeitlichen Ablauf – *componendo et dividendo* würde Thomas sagen, bevor man von Induktion und Deduktion sprach als Bezug zur Methode des Verstandes. Das *pneuma* hingegen, die Funktion des Geistes, scheint nicht so sehr an den historischen Verlauf gebunden. Das *fiat* von Maria war ein historisches Geschehen, aber die Befruchtung vonseiten des Heiligen Geistes bedurfte nicht der Zeit – auch wenn sie in der Zeit geschah. Das „Heute noch wirst du mit mir im Paradies sein" (Lk 23, 43), das der „gute Verbrecher" von den Lippen des Gekreuzigten hörte, annullierte und transzendierte die ganze Geschichte seiner Vergangenheit – in einem Augenblick verschwand sein ganzes negatives *karma*. Die Inkarnation wie auch die Auferstehung waren historische Ereignisse, aber ihre Wirklichkeit reduziert sich weder auf die Geschichte noch auf die Erinnerung dieser Tatsachen. Um es in kurzen Worten zu sagen, für die Christophanie ist der so genannte „präexistente Christus" keine glückliche Formulierung: der „Einziggeborene" ist auch der „Erstgeborene".

Ab dem Moment, in dem die Christophanie erstmals eine christliche Vision ist, behandeln wir in den folgenden *sūtra* einige grundlegende Punkte, die, aus der Tradition hervorgehend, ihr treu bleiben und sie vertiefen.

VI. Der protologische, historische und eschatologische Christus ist ein und dieselbe Wirklichkeit, die sich in Zeit und Raum „ausdehnt" und intentional in uns wohnt

Die Lehre von der Einzigkeit Christi ist Grundlage der christlichen Tradition. Es gibt keine drei Christusformen: den einen als *Schöpfer*, von dem alle Dinge gemacht wurden (Joh 1, 3), den anderen als *Erlöser*, einen zweiten Adam, der entweder einige Auserwählte erlöst oder die ganze Menschheit oder das ganze Universum (nach den unterschiedlichen Theologien) rettet aus der Situation der Sklaverei, der Sünde, *avidyā, saṃsāra*..., darüber hinaus noch ein weiterer *Glorifizierer*, der alle Dinge zur totalen Vergöttlichung führt (1 Kor 15, 28).

Aus diesem Grunde trennt die christliche Tradition im Verständnis von Christus nicht zwischen der Schöpfung einerseits und der Trinität andererseits. Christus ist nicht nur der Erlöser, er ist auch der Schöpfer. Christus ist kein göttlicher Meteorit, er ist einer aus der Trinität. Die Christophanie hat nur Sinn innerhalb einer trinitarischen Anschauung. In Christus haben wir die vollständige Offenbarung der Trinität. *Per ipsum, cum ipso et in ipso!* [Durch ihn, mit ihm und in ihm].

Außerhalb dieser Betrachtungsweise gibt es ein mikrodoxisches Verständnis Christi, das heißt, man reduziert ihn auf eine mehr oder weniger vergöttlichte historische Person oder auf ein mehr oder weniger abstraktes gnostisches Prinzip. Ausgehend von den verschiedenen Gesichtspunkten kann man sagen, dass das Judentum recht hat, die Inkarnation von JHWH als eine Absurdität zu betrachten, der Islam sieht die Inkarnation von Allah als Blasphemie, viele andere Religionen hielten sie für etwas Unvernünftiges oder Imperialistisches und wieder andere für etwas Überflüssiges.

Vom modernen säkularisierten Standpunkt könnte man die Situation auf diese Weise beschreiben: Die heute vorherrschende technisch-wissenschaftliche Atmosphäre bei den herrschenden Gesellschaftsschichten sowohl des Ostens als auch des Westens neigt zur Deutung der Gestalt Christi nur als ein mehr oder weniger „wissenschaftliches" Phänomen, das beobachtet werden kann entweder in seiner historischen Einmaligkeit oder in seinen Rückwirkungen bei einigen Gemeinden der sogenannten Gläubigen, besonders in der Vergangenheit, aber auch in der Gegenwart. Einige glauben an jenes Phänomen und andere nicht. Der ‚Bürgerliche' respektiert den privaten Glauben eines jeden, während das ‚reale' Leben, das heißt die Welt der Arbeit, der Wirtschaft und der Politik, seinen Lauf nimmt, unabhängig von den Vorstellungen sowohl der „Gläubigen", als auch derer, die die Nichtgläubigen von diesem Christus haben könnten. Mit einem Wort, die überwiegende Kosmologie kann höchstens eine jeweils abstrakte Philosophie und Theologie akzeptieren, die von der täglichen Realität getrennt sind. Die kollektiven ‚religiösen' Anlässe werden als soziologische Kundgebungen von Überresten abergläubiger und unterentwickelter, das heißt noch primitiver Überzeugungen, gesehen – oder vielleicht als Herausforderung für die Wissenschaft, die in der Zukunft Probleme zu lösen haben wird, die noch nicht gelöst worden sind. Die Moderne kann nur an einen *Deus otiosus* glauben, der gut beschrieben wird zum Beispiel von Mircea Eliade.

Damit wollen wir sagen, dass die Vorstellung, die man von Christus hat, unbedingt von einer bestimmten Weltanschauung abhängig ist. Ein großer Teil der modernen Christologien hat in allgemein unkritischer Weise die geltende Weltanschauung akzeptiert und bemüht sich, einen „glaubwürdigen" Christus darzubieten für „den modernen Menschen", wie sie es nennen. Eine der ‚Erschütterungen' der Befreiungstheologie ist, dass sie viele davon überzeugt, die Armen seien ein bevorzugter *locus theologicus*. Doch hier sollte man sich erinnern, dass die Armen nicht nur weniger Geld, sondern auch sehr häufig eine andere Mentalität haben, und dass viele in einer anderen Weltanschauung leben, die den alten Zeiten näher liegt.

Als Herausforderung für diese moderne Welt wird es opportun sein, an eine gewisse traditionelle Weltanschauung zu erinnern und den Faden des ersten *sūtra* wieder aufzunehmen.

Aber zunächst haben wir eine Betrachtung über das Vokabular einzufügen. Jedes Wort ist mit einer Bedeutung in einem bestimmten kulturellen Kontext beladen. Nehmen wir als Beispiel dieses sechste *sūtra*.

Wir haben Christus *Schöpfer, Erlöser* und *Glorifizierer* genannt, aber mit einer gewissen Zurückhaltung. In der Tat sind die drei Worte vieldeutig und haben eine sie begleitende Kraft, die heute die einstigen inspirierenden Bedeutungen vernebeln kann. Man muss den Kontext kennen, in dem sie benutzt wurden, und sie in geeigneter Weise umformen, wenn der Kontext sich verändert hat. Christus als Schöpfer ist ein sprachlicher Fehlgriff in einem strengen Monotheismus. Nur Gott ist Schöpfer. Das Wort „Freikauf", Redemption (im Sinne von Erlösung) lässt an eine fast sadistische Theorie des Erlösungsaktes Christi denken (wovor schon die Viktoriner und die Scotisten gewarnt hatten). Vielleicht sollte man einen anderen Begriff wählen. Die Glorifizierung spiegelt eine imperiale theokratische Vision wider, und die Vergöttlichung ist auch nicht akzeptabel innerhalb eines strikten Monotheismus. Neue Wörter einzuführen könnte den Gedanken hervorrufen, dass man mit der Tradition brechen wolle; mit denselben fortzufahren, erfordert ausführliche Erläuterungen und kann Verwirrung stiften; den Mittelweg zu finden, ist Aufgabe der Weisheit. Für den Augenblick genügt es, auf das Problem aufmerksam zu machen. Kehren wir nun zum Thema unseres *sūtra* zurück.

Die menschliche Erfahrung, soweit sie durch unsere persönliche Auslegung beeinflusst wird, erfährt eine dreifache Spannung in unserem Bewusstsein der Wirklichkeit.

Erstens: Wir fühlen uns ‚ausgedehnt' in der Zeit. Unser menschliches Bewusstsein ist zeitlich, unser Leben wird nicht ganz im Augenblick gelebt, und es verläuft auf einem zeitlichen Pfad, wie auch immer er gedeutet wird: geradlinig, linear, kreisförmig, spiralig, usw. Unsere Erfahrung der Welt zeigt uns, dass alles, dessen wir uns bewusst sind, zeitlich ist: die Welt ist ein *saeculum*, ein Zeitlauf, ein Äon. Die Ausdehnung der Zeit berührt alles, alle Wesen. Dennoch stellen wir fest, dass es etwas gibt, das nicht ausgedehnt ist, etwas ohne Zeit oder von Zeit erfüllt, sei es immanent oder transzendent. Die Ewigkeit ist kein einfaches Konzept – und nicht etwas Post-temporales. Das Ewige ist nicht nur eine mathematische Entität – und nicht reduzierbar auf einen Grenzbegriff.

Zweitens: Wir sind uns außerdem bewusst, dass alles, was existiert, das heißt alles, was im Raum ‚ausgedehnt' ist, körperlich ist und Bestandteile hat. Das Universum, uns eingeschlossen, ist ein materieller Ort. Wir sind im Raum. Die Wirklichkeit ist räumlich und materiell. Wenn wir die Materie von der Wirklichkeit abstrahieren, fällt sie zusammen. Und zweifellos haben wir zugleich eine flüchtige Vorstellung oder vielleicht nur eine Vermutung, dass etwas „mehr" als die Materie vorhanden ist. Der Geist ist nicht bloß ein Begriff. Sogar die Distanz ist etwas nicht Körperliches (die Distanz zwischen zwei Körpern ist ja kein weiterer Körper).

Drittens: Wir sind uns auch unserer intentionalen Natur bewusst. Alles in uns ist auf etwas mehr oder etwas anderes ausgerichtet. Wir sind in *epektasis*, wie die Patres von Kappadozien sagen, nach vorn projiziert, mit einer nicht nur epistemischen, sondern auch ontischen Intentionalität. Es gibt „eine" Transzendenz, obwohl wir nicht wissen „wo"; wir können es nicht wissen; wir wissen nur, dass sie außerhalb von uns ist. Es gibt in uns ein ‚Neigen zu', eine Spannung zum Ganzen, die uns auf intentionale Weise zu einem Mikrokosmos und in letzter Instanz zum *mikrotheos* macht. Schon Aristoteles hatte geschrieben, dass „die menschliche Seele auf gewisse Weise aus allen Dingen besteht" (De Anima 3, 8 [431 b 21]).

Woher kommen wir, wohin gehen wir, wer sind wir, das sind die grundsätzlichen Fragen, die die Menschheit seit undenklichen Zeiten stellt. Diese Fragen tauchen aus dem wesensbedingten Drang des Menschen auf, der ihn dazu bewegt, gerade das zu erforschen, was unbekannt ist[20].

Zusammenfassend gesagt, wir sind zeitlich, aber wir wissen, dass wir „darüber hinaus" sind: ewig. Wir sind räumlich, aber wir wissen, dass wir „darüber hinaus" sind: geistig. Wir sind uns bewusst, aber wir wissen, dass wir dazu fähig sind, immer „mehr" zu erkennen: un-endlich. Wir sind in der Schwebe zwischen dem Sein und dem Nichts[21].

Damit die Gestalt Christi nicht auf die Ebene einer privaten Verehrung hinabsinkt, muss die Christophanie sich diesen grundsätzlichen menschlichen Fragen stellen. Die klassische christliche Antwort hat darin bestanden, die dreifache Funktion Christi herauszuarbeiten: Schöpfer, Erlöser, Glorifizierer. Wenn auch das dreifache Wirken spezifisch jeweils dem Vater, dem Sohn und dem Heiligen Geist zugeordnet worden ist, so wurde doch in gleichem Maße betont, dass wir keine göttliche Handlung fragmentieren dürfen. Wenn Christus kein totes Symbol ist, beziehen sich die drei Handlungen auf ihn.

Es ist nicht notwendig, diese Ideen in einer veralteten Weltsicht zu interpretieren. Unser Anliegen ist nicht, irgendeine Weltanschauung oder Christologie zu verteidigen oder zu kritisieren, sondern nur darauf hinzuweisen, dass eine Christophanie für unsere Zeit sich diese Fragen stellen muss, und aus der Vergangenheit bieten sich uns Anhaltspunkte, so dass wir keine Notwendigkeit sehen, mit der Tradition zu brechen. Auf alle Fälle wiederholen wir, die Christophanie ist weder reine Exegese noch Archäologie.

Wenn uns der eschatologische Christus zum Beispiel nichts sagt über die physische Zukunft der Erde, wenn er nichts sagt im Hinblick auf das, was ich *Ökosophie* genannt habe, dann klärt er uns über ein lebenswichtiges Problem nicht auf. Athen mag nichts mit Jerusalem zu tun haben – nach dem berühmten Satz des Tertullian –, aber Christus hat mit beiden zu tun und auch mit der Mutter Erde. Mit einem Wort, die Ökologie (Wissenschaft der Erde) ist ein Problem, das auch zur Christophanie gehört, und unter deren Licht wandelt sie sich zur „Ökosophie" (im Sinne von Weisheit der Erde – und nicht nur Weisheit über die Erde).

Man darf die Geschichte nicht beiseite lassen, auch nicht die historische Rolle von Jesus, aber die Wirklichkeit Christi beschränkt sich nicht darauf, die Seelen zu retten und sie zum Himmel aufsteigen zu lassen, um es einmal so zu sagen. Die volle Wirklichkeit darf nicht durch drei geteilt oder auf eine Funktion reduziert werden. Christus ist der Eingeborene und der Erstgeborene, der Sohn der Maria, der Menschensohn, der Anfang und das Ende, das Alpha und das Omega. Seine Wirklichkeit transzendiert demzufolge die Kategorien von Substanz und Individualität wie auch viele andere Begriffe, die zu revidieren sind, wie die von Schöpfung und Erlösung. Ein spiritueller Kommentar kann hilfreich sein zu verstehen, wo diese Christophanie ihre Akzente setzt.

Unsere Treue zu Christus und unsere Liebe zu ihm entfremden uns nicht von den mit uns Verbundenen, einschließlich der Engel, der Tiere, der Pflanzen, der Erde und, natürlich, der Menschen. Christus ist keine Trennmauer, sondern ein Symbol der Einheit, Freundschaft und Liebe. Jesus ist gewiss ein Zeichen des Widerspruchs, aber nicht, weil er uns von den Übrigen trennt, sondern eher, weil er unsere Scheinheiligkeit kuriert, unsere Ängste, unseren Egoismus, und uns so verwundbar, wie er selbst ist, macht. Eher als die anderen zurückzuweisen, weil sie Heiden, Ungläubige, Sünder sind – während wir selbst uns als die Gerechten fühlen – führt Jesus uns den anderen zu und lässt uns das Negative erkennen, das es auch in uns gibt. Die Aussage „das habt ihr mir getan" (Mt 25, 40) ist nicht bloß eine moralische Ermutigung, das Gute zu tun, sondern vielmehr eine ontologische Bestätigung der Gegenwart Christi im anderen, in jedem anderen, im Kleinsten der Kleinen – nicht, um den ‚Anderen' versteckt im Nächsten zu entdecken, sondern um den Nächsten wirklich als einen Teil von uns selbst zu entdecken. In der Tat hatten weder die zur Rechten noch die zur Linken das Bewusstsein der Gegenwart Jesu (Mt 25, 37.44), denn was zählt, ist das wahre menschliche Gesicht des Nächsten.

Dies erklärt meinen Widerspruch, als Christ einer einfachen religiösen ‚Sekte' anzugehören, die nur ein Alter von zweitausend Jahren hat. Auch hier stützt uns die christliche Tradition. Die christliche Religion, sagte der Heilige Augustinus, geht zurück auf die Frühzeit der Menschheit (Retract. I, 12). *Ecclesia ab Abel* ist ein alter christlicher Glaube.

Gerade weil die Religion im Sinne von Religiosität die tiefste menschliche Dimension ist, die den Menschen mit der übrigen Wirklichkeit „verbindet" *(religa)* durch ihre wesentlichen und innigsten Bande, darf diese Religiosität nicht reduziert werden auf die exklusive Zugehörigkeit zu einer besonderen menschlichen Gruppe. Im Gegenteil ist es die bewusste Zugehörigkeit zur Wirklichkeit, die uns zu Christen macht. Dies geschieht gerade durch ein sehr konkretes Band, durch das wir nicht nur vollkommen menschlich, sondern auch vollkommen wirklich sind, obwohl auf kontingente und begrenzte Weise. Innerhalb dieser Konkretisierung und mit ihrer Hilfe können wir, im Rahmen unserer Grenzen, die Fülle unseres Seins als Mikrokosmos und *mikrotheos* verwirklichen. Dieses *sūtra* eröffnet weitere Überlegungen, die wir sehr kurz kommentieren.

Die Schöpfung ist *creatio continua*, wie die Scholastiker sagen, sie ist nicht etwas, das sich am Anfang der Zeit ereignete – ein Satz, der keinen Sinn hat, weil „Anfang" schon etwas Zeitliches ist. Sie ist keine einfache kosmologische Betätigung, wonach der *big bang* festgelegt werden könnte. *Creatio* ist die Basis aller Zeit, jeden zeitlichen Daseins, ist das Fundament, auf das die konkrete Zeit, die Zeitlichkeit jedes

Christus ist ein und dieselbe Wirklichkeit

Augenblicks sich stützt. Die Zeit ist kein Absolutes ‚vor' den Dingen, sondern ist Grundbedingung jeder Sache.

Der protologische Christus, gelegentlich unzutreffend der präexistente genannt, ist genau der historische Christus, und der historische Christus ist untrennbar vom eucharistischen und auferstandenen Christus. Die Eucharistie ist die Fortsetzung der Inkarnation und erlaubt es uns, von einer *incarnatio continua* zu sprechen.

Analog ist der eschatologische Christus, die letzte Wiederkunft Christi, die *parousia* Christi, nicht trennbar vom eucharistischen und auferstandenen Christus. Also ist die eschatologische „zweite Wiederkunft" keine weitere Inkarnation oder zweite Erscheinung Christi. Man hat uns gewarnt, an keinerlei Erscheinung des Messias, wo auch immer, zu glauben. Das Reich kommt nicht in einem spezifischen Augenblick, und man kann nicht sagen, wann es kommt (Lk 17, 20–24). Dabei wird die Wirklichkeit der Zeit nicht verneint, sondern im Gegenteil wird sie auf zwei starke Säulen gestellt, den Anfang und das Ende. Beide sind nicht zeitlich, und aus diesem Grunde weder prä- noch posttemporal, sondern tempitern. Diese Säulen halten jedem zeitlichen Moment stand. Die Beurteilung im Besonderen und im Allgemeinen ist im Einklang. Es gibt keine Hoffnung, wenn man die Zeit ausschaltet.

In diesem Sinne verstanden hilft uns die Christophanie, unser tempiternes Leben bewusst zu leben, ein Leben, das die Vergangenheit, die Gegenwart und die Zukunft (das *trikāla* einiger indischen Religionen) integriert hat in einer Form, die in Fülle gelebt werden kann (Joh 10, 10).

VII. Die Inkarnation als historisches Ereignis ist auch Inkulturation

Einige Theologen haben ihre Befürchtung geäußert, dass diese Christophanie den historischen Jesus in der Wolke eines nicht christlichen Gnostizismus verschwinden ließe. Nichts liegt der Absicht dieser Zeilen ferner als das, wenn wir auch die in manchen Theologien inbegriffene „Historiolatrie" kritisiert haben. Die Geschichte, als konkrete Geschichte, ist so wichtig, dieses *sūtra* zu rechtfertigen, da sie häufig in der geografischen Expansion des Christentums vergessen wird. Die Inkarnation, als historische Tatsache in der Zeit und im Raum, ist auch ein zeitliches Geschehen, nur verständlich in einem besonderen relligiös-kulturellen Umfeld – dem einer bestimmten Geschichte. Dennoch ist die göttliche Inkarnation als solche kein historisches Ereignis, sondern ein trinitarischer göttlicher Akt. Der Eingeborene ist auch der Erstgeborene, wie wir wiederholt gesagt haben. Die Inkarnation ist die ganze Wirklichkeit des *Logos*. Der *Logos*, das „von Ewigkeit her in Gott verborgene Geheimnis" (Eph 3, 9; Kol 1, 26) hat sich offenbart (φανερωθέτος) am Ende der Zeiten (1 Petr 1, 20), „in der Fülle der Zeiten" (Eph 1, 10), in der historischen Christophanie von Jesus, dem Sohn von Maria (Röm 16, 25–26).

Man soll die Geschichte nicht verabsolutieren. Es ist bezeichnend festzustellen, wann das heliozentrische System sich durchsetzte (schon bekannt seit Aristarchos von Samos im 3. Jahrhundert vor Christus). Nicht nur die Erde wurde nicht länger als Mittelpunkt des Universums betrachtet, auch die Engel, die Dämonen und die Geister …, die Teil jener Weltanschauung darstellten, begannen zu verschwinden, und Christus verlor jene kosmische Funktion (die dennoch in den kanonischen Schriften erhalten blieb) als Mittelpunkt des gesamten Universums (Eph 1, 21; Kol 2, 10 u. ö.). Der Mensch betrachtete sich selbst am Rande der physischen Wirklichkeit und tröstete sich mit der Kraft seines Geistes, der die Welt der Geschichte geschaffen hatte. Obwohl die Erlösung des Menschen in der Geschichte stattfindet, ist sie keine historische Tatsache. Die „Heilsgeschichte" (deutsch im Original) ist weder das Heil der Geschichte noch das historische Heil des Menschen, sondern sie ist die lange historische Sequenz der Ereignisse, in deren Verlauf die Erlösung sich nähert, aber doch noch nicht das Heil selbst – das kein historisches Faktum ist.

Eine „Soziologie des Wissens" würde die innere Spannung in der Geschichte des Christentums erläutern, die sich insbesondere mit dem Verfall des Kolonialismus herausgestellt hat – obwohl die Essenz des Kolonialismus tatsächlich in der Überzeugung besteht, dass eine einzige Kultur ausreiche, um das ganze Spektrum der menschlichen Erfahrung in sich aufzunehmen und zu umfassen. Das Christentum hatte sich mit dieser Mentalität verbunden, oder vielleicht hatte es zu ihrer Konsolidierung beigetragen. Sobald man nicht glaubt, zumindest theoretisch, dass eine einzige Kultur die ideale Bestimmung der Menschheit sei, kann man nicht den Anspruch auf Universalität des Christentums erheben, ohne sich von der Kultur zu emanzipieren, mit der es mehr als fünfzehn Jahrhunderte lang in Symbiose war.

Es wird dann von Inkulturation des Christentums gesprochen, das heißt von dem Recht, sich in andere Weltkulturen einzubringen, weil man dies als „suprakulturell" betrachtet. Aber gerade dort zeigt sich die innere Spannung. Wenn das Christentum im Wesentlichen historisch und verbunden ist mit einer konkreten historischen Erzader der Menschheit, kann es nicht beanspruchen, dass die Söhne von Jakob und die Enkel von Sem die Gesamtheit der Menschheitsgeschichte vertreten. An der Seite der Söhne von Abraham gibt es andere Menschen als Brüder. Hierin liegt kein Widerspruch. Man kann nicht sagen, das Christentum sei zugleich historisch und nicht historisch; man kann nicht verlangen, dass das Christentum ein Geschenk für alle Menschen sei, und gleichzeitig sei es im Wesentlichen mit einer bestimmten Geschichte verbunden – sofern man diese Geschichte als universal betrachtet und die Söhne von Ismael, Esau ... nicht besonders hervorhebt, um bei Beispielen aus der biblischen Welt zu bleiben.

Die „evolutionistische" Mentalität der modernen Kosmologie macht den Glauben plausibel, dass die ganze Menschheit einem in der Geschichte einzigen Punkt entgegengeht, obgleich er Punkt „omega" genannt wird. Dann befinden sich die anderen Kulturen auf „Wegen der Entwicklung", und natürlich sind die Christen und die Wissenschaftler auf dem rechten Wege. Dies ist die Historiologie, die wir nicht akzeptieren.

Das Judentum betrachtet sich als historische Religion und Volk Gottes, aber niemals erhob es den Anspruch, universal zu sein. Das Christentum jedoch hat in den letzten Jahrhunderten beansprucht, eine historische und zu gleicher Zeit universale Religion zu sein.

Die Inkarnation ist, ohne historisch zu sein, auch ein Geschehnis in der Geschichte und verändert als solches radikal den Sinn dessen, was die Christen als Geschichte wahrnehmen. Aber davon ausgehend zu behaupten, dass die Christen das neue Volk von Israel seien, ist, auch abgesehen von der gut fundierten Kritik des Judentums gegen diesen übertriebenen Anspruch, ein Abgrund. Bekannt ist die im hebräischen religiösen Bewusstsein ausgelöste Krise nach den Grausamkeiten des Nazismus. Wie konnte es zum Niedergang des „Volkes Gottes" kommen? Und es ist erstaunlich, dass das christliche Gewissen nicht dieselbe Krise durchgemacht hat, als 45 Millionen afrikanischer Sklaven zum wirtschaftlichen Nutzen der christlichen Völker geopfert wurden. Der Gott der hebräischen Bibel ist der Gott der Geschichte. Der Christus der Christen ist eher ein Opfer der Geschichte.

Die Inkarnation, als Ereignis in der Geschichte, ist zweifellos zeitlich nicht wiederherzustellen – in einer linearen Zeit. Wir können uns nur daran erinnern und sie ins Gedächtnis zurückrufen.

Die Christophanie ist nicht nur eine Christologie, die beabsichtigt, die historischen Tatsachen des Jesus von Nazaret zu deuten. Vor allem möchte sie „das jetzt erschienene, offenbarte und kundgemachte Geheimnis (φανερωθέντος δὲ νῦν)" (Röm 16, 26) mit allen Mitteln des Wissens verbreiten, über die der Mensch verfügt. Dieses Geheimnis lag schon von Anfang an „am Herzen des Vaters" (Joh 1, 18) und war daher weder geschichtlich noch zeitlich – wie es keine zeitliche Behauptung Jesu war, als er sagte: „Noch ehe Abraham wurde, bin ich" (Joh 8, 58).

Man spürt hier deutlich eine doppelte Dimension des Christentums, die mit einer dualistischen Sicht der Wirklichkeit nur schwer in Einklang zu bringen ist, obwohl die Nicht-Dualität die Quintessenz des Geheimnisses Christi ist: nach klassischer Ausdrucksweise *totus Deus et totus homo*.

Eine unvermeidliche Konsequenz dieser ‚panhistorischen' Betrachtung des Christentums wäre, dass die Eucharistie nicht die wirkliche und wahre Gegenwart Christi sein kann, sondern nur eine *anamnēsis* [Erinnerung] einer Tatsache der Vergangenheit. Mit anderen Worten, ohne eine mystische Betrachtungsweise geht die Wirklichkeit der Eucharistie verloren.

Die Inkarnation als historisches Ereignis kann nicht als eine universal menschliche Tatsache betrachtet werden, zumindest würde der Mensch auf ein einfach historisches Wesen reduziert und die Geschichte auf die einer exklusiven menschlichen Gruppe, deren Mission es wäre, den Rest der Gruppen zunichte zu machen – wenn auch mit der Rechtfertigung durch den Vorwand, sie zu retten. Eine Haltung, die kongruent ist mit einer gewissen Lehre, die vertritt, dass es außerhalb dieser Gruppe keine Erlösung gibt. So ist alles kohärent. Aber auf diese Weise untergräbt man den wahren Sinn der Eucharistie, der die Vergöttlichung allen Fleisches ist, sei es als Wiederherstellung des ursprünglichen Zustandes oder als letztes Komplement der ganzen Schöpfung. Die ausschließlich historische Auffassung der Inkarnation hat ohne Zweifel Gestalt angenommen in der monarchisch imperialen Vorstellung, die die dominierende Ideologie in der ganzen euroasiatischen Geschichte, zumindest während der letzten sechs Jahrtausende, gewesen ist.

Die Verständlichkeit der Inkarnation als historisches Ereignis ist abhängig von einer konkreten Reihe von kulturellen Prämissen, die der Sicht der abrahamitischen Welt zu eigen sind. Gerade aus diesem Grunde ist es notwendig, das vorausgesetzte Recht zu überprüfen, eine bestimmte zeitgenössische Missions-Theologie in eine Kultur einzuführen, als ob die Inkarnation eine Tatsache wäre, die, über der Kultur stehend, das Recht hätte, sich in jeder Zivilisation zu inkulturieren. Die Vorstellung der Inkarnation selbst stellt eine kulturelle Revolution dar. Für die Reaktion des hinduistischen Fundamentalismus bezüglich der Annahme hinduistischen Brauchtums vonseiten der christlichen Missionare – wenn sie auch manchem unrichtig erscheinen mag – mangelt es zum Beispiel nicht an einer Erklärung: Es ist unschicklich, sich kultische Kleidung und rituelle Formen anzueignen, die uns nicht gehören. Weder ist Jesus ein hinduistischer *saṃnyāsin*, noch ist der Engel Gabriel ein *deva*. Wenn den historischen Ereignissen, die den Ursprung des Christentums verursachten, auch ein Einfluss auf andere

Kulturen zugestanden werden soll, müssen sie ihren transhistorischen Wert beweisen. Andernfalls werden sie als eine weitere mehr oder weniger friedliche Kolonial-Invasion interpretiert. Bei einer bestimmten Art von Christologie dürfte es schwierig sein, diesen Einwand zu entkräften.

Es geht hier nicht um einen kulturellen oder intellektuellen Solipsismus oder eine in Schubladen unterteilte Betrachtungsweise der Menschheit. Die Osmose und die Symbiose sind zwei menschliche und kulturelle Tatsachen, und nicht nur physikalische oder biologische Phänomene. Wir machen auf Probleme aufmerksam, die eine zeitgenössische Christophanie nicht übergehen darf. Man sollte eher von einer Interkulturation und einer gegenseitigen Befruchtung sprechen[22].

Ich habe hier ein Beispiel der historisch-soziologischen Verwicklungen der Inkarnation gerade in einem Umfeld angeführt, wo man sich eher abseits des Christentums wähnt. In bestimmten akademischen Kreisen Nordamerikas ist man dahin zurückgekehrt, den gröbsten christlichen Kolonialismus (mit Auswirkungen auf anderen Gebieten) wieder einzuführen – in der ehrlichen Absicht, ihn zu überwinden! Man hat vorgeschlagen, in der Terminologie des westlichen Kalenders christlichen Ursprungs zwei Abkürzungen durch scheinbar neutrale und universale zu ersetzen. Es ist verständlich, dass einige gegen die Abkürzung A.D. (Anno Domini) protestieren, aber wenn man die englische Abkürzung B.C. (Before Christ – vor Christus) entfernt und sie durch B.C.E. (Before Common Era – [vor gemeinsamem Zeitalter]) ersetzt, verkennen diese Gelehrten die große Wirkung des christlich-historischen Geschehens. Obendrein ist Jesus nicht im Jahr 1 geboren. Man wählt ein einmaliges Ereignis, aber ohne jegliches Werturteil. Unsere Zeit „Common Era" zu nennen, obwohl für die Hebräer, die Chinesen, die Tamilen, die Muslime und viele andere ein gemeinsames Zeitalter nicht besteht, dies ist der Höhepunkt des Kolonialismus (oder steht C.E. vielleicht ironisch für „Era Christiana" [Christliches Zeitalter])?

Das Christentum ist auch eine kulturelle Konstruktion, die untrennbar mit westlicher Geschichte und Kultur verbunden ist. Keine Christologie ist universal, und es ist ein Aspekt der Christophanie, sich dessen bewusst zu sein, wenn man das Problem der Identität Christi erörtert.

Die Inkarnation als historisches Ereignis ist auch Inkulturation

Wir stehen zwei Optionen gegenüber: entweder muss sich diese Kultur, für die die historisch-christliche Inkarnation Sinn hat, zu einer universalen Kultur wandeln (mit ein paar anderen Subkulturen, die sozusagen auf Folklore reduziert sind), oder die Christophanie ist selbst pluralistisch, das heißt, sie kann keine einstimmige Meinung über Christophanie haben. Dies besagt, dass die Christophanie nicht nur der Ordnung des *logos* angehört, obwohl die Ansprüche des *logos* nicht ignoriert werden dürfen. Es bedeutet nur, dass der Logomonismus ein philosophischer Reduktionismus ist – und eine Häresie. Wiederum bietet uns die Trinität den Schlüssel an. Der Heilige Geist, obwohl untrennbar vom *logos*, ist nicht der *logos*. In der Trinität bedeuten Gleichheit und Verschiedenheit, das es nichts Höheres und Äußeres gibt, das eine Aussage zuließe, inwieweit die „Personen" gleich oder verschieden sind. Die Trinität ist reine gegenseitige Bezogenheit.

Wir suchen eine weitere Erklärung. Das Christentum ist eine historische Religion. Wenn wir die Geschichte abschaffen, zerstören wir das Christentum. Aber Christus, der Christus, an den zu glauben das historische Christentum sich bekennt, ist mehr (nicht weniger) als eine historische Wirklichkeit in dem Sinne, in dem die semitische Kultur die Geschichte verstanden hat. Die Tatsache, dass im hinduistischen Indien zum Beispiel die Erfahrung Christi beim Opfer der Eucharistie stärker gemacht wird als bei der Erzählung von der Geburt in Betlehem, ist ein Beispiel dieser Problematik.

Eine pluralistische Christophanie bedeutet nicht nur, dass eine Vielzahl von möglichen Christologien vorhanden ist. Dies ist eher die Feststellung einer Tatsache. Aber Pluralismus ist nicht ein Synonym von Pluralität. Eine pluralistische Christophanie trotzt der *reductio ad unum*, einer Forderung des intellektuellen *logos*, weil die Christophanie nicht auf *logos* reduzierbar ist. Sie schließt auch das *pneuma*, den Heiligen Geist, ein. Beide sind untrennbar, aber nicht reduzierbar. Mit anderen Worten, die Christophanie beschränkt sich nicht auf die Identifikation Christi, sondern nimmt sich vor, seine Identität zu erreichen. Dies erfordert die mystische Vision, das dritte Auge gemäß den unterschiedlichsten Traditionen.

Wir begegnen hier einem äußerst wichtigen Korollar. Eine realistische Christophanie kann die politischen Probleme nicht vermeiden. Ausgehend nicht erst von Konstantin, sondern schon von der

Die Inkarnation als historisches Ereignis ist auch Inkulturation

Epoche von Pontius Pilatus, ist eine solche Problematik dem Christus-Verständnis inhärent. Christus ist keine politisch neutrale Gestalt. Er fordert uns heraus, Entscheidungen zu treffen, das heißt, einen Teil zu erwählen. Aber er erinnert uns daran, dass ein Teil nur ein Teil ist. Seit zwanzig Jahrhunderten, während wir dieselben Bestätigungen Jesu immer wieder dazu benutzt sahen, ganz entgegengesetzte Vorstellungen zu vertreten, von den Kreuzzügen und den „gerechten" Kriegen bis zum totalen Pazifismus, müsste unsere Christophanie behutsamer und reifer geworden sein. Zunächst sollte man verstehen, dass die kulturellen Faktoren, mit all ihren Grenzen und Ambivalenzen, jeder Christophanie inhärent sind, da sie zur Tatsache der Inkarnation selbst gehören. Tertullian, Basilius, Augustinus, Luther, Comenius, Münzer, wenn nur einige Namen genannt werden sollen, waren alle Christen und beriefen sich auf die Worte Jesu, um ihre unterschiedlichen Positionen zu rechtfertigen. Nicht zu bezweifeln ist die scharfe Intelligenz und der gute Wille der großen theologischen Genies der Vergangenheit; dennoch scheint sie die Gestalt Jesu Christi zu widersprüchlichen Behauptungen anzuregen in dem Maße, wie sie unterschiedliche Erfahrungen hatten. Die Christophanie ist pluralistisch: Christus ist erschienen als König, Soldat, Reiter, Demütiger, Pazifist, Freund der Armen, Rebell, Wahnsinniger.

Die erste zu lernende Lektion ist, das Unzureichende der einfachen Exegese zu erkennen. Es geht um einiges mehr als eine einfache hermeneutische Vorsichtsmaßnahme. Es ist eine theologische Erkenntnis: der Buchstabe tötet. Das Christentum, wie auch die vedische Religion, ist keine Religion der Schrift, sondern des Wortes. „Der Glaube [kommt] vom Hören – *[śruti]*" (Röm 10,17) – wenn auch eine strikte Exegese uns sagt, dass der ursprüngliche Sinn ein anderer war.

Unsere Interpretation geht einen Schritt weiter. Sie bejaht nicht einfach nur, dass das Erscheinen Christi viele Aspekte hat, die psychologisch und historisch geprägt sind. Sie sagt uns, dass die Inkarnation selbst, als historisches Ereignis, in einem konkreten kulturellen Umfeld stattgefunden hat. Dies hat eine doppelte Wirkung. Die Inkarnation ist schon ein Eingreifen in die betroffene Kultur, und deshalb kann sie nur innerhalb einer bestimmten Kultur angenommen werden. Zugleich wird durch sie die annehmende Kultur zutiefst verändert. Das Ereignis

Die Inkarnation als historisches Ereignis ist auch Inkulturation

von Betlehem, das in die semitische Kultur eindringt, verändert sie radikal.

Die Konsequenz ist offenkundig: es gibt keine absolute Christophanie. Die Christophanie ist nicht das logische Korollar einer rein deduktiven Theologie. Es gibt keine „chemisch reine" Christologie, aus der sich christliche Ideen und eine christliche Praxis ableiten ließen. Kein christliches Leben, keine christliche Theologie und, in unserem Fall, keine Christophanie ist Schlussfolgerung eines Syllogismus. Jesus Christus selbst hat gesagt, dass es ein Zeichen von Widerspruch sei (σημεῖον ἀντιλεγομενόν [Lk 2, 34]).

Dies bedeutet jedoch nicht, dass wir Christus nicht zu unserer Unterstützung anrufen könnten oder dass wir auf eine überzeugende Christophanie für unsere Zeiten verzichten müssten – zum Beispiel eine Christophanie zu Gunsten der Unterdrückten. Es bedeutet nur, dass wir unsere Auslegungen nicht verabsolutieren und eine besondere Christologie mit universalen Ansprüchen einführen sollen. Das hieße, das Geheimnis Christi auf unsere Kategorien zu reduzieren. Der Menschensohn hat viele Namen, weil kein Name den zu Nennenden ausschöpft. Wir müssen die *Christenheit* (durch Erfahrung), *Christlichkeit* (kulturell) und *Christentum* (als Lehre) unterscheiden[23]. Die Probleme bleiben offen.

Dieses Offenstehen ist nicht einfach eine Konzession an einen theoretischen Pluralismus. Es geht darum, das menschliche Abenteuer nicht auf deterministische Weise einzuengen. Die christliche Kirche, wenn sie in ihrer tiefsten und traditionellsten Bedeutung verstanden wird, unter der Inspiration des Heiligen Geistes *(sit venia verborum)* [man gestatte mir die Freiheit] kann entscheiden, weiter die „kleine Herde" zu sein, die vom Rest verschieden ist, oder das „Salz der Erde" (Mt 5,13 u. ö.), das allem Würze gibt. Das Abenteuer der Schöpfung ist auch in unseren Händen (Koh 3,11 – nach der Vulgata und in lateinischer Übersetzung). Der Mensch ist keine Marionette in den Händen Gottes, des Schicksals oder der Vorsehung. Die göttliche Freiheit wird weder von der Physik noch von der Metaphysik bezwungen. Der Mensch ist frei als Mitgestalter seines eigenen Schicksals, das untrennbar ist vom Schicksal des Universums. Darin besteht seine Würde. Die „Zukunft" hängt von uns ab (1 Kor 3,9; 1 Thess 3,2). Jesus selbst gestand, dass er nicht alle Geheimnisse des „Reiches" kannte (Mk 13, 32).

VIII. Die Kirche betrachtet sich als den Ort der Inkarnation

Da sich die Reformation und die Gegenreformation fast ausschließlich mit gesellschaftlich-kirchenrechtlicher Polemik begegneten, wurde der Eindruck erweckt, als sei die Kirche einer bürgerlichen Institution ähnlich. In den ersten fünfzehn christlichen Jahrhunderten war man hingegen praktisch einstimmig in dem Glauben an das, was man heute die *kosmische Kirche* zu nennen pflegt, nämlich μυστήριον κοσμικὸν τῆς ἐκκλησίας[24] – wenn auch eingetaucht in Angelegenheiten weltlicher Art, die sie für heilig hielt.

Das II. Vatikanische Konzil unterstreicht erneut dieses weiter ausgedehnte Verständnis von Kirche, indem es die traditionelle Auffassung von Kirche als sacramentum mundi, μυστήριον τοῦ κόσμου, bestätigt, das heißt das Geheimnis des Universums (Lumen gentium 1). Mit dieser Zustimmung bestätigt die Kirche ihre Bewusstsein, sich als den Ort zu betrachten, wo der Heilige Geist wirksam ist, und damit als integrierter Bestandteil des einzigartigen trinitarischen Aktes des christlichen Glaubens: „Ich glaube". Dies dürfte genügen. Aber weil der Mensch seiner selbst bewusst ist, sucht er nach einem geeigneten Symbol für diesen Glauben. Dieses Symbol ist Gott, der kein objektiver Begriff ist. Tatsächlich unterscheidet diese Philosophie zwischen Glauben *in Deum*, Glauben *Deum (esse)* und Glauben *Deo (revelanti)*. Der Ausdruck *in Deum* öffnet uns zum trinitarischen Leben: in Gott, Vater ..., Sohn ..., Heiligem Geist ... Die „heilige Kirche" ist hierbei eine Apposition zum Heiligen Geist. Eines der ersten *Credos* des aktiven εἰς [in Gott], das den Dynamismus des Aktes des trinitarischen Glaubens ausdrückt, endet mit der Aussage, dass diese Feststellung gemacht worden ist ἐν τῇ ἁγίᾳ καθολικῇ ἐκκλησίᾳ [innerhalb der (universalen) heiligen katholischen Kirche] (Denz. 2). Schon Lorenzo Valla, einer der Ersten, die von der Vulgata Latina zum griechischen Text zurückkehrten, um die Spaltung des Mittelalters zu überwinden, stellte damals unter Beweis, dass das *mystērion* des Neuen Testaments unendlich viel

Die Kirche betrachtet sich als den Ort der Inkarnation

tiefer und weitreichender ist als das lateinische *sacramentum*, das als die Globalität der Sakramente der Kirche zu verstehen ist. Dass die Kirche seit Abel bestanden habe *(Ecclesia ab Abel)*, dem ersten von einer Frau geborenen Menschen, war ein Datum, das man für gesichert hielt. Die Vorstellung, dass Gott die Welt aus Liebe zur Kirche erschuf *(Deus propter ecclesiam mundum creavit)* wurde als Synonym für die Vorstellung vom mystischen Leib angesehen: Gott schuf die Welt in der Absicht, seine Schöpfung zu heiligen, indem er sie in jenen Körper umwandelte, von dem Jesus der Kopf ist und wir die Glieder sind. Die Kirche wird verstanden als Gemahlin Christi, berufen, „ein einziges Fleisch" zu sein im eschatologischen *hieros gamos* [heilige Hochzeit] am Ende der Zeiten[25]. Thomas von Aquin fasste das traditionelle Verständnis der Kirche auf folgende Weise zusammen: *Corpus Ecclesiae constituitur ex hominibus qui fuerunt a principio mundi usque ad finum ipsius* [der Körper der Kirche setzt sich zusammen aus Menschen, die gelebt haben vom Anfang der Welt bis zu ihrem Ende] (Sum. theol. III, q. 8, a. 3).

Es genügt nun, die Kirchenväter zu zitieren und ihre Beharrlichkeit – wie Clemens von Alexandrien sagt – in der „Kirche der Erstgeborenen", ἐκκλησία πρωτοτόκων (siehe Hebr 12, 23). Die Kirche ist, in der gewagten Formulierung von Tertullian, „der Körper der drei Personen der Trinität": *Ubi tres, id est Pater et Filius et Spiritus Sanctus, ibi ecclesia quae trium corpus est* [Wo immer die Drei sind, nämlich der Vater, der Sohn und der Heilige Geist, dort ist die Kirche, die der Körper der Drei ist] (De baptismo VI)[26].

Als Origenes (PG XII, 841) und der heilige Cyprian (PL IV, 503) in der Mitte des dritten Jahrhunderts die berühmte Behauptung formulierten: *extra ecclesiam nulla salus* [außerhalb der Kirche gibt es keine Erlösung], die bis vor kurzer Zeit fast universalen Konsens fand, drückten sie etwas aus, das dem Anschein nach wie eine Tautologie war. *Ecclesia* wurde als *locus salutis* verstanden, so dass, wo auch immer die Erlösung geschehen mag, dort die Kirche war. „Wo Jesus Christus ist, dort ist die katholische Kirche" [ὅπου ἂν ᾖ Κριστὸς Ἰησοῦς ἐκεῖ ἡ καθολικὴ ἐκκλησία (Ignatius von Antiochien, Ad Smyrnaeos VIII, 2; PG 5, 713].

Diese kosmische und soteriologische Anerkennung ist der ursprüngliche Sinn des Wortes *katholokē*, die koextensive Kirche, die sich so weit erstreckt wie das Universum. Es wäre abwegig, diese *Kirche* mit einer Institution zu identifizieren, wie es schon Pius XII. klarstellte.

Die Kirche betrachtet sich als den Ort der Inkarnation

Darauf folgende Diskussionen beziehen sich auf den Vergleich zwischen dieser *ecclesia*, dieser universalen Gemeinde, in der die Erlösung stattfindet, und der römischen Amtskirche, der sichtbaren Kirche und ihrer unsichtbaren Grenzen, usw. Die gegenwärtigen ekklesiologischen Diskussionen gehören einem anderen Themenkreis an.

Es wäre eine „mikrodoxe" Auslegung der Kirche, würde man sie auf die sichtbare und offizielle Kirche und auf ein einfaches historisches Phänomen reduzieren. Die Kirche ist „die Gemahlin Christi" oder, wie Irenäus sagte, im Umkreis des Heiligen Geistes, „wo der Heilige Geist ist, da ist die Kirche".

Wir stehen hier vor einer Frage des Vokabulars. Einige Theologen kritisieren die Auffassung, nach der die Kirche die Fortsetzung der Inkarnation ist[27]. Wenn man unter Kirche die Institution einschließlich des lebendigen und sichtbaren Organismus sieht (und nicht nur die Organisation), so haben diejenigen völlig recht, die einen neoromantischen Mystizismus kritisieren. Auch ist die Unterscheidung zwischen „Kirche" und „Reich" bekannt. Es ist klar, dass wir uns der ‚Politik' der Worte nicht entziehen können. Hierzu möchte ich nur bemerken, dass ich, obwohl ich einverstanden bin mit der Kritik an irgendeiner Pseudomystik, doch denke, dass der Begriff *Kirche* die universale ἐκκλησία umfasst.[28] Es dürfte klar sein, dass unsere Einstellung einer gewissen eher soziologischen als theologischen Kirchenlehre nicht zu nahe kommt, da sie keine „fundamentalistische" Auffassung von Kirche unterstützt, sondern eine Ebene zu erreichen sucht, auf der die Kommunikation mit anderen Kulturen und Religionen möglich ist.

Fassen wir zusammen: Die Erlösung besteht darin, dass wir unsere Fülle erlangen, das heißt in der Teilhabe an der göttlichen Natur, weil nichts Endliches das Seiende befriedigen kann, das *capax Dei* ist. Der Mensch und die ganze Schöpfung können diese Fülle erreichen, weil sich in der Wurzel der „Schöpfung" selbst der Mittler, der Nexus, befindet, Christus, der, indem er durch „Quelle und Ursprung aller Göttlichkeit" gezeugt worden ist, nicht nur alle Dinge erschafft, sondern auch alles vergöttlicht durch die Gnade des Heiligen Geistes, so dass, nach dem räumlich-zeitlichen Abenteuer der ganzen Schöpfung, das göttliche Leben der Trinität alles durchdringt und Gott alles in allem ist (1 Kor 15, 28). Ein Gott folglich sowohl transzendent wie immanent – und daher nicht reduziert auf eine Trinität *ab intra*.

Indessen, während wir Pilger sind, während die ganze Schöpfung unter Geburtswehen seufzt, sind wir in den Prozess eingetaucht bis zum vollständigen Offenbarwerden der Söhne Gottes (Röm 8,19–23). Der Ort, wo dieser Prozess abläuft, ist die Kirche, und er verwirklicht sich auch in der „sichtbaren Kirche", trotz aller Schatten und Sünden der Menschen. Die Kirche ist gerade der Ort, an dem der Puls des Universums schlägt, bis zu seiner endgültigen Bestimmung. Der Mensch ist der Priester, der Mittler in jenem kosmisch-göttlichen Kampf – dem *daivāsuram* der „Mythen" Indiens. Die Christophanie zeigt uns unsere Rolle im Universum in der *anakephalaiōsis* (Eph 1,10) [Rekapitulation aller Dinge in Christus], zu der der Mensch als ein Geschöpf berufen ist, das, obwohl es ontologisch sich unterhalb der Engel befindet, eine höhere Aufgabe zu erfüllen hat, gerade wegen des göttlichen Paradoxons, die Dinge zu erwählen, die nicht sind, um sie mit denen zu vertauschen, die sind (1 Kor 1,26–31). Es ist ein Rest von Klerikalismus oder von einem nicht verheilten Trauma, in dem Wort „Kirche" nur eine Institution zu sehen.

Die Christophanie kehrt mit einem neuen kritischen Bewusstsein zu diesen fundamentalen Wahrheiten zurück: der Ort der Inkarnation ist der Mensch, mehr noch „das Fleisch". Der Ort des Menschen ist die Erde, mehr noch die Kirche auf ihrem Weg. Die Aufgabe dieser Pilgerschaft ist die Fülle und nicht das Nichts (das nicht zu verwechseln ist mit der Leerheit). Die christliche Hoffnung strebt nach der Fülle. Das menschliche Abenteuer ist ein kirchliches, kosmisches, göttliches Abenteuer – wie wir es weiter vorn in seinen Umrissen darstellten.

Um den tiefen Sinn dieses *sūtra* zu erfassen, müssen wir die scholastische Auffassung von der *creatio continua* nochmals heranziehen und sie erweitern um die *incarnatio continua*. Wir finden zaghafte Indizien der *incarnatio continua* in den Schriften einiger Mystiker, wie Maximus Confessor[29] und Meister Eckhart[30]. So, wie die Schöpfungskraft Gottes in keinem Augenblick nachlässt, sondern die Schöpfung im „Anfang" (Gen 1,1) stärker hervorhebt, lässt die andauernde Inkarnation des Sohnes in jedem Geschöpf die zentrale Rolle der Inkarnation Jesu (Joh 1,14) nicht abnehmen, die es möglich macht, sich genau dessen bewusst zu sein, was es von Anfang an gegeben hat (Röm 16,25–26; 1 Joh 1,1–3). Der Titel Menschensohn, den der Sohn Gottes sich selbst gab, zeigt hier seine ganze Tiefe.

IX. Die Christophanie ist das Symbol des *mysterium coniunctionis* der göttlichen, menschlichen und kosmischen Wirklichkeit

Der kosmische und trinitarische Aspekt des Geheimnisses Christi schmälert nicht seine historische Wirklichkeit. Das Geheimnis Christi ist gerade diese harmonische *coniunctio*. Wie Papst Leo, der Heilig, sagt (in der Homilie 7 über die Geburt Christi) ist die Gleichheit Christi mit dem Vater kein Nachteil für seine Gleichheit mit uns. Seine kosmische Funktion beeinträchtigte nicht seine historische Rolle.

Wenn *lex orandi, lex credendi* [das Gesetz, über das man beten soll, Norm dessen ist, was zu glauben ist], können wir entdecken, wie die christliche Tradition in Jesus Christus etwas mehr, nicht weniger, als einen Retter von Seelen gesehen hat. Ein großer Teil der liturgischen Texte beschreibt ständig diese Polarität.

Ante luciferum genitus et ante saecula Dominus Salvator noster hodie nasci dignatus est [Unser Herr, der Retter, gezeugt vor dem Licht und vor den Jahrhunderten, ist heute herab gekommen, geboren zu werden] (Antiph. 8 ad matutinum die I ianuarii)

danach Wiederholung im Wechselgesang mit Antiphon 7:

In principio, et ante saecula Deus erat Verbum, et ipse natus est hodie Salvator mundi [Am Anfang und vor den Zeitaltern war Gott das Wort, und er ist heute geboren worden, der Retter der Welt].

Der Sinn ist klar: Jesus wurde unter uns als Mensch geboren, und beide Texte unterstreichen ein *hodie*, ein transhistorisches Heute. Tatsächlich sagen die Texte nicht *olim* (vor Zeiten) wurde er geboren, sondern *hodie* (heute) ist er geboren worden. Demnach ist es also kein Gedenken, sondern die Feier von etwas Aktuellem, der neuen *nativitas* heute. Die historische Wirklichkeit des Sohnes von Maria transzendiert die Zeit, nicht nur in der göttlichen Vertikale (eingeborener Sohn des Vaters),

Die Christophanie ist das Symbol des *mysterium coniunctionis*

sondern auch in transhistorischer menschlicher Horizontalität. *Hodie* ist nicht *ante saecula* oder *in principio*, außerhalb der Zeit, sondern eine zeitliche Aktualität, die sich jedoch nicht auf die historische Tatsache von vor zwanzig Jahrhunderten beschränkt. Wiederholen wir: wenn wir die Dimension der Mystik oder des Glaubens vergessen, verformen wir die wahre Gestalt des Sohnes von Maria. Diese Gestalt ist sowohl menschlich als auch göttlich und kosmisch, und sie gehört der Vergangenheit, der Gegenwart und der Zukunft an.

Die Liturgie hat dies jahrhundertelang mit der Hymne *ad matutinum* des Advent besungen.

Verbum supremum, prodiens
E Patris aeterni sinu
Qui natus orbi subvenis,
Latente cursu temporis.

[Höchstes Wort, ausgehend
vom ewigen Schoß des Vaters,
du geborenwerdend rettest die Welt,
wenn der Lauf der Zeit sich neigt.]

Hierin ist die ganze kosmotheandrische Erfahrung enthalten: das Göttliche, das Menschliche und die Welt. Die Funktion Christi beschränkt sich nicht darauf, den Menschen zu erlösen, sondern die Welt wiederherzustellen; das kosmische *maṇḍala* – *orbis* und *maṇḍala* bedeuten beide Kreis.

„Wer mich gesehen hat, hat den Vater gesehen" (Joh 14, 9). Jesus Christus ist reine Transparenz: der Weg. Wer Christus sieht, sieht zugleich den Prototyp der ganzen Menschheit, den *totus homo*, den vollen Menschen. Jeder, der Jesus Christus entdeckt, erfährt das ewige Leben, das heißt die Wiederauferstehung des Fleisches und damit die Wirklichkeit der Materie, des Kosmos. Jesus Christus ist das lebendige Symbol der Göttlichkeit, der Menschheit und des Kosmos (das materielle Universum). Jede Erfahrung, die nicht diese drei Dimensionen einschließt, kann schwierig als eine lebendige Begegnung mit dem jungen Rabbiner betrachtet werden, den Nikodemus eines nachts sagen hörte,

Die Christophanie ist das Symbol des *mysterium coniunctionis*

dass die neue Geburt des Menschen aus Wasser (Materie) und Geist (Heiligem) sein müsse (Joh 3, 5–6).

In Jesus Christus begegnen sich das Endliche und das Unendliche. In ihm sind das Menschliche und das Göttliche vereint. In ihm ist das Materielle und das Spirituelle eins – wie auch das Männliche und das Weibliche, hoch und niedrig, Himmel und Erde, historisches und transhistorisches, Zeit und Ewigkeit. Vom historisch-religiösen Gesichtspunkt könnte man Christus als denjenigen beschreiben, der die Distanz zwischen Himmel und Erde, Gott und Mensch, Transzendenz und Immanenz auf Null reduziert, ohne einen der zwei Pole zu ‚opfern' – genau das Prinzip des *advaita*.

Jesus betete: „Dass alle eins seien" (Joh 15, 21). Das (koptische) *Thomas-Evangelium* sagt: „Wenn du aus den Zweien Eins machst und das Außen wie das Innen …, dann wirst du eintreten (in das Reich)" (22). *Qui facis utraque unum* [Dass du aus den Zweien Eins machst] singt die große Antiphon „Oh" der Weihnachtsliturgie (22. Dezember) – den Sinn der Schrift erweiternd (Eph 2, 14). Und Petrus sprach von der *apokatastasis pantōn* (universale Wiederherstellung aller Dinge) (Apg 3, 21).

Wenn wir die Gestalt Christi vom trinitarischen Geheimnis trennen, verstehen wir, wie gesagt, nicht den Sinn der Christophanie. Aufgrund dieser Auswirkungen kann man von der „radikalen Trinität" als Komplement zu der Auffassung der Einheit zwischen der „immanenten Trinität" und der „Ökonomie" sprechen. Die immanente Trinität wäre das Geheimnis Gottes *ad intra*, das heißt, die göttliche Innerlichkeit. Die Ökonomie wäre die Tätigkeit *ad extra*, das heißt das *opus creationis*, insbesondere das sich auf die Menschen beziehende. Seit Tertullian wurde die klassische Unterscheidung getroffen, im christlichen Bewusstsein aus Vorsicht, häufig aus der Furcht, in den Pantheismus zu verfallen: *Inter creatorem et creaturam non potest similitudo notari, quin inter eos major sit dissimilitudo notanda* [zwischen dem Schöpfer und dem Geschöpf kann man keine Ähnlichkeit feststellen, ohne eine noch größere Unähnlichkeit zu entdecken] (Denz. 806), sagt ein berühmter Konziltext des 14. Jahrhunderts.

Um das Vergessen der Trinität abzuwenden, formulierte Karl Rahner die These: „Die ökonomische Trinität ist die immanente Trinität", und er fügte dem noch hinzu „und umgekehrt". Dieses „umge-

Die Christophanie ist das Symbol des *mysterium coniunctionis*

kehrt" wird von einigen Theologen kritisiert, weil sie der Meinung sind, dass es im Widerspruch steht zu der vom Laterankonzil zitierten Behauptung[31]. Ohne jetzt zum Kern der Diskussion vorzustoßen unterstreichen wir erneut die Schwierigkeit des abendländischen Denkens, es zuzulassen, dass zwischen dem Monismus und dem Dualismus der Nicht-Dualismus stehen könnte. „Der Vater ist dem Sohn gleich", sagt die trinitarische Lehre, weil der Vater alles, was er ist, dem Sohn gibt, ohne etwas für sich zu behalten; aber der Sohn ist nicht der Vater, sonst wäre er nicht der Sohn und verschwände aus der immanenten Trinität. *Quod enim Pater est, non ad se, sed ad Filium est; et quod Filius est, non ad se, sed ad Patrem est; similiter et Spiritus Sanctus non ad se, sed ad Patrem et Filium relative refertur: in eo quod Spiritus Patris et Filii predicatur* [das, was der Vater ist, ist er nicht für sich, sondern für den Sohn; und was der Sohn ist, ist er nicht für sich, sondern für den Vater; auf die gleiche Weise bezieht sich der Heilige Geist nicht auf sich selbst, sondern auf den Vater und den Sohn: weshalb er Heiliger Geist des Vaters und des Sohnes genannt wird], sagt die 11. Synode von Toledo XI (Denz. 528).

Wohlgemerkt ist das *a-dvaita* oder die Nicht-Dualität, auf die wir uns bezogen haben, keine dialektische Negation der Dualität, noch ist sie ein sekundärer Akt des Intellekts, oder besser sogar des menschlichen Geistes, sondern eine direkte Sicht, die die Rationalität transzendiert (ohne sie zu verneinen). Damit soll nicht gesagt sein, dass die Dualität ‚vorher' wäre und ‚danach' verneint würde, sondern, dass man die vorherige Bezogenheit zu jeder Dualität unvermittelt ‚erfasst'. In diesem Sinne könnte man sie auch „Nicht-Einheit" nennen. Die konstitutive Bezogenheit der Wirklichkeit oder besser gesagt, des Miteinander-in-Beziehung-Bringens ist weder rückführbar zur Dualität noch zur Einheit. Die Negation der einen oder anderen ist nur eine ‚Forderung' des menschlichen Denkens, wenn es eindringt in das uranfängliche Schweigen, aus dem es hervorquillt.

Die radikale Trinität, wie sie sich in Christus manifestiert, zeigt uns die nicht-dualistische Einheit zwischen dem Göttlichen und dem Menschlichen (das theandrische Geheimnis der östlichen Theologie). Aber der Mensch ist auch eine nicht-dualistische Einheit zwischen Körper und Geist: in ihm zeigt sich jedoch auch die eigene Körperlichkeit der materiellen Dinge. Die ‚drei' (göttlich, menschlich und materiell) sind gemeinsam ohne Verwechslung und ohne Trennung. An anderer Stelle habe ich diese Erfahrung die „kosmotheandrische Anschauung" oder die theanthropokosmische genannt.

Gelegentlich wurde diese Betrachtungsweise falsch interpretiert, als handele es sich um eine Synthese von „drei" Dingen oder Substanzen. Aufs Neue zeigt sich uns Christus als das zentrale Symbol. Christus ist einer und ist nicht Verbindung von „drei" Elementen, obwohl wir diese Dreidimensionaltät in ihm unterscheiden müssen wie in der ganzen Wirklichkeit. Es mag genügen, daran zu erinnern, dass die traditionelle Betrachtung von Jesus Christus in ihm immer die harmonische Verbindung dieser drei Dimensionen des Wirklichen gesehen hat, obwohl jede Periode und jeder Mensch mal das eine und mal das andere der Elemente dieser Triade betont.

Der große Theologe Maximus Confessor schreibt, dass sich in Christus fünf große „Konjunktionen" verwirklichen: das Männliche mit dem Weiblichen (Gal 3, 28), die verdammte Erde mit dem Paradies, (Lk 23, 43), die Erde mit dem Himmel, (Apg 1, 9–10), die Dinge der Wahrnehmung durch die Sinne und durch den Verstand (Eph 4, 10), die geschaffene Natur mit der ungeschaffenen[32].

Über eine *coincidentia oppositorum* hinausgehend ist Jesus Christus als Versöhnung zwischen dem Göttlichen und dem Universum beschrieben worden, der seine Gläubigen zum „Dienst der Versöhnung" (διακωνία τῆς καταλλαγῆς) (2 Kor 5, 18) gerufen hat, durch Überwindung des Andersseins könnte er erfahren werden als *mysterium coniunctionis* [das Sakrament der Verbindung], wie jenes Zentrum des symbolischen Kreuzes der *quaternitas perfecta*.

Christus ist eher die „Verbindung" als die „Koinzidenz". In ihm verbinden sich auch alle christlichen Dogmen[33]. Wie wir gesagt haben, kann die Schöpfung nicht von der Inkarnation getrennt werden und diese nicht von der Trinität[34].

Der heilige Johannes von Damaskus betont, dass wir „nicht sagen, dass ein Mensch sich zum Gott gewandelt habe, sondern dass Gott sich zum Menschen gemacht hat" (De fide orthodoxa III, 2). Dieser Punkt stellte die größte Schwierigkeit des Monotheismus dar. Wie konnte das absolut eine und einzigartige Wesen sich in wen auch immer verwandeln? Wir wiederholen noch einmal: die Inkarnation hat nur Sinn in der Trinität.

Die Christophanie ist das Symbol des *mysterium coniunctionis*

Wenn wir Jesus Christus von der Trinität trennen, verliert seine Gestalt jede Glaubhaftigkeit; er wäre ein neuer Sokrates oder irgendein anderer großer Prophet. Wenn wir Jesus Christus von seiner Menschlichkeit trennen, wandelt er sich zu einem platonischen Ideal von Vollkommenheit und oft zu einem Instrument der Herrschaft und des Missbrauchs für die anderen; er wandelt sich in einen Gott. Wenn wir seine Menschlichkeit von seinem wirklichen historischen Weg auf Erden und von seinen historischen Wurzeln trennen, verwandeln wir ihn in eine rein gnostische Gestalt, die nicht unsere konkrete und begrenzte menschliche Bedingung mit uns teilt.

Die Verschmelzung der Drei ist die Aufgabe einer Christophanie für unsere Zeit.

Epilog

Es darf uns nicht wundern, dass einer neuen Epoche der Weltgeschichte ein neues Verständnis von Jesus Christus entspricht. Wenn Christus auch Sinn haben soll für die Hindus, die Völker der Anden, die Ibo, die Vietnamesen und all jene Völker, die nicht zum abrahamitischen Zweig gehören, kann man nicht fortschreiten, indem man sich weiter in die philosophischen Gewänder des Westens hüllt. Das Verständnis lässt sich weder durch eine einfache Wiederholung noch mit einer bloßen Anpassung der traditionellen Lehren erreichen, sondern mit einem „neuen Leben in Christus", mit jener *fides oculata* [mit Augen versehen], die nicht davon ablässt, ‚zum Himmel zu schauen' wie die Menschen von Galilea, aber die die *incarnatio continua* wieder lebendig werden lässt, auf die sich auch die Alten mit Scheu beriefen. Die gesunde Reaktion einer „Christologie von unten", die durch die Befreiungstheologie vertreten wird, muss vervollständigt werden durch die *Christologie von innen*, die gleichzeitig als Brücke zur „Christologie von oben" dient. Die drei Formen sind notwendig, ohne dass man Anhänger einer Adoptions-Christologie sein müsste (Gott adoptiert Jesus als Sohn) und ebenso wenig einer pneumatischen Christologie (ein göttliches geistiges Wesen nahm Fleisch an in einem konkreten geschichtlichen Augenblick). Am Anfang (der Zeit) existierte nicht Jesus, sondern als Anfang (ἐν ἀρχῇ); im tempiternen Ursprung existierte das *Alpha* und das *Omega*, das die Christen Christus nennen.

Wenn wir fortfahren müssten, alles mit Etiketten zu versehen, könnten wir sprechen von einer *Christophanie aus der Mitte*, nicht zu verwechseln mit dem sogenannten Christozentrismus. Erinnern wir uns daran, dass *lex orandi, lex credendi* – und die liturgischen Hymnen, die dies ausdrücken – nicht nur dichterische Freiheiten war sondern theokosmologische Weltanschauung [Bellarmin hatte schließlich recht, als er, indem er sich von Galileo distanzierte, behauptete, dass ‚reine Wissenschaft', der keine Kosmologie zugrunde liegt, nicht

Epilog

existieren kann – obwohl jene aus seiner Zeit gewiss ungeeignet war].

Iesu, Redemptor omnium,
Quem lucis ante originem
Parem Paternae gloriae
Pater supremus edidit.
Tu lumen et splendor Patris
Tu spes perennis omnium.

[Jesus, Erlöser von allem
den vor dem Ursprung des Lichtes
dem väterlichen Ruhm gleich
der höchste Vater zeugte.
Du, Licht und Glanz des Vaters,
du ewige Hoffnung für alles.]

(Lateinische Weihnachtsliturgie, Vorabendshymne)

Obwohl die Hymne selbst den Tag als *currens per anni circulum* besingt [wiederkehrend in jedem Jahreskreis] und die Lobeshymne Christus *beatus auctor saeculi* nennt [gesegneter Schöpfer dieser zeitlichen Welt], war die allgemeine Tendenz im Abendland die, diese Texte mit einem linearen Zeitverständnis zu lesen. Wir könnten in besserem Einklang mit den großen christologischen Texten der Heiligen Schrift diese Hymnen in einem anderen Zeitschema lesen: Seit dem Anfang, im Ursprung (ἐν ἀρχῇ) war (ist) die Wirklichkeit Vater, Christus, Heiliger Geist (um christliche Namen zu benutzen), und als „die Fülle der Zeiten" kam, fand im Raum (und auch in der Zeit) das statt, was wir die Inkarnation nennen, so dass die Manifestation (φανέρωσις) Jesu eine Offenbarung der Wirklichkeit – dessen, was wir sind – ist. Vergegenwärtigen wir uns, dass, wenn wir nicht aus Gott ein anthropomorphes und zusammengefügtes Wesen machen, die Offenbarung Gottes nur Gott selbst sein kann (und nicht ein bloßes Produkt seines Geistes). Der *Logos* von Gott ist Gott, sagt die trinitarische Anschauung. Das Mysterium der Zeit ist die Entfaltung, die Ausbreitung (würde Augustinus sagen) von der Trinität *ad extra*. Aber außerhalb Gottes gibt es

Epilog

nichts. Die ganze Wirklichkeit, und nicht nur ein ausschließlich transzendenter Gott, ist die Trinität.

Schließen wir ab mit einer weiteren Hymne, *Cantare amantis est* [Das Singen ist dem Liebenden zu eigen], sagte der heilige Augustinus:

Ut hominem redimeres,
Quem ante iam plasmaveras
Et nos Deo coniungeres
Per carnis contubernium.

[Damit du die Menschen befreist,
die du schon früher geformt hattest,
und uns mit Gott vereinigst
durch deine Verbindung mit dem Fleisch.]
(Ad Matutinum, Osterzeit, Breviarium Monasticum)

Wir betonen, dass die Größe der christlichen Vision andere Anschauungen des letzten Geheimnisses der Wirklichkeit nicht herabsetzt. Wir werden eine Bestätigung des christlichen Glaubens darin sehen, wenn wir in anderen Traditionen homöomorphen Äquivalenten begegnen. Hierzu greifen wir auf eine wenig bekannte Hymne zurück, die weder von den Propheten Israels herrührt noch von den großen griechischen Legenden, noch von den Ebenen des Euphrat und Tigris, sondern von einem der ältesten Dokumente des tibetanischen Volkes (wahrscheinlich aus dem VIII. Jahrhundert):

Aus einem göttlichen Sohn
wird ein menschliches Geschlecht entspringen ...
und ein Held wird die Erde beherrschen,
und sein Ruhm wird sich über die Erde erstrecken ... [35]

Auf diesen Seiten haben wir vielmals wiederholt, dass die Erfahrung, die wir Christophanie genannt haben, eine konkrete Form ist, die menschliche Erfahrung in ihrer Fülle zu erleben. Viele Menschen lehnen es heute ab, diese Sprache zu akzeptieren, sei es, weil sie banalisiert worden ist oder man sie missbraucht hat. Wir haben versucht zu zeigen, dass zwei Jahrtausende menschlicher Erfahrung Kulturgut der

Epilog

Menschheit sind und wir diese weder an ein Museum verweisen noch sie akritisch akzeptieren dürfen. Wir haben uns vorgenommen, nicht in erster Linie die Vergangenheit unter einem neuen Prisma vorzustellen, sondern eher, durch die Gegenwart „unterwegs zu sein im Licht, miteinander in Gemeinschaft", wie all jene Pilger, denen wir dieses Werk gewidmet haben.

Die Sprache dieses Buches kann vielleicht Experten und Patienten der Psychoanalyse und anderer verwandter Disziplinen lästig sein. Wir halten es für opportun, darauf hinzuweisen, dass wir diejenigen bewundern, die zur Erforschung der menschlichen Seele beigetragen haben, und wir betrachten ihren Beitrag zur Entdeckung der menschlichen Psyche als sehr schätzenswert; trotzdem wäre es in Irrtum zu glauben, dass diese Theorien und diese Praktiken den menschlichen Geist auf dem Niveau widerspiegeln, dem unser Versuch gewidmet ist.

Der Leser wird sich unserer wenig nachgiebigen Haltung gegenüber der zeitgenössischen Kultur bewusst geworden sein, mit der wir uns mancherlei Kritiken, die geäußert werden, zu teilen haben. Das schließt nicht aus, eine „Erbsünde" zuzulassen, das zu verweltlichen, was uns von einem „unglücklichen Bewusstsein" sprechen lässt, das falsch orientiert und schlecht ist, wenn man den Satz von Hegel extrapoliert. Es ist wahr, dass das Böse in der Welt und im Menschen existiert, und die Vergöttlichung, von der wir gesprochen haben, bedeutet nicht die Rückkehr ins Paradies. Erneut erscheint in diesem ‚Traum' ein monotheistisches Verständnis der Vergöttlichung oder einer maßvollen Idee der Perfektion. Die menschliche Vollkommenheit ist nicht die einer Maschine, noch ist die menschliche Gesundheit die eines Elefanten. Der Mensch ist nicht die platonische Vorstellung des Menschen. Wir müssen der Psychologie dankbar sein, dass sie das Blendwerk einer *zweiten* Unschuld ausgeräumt hat. Aber all dies verhindert nicht, dass die letzte Bestimmung des Menschen der Sprung von der instinktiven Animalität in eine Teilhabe am unendlichen Abenteuer der Wirklichkeit ist. Auch das *Evangelium* ist voll von Kämpfen Jesu gegen Dämonen aller Art.

Mit anderen Worten, die Christophanie ist keine idyllische Vision, weder der Wirklichkeit noch der menschlichen Bedingung, sondern eine *phanie*, ein Licht, das als solches erscheint, weil wir in Finsternis gehüllt sind. Vielleicht könnten auch all jene Leute, die sich der *conditio*

Epilog

humana so sehr bewusst sind, die Christophanie als „frohe Botschaft" ansehen.

Wir haben damit begonnen, den *Sitz im Leben* der Studie zu beschreiben, die so viele Überlegungen auslöst. Abschließend beziehen wir uns auf einen anderen, viel weiter gefassten *Sitz*: das sozial-politisch-ökonomisch-spirituelle Gebiet unserer allgemeinen menschlichen Situation. Was hat eine Christophanie den drei Vierteln zu sagen, die wir noch uns ähnlich nennen? *Unser der Sieg, we shall overcome*, es ist eine starke psychologische Explosion, aber für Tausende, mehr noch, Millionen Opfer, die im Verlauf des Weges zu einem „gelobten Land" zugrunde gehen, wird ein frommer Wunsch zunehmend problematisch oder zur entfremdenden Droge. Wir müssen den Dingen mehr auf den Grund gehen und müssen eine Antwort geben für die *'am ha'aretz*, für die *dalit*, für die Indianer und für alle Unterdrückten – nicht nur wirtschaftlich und politisch, sondern auch spirituell und menschlich –, für alle, die es nicht ‚schaffen', die nicht ‚überleben' werden. Vertrauen wir noch einmal auf die poetische Sprache, diesmal auf die eines katholischen Bischofs, der den Schmerz des indianischen Amerika ausdrückt und damit alles zusammenfasst, was wir sagen wollten.

Indianer zur Mutter Gottes flehen,
sie möge auch ihren Geburtsschmerz verstehen.

Wer sagt denn, die Botschaft sei froh?
Und das Kind, das nicht aufhört, geboren zu werden!
Das Joch unsrer Armut bedrückt uns doch so,
stets wächst noch die Macht des Herodes auf Erden.

Sie suchten nach Silber in unserem Land,
erstickten meiner Stimme Ruf.
Kommt der Tod aus des lebendigen Gottes Hand?
Guadalupe, war das der Gott, der dich schuf?

Weiß denn der Wind, wo ich werde sein?
Mein Blut taugt nicht zu seinem Wein?
Sein Reich erblüht niemals in mir?

Epilog

Ich, erniedrigt in Zweifel und Qual,
habe nur Klagen und Leiden zur Wahl,
doch unser Bethlehem ist schließlich hier.

(Frei übersetztes Gedicht von Pedro Casaldáliga)

Die sozialpolitischen Implikationen dieser Betrachtung sollten klar sein. Dieser Mensch Jesus Christus zerstört all unsere Dualismen. *Qui fecit utraque unum* [Er, der aus beiden eins machte], singt die Liturgie und ruft damit die Heilige Schrift ins Gedächtnis. Trotzdem bedeutet dieser Eine weder philosophischen Monismus noch theologischen Monotheismus. Sagen wir es noch einmal: die δικαιοσύνη der Evangelien ist nicht ‚Rechtfertigung' (für den Himmel) einerseits und ‚Gerechtigkeit' (für die Erde) andererseits. „Wie im Himmel, so auf Erden", sagt das bekannteste der christlichen Gebete. Der Menschensohn ist Sohn Gottes. Es gibt nicht Gott hier, Mensch dort und die Erde unten; das Himmlische und das Spirituelle einerseits und das Politische andererseits; die Zeit jetzt und die Ewigkeit danach; das isolierte Individuum auf der einen Seite und das undifferenzierte Kollektiv auf der anderen. Er war weder ein politischer Befreier noch ein Asket, der die Welt verneint hätte, weniger noch ein Mitglied des Klerus, sondern einfach nur ein Wesen (wir haben kein anderes Wort), das die Fülle des Menschlichen lebte, was die Teilnahme an den Anliegen der Erde, an den Wechselfällen des Menschenlebens einschloss, wenngleich dessen bewusst, dass jeder davon betroffen ist, seine Verantwortung zu übernehmen, so dass mit der Zusammenarbeit aller eine größere Gerechtigkeit erreicht werden könnte. Aber diese menschliche Fülle schließt ebenso die Teilhabe am Göttlichen ein – die uns erkennen lässt, was die Bestimmung unseres Seins ist.

Nochmals: Christus als reiner Gott, auch wenn er ausschließlich Sohn Gottes ist, überzeugt nicht. Er ist nicht trennbar vom Kreuz. Christus ist nicht der Gott der Geschichte. Auch ihn als „Mann für die Übrigen", einen historischen Helden oder ein wunderbares Vorbild zu betrachten, erweist sich als wenig hilfreich. Wenn David hier und da Glück hat, erweist Goliat sich unzählige Male als Sieger. Wohin führen uns die Revolutionen? Der Kampf um die Gerechtigkeit wird nicht gerechtfertigt durch einen eventuellen Sieg (wiederum die lineare Zeit), sondern durch die Tatsache, dass es unsere menschliche

Epilog

Berufung ist – für den *lokasaṃgraha* (die Kohäsion des Universums) – würde ich zu sagen wagen und auf eine andere Tradition zurückgreifen (BG III 20 und 25).

Mit anderen Worten, wenn das Geheimnis Christi nicht auch ganz unser Geheimnis ist, wenn die Christophanie nicht einiges mehr bedeutet als die Archäologie (der Vergangenheit) oder die Eschatologie (der Zukunft), wäre es besser, sie als ein Museumsstück zu betrachten. Der Ruf nach einer neuen Spiritualität ist ein Schrei des Heiligen Geistes, der gemäß der Tradition der wahre Geist Christi ist. Die Christophanie des dritten Jahrtausends kann nicht sektiererisch und nicht ein bloßer Trost für die ‚Gläubigen' sein. Der Menschensohn starb außerhalb der heiligen Stadt.

Die Christophanie *von innen her*, die wir mit scheuer Zurückhaltung vorschlagen, ist das tiefste Innere von uns allen, der Abgrund, in dem in jedem von uns das Unendliche und das Endliche, das Materielle und das Spirituelle, das Kosmische und das Göttliche zusammentreffen. Die Christenheit des dritten Jahrtausends ist berufen, diese Erfahrung zu leben.

Anmerkungen

Vorwort

[1] S. 12 Dies ist der Eindruck, den der Verfasser gewonnen hat aus der reichhaltigen und tiefgehenden Lektüre von Autoren wie von Balthasar, Barth, Bonhoeffer, Brunner, Bultmann, Congar, de Lubac, Feuerbach, Garrigou-Lagrange, Jaspers, Lévinas, Lonergan, Mancini, Rahner, Scheeben, Schmaus, Tillich, um nicht noch weitere als einige der neueren zu nennen und die zeitgenössischen beiseite zu lassen.
[2] S. 14 ‚La plenitud del hombre', so der Titel der spanischen Ausgabe.
[3] S. 14 Es ist leider bezeichnend, wie der ‚Corpus Christi', τὸ σῶμα τοῦ Χριστοῦ (Kol 2,17) bei dieser und zahlreichen anderen Gelegenheiten verschwunden ist. Angst vor dem Körper?

Erster Teil. Einführung:
Die Erfahrung der Christophanie

[1] S. 18 Vgl. hierzu unter vielen anderen ein kurzes Resümee in EVERS (1993).
[2] S. 19 MONCHANIN (1985) 157: „Die Mystik Gottes ist notwendigerweise auf einer Ebene mit der christlichen Mystik". *(La mystique de Dieu est nécessairement au terme de la mystique du Christ).*
[3] S. 20 GONZÁLEZ FAUS (1966) 107–111.
[4] S. 23 BORNE (1987) 398.
[5] S. 24 Vgl. eine Kritik in PANIKKAR (1983/XXVII) 321–334.
[6] S. 24 DŌGEN (1997) 13.
[7] S. 25 Vgl. PANIKKAR (1992/47).
[8] S. 26 Seit Aristoteles und danach wurde die Offenbarung des Seins beobachtet (Met. XII, 4) ἀποφαίνεσθαι (erscheinen). Vgl. HEIDEGGER (1966) 77: *Sein west als Erscheinen.* [Das Sein bekundet seine Essenz in der Erscheinung]. Vgl. das ganze Kapitel „Sein und Schein" (57–88) und auch das λέγειν des λόγος als ἀποφαίνεσθαι, *zum-sich-zeigen-bringen* (130) [das Sagen des Logos als Manifestation]. Wir geben dieses Zitat wieder, um die tiefe kulturelle Einheit des Abendlandes, von Parmenides angefangen, zu betonen.

Anmerkungen

9 S. 27 Vgl. Mt 4,1 und Mk 1,12, die von Jesus sprechen als dem „vom Heiligen Geist Geführten".

10 S. 27 Φανερός (wie φανός) hat als erste Bedeutung „leuchtend", von φαίνω (der zum Licht führt). φῶς ist Licht – prinzipiell der Sonne –, aus der Wurzel *bha*, daher: evident, manifest, sichtbar, offen. In anderem Kontext hätte als Titel für dieses Buch gewählt werden können: *Christāloka:* Die Herrlichkeit, das Licht Christi. Die Christophanie sollte für alle sichtbar sein – jedoch in verschiedenen Formen den Glanz des Mysteriums verkörpern (das die Christen „christlich" nennen).

11 S. 28 Vgl. PANIKKAR (1997/XXXIX) 25–37.

12 S. 31 Vgl. die verschiedenen Schriften von Xavier Tilliette über die Reflektionen der (offiziellen) „Philosophen" der modernen Epoche über die Gestalt Christi; eine Zusammenfassung in TILLIETTE (1990a) 424–230 und noch spezieller DERS. (1990b und 1993). Siehe auch die brillanten Seiten von MILANO (1987).

13 S. 31 *Animi assidua et vehemens ad aliquam rem applicata magna cum voluntate occupatio* [eine beharrliche und ungestüme Aktivität des Geistes mit großem Eifer auf alle Dinge gerichtet] (De inventione I, 25).

14 S. 31 Die drei klassischen Momente der dem Menschen eigenen Aktivität sind, gemäß den *Upaniṣad: śravana* oder Lauschen auf das Wort (der *Vedas* und der Weisen), *manana* oder Bemühen um Verständnis (dem Verstand zu eigenes Verhalten – *manas*) und *nididhyāsana* oder kontemplative Assimilation, auf die Weise, dass man sich zu dem wandelt, was man erkennt, das aber auch die Praxis einbezieht.

15 S. 32 JASPERS (1963) 52. Auch Benedetto Croce bejahte, dass es uns „unmöglich sei, uns nicht Christen zu nennen".

16 S. 33 Siehe hierzu SCHÜSSLER-FIORENZA (1994) als ein Beispiel der reichhaltigen aktuellen Diskussion.

17 S. 33 Den zeitgenössischen Vorstellungen wird in immer klarerer Form die Problematik der monotheistischen Inkongruenz im Innern des Monotheismus deutlich. Die Literatur ist immens nach dem Text *Der Monotheismus als politisches Problem* von Erik Peterson. Siehe CONGAR (1981), BRETON (1981), außerdem die Werke über die Trinität. Ein Ausnahmefall ist das in die Tiefe gehende Werk von CORBIN (1981). Für eine brillante Synthese der Problematik des Schrittes vom Monotheismus zur Trinität siehe MILANO (1987).

18 S. 34 Expositio V, 6 (Opera omnia, Basileae 1572, 300ff.), in: DE LUBAC (1974) 83, der weitere Texte vorlegt und einen lehrreichen Kommentar hinzufügt.

19 S. 34 Clemens von Alexandrien, Protrepticus XI.

20 S. 34 Siehe die verschiedenen Artikel über die Vergöttlichung im Dictionnaire de Spiritualité: „Divinisation" (1957) III, sp. 1370–1459. – Es ist bezeichnend, dass die Studien im 18. Jh. seltener werden, als ob diese Lehre nicht mehr von zentraler Bedeutung wäre. Es gibt auch einen kurzen Artikel über die „Union à

Anmerkungen

Dieu", Bd. XVI, sp. 40–61 (und natürlich noch weitere über Mystik und Gnade). Für eine synthetische Studie über die Treue zur patristischen Tradition des Meister Eckhart, im Unterschied zu Thomas von Aquin, siehe WOODS (1992).

[21] S. 34 Clemens von Alexandrien, Protrepticus I, 9, in: BOUYER (1960) 334.
[22] S. 35 Ireneus von Lyon, Adversus haereses III, 19 (PG 7, 939).
[23] S. 35 Ebd. V (PG 7, 1120).
[24] S. 35 Athanasius, De incarnatione Verbi LIV (PG 25, 192). Siehe auch den Kommentar von BOUYER (1960) 496–501.
[25] S. 35 Gregor von Nazianz, in: SHERRARD (1992) 26.
[26] S. 35 Maximus Confessor, Ambigua (PG 90, 1084).
[27] S. 35 Gregor von Nazianz: ἵνα γένωμαι τοσοῦτον θεὸς ὅσον ἐκεῖνος ἄνθρωπος [damit ich dazu gelange, in dem Maße Gott wie der Mensch zu sein] (Oratio theologica III, 19; PG 36, 100a). Das ist, was Maximus der Bekenner καλὴ ἀντιστροφὴ nennt [die schöne Umkehr/der schöne Überschlag], in: HAUSHERR (1955) 307.
[28] S. 35 ECKHART, In Joh 3 (LW III, 118).
[29] S. 35 ZUBIRI (1975) 62.
[30] S. 36 Da nobis ... eius divinitatis esse consortes, qui humanitatis nostrae fieri dignatus est particeps [gib uns ... teilzunehmen an der Göttlichkeit dessen, der die Güte hatte, an unserer Menschlichkeit teilzuhaben].
[31] S. 36 Für Jesus als Mensch siehe Mt 11,19; 26,72–74; Lk 23,4; 6,14 und mindestens 19 mal in Joh.
[32] S. 36 Siehe RV X, 90 und andere Texte in PANIKKAR (1977/XXV) 72ff.
[33] S. 37 Eine spannende und intelligente Verteidigung dieser Haltung bietet SCHESTOW (1994) 309–324. Vgl. auch weiter unten.
[34] S. 40 Vgl. GUARDINI (1953) mit den wichtigen Kommentaren von Heinrich Fries.
[35] S. 42 Es ist bezeichnend, die Peinlichkeit einer gewissen modernen Kritik gegenüber diesem Wort zu beobachten (siehe HAUCK in KITTEL 1964–1974, IV, 57 ff.), das so wichtig ist in den Schriften des Johannes (66 Belege von den 112 im gesamten Neuen Testament). Und, in der Tat, wie kann man in einer anderen Person verweilen im Kontext einer individualistischen und rationalen Kosmovision? Auch ist es bedeutsam, einer total unterschiedlichen Denkweise zu begegnen: „In einer größeren Tiefe wird uns offenbart, dass der Mensch nicht *durch* Christus erlöst wird, sondern *in* Christus ..."; BERDIAEV (1933) 297.
[36] S. 44 Für einen Kommentar siehe PANIKKAR (1975/XXIV) 182–185.
[37] S. 46 Siehe „La eucaristia y la resurrection de la carne" („Die Eucharistie und die Auferstehung des Fleisches"), veröffentlicht in PANIKKAR (1963/VI) 335–352.
[38] S. 48 Siehe die fast erschöpfenden Bände zum *status questionis* von HAAS (1979) 80.
[39] S. 48 Derart der Jesuit Maximilianus Sandaeus 1640, in HAAS (1979) 80.
[40] S. 48 Kurt Ruh, in HAAS (1979) 64.

Anmerkungen

41 S. 49 Die Verschiebung ins Begriffliche untergräbt die Substanz der Erfahrung und wandelt sie zu einem bloßen Namen, der die Wirklichkeit ersetzt. JUNG (1963) 150.
42 S. 50 Siehe MARTÍN VELASCO (1995) 119–148 für einen sehr wertvollen modernen Kommentar.
43 S. 50 TERESA VON AVILA (1967) 500–501.
44 S. 50 Siehe Ijob 40,5. Eine von der Tradition viel kommentierte Textstelle.
45 S. 54 AUGUSTINUS, De vera religione I, 39, n 72 (PL 34, 154).

Zweiter Teil.
Der Mystizismus Jesu Christi: Die Erfahrung Jesu

1 S. 64 Siehe DUPRÉ (1996) für eine historische Synthese des mystischen Phänomens, kurz aber hervorragend. Neueren Datums für die christliche Mystik siehe RUH (1990) und MCGINN (1992).
2 S. 66 Wir halten es für wichtig, den genauen Wortlaut wiederzugeben: Εἷς θεός ἐστιν, ὁ φανερώσας ἑαυτὸν διὰ Ιησοῦ Χριστοῦ τοῦ Υἱοῦ αὐτοῦ, ὅς ἐστιν αὐτους Λόγος ἀπὸ σιγῆς προελθών. Ad Magnesios VIII, 1 (PG 5, 669).
3 S. 66 Siehe BALDINI/ZUCAL (1989) mit ausführlichen Literaturangaben.
4 S. 67 Vgl. DUPUIS (1989) 87.
5 S. 67 Vgl. in GORT (1992) die erläuternden Kapitel, die im Allgemeinen und in einigen besonderen Fällen die Möglichkeit analysieren, die religiöse Erfahrung mitzuteilen – wenngleich der Fall Christi unerwähnt bleibt.
6 S. 67 Vgl. H. SMITH (1992) und seine Polemik gegen Steven Katz und die entsprechenden Literaturangaben.
7 S. 69 Vgl. hierzu PANIKKAR, Die höchste Erfahrung, in DERS. (1983/XXVII) 291–317.
8 S. 70 MCGINN (1992)63. Dieselbe Beobachtung wird gemacht von SWINDLER (1988) 10–19.
9 S. 71 „Die einzige Kenntnis, die wir von der Tatsache Christi haben, erhalten wir über die konkrete Erfahrung der ersten örtlichen Gemeinden der Christen" [SCHILLEBEECKX (1994)]. Dies bedeutet nur, das Problem auf eine zweite Ebene zu verlegen, das dann dieselbe Schwierigkeit aufweist, wenn man zur Erfahrung der ersten Christen vordringen will; wenn wir die Erfahrung Jesu nicht kennen können, so können wir auch die von Petrus, Paulus und seinen übrigen Zeitgenossen nicht kennen. Siehe auch THOMPSON (1985), der auf das „Geschehen Jesu" konzentriert ist.
10 S. 71 Inzwischen sind die Akten des o.a. Kongresses erschienen: BÄUMER (1997).
11 S. 71 SOBRINO (1978) im Prolog zur englischen Ausgabe, 15.

Anmerkungen

12 S. 72 Vgl. den bezeichnenden Titel von ALEGRE (1995) und besonders den Beitrag von GONZÁLEZ FAUS (1995).
13 S. 72 Siehe PIERIS (1988) und WILFRED (1992) als Beispiel.
14 S. 72 Das Adjektiv ‚indisch' (índico) wird verwendet, um sich auf die Kultur des südostasiatischen Subkontinents zu beziehen und durch das Adjektiv ‚indisch' (indio) hervorzuheben, dass man sich auf Indien als moderne Nation bezieht. [Diese Unterscheidung kann im deutschen nicht wiedergegeben werden.]
15 S. 72 Dann und wann produziert der Okzident Bücher, die das große Publikum in Alarmzustand versetzen, wie FANON (1963) oder vor kürzerer Zeit FORRESTER (1997) und viele andere; aber dennoch scheint deren große Kraft eher unfähig, zu neuen Ufern aufzubrechen.
16 S. 72 Vgl. hierzu S. RENWART (1993), der fünfzehn zeitgenössische Bücher über die Christologie analysiert. Keines berührt unser Thema. Ein wichtiges Buch über ‚narrative Theologie' ist KUSCHEL (1990).
17 S. 73 Vgl. hierzu die subtilen und zahlreichen Polemiken vor einem halben Jahrhundert über das *desiderium naturale videndi Deum* [den natürlichen Wunsch, Gott zu sehen]. Einerseits waren alle Theologen sich darin einig zu bestätigen, dass Gott das Ziel allen Seins ist; andererseits fürchtete man, dass der Inhalt der Rolle der (heiligenden) Gnade geschmälert würde – und folglich die des gesamten Christentums –, wenn allein schon der natürliche Wunsch zur Vision Gottes führt.
18 S. 74 Für die kanonischen Quellen siehe das Neue Testament, für die nicht kanonischen siehe die Nachschriften. Unter den unzähligen Studien vgl. ORBE (1985) und die sukzessiven Bände derselben Sammlung. Für ein nützliches „Inventar der Jesus-Tradition durch chronologische Schichtung und unabhängige Attestierung", siehe CROSSAN (1991) 427–450, mit 522 Stichworten.
19 S. 74 Siehe hierzu ROSENBERG (1986) 27 ff.
20 S. 76 Vgl. auch die kürzlich hervorgebrachten Argumente von HAVEN-SMITH (1997). Es ist bezeichnend, dass DESCHNER (1990) in seiner rabiaten und heftigen Attacke auf das Christentum die Gestalt Christi nicht untersucht und fast nicht erwähnt und den etwa wie folgt lautenden Ausspruch von Goethe zitiert: „Zwischen so vielen Kreuzen und Christusfiguren halten sich der wahre Christus und sein Kreuz verborgen."
21 S. 76 „Jesus zeigt keine Anzeichen hellenistischen Einflusses" [MAISCH/ VÖGTLE (1969) 176]. Es lohnt sich die Mühe, bestimmte Passagen zu lesen von Sacramentum Mundi (1969) III, 174–209 (mit reichhaltigen Literaturangaben). Sehr interessant sind die Beschreibungen von CROSSAN (1991).
22 S. 76 Vgl. vier unterschiedliche, dennoch aufeinander bezogene Beschreibungen des Menschen Jesus in 1) BEN-CHORIN (1967) (der, nebenbei bemerkt, keine der Aussagen Jesu zitiert, die wir kommentieren wollen). Er beschreibt De[n] Nazarener in jüdischer Sicht; 2) L. SWINDLER (1988), der aus dem Juden *Yeshua* [Yehosua] „den Maßstab macht, zu wissen, was es bedeutet, Christ zu sein" (1), ein

Anmerkungen

Jesus, der natürlich „feministisch und sehr radikal" ist (95) und androgyn; 3) A. ROSENBERG (1986), der Jesus von seiner Abhängigkeit vom Alten Testament befreit und ihn buchstäblich als einen *barnasha* (Menschensohn) vorstellt; 4) AUGSTEIN (1972), der die Unstimmigkeiten aller Theologien und Kirchen zeigt, die auf den instabilen Fundamenten eines heterogenen Jesus von Nazaret errichtet worden sind.

[23] S. 76 Siehe VERMES (1973), unter anderen zitierten Autoren, die umfangreiche Literaturangaben enthalten.

[24] S. 77 Siehe PELIKAN (1987) 232 für eine faszinierende Beschreibung der abendländischen Geschichte im Verlauf der positiven Einwirkung Jesu auf das Weltgeschehen: „In dem Maße, wie sich der Respekt gegenüber der organisierten Kirche verringert hat, ist die Verehrung gegenüber Jesus gestiegen."

[25] S. 77 Vgl. die traurige und ironische Bemerkung eines indischen Exegeten (bei einem Unfall 1995 verstorben): „Wie viele unter den 1.500 Büchern und Artikeln, die jährlich über das Evangelium veröffentlicht werden, berühren wirklich die Probleme, die die Leute interessieren?" [SOARES-PRABHU (1981) 320].

[26] S. 77 Vgl. hierzu die methodologische Hauptfrage der *Bṛhadāranyaka- upaniṣad*, wonach das Analysieren von Objekten sich nicht zur Erkenntnis eines Subjekts eignet (BU III, 4ff.).

[27] S. 79 Vgl. PANIKKAR (1992/47).

[28] S. 80 Vgl. DUPUIS (1994). Dieses Buch nähert sich stark unserem Problem, insofern, als eine Christologie vorgelegt wird, deren Mittelpunkt die Person Christi ist und die offen ist für die anderen Weltreligionen. Es kritisiert die dogmatischen und genetischen Methoden als deduktiv und findet ein hermeneutisches Dreieck „im Wechselspiel zwischen Text, Kontext und Interpret" (9). Ihm wird erlaubt, „sich an viele Theologien und diversifizierte Christologien zu wenden" (10), um „den Weg zu bereiten zu einer Christologie der Religionen". Hier wird jedoch nicht beansprucht, eine vollständige Christologie zu schaffen, sondern es geht nur um die Vorstellung einer realistischen, nicht doketischen Christophanie. Vgl. auch DUPUIS (1997).

[29] S. 80 Unsere Studie will nicht eine Kritik der „kritischen Bibel" sein. Man muss die christliche Exegese kennen, aber wir müssen der Bemerkung von SOARES-PRABHU (1981) 318 unser Ohr leihen: „Gerade diese Anwendung einer *historischen Methode* zur Interpretation eines *religiösen Textes* ist es, die das Scheitern der kritischen Exegese erklärt, die wahre Bedeutung der *Evangelien* zu enthüllen und gleichzeitig unendlich viele Informationen über sie zu verbreiten ... Man wendet eine spezifische Methode an, um genaue Informationen zu erhalten, mit dem Ziel, einen Text zu interpretieren, der auf die persönliche Veränderung ausgerichtet ist ... Die Methode ist daher ungeeignet für die Absicht des Textes."

[30] S. 82 Bei einem internationalen Kongress fragte ich einen bekannten modernen Exegeten, wie er mit seinen rein analytischen Prämissen die Tatsache erkläre, sich mehr für Jesus zu interessieren als für Sokrates, Buddha oder auch Koper-

Anmerkungen

nikus, Hannibal oder Napoleon. Die einzige ‚überzeugende' Antwort war: „Die Staatsraison, das heißt die Machtpolitik und ihr Einfluss". Wenn man die persönliche und mystische Tatsache ausschließt, in Jesus etwas mehr zu sehen als das, „was dann durch das Sieb der kritischen Betrachtung entweicht", besteht keine Veranlassung, das Interesse für Jesus höher einzustufen als das für jeglichen anderen ‚Helden'.

[31] S. 82 Siehe KLOSTERMAIER (1997) zitiert in ROMBACH (1991). Nicht zufällig ist die ‚Inspiration' von Klaus Klostermaier aus der tiefen Kenntnis der indischen Traditionen hervorgegangen, die ihn zum Dialog und zur Interkulturalität öffnen.

[32] S. 83 „Die Schrift [ist] nicht das Wort, sondern das Zeugnis des Geistes vom Wort." (VON BALTHASAR [1961] I, 28.)

[33] S. 84 Man muss sich nicht wundern, dass ein Theologe, von dem viele sich auf Distanz halten wollten, schreiben konnte: „Das Wichtigste ist nicht, in sich die Gefühle von Christus selbst zu erwecken, sondern Christus selbst zu verstehen" (ADOLF VON HARNACK in KUSCHEL [1990] I, 2, 2.).

[34] S. 85 Als Beispiel einer Diskussion, die in ferner Vergangenheit lebendig war, siehe *deus verbum assumpsit naturam, non personam hominis* [Eckhart, In Iohan LW III, 289] – sofort hinzufügend, dass *natura est nobis omnibus aequaliter communis cum Christo univoce* [Gott, das Wort, nahm die Natur des Menschen an, nicht die menschliche Person. – Die Natur ist uns allen und Christus in einstimmiger Form gemeinsam].

[35] S. 86 Vgl. hierzu die Kategorie der Bezeugung der Glaubwürdigkeit, die in der indischen Philosophie ausgiebig untersucht und diskutiert wurde.

[36] S. 86 Vgl. zwei wichtige Werke, die wir hier nicht kommentieren können: CHATTERJEE (1963) bekräftigt, dass ohne die Vorbedingung der Inter-Subjektivität „das Konzept weder von ‚meinem Selbst' noch vom ‚anderen Selbst' existieren kann" (217), und RICŒUR (1990) unterscheidet zwischen *identité-idem (same, gleich)* und *identité-ipse (self, Selbst)* (13 u. ö.).

[37] S. 86 Vgl. PANIKKAR (1977/3).

[38] S. 87 Vgl. PANIKKAR (1972/6 und 1972/14).

[39] S. 87 Vgl. „Advaita and Bhakti", in PANIKKAR (1983/XXVII) 277–289.

[40] S. 87 Es reicht aus, die Upanischaden als Hilfsmittel zu verwenden, um ein heiliges Wort zu erforschen; siehe zum Beispiel Śankara, *Vivekacūḍamaṇi*, 16–37.

[41] S. 87 Siehe GISPERT-SAUCH (1974) 139, in einer kurzen aber wichtigen Studie über die biblische Exegese aus indischer Perspektive.

[42] S. 88 Denken wir unter den jüngeren Modernen an Unamuno, Sartre, Lévinas, Aranguren.

[43] S. 92 Der Leser kann vielleicht das Echo einer ganzen Anzahl von zeitgenössischen Philosophen spüren. Ich zitiere einige in der Bibliographie, aber die Liste ist nicht vollständig. Berdjaev, Bergson, Blondel, Buber, Bulgakov, Bultmann, Cullmann, Ebener, Gilson, Guardini, Heidegger, Marcell, Maritain, Mournier, Nédon-

Anmerkungen

celle, Ortega, Rahner, Scheler, Schweitzer, Zubiri, unter Auslassung der noch lebenden Denker und der älteren. Wir erwähnen hier nicht die indischen Denker, weil die Problematik etwas unterschiedlich ist.

44 S. 92 Siehe unter den vielen Nachweisen den folgenden: „Das *nous* des Aristoteles ist eine supra-individuelle Geistesgabe wie die des *buddhi* der indischen Spekulation oder des *'aql* in der islamischen Lehre. Diese Fähigkeit innerhalb der orientalischen Traditionen ist supra-individuell, aber essentiell persönlich ... Jeder Ausgangspunkt der Diskussionen im Abendland beruhte auf der unvollkommenen griechischen Metaphysik, die sich auf das individuelle Ego begrenzt hat und niemals beim tiefsten *Suppositum*, der persönlichen *Hypostase (ātman)* angekommen ist. Die *psychē* ist kein Substitut des *pneuma*, ebenso wie der buddhistische *ātman* kein Substitut des hinduistischen *ātman* ist. (MASCARENHAS [1953] 163.)

45 S. 93 Vgl. NÈDONCELLE (1970) 41–47. Der ganze erste Teil hat den Titel „Être et personne" (Wesen und Person), doch er geht nicht auf das Problem ein, auf das wir uns beziehen.

46 S. 93 Dies war die Befürchtung des Dominikaners GARRIGOU-LAGRANGE (1953), der jahrzehntelang die romanische Theologie beherrschte, des großen Kenners des Mystizismus, der nicht negieren konnte, dass die Inkarnation das Absolute Gottes zu verdunkeln schien: *L'acte pur est irreçu et irréceptif, irreceptus et irreceptivus. S'il était reçu dans une puissance, il serait participé et limité, s'il recvait une perfection nouvelle, il serait en puissance par rapport à elle, et ne serait plus Acte pur*" [Der reine Akt wird weder empfangen noch ist er erhältlich. Wenn er innerhalb einer Potenz empfangen würde, wäre er geteilt und limitiert, wenn er eine neue Perfektion erhielte, wäre diese bezogen auf jene und wäre nicht mehr reiner Akt] (345). Wir haben bereits festgestellt, dass der ontologische Monotheismus für die christliche Inkarnation keinen Raum lässt, trotz aller *distinctio* des Thomas von Aquin. Der „reine Akt" kann sich nicht inkarnieren, er wäre nicht rein.

47 S. 93 GUARDINI (1963) 99 ff. (Die Schrift ist von 1927).

48 S. 93 *Autopräsentialität*, würde Ortega sagen und sich zum Echo des heiligen Thomas machen [die Seele *est sibi praesens* (De Veritate q. x. a. 8) ist die Essenz der Person (*suiipsius et sui juris* – in Übereinstimmung mit der Rechtssprache)].

49 S. 93 Dieses Gottesbild zu kritisieren ist eines der Hauptziele der Theologie von Schoonenberg (gegen den Atheismus von Sartre, Camus und anderen). Gott „entmenschlicht uns nicht, sondern er macht uns vollständig menschlich, letztlich durch sein Wort, das Mensch wurde ... unsere Vergöttlichung ist unsere Humanisierung" (SCHOONENBERG [1971] 7). Romano Guardini hatte das Thema schon ein halbes Jahrhundert zuvor ins Auge gefasst.

50 S. 94 Unterstreichen wir das Inmitten als Hinweis auf das buddhistische *mādhyamika*, das indische *bedhābheda*, das *Dazwischen (das Zwischenmenschliche)* von Buber und anderen, das In-between der Schule von Kyōto, etc. „Das Reich Gottes liegt [auch] in der Mitte (ἐντός)" (Lk 17, 21).

Anmerkungen

51 S. 95 Siehe Pavan/Milano (1987) für klärende Studien der zeitgenössischen theologisch-philosophischen Problematik.
52 S. 95 Lassen wir eines der grundsätzlichsten interkulturellen Probleme offen, das heißt, ob die ‚Kategorie' des Seins die am besten geeignete ist, die ‚Wirklichkeit' auszudrücken. Hier ist die Diskussion unauflöslich an die Sprache gebunden. Es gibt Sprachen, denen es am Begriff für das Sein mangelt.
53 S. 96 Vgl. Milano (1987) 68, der Maritain und Moltmann zitiert.
54 S. 97 Vgl. Glossa Lombardi (PL 191, 1651 A) und auch Glossa Ordinaria (PL 114, 540 B) sowie den Ambrosiaster über 1 Kor 22, 3 (PL XVII, 245 und 258 B).
55 S. 97 Vgl. Mouroux (1952) für weitere Kommentare.
56 S. 97 Vgl. Johannes von Damaskus, De fide orthodoxa III, 15 (PG 94, 1060), womit Thomas von Aquin übereinstimmt. Siehe De Veritate, q. 27, a. 4: *Humana natura in Christo erat volut quoddam organum divinitatis.*
57 S. 97 Vgl. Xiberta (1954); Galtier (1939, 1947 und 1954); Parente (1951 und 1952).
58 S. 97 Vgl. Santiago-Otero (1970).
59 S. 97 Vgl. als Korollar die theologische Diskussion über „den Glauben Christi" (Hebr 9, 2). Es wird darüber diskutiert, ob es ein objektiver oder subjektiver Genetiv ist, das heißt, ob wir sagen können, dass Jesus aufgrund seiner Vision der Glückseligkeit keines Glaubens bedurfte, oder dass er dennoch Glauben hatte. Siehe O'Collins/Kendall (1992). Vgl. auch das Kapitel „Jesus' Faith" in Schoonenberg (1971) 146: „Glauben ist ein Akt oder eine Haltung der ganzen Person; er ist nicht das einfache Erkennen [abstrakter] Wahrheiten".
60 S. 100 Siehe De Lubac (1979) 59–117 für eine klärende Studie, die zeigt, wie die paulinische Institution von 1 Thess 5, 23 von vielen modernen Theologen beiseite gelegt oder minimiert wurde.
61 S. 100 Siehe Daniélou (1961) als Beispiel.
62 S. 100 „Diese Anthropologie [der griechischen Patres im Gegensatz zu den lateinischen] ist dem westlichen Denken in höchstem Maße fremd geblieben." (Congar [1958] 312.)
63 S. 100 Wenn wir auch die Verteidigung der dreigeteilten Anthropologie unterstützen, erscheint es uns in manchen Fällen übertrieben zu behaupten, dass in dieser Vision des Menschen „die definitive Formel der biblischen und christlichen Anthropologie zu finden sei" (Louis Bouyer in De Lubac [1979] 70).
64 S. 102 Joh 14, 21: „Wer meine Gebote hat und sie hält, der ist es, der mich liebt; wer mich aber liebt, wird von meinem Vater geliebt werden, und auch ich werde ihn lieben und mich ihm offenbaren [ἐμφανίσω]". Dieser Satz scheint der Praxis und somit der Liebe Priorität zu geben. Richard von Sankt Victor kommentiert dazu: *Ex dilectione itaque manifestatio et ex manifestatione contemplatio et ex contemplatione cognitio* [aus der Liebe (quillt) die Manifestation und aus der Manifestation die Kontemplation und aus der Kontemplation die Erkenntnis] (De trinitate, Prolog, PL 196, 888 C). Das Erkennen ist gewiss eine *cognitio ad vitam aeter-*

Anmerkungen

nam nach Joh 27, 3. Der Text fügt hinzu: *Sed sicut in fide totius boni inchoatio, sic in cognitione totius boni consummatio atque perfectio* [so wie im Glauben ist es im Prinzip mit jeder guten Sache, so finden wir in der Erkenntnis die Fülle und Vollkommenheit jeder guten Sache. (889 A/B)]

[65] S. 102 Siehe HAAS (1972) für eine ausführliche Beschreibung dieses Aphorismus: E caelo descendit γνῶθι σεαυτόν", sagt Juvenal (XI, 27) zitiert von Erasmus (Adagia I, 6, 95).

[66] S. 103 Weiter wird diskutiert um die Beziehung zwischen γιγνώσκω (kennen) und γίγνομαι (generieren), die nicht derselben (hypothetischen) Wurzel zugehören.

[67] S. 104 Vgl. PANIKKAR (1977/XXV) 696 f.

[68] S. 104 Vgl. SOPHRONY, der Archimandrit (1978), Kap. 2: „Einer betet für die ganze Welt wie für sich selbst".

[69] S. 106 Vgl. einen Text, den wir nicht kommentieren: *in spirito sancto sunt omnia, ut deus non sit in nobis nec nos simus in deo nisi in spiritu sancto* [alle Dinge sind im Heiligen Geist in der Weise, dass Gott nicht in uns ist noch wir in Gott sind, sondern im Heiligen Geist] (Eckhart, Sermo IV, § 1 [LW IV, 25]).

[70] S. 108 ἀποβαίνει δ ἐπιστήμη καὶ τέχνη διὰ τῆς ἐμπειρίας τοῖς ἀνθρώποις *(Hominibus autem scientia et ars per experientiam evenit);* Aristoteles, Met. I, 1, 981a.

[71] S. 108 „... Christus scheint sich jeder Absicht zur Neutralität und somit zur Objektivität zu enthalten [...]. Christus ist hier in gewisser Weise die sich nie erschöpfende Summe aller Deutungen oder Auffassungen von Christus, die in der Menschheit vorhanden sein können" (BELLET [1990] 23). Das ganze Buch möchte gelesen werden wie ein „Fünftes Evangelium, das sich auf die Texte stützt, aber auf eine Stütze, die im Grunde keine ist, weil das Wort in seiner notwendigen Freiheit belassen wird" (60).

[72] S. 111 Siehe FREI (1975) für eine Analyse dieser Gegenwart Christi.

[73] S. 114 GADAMER (1972) 289, etc. Spricht vom Akt des Verstehens als einer „Horizontverschmelzung" [deutsch im Original].

[74] S. 116 *And (yet) contingent beings do not subsist in Me* [und (dennoch) weilen die kontingenten Wesen nicht in Mir] übersetzt R. C. Zaehner. S. Piano übersetzte in der italienischen Fassung: *Né gli esseri sono in me* [und die Wesen sind auch nicht in mir]. Es geht hier um die Kontingenz: überdauern oder nicht überdauern, sein oder nicht sein, eine Berührung, die nicht berührt, Loslassen (āsaktam; BG XIII, 14).

[75] S. 117 Iṣṭadevatā ist nicht die nach unserem Ermessen bevorzugte oder erwählte Gottheit; eher ist sie die Ikone der Gottheit, die für jeden eine vertrauliche und persönliche Beziehung erlaubt, jedoch in dem Bewusstsein, dass es nur eine Ikone ist. Die iṣṭadevatā ist eine Form des Göttlichen, die mehr unserer Kultur, unseren geistigen Veranlagung und unseren persönlichen Umständen entspricht; es ist ein konkreter Begriff, dem wir begegnen, um unserer Erfahrung jenes letz-

Anmerkungen

ten Mysteriums, das viele Gott nennen, Ausdruck zu geben. Auch in der ägyptischen Religion gibt es eine solche Unterscheidung Gottes [einen Gott, den höchsten Gott, ‚meinen' Gott], mit dem ich mich in direkter Verbindung fühle. Die iṣṭadevatā ist weder objektiv noch subjektiv; sie ist relational. „Mein Gott" im aufrichtigen Gebet ist wahrhaftig „mein Gott".

[76] S. 117 *Tu autem eras interior intimo meo et superior summo meo* [und du warst tiefer in mir als mein Innerstes und höher als mein Höchstes] schreibt Augustinus (Conf. III, 6, 11). Siehe PANIKKAR (1966/XII) 248 ff. für weitere Texte.

[77] S. 118 Die menschliche Beziehung zum Göttlichen, obwohl ohne hypostatische Verbindung, wird mit vier Adverbien qualifiziert: inconfuse, inmutabiliter, indivise, inseparabiliter [unverwechselbar, unveränderlich, unteilbar, untrennbar].

[78] S. 118 In VANNUCCI (1978) 149.

[79] S. 118 Siehe PANIKKAR (1966/XII) 249.

[80] S. 119 Das ausgezeichnete Kapitel von DODD (1970) über die „Personal Traits" („Persönliche Züge") Jesu beschreibt auf sehr wirkungsvolle Weise nur einige Bemerkungen Jesu gegenüber Sachen und Personen, aber ohne Äußerungen über ihn selbst. Siehe KAHLEFELD (1981): „Christentum ist eine Beziehung auf die konkrete Gestalt Jesu Christi." Vgl. die Bücher von FELDER (1953) und GRAHAM (1947), ein wenig alt, aber noch gültig, die beide ein Kapitel über „Die Persönlichkeit Jesu" („The Personality of Jesus") enthalten; in FELDER gibt es auch einen Abschnitt über „The Interior Life of Jesus".

[81] S. 119 Siehe dazu EVERS (1993) 175 ff.

[82] S. 119 Vgl. SUGIRTHARAJA (1993)

[83] S. 120 Siehe als Beispiele: ROBINSON (1979), FRIES (1981), VENKATESANANDA (1983), KOYAMA (1984), KNITTER (1985), THOMAS (1987), ISHANAND (1988), DUPUIS (1989), KEENAN (1989),SCHREITER (1991), MORAN (1992), LEFEBURE (1993).

[84] S. 120 Siehe die bedeutenden Bestätigungen über śraddhā (Glaube) der BG III, 31; VI, 37, 47; VII, 21–22; IX, 23; XVII, 1–17; etc.

[85] S. 120 Vgl. AMALADOSS (1981) und andere nicht-abendländische Christologien, die seit kurzem auftauchen, einige in der Bibliographie erwähnt.

[86] S. 120 Vgl. EVERS (1993) 175 ff.

[87] S. 121 Vgl. BORDONI (1991) 247–249, der auch von einer „impliziten Christologie" und einer weiteren „expliziten" spricht.

[88] S. 122 Hier erscheint es zwingend, auf DREWERMANN Bezug zu nehmen (1984–85 und 1987–88). Wir sollen in keiner Weise die Wichtigkeit der theologischen Kontroverse über seine Vorstellungen gering achten. Siehe BENEDIKT/ SOBEL (1992).

[89] S. 122 „Ich denke jedoch, dass wir praktisch nichts über das Leben und die Persönlichkeit Jesu wissen können" (BULTMANN [1958] 8). „Dieses häufig falsch interpretierte Zitat darf nicht als eine Bestätigung aufgefasst werden, dass Bult-

Anmerkungen

mann jede Kenntnis hinsichtlich des historischen Jesus verneine. Was man nicht kennen kann, ist das vertraulichste Innenleben, der heroische Kampf, der die ersten Interpreten so sehr faszinierte" (BAIRD [1977] 39).

90 S. 122 Wir haben uns schon auf das Interesse an Christus in einem ausgedehnteren Kontext bezogen. Siehe STÖCKLI (1991) für eine Annäherung nach Art von Steiner, SCHIWY (1990) für eine seriöse Präsentation im Rahmen des New Age und MASSA (1995) für einen kurzen Beitrag zu einem mystischen Verständnis Christi.

91 S. 123 Der Artikel von 32 Seiten über Jesus Christus geschrieben von GEISELMANN (1962) endet so: „Was wir vor uns haben, ist nur das spezifisch abendländische Verständnis von Jesus Christus, wir dürfen uns keine Illusionen machen. Vielleicht wird sich an einem morgigen Tag, wenn die orientalische, asiatische Sensibilität und Mentalität danach streben, das Mysterium Christi zu erforschen, ein neuer Türspalt für andere Aspekte Christi eröffnen, für Tiefen, die dem Abendländer nicht zugänglich sind" (Seite 770). Dieses Zitat könnte man vervollständigen mit dem Satz von Keshub Chandra Sen, der Mitte des vergangenen Jahrhunderts so häufig in Indien zitiert wurde: „It seems that the Christ that has come to us is an Englishman ..." [Es scheint so, als sei der Christus, der zu uns gekommen ist, ein Engländer].

92 S. 123 Die Künstler haben häufig eine tiefere Intuition: „Wer er auch sei oder nicht sei, wer er auch zu sein überzeugt war ... er war ein Mensch, unabhängig von allem andern, das er hätte sein können. Und er hatte das Gesicht des Menschen, ein menschliches Gesicht" (BÜCHNER [1974]). So beginnt sein Buch, das mit prächtigen Fotografien bebildert ist, die Jahrhunderte und Kulturen umfassen.

93 S. 123 Sed primum quod tunc [ad primum usum rationis] homini cogitandum occurrit, est deliberare de se ipso ... (Thomas von Aquin, Sum. theol. I-II q. 89, a. 6). Und außerdem: Primum quod occurrit homini discretionem habenti est quod de se ipso cogitet, ad quem alia ordinet sicut ad finem (ebd. ad. 3) [Das erste, was dem Menschen zustößt (wenn er erstmals von seinem Verstand Gebrauch macht) ist das Forschen nach sich selbst ... Und außerdem: Das erste, was dem Menschen zustößt, wenn er sein Unterscheidungsvermögen erreicht, ist über sich selbst zu reflektieren, alle seine anderen Anliegen auf einen Zweck zu orientieren.] Könnte Jesus hiervon eine Ausnahme sein?

94 S. 123 Vgl. die ausgezeichneten Christologien von KASPER (1974), SOBRINO (1976), ROVIERA BELLIOSO (1984), GONZÁLEZ FAUS (1984), die allerdings die Tatsache nicht genügend in Betracht ziehen, dass die Christologie auch für andere Kulturen und Religionen wichtig sein könnte – was DUPUIS heute beachtet (1994 und 1997).

95 S. 123 Vgl. PANIKKAR (1975/3) für die philosophische Grundlage der folgenden Abschnitte.

96 S. 125 Vgl. bei SCHESTOW (1994) 311 die intelligente Verteidigung des Tertul-

Anmerkungen

lian, wo das Original des berühmten Satzes zitiert wird, der sich auf die Kreuzigung bezieht: *Mortuus est Dei filius: prorsus credibile quia ineptum est; et sepultus resurrexit: certum est quia impossibile* [Gestorben ist der Sohn Gottes: völlig glaubhaft weil skandalös; er wurde begraben und ist auferstanden: es ist gewiss, gerade weil es unmöglich ist] (De carne Christi 5) – wir müssen darauf verzichten, dies zu kommentieren.

[97] S. 125 *Mahā* (groß), *vákya* (Satz). Die vedantische Tradition hat die Lehre der Upaniṣad in fünf „großen Sätzen" verdichtet, genannt *mahāvākyāni*.

[98] S. 126 Wir zitieren auf griechisch nur, wenn wir es für wichtig halten. Wenn keine Referenz angegeben ist, sind es Übersetzungen von uns.

[99] S. 127 Die Etymologie (von ἔτυμος: Wahrheit) hat ihre Wichtigkeit. „Denken" bedeutet heute nicht *cogitare*. Wie ich bei anderer Gelegenheit geschrieben habe und worauf ich noch zurückkomme, ist „denken", *abwägen (sopesar)*, die Vorliebe jeder ‚Sache' bestimmen, um ihren eigenen Platz im Kosmos zu erlangen (ein Wort, das auch Harmonie bedeutet). „Comprender" – verstehen – von *capere* – kapieren, englisch comprehend, ist viel aggressiver als *intus-legere* (oder *inter-legere*).

[100] S. 127 Spanischer Originaltext: ¡Oh válame Dios cuán diferente cosa es oír estas palabras y creerlas a entender por esta manera cuán verdaderas son!

[101] S. 127 TERESA VON AVILA (1967) 439.

[102] S. 127 MOLINOS (1976) 103.

[103] S. 128 „Auch ohne uns auf die hoffnungslose Unternehmung einlassen zu wollen, die Psychologie Jesu zu analysieren ...", so beginnt SCHILLEBEECKX (1985) eine seiner Betrachtungen über *Abba*. An anderer Stelle gelangt er zu der Schlussfolgerung, dass „die Erfahrung von *Abba* in Christus die Quelle seiner Botschaft und seiner Praxis ist" (125).

[104] S. 128 Vgl. eine gute Zusammenfassung in SCHRENK (1967), besonders 945–959, und QUELL (1967) für das Alte Testament (959–982); siehe auch HEILER (1961) 464–666, VAN DER LEEUW (1956) § 20 (195–201) für einige Nachweise.

[105] S. 128 „Die Anrufung *Abba* wird hier als eine Erfahrung von besonderem Sinne gesehen" (SCHRENK [1967] 1006).

[106] S. 129 Vgl. SCHRENK (1967) 985 für die weiteren Zitate. Im Neuen Testament erscheint das Wort „Vater" 415 mal, in der Mehrzahl der Fälle mit Bezug auf Gott.

[107] S. 129 Wir sehen davon ab, die außerordentlich hohe Zahl von Studien über das Thema zu zitieren. Vgl. die in den wenigen zitierten Werken enthaltenen Literaturangaben.

[108] S. 129 KITTEL (1964) I, 6; ihm folgen andere: „Die religiöse Sprache Israels und die durch den *Talmud* übermittelten Gebetsformen ignorieren diese Vokabel als unanständig und absurd ..." (BORDONI [1991] 539).

[109] S. 129 Siehe eine Zusammenfassung mit präsemitischen Quellen und anderen im ersten Artikel von BOTTERWECK/RINGGREN (1973) 1–19. Obwohl YHWH

Anmerkungen

vom Volk Israel Vater genannt wird, behauptet Ringgren: „Im Gegenteil wird im Alten Testament YHWH sehr selten Vater genannt" (17), und er fügt hinzu, dass „Gott als Vater keine zentrale Position im Glauben Israels" habe (19). Für den Begriff des Sohnes in Israel siehe auch ebd., I, 668–682.

[110] S. 129 Siehe die geltenden und vielleicht ein wenig in Vergessenheit geratenen Sätze von 1 Kor 2, 10–16, über die es sich in dieser Hinsicht zu meditieren lohnt.

[111] S. 130 Im Zusammenhang mit einer gewissen aktuellen angelsächsischen Mentalität schreibt LEE (1993): „Es ist seltsam, dass Israel es anscheinend auf fast beabsichtigte Weise lange Zeit vermieden hat, Gott seinen ‚Vater' zu nennen". Das Motiv ist vielleicht in der Furcht zu suchen, Verwirrung bei den Göttern der Fruchtbarkeit zu verursachen.

[112] S. 131 GONZÁLEZ FAUS (1984) könnte hier als sehr geeignetes Beispiel zitiert werden. Indem er Johannes zitiert (und seinen Prolog), bemerkt er gegen einige Theologen (331), „dass Johannes in Jesus nicht mehr Göttlichkeit sehe als die, Mensch zu sein", und er zitiert mehrmals (221, 238, 333) den Satz von L. BOFF, der sich auf Jesus bezieht: „Von so [viel] Menschlichkeit kann nur Gott selbst sein."

[113] S. 132 Bezeichnend ist es, das Unbehagen der Exegeten gegenüber diesem Text zu beobachten (obwohl der Brief nicht vom Heiligen Petrus ist) und nur beiläufig behandelt wird. Vgl. LEANEY (1967) 107, der meint, dass ein stoischer Einfluss besteht; im Gegensatz dazu zitiert HAUCK in KITTEL (1964 ff.) V, 804 ohne Kommentar, wie er es mit den Texten von Paulus handhabt, obwohl natürlich theologische Monografien über die „Vergöttlichung" vorliegen. Hauck beschränkt sich darauf, in einer Notiz vorsichtig zu beobachten, dass Paulus es nicht wagt, von einer direkten κοινωνία θεοῦ [Kommunion mit Gott] zu sprechen.

[114] S. 132 Wir stellen fest, dass die Lehre der Vergöttlichung jetzt bei dem Heiligen Thomas wieder entdeckt wird. Vgl. WILLIAMS (1997), der mit folgendem Satz abschließt: „… die Summa enthält keine [explizite] Frage über die Vergöttlichung, weil das Argument jedes Teils [des Werkes] ja gerade [genau] die Vergöttlichung ist" (255).

[115] S. 133 Gregor von Nyssa definiert das Christentum ausdrücklich als τῆς θείας φύσεως μίμησις, imitatio divinae naturae [Imitation der göttlichen Natur] (De professione christiana [PG 46, 244]).

[116] S. 133 Siehe einen der vielen Sätze dieser Art, den ich, ironisch, dem größten der muslimischen Theologen wegen seiner monotheistischen Strenge zugeschrieben habe: Unio [Incarnationis] relatio quaedam temporalis est, quae quidem realiter est in ipsa natura assumpta, sed in Persona assumente secundum rationem tantum, sicut et de aliis relationibus ex tempore de Deo dictis, ut Dominus et huiusmodi dictum est [die Vereinigung (der Inkarnation) ist eine gewisse zeitliche Beziehung, die real ist in der (in Jesus) angenommenen Natur, aber in der Person, die annimmt (im Sohn) ist es nur eine Beziehung im Geiste – das heißt, nicht wirklich, sondern einzig in dem

Anmerkungen

geschaffenen Denken –, wie alle die anderen zeitlichen Beziehungen, die Gott zugeschrieben werden, der Herr oder anders genannt wird] (Thomas von Aquin, In IV Sent., d. 3; III Sent., d. 2, q. 2, a. 2, sol. 3, ad 2). Die ganze Schöpfung ist, für ihn, eine „*relatio quaedam*" (Sum. theol. I q. 45, a 3 – die wir nochmals zitieren werden). Weiter unten werden wir uns erneut auf dieses rigorose monotheistische Denken beziehen. Śankara wäre einverstanden.

117 S. 134 *In Filio est esse Paternitas quia in divinis non est nisi unum esse* [im Sohn ist das Sein der Vaterschaft, weil es in der Göttlichkeit nicht mehr als ein einziges Sein gibt] (Thomas von Aquin, I Sent. d 33, q. 1, a. 1, ad 2). Daher kann Thomas sagen *Tantus est Pater, quanta [est] tota Trinitas* [sowohl ist er der Vater als auch die ganze Trinität] (Sum theol. I, q. 30, a. 1, ad 4). Vgl. ebenso I, q. 42, wo die Gleichheit der göttlichen Personen erläutert wird.

118 S. 134 Vgl. PANIKKAR (1972/II), erster Teil (geschrieben 1941) einer Trilogie (Natur, menschliche Natur und das Übernatürliche), was *in pectore et in corde* verblieben ist.

119 S. 135 Das Wort υἱοθεσία erscheint nur in den paulinischen Briefen (Röm 8,15; 9,4; Eph 1,5; Gal 4,5) und bedeutet die Adoption eines Sohnes. Die paulinischen Texte unterstreichen, dass es ein von Gott gewährter Akt ist; aber gewiss ein wirklicher Akt ist, der wahre Kindschaft bewirkt, und nicht nur ein Zufall.

120 S. 135 Bei dieser Auffassung gibt es nicht den juristischen Einwand, dass die ‚Heiden' nicht gerettet würden, wie es die Christenheit jahrhundertelang glaubte. Vgl. zum Beispiel das so genannte athanasianische Symbol.

121 S. 136 *Esse autem no habet creatura nisi ab alio, sibi autem relicta, in se considerata nihil est; unde prius naturaliter inest sibi nihil quam esse* [Das Geschöpf hat nicht das Sein, sondern anderes. Sich selbst überlassen ist das Geschöpf nichts, daher ist seiner Natur das Nichts vertrauter als das Sein] (in PANIKKAR [1972/II] 110ff. mit weiteren Zitaten). Beachten wir auch, dass die Schöpfung nicht mehr ist als eine Verbindung mit dem Schöpfer, da ja *creatio non est mutatio nisi secundum intelligendi tantum* [die Schöpfung ist keine Mutation (eine Veränderung) außer derjenigen in unser Weise des Verstehens] (Sum Theol. I, q. 45, a. 2, ad 2). Wir haben schon zitiert, dass: *creatio non sit [est] nisi relatio quaedam ad Creatorem* [die Schöpfung ist nicht im Geschöpf, sondern ist eine gewisse Beziehung zum Schöpfer] (ebd. I, q. 45, a. 3).

122 S. 136 So der Titel der spanischen Ausgabe (La plenitud del hombre).

123 S. 136 Vgl. DE LUBAC (1965)

124 S. 136 Siehe einige Texte der *Summa theologiae* des Heiligen Thomas, ohne Kommentare: *Pater enim, intelligendo se et Filium et Spiritum Sanctum, et omnia alia quae eius scientia continentur, concipit Verbum: ut sic tota Trinitas Verbo dicatur, et etiam omnis creatura* [der Vater wird dann mit dem Verständnis seiner selbst, des Sohnes und des Heiligen Geistes und all der anderen Dinge, die sein Wissen (seine Kenntnis) umfasst, das Wort konzipieren: in der Weise, dass die ganze Trinität und

Anmerkungen

auch die ganze Schöpfung in dem Wort ausgesagt wird] (I, q. 34, a. 1, ad 3). Oder, wenn man die gleiche Idee bezogen auf den Sohn wiederholt: *R. d. q. in Verbo importatur respectus ad creaturam Deus enim, cognoscendo se, cognoscit omnem creaturam ... unicum Verbum eius est expressivum non solum Patris, sed etiam creaturarum* [ich antworte und sage, das es in dem Wort eine (direkte) Beziehung mit den Geschöpfen gibt, da ja Gott sich selbst kennt, kennt er jedes Geschöpf ... sein einziges Wort ist der Ausdruck nicht nur des Vaters, sondern auch der (aller) der Geschöpfe] (I, q. 34, a. 3).

[125] S. 136 Vgl. die Heilige Teresa, die diese Idee kommentiert. Moradas VII, 1, TERESA VON AVILA (1967) 439.

[126] S. 137 Die *Veden* werden als *apauruṣeyatra* (ohne Autor) bezeichnet, weil die *mantra* als solche keiner anderen Referenz bedürfen, die uns sagen sollte, was ihre Worte bedeuten – andernfalls ergäbe sich ein endloser Prozess.

[127] S. 138 Ich habe bei Fridolin Stier die schöne Übersetzung von „ewiges Leben" gefunden (ζωὴ αἰώνιος) als *unendliches Leben* (deutsch im Original). Siehe Joh 12, 50; 17, 3; Röm 6, 23 u. ö.

[128] S. 140 BULGAKOV (Boulgakov) (1982) 193.

[129] S. 144 Die Sklaverei und die Folter suchten biblische Rechtfertigung (siehe Denz. 1483), die *pariah* gehörten zum *karma* und zum *dharma*, die menschlichen Opfer wurden als notwendig für das Leben der Welt betrachtet usw.

[130] S. 144 Das Wort *allmächtig* befindet sich in einem der ersten Glaubensbekenntnisse und übersetzt das griechische *pantokratōr*, dessen Bedeutung eher der Herr ist, der *dominus omnia potens*, das heißt, jener, der Macht über alles hat, wie ein Monarch im theokratischen Sinne, und nicht als absolutes Sein. Die *Epistola Apostolorum* (etwa aus dem Jahr 160) sagt in ihrem ersten Absatz: *in Patrem dominatorem universi* (Denz. 1). Wir finden auch: *Credo in unum Patrem omnium dominatorem* (Denz. 5) – außer der Mehrzahl der Texte, die sich auf den *pantokratōr* beziehen (siehe Denz. 11, 41, 42, 44, 46, 50, 51, 60, 61, 64, 71 u. ö.). Die Vetus Latina hat noch *omnia potens*. Der Heilige Hieronymus war es, der die Allmacht in der Vulgata sanktionierte. TREBOLLE (1995) 147 bemerkt, dass *pantokratōr* auch die Übersetzung des göttlichen Titels *YHWH TZBAOTH* war, „Gott der Heerscharen", das auch als *Kyrios tōn dynameōn* („Herr der Mächte") übersetzt wurde. MICHAELIS erläutert in KITTEL (1964) III, 915, dass *pantokratōr* sich auf die ‚Vorherrschaft' Gottes, und nicht auf die Macht über alle Dinge bezieht.

[131] S. 145 Man kann die bekannte Differenz zwischen Schöpfer und Geschöpf (Denz. 806) auch auf die Trinität anwenden. In der Trinität ist nichts endlich. Vater, Sohn und Heiliger Geist sind unendlich distinkt.

[132] S. 146 Nochmals betont durch MASSA (1995) 2.

[133] S. 146 DUPUIS (1994) schreibt, dass, wenn wir der *ipsissima verba* nicht sicher sind, die *ipsissima intentio* „gewiss bestätigt werden kann".

[134] S. 146 Es genügt, das Buch von ARTHUR DREWS, The Christ Myth, von 1909, bei allen derzeitigen *religionswissenschaftlichen* Diskussionen zu zitieren.

Anmerkungen

135 S. 147 Wir können mit anderen Übersetzungen vergleichen:
I and my Father are one (AV);
I and the Father are one (RV);
My Father and I are one (NEB);
Le père et moi, nous sommes un (BJ);
Io e il Padre mio siamo una sola cosa (CEI);
Ich und der Vater sind eins (NJB und Rösch);
Jo i el Padre somos una sola cosa (Montserrat);
Jo i el Pare som u (Mateos/Rius Camps);
Yo y el Padre somos una sola cosa (Nácar/Colunga).

136 S. 147 Siehe BOTTERWECK/RINGGREN (1973) in einer Vielzahl von Artikeln (siehe I, 681) und STRACK/BILLERBECK (1922ff.) II, 542ff. sowie den hebräischen Kontext.

137 S. 148 Einige griechische Texte haben καί aus der Vulgata übernommen. Die Neovulgata sagt ihrerseits *Qui videt me, vidit Patrem*.

138 S. 148 Weitere Übersetzungen:
Whoever has seen me, has seen the Father (NRSV; NAB);
He that hath seen me hath seen the Father (AV und RV);
He who sees me sees also the Father (Confr./Challoner-Rheims);
Qui m'a vu a vu le Père (BJ);
Wer mich gesehen hat, hat den Vater gesehen (NJB);
Chi ha visto me, ha visto il Padre (CEI);
Qui m'ha vista mi, ha vist el Pare (Montserrat);
Qui em veu a mi present està veient el Pare (Mateus/Rius Camps);
El que me ha visto a mí ha visto al Padre (Martín Nieto).

139 S. 149 *As the living Father sent me and I live because of the Father, so he who eats me shall live because me* (NEB);
As the living Father hath sent me, and I live by the Father: so he that eateth me, even he shall live by me (AV);
As the living Father sent me, and I live because of the Father, so he that eateth me, he also shall live because of me (RV);
De même qu'envoyé par le Père, qui est vivant, moi, je vis par le Père, de même celui qui me mange vivra, lui aussi, par moi (BJ);
Come il Padre, che è vita, ha mandato me e io vivo per il Padre, così anche colui che mangia di me vivrà per me (CEI);
Wie mich der lebendige Vater gesandt hat und wie ich durch den Vater lebe, so wird jeder, der mich isst, durch mich leben (NJB);
Aixi com jo, enviat pel Pare, que viu, visc pel Pare, aixi qui em1 menja a mi viurà a causa de mi (Montserrat);
A mi m'ha enviat el Pare, que viu, i jo visc gràcies al Pare; aixi, també qui em menja a mi viurà gràcies a mi (Mateos/Rius Camps).

140 S. 149 Siehe dazu Stauffer in KITTEL (1964) und im allgemeinen LAMARCHE

Anmerkungen

(1965) und LIÉBAERT (1965) und die weiteren Faszikel von Band III, die alle reichhaltige Literaturangaben enthalten.

141 S. 150 TUROLDO (1996) 210 (in einem Schriftstück von 1974). Man denke an den Heiligen Augustinus: *Et erit unus Christus amans seipsum* [und wird einen (alleinigen) Christus haben, der sich selbst liebt].

142 S. 150 Vgl. Anmerkung 113 (zweiter Teil).

143 S. 151 Hervorzuheben ist die Ehrenhaftigkeit von Thomas, der die Möglichkeit einer „Meinung anderer" offen lässt.

144 S. 151 PANIKKAR (1989/XXIII und 1993/XXXIII). Siehe auch SHERRARD (1992) 10, 147, der den Begriff *theoanthropocosmic vision* verwendet, wovon wir nur begrenzten Gebrauch machen, aus Gründen der Kakophonie wie auch, um die griechisch orthodoxe Tradition zu respektieren, die vom theandrischen Mysterium spricht.

145 S. 152 Das in Vergessenheit Geraten der Tradition ist manchmal erstaunlich, um nicht zu sagen verdächtig. Vgl. ein einziges Beispiel: Οὔτε οὐσίας ὄνομα ὁ πατήρ ... ὄυτε ἐνέργειας, σχέσεως δὲ καὶ τοῦ πῶς ἔχει πρὸς τὸν υἱὸν ὁ πατήρ; ἢ ὁ υἱὸς πρὸς τὸν πατήρα ... *Nec essentiae nomen est Pater, o viri acutissimi, nec actionis; sed relationem eam indicat, quam Pater erga Filium habet, vel Filius erga Patrem ...* (und das Beispiel ist einleuchtend). *Ut enim in nos haec nomina germanam quandam coniunctionem et necessitudinem declarant, ad eumdem modum illic quoque genitorem ac genitum eamdem naturam habere significant* [„Vater" ist nicht der Name einer Substanz (einer Essenz, einer Sache), auch nicht der Name einer Handlung (einer Energie einer Macht), oh Gelehrte (ὦ σοφώτατοι); erläutert besser diese Beziehung, die der Vater zu seinem Sohn hat, oder die, welche der Sohn zu seinem Vater hat ... So wie unter uns diese Begriffe eine gewisse homogene Verbindung und eine Notwendigkeit ausdrücken, bedeuten sie hier auf gleiche Weise, dass der, welcher zeugt und der, welcher gezeugt wird, die gleiche Natur (ὁμουίαν) haben] (Gregor von Nazianz, Oratio Theologica XXIX, 16; PG 36, 96).

146 S. 152 Derselbe Heilige war es, der sagte: „Willst du vielleicht einmal Theologe werden? Achte auf die Gebote", und er gab auch die Erklärung dazu: „Die Praxis ist der Weg der Kontemplation" (Oratio Theologica, XX, 12; PG 35, 1080). Dies ist das Motiv, weshalb ich Interesse bekundet habe, aber auch Argwohn. Das Misstrauen ist vorhanden, weil eine gewisse Theologie die kontemplative Seele verloren haben könnte. *Vis theologus aliquando fieri ac divinitate dignus* (τῆν θεότητος ἄξιος). „Der Göttlichkeit würdig sein", ist das Requisit, um eine authentische Theologie zu machen, um keine unwürdigen Worte auszusprechen über das letzte Mysterium. Der folgende Nachsatz ist wichtig: Πρᾶξις γὰρ ἐπίβασις θεωρίας *(actio enim gradus est at contemplationem).* [Die Praxis ist eine Stufe zur Kontemplation].

147 S. 152 Siehe KREMPEL (1952). – Wir haben schon darauf hingewiesen, dass diese „radikale Relativität" eine fast universale menschliche Intuition ist.

148 S. 152 Die NEB übersetzt mit *Father's only Son* [der einzige Sohn des Vaters].

Anmerkungen

Dies drückt nicht gut die Vorstellung aus, die noch vage besteht in *only begotten of (from) the Father* (AV und RV) [allein gezeugt vom (durch den) Vater]. „Unigenito" übersetzt klar die CEI und Unigénito die NTT; *der Einzige, der Gott ist und am Herzen des Vaters ruht*, übersetzt in ambivalenter Form die NJB, Joh 1, 18.

149 S. 152 Die NEB vermeidet ebenfalls die wörtliche Übersetzung des ersten Textes: *His is the primacy over all created things* [Sein ist der Primat über alle geschaffenen Dinge] [in Anm: *born before*]. The first born of every creature (of all creation) (AV bzw. RV). *Generato prima di ogni creatura* (CEI); „Erstgeborener unter vielen Brüdern" (Röm 8, 29) (NTT); „Erstgeborener der ganzen Schöpfung (Kol 1, 15) (NTT). Für eine Exegese des Gebrauchs des Wortes πρωτότοκος siehe MICHAELIS in KITTEL (1964–1974) VI, 871–182.

150 S. 152 Als Kommentar zu Joh 1, 1–2 schreibt Eckhart: *et si semper in principio, semper nascitur, semper generatur* [und wenn er immer am Anfang (ist), immer geboren wird, immer gezeugt wird] (LW III, 9).

151 S. 153 Die BCI übersetzt ... *anhelant de ser plenament fills, quan el nostre cos sigui redimit*, was BJ und NJB (und auch die englische Version) nicht übersetzen.

152 S. 153 Collationes in Hexameron I, n. 14 (Opera omnia V, 331–332).

153 S. 154 In: HARTMANN (1890) 88.

154 S. 154 De Trinitate VI, c. 10, n. 11.

155 S. 154 De reductione artium ad theologiam, n. 20.

156 S. 154 Prius vita quam doctrina [das Leben vor der Lehre], schrieb Thomas von Aquin und fügte hinzu: *Vita enim ducit ad cognitionem veritatis* [das Leben führt in der Tat zur Erkenntnis der Wahrheit], weil, wie er gut wusste: *Vivere viventibus est esse* [für die Lebenden ist Leben (ihr) Sein]. vgl. Aristoteles, De anima II, 37 (415 b, 13).

157 S. 154 Siehe Heiliger Augustinus, in: Tractatus in Ioannis Evangelium XXVI, 19, der kommentiert, dass, wenn Jesus sagen kann *vivo propter patrem* [Ich lebe durch den Vater] (Joh 6, 57), aber der Vater größer ist als er (Joh 14, 28), auch wir „durch Christus leben" können, und trotzdem ist er größer als wir.

158 S. 154 Der Heilige Augustinus drückt in konziser Form aus, dass eine gewisse Theologie vielleicht vergessen hat: *Quae est ergo doctrina Patris, nisi verbum Patris? Ipse ergo Christus doctrina Patris, si Verbum Patris. Sed, quia Verbum non potest esse nullius sed alicuius; et suam doctrinam dixit, se ipsum; et non suam, quia Patris est Verbum. Quid enim tam tuum est quam tu? Et quid tam non tuum quam tu si alicuius es quod es?* [Was sonst ist die Lehre als das Wort des Vaters? Daher ist Christus selbst die Lehre des Vaters, wenn er das Wort des Vaters ist. Aber wenn das Wort nicht aus dem Nichts bestehen kann, sondern aus etwas, sagte er von sich selbst, er sei zugleich seine Lehre und nicht seine Lehre, insofern sie das Wort des Vaters ist. Was kann dir mehr gehören als du selbst? Und: Was ist doch nicht dein, als du selbst, wenn das, was du bist, einem Andern gehört?] Tractatus in Ioannis Evangelium XXIX, 3 (PL 35, 1629). Augustinus kommentiert: „meine Lehre stammt nicht von mir, sondern von dem, der mich gesandt hat" (Joh 7, 16).

Anmerkungen

159 S. 155 Vgl. die mutige Behauptung von Johannes vom Kreuz, der sagt, dass alles sein ist: „Mein sind die Himmel, mein ist die Erde und mein sind die Dörfer ... Gott selbst ist mein, weil Christus mein ist und Alles für mich" (Máximas y sentencias 25). Der philosophische Ausdruck dieser Erfahrung ist der des Menschen als Mikrokosmos, vgl. Platon, Tim. 30 D; 44 D; Aristoteles, phys. VIII, 2 (252–6, 26–27); Philo, Quis rerum divinarum heres XXXI, 155 (der Mensch eine kleine Welt, die Welt ein großer Mensch); De migratione Abrahami XXXIX, 220 (die Welt [ist] der größte und vollkommene Mensch); De opificio mundi XXVII 82 (der Mensch ein kleiner Himmel); etc.

160 S. 156 Ich entdecke ein homöomorphes Äquivalent dieser Erfahrung in der mahayanischen Auffassung, die *nirvāṇa* und *saṃsāra* einander gegenüberstellt. Wer wahrhaftig das *saṃsāra* erfährt, entdeckt das *nirvāṇa* (Nāgārjuna, Madhyamaka-kārikā XXV, 19–20). „Wie im Himmel, so auf Erden", sagt auf einfache Weise das *Vater unser* und bestätigt so die hermetische Tradition.

161 S. 157 *Si autem Christus scripto suam doctrinam mandaret, nihil alius de eius doctrina homines existimarent quam quod scriptura contineret;* Sum. theol. II-II q. 42, a. 4. Thomas erinnert uns an Texte wie Joh 21, 25 und 2 Kor 3, 3 und zitiert Pythagoras und Sokrates als *excellentissimi doctores,* die ein Gleiches taten. Wir könnten Buddha, Mahāvīra und andere hinzufügen. Lao-tse wollte nichts schreiben, und die afrikanischen Weisen reden nur.

162 S. 157 Thomas zitiert häufig Augustinus: *Sicut lex factorum scripta fuit in tabulis lapideis, [...] ita lex fidei scripta est in cordibuis [fidelium]* [so wie das Gesetz der Werke in Tische aus Stein geschrieben war [...], wurde auf dieselbe Weise das Gesetz der Treue in die Herzen [der Getreuen] geschrieben. (De spiritu et littera XXIV, 41; PL 44, 225; etc.) Es ist interessant zu beobachten, dass Thomas den Satz auftrennt und *Fidelium* hinzufügt. Und außerdem: *Quae [Quid] sunt [ergo] leges Dei ab ipso Deo scriptae in cordibus, nisi ipsa praesentia Spiritus Sancti [...]?* [Welches sind also die Gesetze Gottes, die von diesem Gott eingeschrieben werden in die Herzen sogar ohne die Gegenwart des Heiligen Geistes?] (ebd., XXI, 36). Wir sind weit von jedem Legalismus entfernt.

163 S. 157 Es ist instruktiv, die unterschiedlichen Übersetzungen von Phil 2,7 zu beachten:
Emptied himself (NRSV, NAB, NJB);
made himself nothing (NEB, REB);
entäusserte sich (NJB);
Ausgeleert hat er sich Selbst (Stier);
s'anéanti lui-même (BJ);
se anonadó (Nácar-Colunga; NTT);
es va fer no res (BCI);
es despullà del seu rang (Mateos/Ruis Camps);
spoglio se stesso (CEI).

164 S. 157 Als Beispiel für dieses Interessengebiet zitieren wir einige Studien der

Anmerkungen

so genannten Schule von Kyōto: NISHITANI (1982), UNNO (1989), OHASHI (1990), OZAKI (1990), und in demselben Geist MITCHELL (1991), LEFEBURE (1993) und andere kürzlich erschienene Schriften von MASAO ABE.

165 S. 158 „Die Quelle kann versiegen, ihr Wasser jedoch niemals", schrieb Nishitani in seiner unübersetzbaren japanischen Kalligrafie 1928 nach dem Tod seines Meisters Nishida, sich daran erinnernd, dass „den Buddha töten und die Meister der höchste Ausdruck von Dankbarkeit ist" (OHASHI [1900] 5). Ich habe hier ein Beispiel einer anderen Denkweise. Im Lichte des permanenten Dynamismus der *perichōrēsis* verzichten wir darauf, einen trinitarischen Kommentar zu geben.

166 S. 160 Vgl. PANIKKAR (1966/XII) 255–256.

167 S. 161 *Dicitur autem creaturam fluvius quia fluit semper de esse ad non-esse per corruptionem, et de non-esse ad esse per generationem* [das geschaffene Sein wird Fluss genannt, weil es immer vom Sein zum Nichtsein durch Korruption und vom Nichtsein zum Sein durch Fortpflanzung fließt] (Heiliger Thomas, Sermones festivi 61).

168 S. 161 Es gibt einige nicht substantielle Varianten in den griechischen Manuskripten.

169 S. 161 Vgl. die weiteren Übersetzungen:
Nevertheless I tell you the truth: it is for you good that I am leaving you. If I do not go, our Advocate will not come, whereas if I go, I will send him to you (NEB);
It is expedient for you that I go away: for if I go not away, the Comforter will not come unto you (AV und RV);
It is expedient for you that I depart. For if I do not go, the Advocate will not come to you (Confraternity/Challoner/Rheims);
Il vaut mieux pour vous que je parte; car si je ne pars pas, le Paraclet ne viendra pas à vous ... (BJ);
Es ist gut für euch, dass ich fortgehe. Denn wenn ich nicht fortgehe, wird der Beistand nicht zu euch kommen (NJB);
È bene per voi che io me ne vada perchè, se non me ne vado, non verrà a voi il Consolatore (CEI);
Us convé que me'n vagi, si no me'n vaig no vindrà el vostre valedor a vosaltres (Mateos/Rius Camps);
Us convé que me'vagi, si no me'n vaig no vindrà el vostre Defensor a vosaltres (BCI);
Os conviene que yo me vaya. Porque si no me fuere al Abogado no vendrá a vosotros (Nácar-Colunga).

170 S. 162 Das Handbuch für Disziplin der Gemeinde von Qumrān verleiht dem „Geist der Wahrheit" die Funktion, „das Herz des Menschen zu erleuchten und ihn auf den Pfad der Tugend zu geleiten ..., in ihm Verständnis und Intelligenz zu erwecken, ... Unterscheidungsvermögen ...", usw. (1 QS IV, 2, 6).

171 S. 163 Das Evangelium der Wahrheit (entdeckt in Nag Hammadi) mit valentianischen Tendenzen sagt uns: „Jesus Christus hat durch das verborgene Geheimnis jene erleuchtet, die in der Dunkelheit sind. Sie der Vergessenheit entrei-

Anmerkungen

ßend, hat er sie erleuchtet und ihnen einen Pfad gezeigt. Dieser Pfad ist die Wahrheit, die er ihnen gezeigt hat" (zitiert in: ORBE [1985] 124).

172 S. 164 Vgl. die weiteren Übersetzungen:
He who has faith in me will do what I am doing; and he will do greater things still because, I am going to the Father (NEB);
Whoever believes in me will perform even greater works, because I am going to the Father (NAB);
Wer an mich glaubt, der wird die Werke, die ich tue, auch selber tun. Ja, größere als die wird er tun, weil ich zum Vater gehe (Stier);
Chi crede in me, compierà le opere che io compio e ne farà di più grandi, perche io vado al Padre (CEI).

173 S. 165 Terenz, Heautontimoroumenos 77 (163 a. C.) Der Satz wurde bekannt, weil er zitiert wurde von Cicero (De officiis I, 9, 30; De legibus I, 12, 33), von Seneca (Ad Lucilium XCV, 53), von Juvenal (Satir. XV, 140ff.), von Ambrosius (De officiis III, 7, 45) u. v. a. m.

174 S. 165 Hier liegt ein Beispiel vor, wie durch die Tradition der Sinn eines Satzes sich immer mehr vertieft.

175 S. 166 *Et mundum tradidit disputationi eorum.*

176 S. 166 Siehe einen klassischen italienischen Kommentar: *Io andarò e tornarò a voi e cosi fu: ché tornando lo Spirito Santo sopra e'discepoli, tornò Egli, perchè [...] lo Spirito Santo non tornò solo, ma venne con la potenza mia e con la sapienza del Figliuolo (che è una cosa con me), e con la clemenzia sua d'esso Spirito Santo, el quale procede da me, Padre, e dal Figliuolo* [ich werde gehen und werde zurückkehren zu euch, und so war es, als der Heilige Geist wieder über die Jünger kam, kam Er zurück, weil [...] der Heilige Geist nicht allein zurückkam, sondern er kam mit meiner Kraft und mit der Weisheit des Sohnes (der mit mir eins ist, und mit der Gnade jenes Heiligen Geistes, der aus mir, dem Vater, hervorgeht und aus dem Sohn]; HEILIGE. KATHARINA VON SIENA (1935) 845.

177 S. 167 Vgl. die Aussage von GONZÁLEZ FAUS (1995) 124: *Extra Spiritum nulla salus.*

178 S. 168 Die Ambivalenz des Textes ist ein *circulus vitalis*, und nicht *viciosus*. Die Liebe führt zum Verzeihen und das Verzeihen zur Liebe.

179 S. 169 „Wo die Worte zurückweichen, vereint mit dem Verstand, unfähig, ihn zu erreichen *[brahman]* – wer so jene Freude des *brahman* kennt, hat überhaupt keine Furcht mehr." (TU II, 9; II, 4, 1 laut anderem Vermerk).

180 S. 169 Vgl. PANIKKAR (1966/XII), „La creación en la metafísica india" (Die Schöpfung in der indischen Metaphysik), S. 71–98, besonders 82–83.

181 S. 170 Ad Ephesios XX, 2 (PG 5, 661). Siehe das schon 1952 Geschriebene: „Die Eucharistie und die Auferstehung des Fleisches", in: PANIKKAR (1963/VI) 335–352.

182 S. 170 Vgl. SHERRARD (1992), besonders 157ff. „El universo visible es el Cuerpo viviente de Dios. Es el templo del dios vivo", S. 163). („Das sichtbare Univer-

Anmerkungen

sum ist der lebendige Körper Gottes. Es ist der Tempel des lebendigen Gottes.") Vgl. diese Idee in vielen Religionen, die in der Welt den Körper Gottes sehen, ohne jedoch dem Pantheismus zu verfallen.

183 S. 170 Das Evangelium der Wahrheit (in: VANNUCCI [1978] 326).
184 S. 170 Sum. Theol. I q. 34, 3.
185 S. 171 *In Filio est esse paternitatis quia in divinis non est nisi unum esse* [Im Sohn ist das Sein der Vaterschaft, weil es in den göttlichen Dingen nichts anderes als ein einziges Sein gibt] (Heiliger Thomas in I Sent. d. 33, q. 1,a. 1, ad 2).
186 S. 172 Es gibt einen grundlegenden Unterschied (zumindest im griechischen Text) zwischen den beiden Wörtern ζωή und βίος, die Bedeutung des ersten ist einfach „leben", während das zweite sich auf unsere lebendige Individualität bezieht. Jesus verspricht niemals ein ewiges βίος, ein individuelles Leben, das fortdauert, sondern eine unendliche ζωή (und lassen wir beiseite, die Bedeutung von αἰώνιος zu vertiefen). Es ist das Brot des Lebens, von ζωή, nicht von βίος. Vgl. KERRÉNYI (1976) XXXI–XXXVII für diese Unterscheidung in der hellenistischen Welt.
187 S. 172 Vgl. PANIKKAR (1980/1).
188 S. 173 Es ist bezeichnend und berührend, diesen Text der Apokalypse zu lesen als das *Leitmotiv* (deutsch im Original) der Christologie von Sergej Bulgakov, Agnetc božij (Lamm Gottes, 1933) ein „Buch über die Theanthropie Christi und die unsere", die festzustellen beginnt, dass „die Vollendung der Erlösung durch Christus in der Seele des Menschen stattfindet, die wertvoller ist als die Welt" (BULGAKOV [1982] IX).
189 S. 176 Siehe die Betrachtung des Hl. Thomas: ... Pater non solum Filium, sed etiam se et nos diligit Spiritu Sancro ... Unde sicut Pater dicit se et omnem creaturam Verbo quod genuit, in quantum Verbum genitum sufficienter repraesentat Patrem et omnem creaturam; ita diligit se et omnem creaturam Spiritu Sancto, in quantum Spiritus sanctus procedit aut amor benitatis primae, secundum quam Pater amat se et omnem creaturam [... der Vater liebt nicht nur den Sohn, sondern er liebt auch sich selbst und uns im Heiligen Geist ... So wie der Vater ‚sich aussagt' gegenüber sich selbst und jedem Geschöpf im Wort, das er gezeugt hat, so dass das gezeugte Wort den Vater und die ganze Schöpfung einschließt, so liebt er sich selbst und die ganze Schöpfung im Heiligen Geist, da der Heilige Geist vorangeht als die Liebe der primären Güte, der entsprechend der Vater sich selbst liebt und jedes Geschöpf] (Sum. Theol. I, q. 37, a. 2, ad 3).
190 S. 177 Vgl. BÄUMER (1988) 53 ff. [Sanskrit-Text, Seite 18]

Anmerkungen

Dritter Teil. Christophanie:
Die ‚christische' Erfahrung

1 S. 189 Dieser dritte Teil vertieft, erweitert und berichtigt ein in Eile publiziertes Opusculum: Cristofanía, Bologna (EDB) 1994 und einen Artikel nach einer eiligen Tonaufnahme von einer Konferenz über „Eine Christophanie für unsere Zeiten", Theology Digest (1992) 3–21 sowie eine Zusammenfassung, veröffentlicht in PANIKKAR (1993/XXXIV) 64–73.

2 S. 189 Siehe unter vielen anderen WEISCHEDEL (1975), der demonstriert, bis zu welchem Punkt bei den abendländischen Philosophen sich implizit eine Christologie befindet, wenn sie das Gottesproblem behandeln.

3 S. 189 Vgl. DUQUOC (1977), der wie viele andere ein Herantasten an Distanzen zwischen Jesus und einem gewissen jüdischen und hellenistischen Monotheismus bestätigt, wovon man sich jedoch noch nicht ganz befreit hat. Siehe eine kurze Zusammenfassung des Themas in FRAIJÓ (1996).

4 S. 191 Vgl. PANIKKAR (1981/9).

5 S. 191 Vgl. DUPUIS (1989) 187 und WONG (1984) 624, die meinen Gebrauch des Wortes „Symbol" interpretieren, als wäre ich ein Epigone der Moderne.

6 S. 192 Vgl. BU IV, 3, 2; 3, 7–8; CU III, 13, 7; 17, 7 u. a. für ein homöomorphes Äquivalent dieses göttlichen inneren Lichtes.

7 S. 193 Siehe dazu VON BALTHASAR (1938) 339.

8 S. 193 Vgl. HAAS (1981) 52–63, der diese patristische Konzeption zusammenfasst und die zugehörige Literatur anführt.

9 S. 195 Vgl. Gregor von Nazianz, Oratio XXV, 16 (PG 35, 1221); ebd., XXXIX, 16 (PG 36, 353) Johannes von Damaskus, De fide orthodoxa III 17 (PG 94, 1069) ebd., IV, 18 (PG 94, 1184); Cyrill von Alexandrien, De Trinitate XIV (PG 77, 1152) u. a.

10 S. 198 Für ‚Jesus Christus' siehe Mt 1, 1; Joh 17, 3; Apg 2, 38; 3, 6; (8, 37); 9, 34; Röm 1, 6–7; 8, 14; 1 Kor 1, 1.2.3.9.10; 8, 6; 16, 22; Kol 3, 17 als Beispiele.

11 S. 198 Für ‚Christus Jesus' siehe Apg 5, 42; Röm 1, 1; 8, 1;15, 16; 1 Kor 1, 2, 30; Gal 3, 14; 4, 14; Eph 1, 1; 2, 20; 3, 21; Phil 2, 5; 3, 3; 3, 12; 4, 7; Kol 1, 2; 1 Tim 1, 2; 3, 13; 4, 6; 2 Tim 1, 2.4.9; 2, 3; 3, 15; Tit 1, 4; Phlm 6; 2 Joh 1, 3 als Beispiele.

12 S. 200 RATZINGER (1993) 707.

13 S. 200 Vgl. die Diskussion über die ähnliche These von Eckhart in HAAS (1971), 26 ff.

14 S. 207 In diesem Sinne wäre die wichtige Studie von DUPUIS (1997) zu vervollständigen.

15 S. 210 Vgl. die Inschriften von Aśoka; siehe auch LAMOTTE (1958) 58; Justinus, Apolog. II, 13 (PG 6, 465), etc.

16 S. 210 Vgl. PANIKKAR (1990/32).

17 S. 212 „Barbaren" nennt man auch heute noch die Goten, die Westgoten, die Ostgoten, die Vandalen, die Alanen, die Langobarden und andere europäische Emigranten.

Anmerkungen

[18] S. 214 Vgl. DORÉ (1987) 432–436. Siehe die Diskussionen über 1 Petr 3,19 und Eph 4,9.
[19] S. 215 Vgl. die wertvollen Studien von MERSCH (1993 und 1949).
[20] S. 220 Seit Sokrates war das in Frage stehende Problem ein Ansporn für den Menschen, der entdeckt, dass er auf gewisse Weise die Zukunft erahnen kann. Vgl. die buddhistische Kritik an den letzten Fragen. Siehe auch die Upaniṣad der Frage (Praṡna) und die der Interrogativen (Kena).
[21] S. 220 Vgl. PANIKKAR (1972/II) 109–113, NISHITANI (1982) 77–118 u.a.
[22] S. 228 Vgl. PANIKKAR (1991/46).
[23] S. 231 Vgl. PANIKKAR (1994/XXXIX) 201–218.
[24] S. 232 Vgl. DE LUBAC (1953), HOLBÖCK/SARTORY (1962) und RAHNER, H. (1964), die uns weitere Referenzen ersparen.
[25] S. 233 Vgl. RAHNER, HUGO (1964).
[26] S. 233 DE LUBAC (1953) 30. Siehe Kol 1,18.
[27] S. 234 So MÜHLEN (1968) 173–248.
[28] S. 234 Vgl. auch den wichtigen Beitrag von MÜHLEN (1966).
[29] S. 235 Vgl. VON BALTHASAR (1961a) 274ff.
[30] S. 235 Siehe WILKE (1995) 237–272 für die Zitate.
[31] S. 239 Siehe B. FORTE (1985) 18–24: „Der These, dass die ökonomische Trinität die immanente Trinität ist, entspricht die obligatorische Antithese, gemäß der die immanente Trinität nicht die ökonomische Trinität ist".
[32] S. 240 Siehe VON BALTHASAR (1961a) 271–272 für die Belege.
[33] S. 240 Wie SCHEEBEN in die Tiefe gehend beschreibt (1941).
[34] S. 240 Vgl. SHERRARD (1992) 163.
[35] S. 245 In: OLSCHAK (1987) 36.

Glossar

Abgeschiedenheit Ausdruck geprägt von Meister Eckhart in seiner Abhandlung „Von Abgeschiedenheit"; sie stellt einen der zentralen Punkte seines Verständnisses von Mystik dar, die zugleich eine passive und aktive Haltung verlangt.
Abhinavagupta (Abhinavaguptācarya) (sans.) mystischer Śivait des 11. Jh.
ādhyātmisch (sans.) bezieht sich auf *ātman* in Verbindung mit dem geistigen Weg, der zur Erkenntnis des Selbst *(ātman)* führt, zur inneren Erfahrung, die der tiefsten Dimension unseres Seins entspricht.
adi-puruṣa (sans.) der ursprüngliche *puruṣa*.
adhyāsa (sans.) Superimposition, Superstruktur, falsche Zuordnung bestimmter Attribute an das Reale.
advaita (sans.) Nicht-Dualität. Metaphysischer Begriff der Nichtreduzierbarkeit der Wirklichkeit auf reine Einheit (Monismus) oder auf bloße Dualität, philosophisch von vielen Religionen ausgearbeitet, besonders im Morgenland.
advaitin (sans) Anhänger der *advaita*, der die Nicht-Dualität von atman-brahman vertritt.
aggiornamento (italienisch) Aktualisierung, Anpassung an die aktuellen Umstände, an die Zeichen der Zeit. Ausdruck, den Papst Johannes XXIII. verwendete, um das auf den neusten Stand Gebrachte der katholischen Kirche zu betonen.
agora (gr.) öffentlicher Platz, wo die Bürger in den griechischen Städten Versammlungen abhielten.
ahambrahmāsmi (sans.) (ich bin Brahman) Ein *mahāvākya* (großes Wort) das die absolute Identität zwischen *ātman* und *brahman* ausdrückt.
aliud (lat.) das andere, Neutrum.
alius (lat.) der andere, (anderes Ich).
ʽam haʼaretz (arm.) Volk der Erde, Plebs, die Enterbten, die Armen, die Unberührbaren, Unwissenden, die Nichtkenner der *Torah*.
anima mundi (lat.) Seele der Welt; planetarische Seele.
antistrofē (gr.) Inversion. Neue Bedeutung durch Umstellung der Komponenten eines Wortes oder Satzes.
anuttaram (sans.) was nicht zu übertreffen ist; das *non plus ultra*.
apauruṣeya (apauruṣeyatva) (sans.) nicht menschlichen Ursprungs, ohne *puruṣa* (s. auch dort)

Glossar

ʿaql (ar.) Intellekt, Intelligenz.
asat (sans.) Nicht-Sein, Negation des Seins
āśrama (sans.) spirituelle Gemeinde, im Allgemeinen unter der Leitung eines *guru* oder Meisters. Lebensabschnitt.
astiti nāstiti (sans.) das ist es, das ist es nicht. Sein – Nicht-Sein.
ātman (sans.) das Selbst eines Wesens und der Wirklichkeit. Einige übersetzen es mit „sich", andere mit „ich". Ontologischer Kern im Hinduismus, nur unbestimmt im Buddhismus.
Aufhebung Überwindung. In der Philosophie Hegels bedeutet der Begriff zugleich „aufheben" und „bewahren", d. h. er vereint zwei entgegengesetzte Bedeutungen in einem Prozess der Negation einer Wirklichkeit und lässt einen anderen Aspekt zu, in dem jedoch der erste nicht verloren geht.
Aum (sans.) heilige Silbe, das höchste und bekannteste Symbol der Hindu-Spiritualität, auch als Mantra im Buddhismus verwendet. Es ist eine Bekundung der spirituellen Energie und bezeichnet die Gegenwart des Absoluten in der Welt der Erscheinungen.
avatāra (sans.) „Herabkunft" des Göttlichen, physische Bekundung des Viṣṇu; traditionell spricht man von zehn *avatāras* Viṣṇus.

barnasha (arm.) Menschensohn.
bedhābheda (sans.) Philosophie des Unterschiedes und des Nicht-Unterschiedes (zwischen Gott und der Welt).
Bhagavad-gītā (sans.) Gesang des Glückseligen. Das bekannteste heilige Buch Indiens.
bhakti (sans.) Mystische Demutshaltung der Liebe zum Herrn. Einer der Wege zum Heil durch Vereinigung mit der Gottheit.
bodhisattva Buddhist, der nach Erreichung der Befreiung auf Erden sich verpflichtet, allen Wesen zu helfen, ihrerseits die Befreiung zu erlangen.
Brahman (sans.) Bezeichnung der absoluten Wirklichkeit einzig und identisch mit *ātman* (nach einigen Schulen), Fundament von allem.
Brāhmaṇa (sans.) erläuternde Texte, die die *Veda* begleiten und grundlegende Instruktionen, Rituale und mythische Geschichten enthalten; eine der vier Kasten; rein sein, um den *brahman* zu verstehen.
Bṛhadāraṇyaka-upaniṣad (Sans.) eine der ältesten und wichtigsten *Upaniṣad*.
buddhi (sans.) Intellekt, Unterscheidungsvermögen. Die Intelligenz als höchste Fähigkeit, intuitive Intelligenz; Verständnis, Verstand; manchmal Besinnung, Meditation.

capax Dei (lat.) wird gesagt von der Fähigkeit der Seele, Gott wahrzunehmen und zu verstehen.
Chāndonga-upaniṣad (sans.) eine der ältesten *Upaniṣad*, handelt vom mysti-

Glossar

schen Wert des Klanges und des Gesanges und von der Gleichwertigkeit von *ātman* und *brahman*.
Christāloka (sans.) von *āloka*, Licht, Glanz; das Licht Christi.
circumincessio (lat.) das einander Durchdringen der drei Personen der Trinität. Gleichbedeutend mit dem griechischen Begriff *perichōresis*.
cit (sans.) Bewusstsein, Intelligenz, Geist, Intellekt.
coesse (lat.) zusammen sein, gemeinsam sein, co-existieren.
cogitamus (ergo) sumus (lat.) wir denken/überlegen, (also) sind wir.
cogito ergo sum (lat.) ich denke/überlege, (also) bin ich.
colloquium salutis (lat.) Kolloquium des Heils.
compunctio cordis (lat.) Reue, Betroffenheit des Herzens, eine wichtige Grundhaltung der monastischen Spiritualität.

daivāsuram (sans.) Kampf zwischen *deva* (gute Geister) und *asura* (böse Geister)
dalit (sans.) unterdrückt, niedergeschlagen. Name, den die Randgruppen in Indien sich selbst geben.
dharma (sans.) kosmische Norm und Ritual; Naturgesetz und ethische Ordnung; Religion. Der Name dehnt sich auch auf die Kundgebungen der Norm aus, die die verschiedenen Existenzebenen beherrscht, wie der Gehorsam der Pflicht, die Erfüllung der Vorschriften, etc.
dharma-kāya (sans.) mystischer Leib des Dharma im *Mahāyāna*-Buddhismus.
disciplina arcani (lat.) Körper geheimer Lehren und Unterrichtung darüber, reserviert für Eingeweihte der alten Religionen und Mysterien und des Urchristentums; Verpflichtung, darüber Stillschweigen zu wahren.
Durgā (sans.) Die mit schwierigem Zugang; die Unerreichbare. Einer der ältesten Namen der göttlichen Mutter, der Gefährtin Śivas.

extra ecclesiam nulla salus (lat.) außerhalb der Kirche kein Heil.

fania (gr.) direkte Manifestation; abgeleitet von *phanos*, Lampe, Licht.
fides quaerens intellectum (lat.) der Glaube, der zu verstehen sucht.
fontanalis plenitudo (lat.) Name, den der Hl. Bonaventura Gott Vater im Sinne der Quelle gibt, aus der alles entspringt.
forma mentis (lat.) (verschiedene) Formen des menschlichen Denkens

Gītā (sans.) siehe *Bhagavad-gītā*
guhā (sans.) Grotte, Höhle, geheimer Ort.
guru (sans.) Meister, Führer.

hypostasis (gr.) was zugrunde liegt: Substanz, Person. Schlüsselwort und Kehrtwendung in den ersten trinitarischen Disputen, vor allem durch die Vieldeutigkeit der lateinischen Übersetzung: *persona, subsistentia*.

Glossar

identité-idem (fr.) gemäß Ricœur Identität zeitlicher Dauer mit einer ontischen Identität, die keinen unveränderlichen Persönlichkeitskern impliziert.

identité ipse (fr-) gemäß Ricœur die Selbstheit, die den Wechsel bedingt, so dass es keine eigene Identität ohne den andern gibt.

intellectus agens (lat.) der wirksame Intellekt. Von einigen Autoren als eine der Emanationen der göttlichen Intelligenz betrachtet, die in diesem Fall von einzigartigem und universalem Wesen ist.

Īṣa-upaniṣad (sans.) eine der kürzesten Upaniṣad, handelt von der göttlichen Gegenwart in allem.

iṣṭadevatā (sans.) die Ikone des Göttlichen, welche sich auf die Kultur, die geistige Veranlagung und die näheren Umstände jeder Person einlässt; das konkrete Symbol, durch das die Erfahrung des letzten Mysteriums Ausdruck findet – das viele Gott nennen.

Īśvara (sans.) Herr des Universums, personaler Gott im Unterschied zum unpersönlichen Brahman.

jagad-guru (sans.) universaler Meister.

jīvanmukta (sans.) ein zu Lebzeiten Befreiter, der seine ontologische Identität verwirklicht hat, den ātman-brahman, der seinen wahren Sinn gefunden hat und vollständig in das Sein integriert ist.

jñāna (sans.) Erkenntnis der Wirklichkeit durch Erfahrung. Einer der Wege der Befreiung.

kairos (gr.) entscheidender Augenblick, kritischer Zeitpunkt, zu dem das Schicksal eine Phase, eine Epoche wechselt.

karma/karman (sans.) Werk, Tat. Ursprünglich die heilige Handlung, das Opfer, später auch moralischer Akt. Das Ergebnis aller Taten und Werke im Einklang mit dem Gesetz des Karma, das die Taten und Resultate im Universum regiert. Später mit der Wiedergeburt in Verbindung gebracht.

kenōsis (gr.) Zerstörung, Leermachung seiner selbst

kērygma Botschaft, Proklamation (des Wortes Gottes). Vom griechischen (kerissō) proklamieren, entspricht des ersten Ansatz der Lehre des Evangeliums.

koinōnia (gr.) Gemeinschaft.

Kṛṣṇa (sans.) Manifestation des Viṣṇu als Retter. Die Bhagavad–Gītā enthält seine Offenbarung an Arjuna.

kṣetra (sans.) Feld. Die Erkenntnis beginnt mit der Unterscheidung zwischen dem Feld und dem Kenner des Feldes, zwischen der Welt als Objekt und dem wirklichen Subjekt.

locus theologicus (lat.) eigener und legitimer Ort der theologischen Tätigkeit.

luz tabórica (span.) das Licht, das Jesus bei der Verwandlung erleuchtete. Dieses Licht kann als das sichtbare Wesen der Göttlichkeit, der Energien oder der

Glossar

Gnade angesehen werden, wodurch Gott sich zu erkennen gibt; der Mensch kann dieses Licht empfangen.

mādhyamika (sans.) die Schule des „mittleren Weges" im Buddhismus.
Mādhyamaka-kārikā(Sans.) philosophishes Traktat von Nāgārjuna.
mahāvākya (sans.) großes Wort. Man bezeichnet so die verschiedenen Sentenzen der *Upaniṣad*, die kurz und bündig den Inhalt der Erfahrung des Absoluten ausdrücken.
Mahāvīra (sans.) großer Held, Name des Gründers der Religion *jaina* (600–500 v. Chr.)
metanoia (gr.) Wandlung, Konversion; über das hinausgehen (Ziel), was mental, rational ist (nous).
mīmāṃsā (mīmāṃsaka) (Sans.) Schule vedischer Philosophie, die auf die Exegese der Texte ausgerichtet ist.
mokṣa (sans.) endgültige Befreiung vom *saṃsāra*, dem Zyklus von Geburt und Tod, des *karma*, des Unwissens, der Begrenzung: Erlösung. Homöomorphe Entsprechung von *sōtēria*.
mysterium coniunctionis (lat.) Mysterium der Einswerdung, Reintegration zur Einheit der getrennten Teile, Vereinigung der Gegensätze, der Geschlechter zur ursprünglichen Einheit.

Nāgārjuna (sans.) einer der bekanntesten Philosophen des Buddhismus, Gründer der Schule *mādhyamika*.
nirvāṇa (sans.) Auflösung. Die Befreiung von jeder Begrenzung, letztes Ziel für den Buddhismus und Jainismus.
noēma (gr.) in der Phönomenologie Husserls die Einheit der intellektuellen Aufnahmefähigkeit.
noēsis noēseos (gr.) Denken des Denkens, Charakteristik des reinen Aktes oder des ersten aristotelischen Antriebs.
noumenon gr.) was hinter dem Erscheinungsbild *(phainomenon)* verborgen ist, was über die Gefühlserfahrung hinausgeht; die Sache an sich.

opus operandis Christi (lat.) das auf Grund des Wirkens Christi durch die Gnade Vermittelte.
opus operatum (lat.) auf Grund des Wirkens der Bezug auf die Gnade, die die Sakramente übertragen, was nicht *ex opere operantis* (durch den Handelnden) geschieht, sondern aus dem Objekt der Handlung (auf Grund der Kraft des Sakramentes an sich)

pati divina (lat.) passives Verhalten des Menschen gegenüber den Anstößen des Göttlichen; Synonym für mystische Erfahrung.

Glossar

perichōrēsis (gr.) Ausdruck der Trinitätslehre der Urkirche, die die göttlichen Personen beschreibt. Entspricht dem lateinischen *circumincessio*
phanerōs (gr.) leuchtend, abgeleitet von *phanos* Licht.
pisteuma (gr.) vom griechischen *pisteuō* (glauben): das, was der Gläubige glaubt, der beabsichtigte Sinn der religiösen Phänomene, homöomorphes Äquivalent ist der Begriff *noēma*.
plērōma (gr.) Fülle, das Vollständige.
Prajāpati (sans.) Herr der Geschöpfe.
pratītyasamutpāda (sans.) buddhistische Lehre des bedingten oder abhängigen Geschehens, die behauptet, dass nichts in sich selbst besteht und nichts die Bedingung seiner Existenz in sich trägt, sondern dass sich alles in Abhängigkeit voneinander befindet.
preambula fidei (lat.) Voraussetzungen und Präambeln des Glaubens (Existenz und Einheit Gottes, Unsterblichkeit dr Seele, usw.).
primum analogatum (lat.) der Bezugspunkt jeder Analogie.
puruṣa (sans.) Archetyp des Menschen, Original, Person. Das Urbild des Menschen kosmischer Dimension als spirituelles Wesen oder verinnerlichter Mensch.
puruṣasukta (sans.) eine der spätesten Hymnen des Ṛg-Veda, worin der Erste Mensch *(puruṣa)* beschrieben wird.
Puruṣottama (sans.) höchste Person. Der höchste Geist oder die höchste Seele; Bezeichnung des inneren Selbst in der Eigenschaft des Transzendenten.

res cogitans/res extensa (lat.) Denkendes / sich Ausbreitendes. Von Descartes getroffene Unterscheidung der Wirklichkeit.
Ṛg-Veda (sans.) das Älteste und Wichtigste der *Veda*.
ṛta (sans.) kosmische und heilige Ordnung, Opfer als universales Gesetz; auch Wahrheit; die letzte dynamische und harmonische Struktur der Wirklichkeit.

sadguru (sat-guru) (sans.) universaler Guru, ewiger Meister, archetypischer Meister.
sahṛdaya (sans.) Mensch mit Herz.
śakti (sans.) Energie, Potenz, Macht. Der aktive, dynamische Aspekt – obwohl feminin – der Wirklichkeit oder eines Gottes (im allgemeinen von Śiva). Sie wird als Göttin und Gefährtin Śivas personifiziert, die ihre schöpferische Funktion erfüllt.
saṃnyāsin (sans.), Entsagender, Asket, einem *āśrama* Zugehöriger für einen Lebensabschnitt oder auf Dauer, für manche das höchste Stadium.
saṃsāra (sans.) die Welt der Erscheinungen, die zeitliche Existenz, der Zyklus von Geburt und Tod; Zustand von Abhängigkeit und Sklaverei.
sanātana dharma (sans.) äußeres Gesetz, unvergängliches Gesetz, Name, den

der Hinduismus sich selbst gibt, da er sich nicht auf einen Gründer oder einen zeitlichen Ursprung bezieht.

Śaṅkara (sans.) Philosoph und hinduistischer Meister im 9. Jh., einer der größten Exponenten des nicht-dualistischen Vedānta.

sarvam-sarvātmakam (sans.) Alles ist mit Allem verbunden.

Śatapatha-brāhmaṇa (sans.) das *Brāhmaṇa* der hundert Wege. Das vollständige und systematischste der *Brāhmaṇa*.

sat-puruṣa (Satpuruṣa) (sans.) der universale Mensch.

satyagrahā (sans.) aktive Gewaltlosigkeit dessen, der für die Wahrheit lebt.

scintilla (lat.) Funke, Geistesblitz, das in jedem Menschen vorhandene Göttliche, Ungeschaffene.

seniores (lat.) die Größeren (an Alter, Würde, Weisheit).

Shoboghenzo (jap.) Schatz der Vision des wahren *Dharma*, Hauptwerk des japanischen Meisters Eikei Dōgen, der das Zen in Japan einführte; es ist eines der Hauptwerke des Zen und der religiösen Literatur Japans.

śiṣya (sans.) Schüler.

Śiva (sans.) einer der wichtigsten Götter des Hinduismus.

śivaismus, śivait (sans.) eine der beiden großen Familien der Hindu-Religion, deren Gott Śiva ist.

sola fides (lat.) Der eine Glaube. Antwort der Scholastik gegenüber den philosophisch unlösbaren theologischen Fragen; zentrale Lehre Luthers.

speculatio (lat.) Denkart; für den Neoplatinismus der Akt, Gott zu sehen im Spiegel der geschaffenen Dinge, kommt der *contemplatio* nahe, die wie die Betrachtung Gottes in sich selbst ist.

śraddhā (sans.) Glaube, Vertrauen (in die Lehre der *Veda*).

śravaṇa (sans.) Anhörung, Lauschen. Die Lehre hören oder empfangen zu können von den Lippen des Meisters. Das Erlauschen, das Hinhören auf die *Vedas* ist der erste der drei Grade, die der Vedānta für erforderlich hält, um spirituelles Wissen zu erlangen.

sum, sumus (lat.) ich bin, wir sind.

śūnyatā (sans.) Leere, Leerheit, Nichts; stellt die letzte Wirklichkeit im Buddhismus dar.

Śvetaketu (sans.) Person der *Chāndogya-Upaniṣad* (Sans.).

Śvetāśvatara-upaniṣad (sans.) eine neuere Upaniṣad unter den hauptsächlichen, aber vom Vedānta häufig zitiert, die zu einer Personifizerung des höchsten Prinzips *(Brahman)* neigt, den er identifiziert mit den Göttern Śiva oder Rudra.

Targūm (arm.) Interpretation. Verschiedene Sammlungen von Übersetzungen ins Aramäische und Kommentare der kanonischen Texte der hebräischen Bibel.

tat tvam asi (sans.) das bist du. Als Ausdruck enthalten in der *Chāndongya-upa-*

Glossar

niṣad, um festzustellen, dass ātman in letzter Instanz brahman ist, das Du von brahman identisch mit er.

theologoumenon (gr.) theologische Aussage, Ergebnis und Ausdruck des Bestrebens, den Glauben zu verstehen.

transfert (fr.) Übertragung eines Ausdrucks oder Konzeptes von einem philosophischen System auf ein anderes; Begriff benutzt von der Psychoanalyse für die Übertragung von Gefühlsregungen zwischen Personen.

unglückliches Bewusstsein Ausdruck von Hegel für das gestörte Selbstbewusstsein.

Upadeśasāhasrī (sans.) „Das (Buch) der tausend Instruktionen", eines der Hauptwerke von Śaṅkara.

Upaniṣad (sans.) heiliges Grundwissen in Form von Texten, die den Abschluss der Veda bilden; Teil der Offenbarung (śruti) und Grundlage des späteren hinduistischen Denkens.

vāc (sans.) Wort, Diskurs, Sprache; das ursprüngliche heilige und schöpferische Wort.

Veda (sans.) Sammlung der „heilligen Schriften" des Hinduismus.

Vedanta (sans.) Abschluss der Veda oder eine der letzten philosophischen Schulen des hinduistischen Denkens, unter deren hervorragendsten Vertretern sich Śaṅkara, Rāmānuja und Madva befinden.

visio beatifica (lat.) Glückliche Vision. Direkte und unmittelbare Vision Gottes, die im Prinzip nach dem Tod denjenigen erscheint, die erlöst worden sind; setzt die volle und endgültige Erfahrung der Kommunion mit Gott voraus.

Viṣṇu (sans.) der Wirkende. Einer der bedeutendsten Götter des Hinduismus.

viṣnuita (Sans.) dem Visnuismus Folgender oder das auf den Visnuismus Bezogener. Eine der drei großen religiösen Orientierungen des Hinduismus.

Vivekacūḍamaṇi (sans.) „Juwel/Diadem der Unterscheidung". Wichtiges Werk des advaita/vedanta, geschrieben von Śaṅkara, das von der Unterscheidung zwischen der wahren Wirklichkeit und der Welt der Erscheinungen handelt.

Bibliographie

ABHIṢHIKTĀNANDA, SWAMI: La lontée au fond du cœur, Paris 1986.
AKHILĀNANDA, SWAMI, Hindu View of Christ, Boston 1949.
ALEGRE, XAVIER u.a. (Hg.), Universalidad de Christo. Universalidad del pobre, Santander 1995.
AMALADOS, MICHAEL u.a. (Hg.), Theologizing in India (Colección de artículos presentados en el Seminario [ITA] celebrando en Poona 1978), Bangalore 1981.
AMALORPAVADASS, DURAISAMI S. (Hg.), Research Seminar on Non-Biblical scriptures, Bangalore 1974.
ATANASIO, JEVTIĆ, L'infinito cammino. Umanizzazione di Dio e deificazione dell'uomo, Sotto il Monte-Bérgamo 1996.
AUGSTEIN, RUDOLF, Jesus Menschensohn, München 1972.

BAIRD, WILLIAM, The Quest of the Christ of Faith. Reflexions on the Bultman Era, Waco (Texas) 1977.
BALDINI, MASSIMO / SILVANO ZUCAL (Hg.), Il silenzio e la parola da Eckart a Jabès, Brescia 1989.
BARBAGLIO, GIUSEPPE / DIANICH, SEVERINO, Nuovo Dizionario di Teologia, Mailand ⁶1991.
BARR, JAMES, The Symbolism of Names in the Old Testament, in: Bulletin of the John Ryland Library 52 (1969–1970) 11–29.
– Story and History in Biblical Theology, in: The Journal of Religion 56/1 1–17.
BARTH, HANS-MARTIN / BENEDIKT, BERNHARDETTE (Hg.), Der Streit um Drewermann, Wiesbaden 1992.
BASTIAN, HANS-DIETER, Theologie der Frage, München 1969.
BÄUMER, BETTINA (Hg.), Abhinavagupta: Parātrīśikā-vivaraṇa. Englische Übersetzung mit Anmerkungen von Jaideva Singh, Neu Delhi 1988. (deutsch: Abhinavagupta, Wege ins Licht: Texte des tantrischen Śivaismus aus Kaschmir, ausgewählt, aus dem Sanskrit übersetzt und eingeleitet von Bettina Bäumer, Zürich 1992).
– (Hg.), Mysticism in Shaivism and Christianity, Neu Delhi 1997.
BAYARD, JULIAN, Cosmic Christ and our Evaluation of other Religions, in: Clergy Monthly Supplement 1966.

Bibliographie

BELLET, MAURICE, Christ, Paris 1990.
BEN-CHORIN, SCHALOM, Der Nazarener in jüdischer Sicht, München 1967.
BENJAMIN, ROGER, Notion de personne et personnalisme chrétien, Paris 1971.
BERDJAEV, NIKOLAJ, Esprit et liberté. Essai de philosophie chrétienne, Paris 1933.
BOFF, LEONARDO, Jesucristo el Liberador. Ensayo de christología crítica para nuesto tiempo, Santander 1983 (deutsch: Jesus Christus, der Befreier, Freiburg 1983).
BORDONI, MARCELLO, „Christologia" und „Gesù Christo", in: BARBAGLIO/DIANICH (1991) 234–271 und 530–568.
BORNE, ÉTIENNE, Ideologie antipersonaliste, in: PAVAN/MILANO (1987) 393–414.
BOTTERWECK, GERHARD JOHANNES / FABRY, HEINZ-JOSEF (Hg.), Theologisches Wörterbuch zum Alten Testament, Stuttgart 1973 ff.
BOULGAKOV, SERGE [Bulgakov, Sergej], Du Verbe Incarné. L'Agneau de Dieu, Lousanne 1982 [Übersetzung aus dem russischen: Agnec božij, Paris 1933].
BOUYER, LOUIS, La spiritualité du Nouveau Testament et des Pères, Paris 1960.
BRETON, STANISLAS, Unicité et monothéisme, Paris 1981.
BUBER, MARTIN (Hg.), Mystische Zeugnisse aller Zeiten und Völker. Neu hg. v. P. Sloterdijk, München 1984.
BÜCHNER, FREDERICK (Hg.), The Faces of Jesus, New York 1974.
BULTMANN, RUDOLF, Jesus Christus und die Mythologie, Hamburg 1964.
BURI, FRITZ, Der Pantokrator, Hamburg 1969.

CABA, JOSÉ, El Jesús de los Evangelios, Madrid 1977.
CABADA-CASTRO, MANUEL, La vivencia previa del absoluto como presupuesto del acceso teorético a Dios, in: VARGAS-MANCHUCA (1975).
CHATTERJEE, MARGARET, Our Knowledge of Other Selves, Bombay 1963.
COBB, JOHN B., Christ in a Pluralistic Age, Philadelphia 1975.
CONGAR, YVES, Le mystère du temple, Paris 1958 (deutsch: Das Mysterium des Tempels, Salzburg 1960).
– Le monothéisme politique et el Dieu-Trinité, in: Nouvelle Revue Théologique 103 [1981] 3–17.
CORBIN, HENRY, Le paradoxe du monothéisme, Paris 1981.
CROSSAN, JOHN DOMINIC, The Historical Jesus. The Life of a mediterranean Jewish-Peasant, San Francisco 1991 (deutsch: Der historische Jesus, München ²1995).
CULLMANN, OSCAR, Christ et le temps, Neuchâtel 1957 (deutsch: Christus und die Zeit, Zürich ³1962).

DANESE, ATTILIO, Unità e pluralità. Mounier e il ritorno alla persona, Rom 1984.
– (Hg.), La questione personalista. Mounier e Maritain nel dibattito per un nuovo umanesimo, Rom 1986.
DANIÉLOU, JEAN, Message évangélique et culture hellénistique, Tournai 1961.

Bibliographie

- La Trinité et le mystère de l'existence, Paris 1968.
DE LUBAC, HENRI, Méditation sur l'Église, Paris ³1953 (deutsch: Die Kirche, Einsiedeln 1968).
- Le mystère du surnatel, Paris ³1965.
- Pic de la Mirandole, Paris 1974.
- Mistica e mistero cristiano, Mailand 1979.
DENZINGER, HEINRICH, Enchiridion symbolorum definitionum et declarationum de rebus fidei et morum, Barcelona 1967 (deutsch: Enchiridion symbolorum definitionum et declarationum de rebus fidei et morum. Kompendium der Glaubensbekenntnisse und kirchlichen Lehrentscheidungen. Hg. v. Peter Hünermann, Freiburg u. a. ⁴⁰2005).
DESCHNER, KARLHEINZ, Historia criminal del cristianesimo, Madrid 1990 ff. (deutsch: Kriminalgeschichte des Christentums, Reinbeck bei Hamburg 1986 ff.).
DESROCHERS, JOHN, Christ the Liberator, Bangalore 1977.
Dictionnaire de Spiritualité, 17 Bände, Paris 1937–1995.
DODD, CHARLES H., The Founder of Christianity, New York 1970 (deutsch: Der Mann, nach dem wir Christen heißen, Limburg 1975).
DŌGEN, EIHEI, Divenire l'Essere. Shoboghenzo Ghenjokan (Edition Communità Vangelo e Zen), Bologna 1997.
DORÉ, JOSEPH, Jesus-Christ, in: POUPARD (1984) 847–85; POUPARD (1987) 901–911.
- Descenso a los infiernos, in: POUPARD (1987) 432–436.
DREWERMANN, EUGEN, Tiefenpsychologie und Exegese, 2 Bände, Olten-Freiburg 1984–1985.
- Dieu immédiat, Paris 1995 (deutsch: Näher zu Gott – nah bei den Menschen. Ein Gespräch mit Gwendoline Jarczyk, München 1996).
- Das Markus-Evangelium, 2 Bände, Olten-Freiburg 1987–1988.
DUPRÉ, LOUIS, Mysticism, in: ELIADE (1987), Band X, 245–261.
DUPUIS, JACQUES, The cosmic Christ in the Early Fathers, in: Indian Journal of Theology (1966) 106–120.
- Jesus Christ an His Spirit: Theological Approaches, Bangalore 1977.
- Jesus-Christ à la rencontre des religions, Paris 1989.
- Who Do You Say I Am? Introduction to Christology, Maryknoll, New York 1994.
- Towards a Christian Theology of Religious Pluralism, Maryknoll, New York 1997.
DUQUOC, CHRISTIAN, Christologie II: Le Messie, Paris 1972.
- Dieu différent. Essai sur la symbologie trinitaire, Paris 1977.

EAGAN, HARVEY D., Christian Mysticism: the Future of a Tradition, New York 1984.

Bibliographie

EDWARDS, DENIS, Jesus the Wisdom of God, Maryknoll, New York 1995.
ELIADE, MIRCEA (Hg.), The Encyclopedia of Religion, 17 Bände, New York 1987.
- Enciclopedia delle Religioni. Edición temática europea a cargo de D. M. Cosi, L. Saibeneb y R. Scagno, 17 Bände, Mailand 1990 [5 Veröffentlichungen 1996].
EVERS, GEORG, Asien, African and Latin American Contributions towards Christology, in: Jahrbuch für Kontextuelle Theologie (1993) 174–196.

FANON, FRANTZ, Les damnés de la terre, Paris 1963 (deutsch: Die Verdammten dieser Erde, Frankfurt ⁶1994).
FEINER, JOHANNES / LOEHRER, MAGNUS (Hg.), Mysterium Salutis. Grundriss heilsgeschichtlicher Dogmatik, Band 3, Köln 1970.
FELDER, HILARIUS, Jesus of Nazareth, Milwaukee 1953 (deutsch: Jesus von Nazareth, Paderborn ³1947).
FESTGUIÈRE, ANDRÉ JEAN, Contemplation et vie contemplative selon Platon, Paris 1936.
FLUSSER, DAVID, Jesus in Selbstzeugnissen und Bilddokumenten, Reinbek bei Hamburg 1968.
FORRESTER, VIVIANE, L'horreur économique, Paris 1996 (deutsch: Der Terror der Ökonomie, Wien 1997).
FORTE, BRUNO, Trinità come storia, Mailand 1985 (deutsch: Trinität als Geschichte, Mainz 1989).
FRAIJÓ, MANUEL, El futuro del cristianismo, Madrid 1996.
FREI, HANS W., The Identity of Jesus Christ: The Hermeneutical Bases of Dogmatic Theology, Philadelphia 1975.
FRIEDLI, RICHARD, Le Christ dans le cultures, Paris 1989.
FRIES, HEINRICH (Hg.), Handbuch theologischer Grundbegriffe, 2 Bände, München 1962.
- (Hg.), Jesus in den Weltreligionen, St. Otilien 1981.
FRYE, NORTHROP, The Great Code: The Bible and Literature, New York 1982.

GADAMER, HANS-GEORG, Wahrheit und Methode, Tübingen ³1972.
- / VOGLER, PAUL (Hg.), Neue Anthropologie, 7 Bände, Stuttgart 1977.
GALTIER, PAUL, L'unité du Christ: Être, personne, conscience, Paris 1939.
- Les deux Adam, Paris 1947.
- La conscience humaine du Christ, Rom 1954.
GARRIGOU-LAGRANGE, REGINALD, La possibilité de l'Incarnation sans aucune déviation panthéiste, in: Angelicum XXX,4 (1953) 337–346.
GEISELMANN, JOSEPH RUPERT, Jesus Christus, in: FRIES (1962), Band 1, 739–770.
GISPERT-SAUCH, GEORGE, Biblical Inspiration as ‚parama-vyanjana'?, in: AMALORPAVADASS (1974) 136–152.
GONZÁLEZ DE CARDEDAL, OLEGARIO, Un problema teológica fundamental: la

preexistencia de Christo. Historia y hermenéutica, in: VARGAS MACHUCA (1975a) 179–211.
- Jesús de Nazaret. Aproximación a la Christología, Madrid 1975b.

GONZÁLEZ FAUS, JOSÉ IGNACIO, La Humanidad Nueva. Ensayo de Cristología, Santander 1974.
- Religiones de la tierra y universalidad de Cristo. Del diálogo a la diapraxis, in: ALEGRE (1995) 103–143.
- La cristologia después del Vaticano II. Memoria académica, 1995–1996, Madrid 1996, 105–116.

GORT, JERALD D. u. a. (Hg.), On Sharing Religious Experience: Possibilities of Interfaith Mutuality, Grand Rapids, Michigan 1992.

GRAHAM, AELRED, The Christ of Catholicism, London 1947.

GRANT, ROBERT M., The Earliest Lives of Jesus, New York 1961.

GRIFFIN, DAVID R., A Process Christology, Philadelphia 1973 (deutsch: Prozess-Theologie, Göttingen 1979).

GRILLMEIER, ALOIS, Mit ihm und in ihm. Christologische Forschungen und Perspektiven, Freiburg 1975.
- / SCHMAUS, MICHAEL (Hg.), Handbuch der Dogmengeschichte, Band II, Faszikel Ia, Freiburg 1965.

GUARDINI, ROMANO, Welt und Person. Versuche zur christlichen Lehre vom Menschen, Würzburg 1939.
- Vom Wesen katholischer Weltanschauung. Mit einem Nachwort von H. Fries, Basel 1953.
- Die menschliche Wirklichkeit des Herrn, Würzburg 1958.
- Unterscheidung des Christlichen, Mainz 1963.

HAAS, ALOIS M., Nim din selbes war. Studien zur Lehre von der Selbsterkenntnis bei Meister Eckart, Johannes Tauler und Heinrich Seuse, Freiburg (Schweiz) 1971.
- Sermo mysticus. Studien zur Theologie und Sprache der deutschen Mystik, Freiburg (Schweiz) 1979.
- Mystik als Aussage. Erfahrungs-, Denk- und Redeformen christlicher Mystik, Frankfurt 1996.

HAMERTON-KELLY, ROBERT G., Pre-existence, Wisdom and the Son of Man. A Study of the Idea of Pre-existence in the New Testament, Cambridge 1973.

HARTMANN, FRANZ, The Life an Doctrines of Jacob Boehme, Boston 1890.

HAUSHERR, IRÉNÉE, Direction spirituelle en Orient autrefois, Rom 1955.

HAVEN-SMITH, LANCE DE, How Jesus planned to overthrow the Roman Empire, in: Religious Studies and Theology XVI,1 (1997) 48–59.

HEALY, KATHLEEN, Christ as Common Ground. A Study of Christianity and Hinduism, Pittsburgh 1990.

Bibliographie

HEGERMANN, HARALD, Die Vorstellung vom Schöpfungsmittler im hellenistischen Judentum und Urchristentum, Berlin 1961.
HEIDEGGER, MARTIN, Einführung in die Metaphysik, Tübingen ³1966.
HEILER, FRIEDRICH, Erscheinungsformen und Wesen der Religion, Stuttgart 1961.
HÉRMES, Recherches sur l'experiènce spirituelle. Le voies de la mystique ou l'accès au sans-accès, Band 1, Neue Serie, Paris 1981.
HOCKEL, ALFRED, Christus der Erstgeborene, Düsseldorf 1965.
HODGSON, PETER C., Jesus – Word and Presence. An Essay in Christology, Philadelphia 1971.
HOFFMAN, BENGT R., Luther and the Mystics, Minneapolis 1976.
HOLBÖCK, FERDINAND / SARTORY, THOMAS (Hg.), Mysterium Kirche, 2 Bände, Salzburg 1962.

ISAAC, AUGUSTINE, Jesus the Rebel, Mangalore 1974.
ISHANAND VEMPENY, Kṛṣṇa and Christ, Pune und Anand 1988.

JASPERS, KARL, Der philosophische Glaube angesichts der Offenbarung, München 1963.
JIMÉNEZ DUQUE, BALDOMERO / BALUST, LUIS SALA (Hg.), Historia de la espiritualidad, 4 Bände, Barcelona 1969.
JUNG, CARL-GUSTAV, Erinnerungen, Träume, Gedanken, hg. v. A. Jaffé, Zürich 1963.

KAHLEFELD, HEINRICH, Die Gestalt Jesu in den synoptischen Evangelien, Frankfurt 1981.
KASPER, WALTER, Jesus der Christus, Mainz 1974.
KATHARINA VON SIENA, hl., Libro della divina dottrina, Edition A. Levasti 1935 (deutsch: Gespräch von Gottes Vorsehung, eingeleitet von E. Sommer von Seckendorff und H. U. von Balthasar, Einsideln 1964.)
KEENAN, JOHN P., The Meaning of Christ, Maryknoll, New York 1989.
KENDALL, DANIEL / O'COLLINS, GERALD, The Faith of Jesus, in: Theological Studies 53 (1992) 403–434.
KERÉNYI, KÁROLY, Dioysios. Archetypical Image of Indestructible Life, Princeton, New Jersey 1976 (deutsch: Dionysos. Urbild des unzerstörbaren Lebens, München 1976).
KITTEL, GISELA, Der Name über allen Namen, 2 Bände, Göttingen 1989–1990.
KITTEL, GERHARD / FRIEDRICH, GERHARD (Hg.), Theological Dictionary of the New Testament, übersetzt und hg. v. G. W. Bromiley, Grand Rapids, Michigan 1964–1974 (deutsch: Theologisches Wörterbuch zum Neuen Testament, 11 Bände, Stuttgart 1933–1960).

Bibliographie

KLOSTERMAIER, KLAUS K., The Hermeneutic Center, in: Journal of Ecumenical Studies 34/2 (1997) 159–170.

KNITTER, PAUL F., No Other Name?, Maryknoll, New York 1985 (deutsch: Ein Gott – viele Religionen. Gegen den Absolutheitsanspruch des Christentums, München 1988).

KOYAMA, KOSUKE, Mount Fuji and Mount Sinai, Maryknoll, New York 1984.

KREMPEL, A., La doctrine de la relation chez saint Thomas, Paris 1952.

KRÖGER, ATHANASIUS, Mensch und Person. Moderne Personbegriffe in der katholischen Theologie, Recklinghausen 1967.

KUSCHEL, KARL-KOSEF, Jesus in der deutschsprachigen Gegenwartsliteratur, Zürich-Köln und Gütersloh 1978.

– Geboren vor aller Zeit? Der Streit um Christi Ursprung, München 1990.

LAMARCHE, PAUL, Einführung in die biblische Christologie, in: SCHMAUS (1965), 1–16.

LAMOTTE, ÉTIENNE, Histoire du Bouddhisme indien, Löwen 1958.

LATTANZI, UGO, Il primato universale di Cristo secondo le S. scritture, Rom 1937.

LEANEY, ALFRED R. C., The Letters of Peter and Jude. The Cambridge Bible Commentary, Cambridge 1967.

LEE, BERNHARD J., Jesus and the Metaphors of God. The Christs of the New Testament, New York 1993.

LEFEBURE, LEO D., The Buddha and the Christ. Explorations in Buddhist and Christian Dialogue, Maryknoll, New York 1993.

LIÉBAERT, JAQUES, Christologie. Von der apostolischen Zeit bis zum Konzil von Chalzedon, in: SCHMAUS (1965) 19–127.

LIMONE, GUISEPPE, Tempa della persona e sapienza del possibile. Valori, politica, diritto, in: EMMANUEL MOUNIER, 2 Bände, Neapel-Rom 1988.

LONERGAN, BERNHARD J. F., The Way to Nicea. The Dialectical Development of Trinitarian Theology, Philadelphia 1977.

MAISCH, INGRID / VÖGTLE, ANTON, Jesus Christ. I. Biblisch, in: RAHNER (1969), 174–183.

MARTIN, RALPH P., Carmen Christi. Philippians II 5–11 in recent Interpretations and in the Setting of Early Christian Worship, Cambridge 1967.

MARTÍN VELASCO, JUAN, La experiencia cristiana de Dios, Madrid 1995.

MASCARENHAS, HUBERT OLYMPIUS, St. Thomas Aquinas and the medieval scholastics, in: RADHAKRISNAN (1953), Band 2, 149–169.

MASSA, WILLI, Der universale Christus, Mettlach-Tünsdorf 1995.

MAY, JOHN D'ARCY, Christus Initiator. Theologie im Pazifik, Düsseldorf 1990.

MCGINN, BERNHARD, The Foundations of Mysticism, New York 1992.

MENACHERRY, CHERIYAN, Christ: The Mystery in History. A Critical Study on the Christology of R. Panikkar, Frankfurt 1996.

Bibliographie

MERSCH, ÉMILE, Le Corps Mystique du Christ, 2 Bände, Löwen 1933.
- La Théologie du Corps Mystique, 2 Bände, Paris 1949.

MILANO, ANDREA, Persona in Teologia, Neapel 1984.
- La trinità dei teologi e dei filosofi. L'intelligenza della persone in Dio, in: PAVAN/MILANO (1987) 1–286.

MITCHELL, DONALD W., Spirituality and Emptiness, New York 1991.

MOLINOS, MIGUEL DE, Guída espiritual, kritische Ausgabe hg. v. J. I. Tellechea, Madrid 1976 (Originalausgabe 1675).

MOMMAERS, PAUL / VAN BRAGT, JAN, Mysticism: Buddhist and Christian, New York 1995.

MONCHANIN, JULES, Théologie et spiritualité missionaires, Paris 1985.

MONTEFIOERE, HUGH W., Towards a christology for Todays, in: Soundings, hg. v. A. R. Vidler, Cambridge 1966.

MOORE, SEBASTIAN, God is a new Language, Westminster, Maryland 1967.

MORAN, GABRIEL, Uniqenes, Maryknoll, New York 1992.

MOUNIER, EMMANUEL, Manifeste au service du personalisme, 1936 (deutsch: Das personalistische Manifest, Zürich 1936).
- Feu la Chrétienté, Carnets de route, Paris 1950.
- Personalism, London 1952.

MOUNT SAVIOUR MONASTERY, On the Experience of God. 15 Papers by several monks o.s.b., Monastic Studies 9 (1972).

MOUROUX, JEAN, L'expérience chrétienne. Introduction à la Théologie, Paris 1952.

NÉDONCELLE, MAURICE, La réciprocité des consciences, Paris 1942.
- La personne humaine et la nature, Paris 1944.
- Explorations personnalistes, Paris 1970.

NEWBIGIN, LESSLIE, Christ and the Cultures, in: Scottisch Journal of Theology XXXI (1978) 1–22.

NICOLA, GIULIA PAOLA DI, Reciprocidad hombre/mujer, Madrid 1991.

NISHITANI, KEIJI, Religion and Nothingness, Berkley 1982.

NOLAN, ALBERT, Jesus before Christianity. The Gospel of Liberation, London 1976 (deutsch: Jesus vor dem Christentum, Luzern 1993).

NURBAKHSH, JAVAD, Jesús a los ojos de los sufíes, Madrid 1996.

OHASHI, RYŌSUKE (Hg.), Die Philosophie der Kyōto-Schule, München 1990.

OLSCHAK, BLANCHE CHRISTINE, Perlen alttibetischer Literatur, Wald 1987.

ORBE, ANTONIO, Il Christo, Band 1: Testi teologici e spirituali dal I al IV secolo, Mailand 1985.

ORTEGA, AUGUSTO ANDRÉS, Cristo: su consciencia humana y su persona divina, in: ZUBIRI (1970), Band 1, 91–119.

OZAKI, MAKOTO, Introduction to the Philosophy of Tanabe, Amsterdam 1990.

PANIKKAR, RAIMON, Humanismo y Cruz, Madrid 1963/VI.
- Māyā e Apocalisse. L'incontro dell'induismo e del cristianesimo, Rom 1966/XII.
- El concepto de naturalezza, Madrid 1972/II.
- Salvation in Christ: Concreteness and Universality, the Supername, Jerusalem 1972/6, 1–81.
- ‚Super hanc petram.' Due principi ecclesiologici: la roccia e le chiave, in: Legge e Vangelo. Discussione su una legge fondamentale per la Chiesa, Brescia 1972/14, 135–145.
- Spiritualità indù, Brescia 1975/XXIV.
- El presente tempiterno. Una apostilla a la historia de la salvación y a la teología de la liberación, in: VARGAS/MACHUCA (1975) 133–175.
- Verstehen als Überzeugtsein, in: GADAMER/VOGLER (1975/3), Band VII, 132–167
- The Vedic Experience. Mantramañjarī, Los Angeles und London 1977/XXV.
- Che accade all'uomo quando muore? Uno riflessione interculturale su una metafora, Bozze, Band 5/6, Rom 1980/1, 117–136.
- Per una lettura transculturale del simbolo, in: Quaderni di psicologia infantile 5 (1981/9) 53–91.113–123.
- The Unknown Christ of Hinduism. Towards an Ecumenical Christophany, Maryknoll, New York ²1981/X (deutsch: Der unbekannte Christus im Hinduismus, Mainz 1986).
- Myth, Faith and hermeneutics, Bangalore 1983/XXVII (deutsch: Rückkehr zum Mythos, Frankfurt 1990).
- The Threefold Linguistic Intrasubjectivity, in: Archivio di Filosofia LIV 1/3 (1986/10) 593–606.
- Trinità ed esperienza religiosa dell'uomo. Assisi 1998/XXIII [deutsch: Trinität. Über das Zentrum menschlicher Erfahrung, München 1993).
- Reader's Response, in: International Bulletin of Missionari Research XIII,2 (1989/3) 80.
- Indic Christian Theology of Religious Pluralism from the Perspective of Inculturation, in: PATHIL (1991) 252–299.
- Are the Words of Scripture Universal Religious Categories? The Case of the Christian Language for the Third Millenium, in: Archivio di Filosofia (1992/47) 377–387.
- The Cosmotheandric Experience. Emerging religious consciousness, Maryknoll, New York 1993/XXXI [deutsch: Der Dreiklang der Wirklichkeit: die kosmotheandrische Offenbarung, München, 1995).
- Ecosofia: La nuova saggezza per una spiritualità della terra, Assisi 1993/XXXIV
- Neither Christomonism nor Christodualism, in: Jeevadhara XXIV (1994/48) 142.
- La nuova innocenza II, Mailand 1994/XXXIX.

- El silenzio del Buddha. Una introducción al ateísmo religioso, Madrid 1996/XIX.
- La experiencia filosófica de la India, Madrid 1997/XXXIX.

PARAPPALLY, JACOB, Emergine Trends in Indian Christology, Bangalore 1995.

PARENTE, PIETRO, L'io di cristo, Brescia 1951.
- Unità ontologica e psicologica dell'Uomo-Dio, Rom 1952.

PATHIL, KUNCHERIA (Hg.), Religious Pluralism. An Indian Christian Perspective, Delhi 1991.

PAVAN, ANTONIO / MILANO, ANDREA (Hg.), Persona e personalismi, Neapel 1987.

PELIKAN, JAROSLAV, The Finality of Jesus Christ in an Age of Universal History. A dilemma of the Third Century, Richmond, Virginia 1965.
- Jesus through the Centuries. His Place in the History of Culture, New York 1987.

PETERSON, ERIK, Der Monotheismus als politisches Problem, Leipzig 1935.

PIENDA, JESÚS AVELINO DE LA, Antropología transcendental de Karl Rahner, Orvieto 1982.

PIERIS, ALOYSIUS, An Asian Theology of Liberation, Maryknoll, New York 1988 (deutsch: Theologie der Befreiung in Asien, Freiburg 1986).

POUPARD, PAUL (Hg.), Dictionnaire des Religions, Paris 1984.

QUELL, GOTTFRIED, Pater, in: KITTEL/FRIEDRICH, Band V, 959–979.

RADHAKRISHNAN, SARVAPALLI (Hg.), History of Philosophy Eastern and Western, 2 Bände, London 1952–53.

RAHNER, HUGO, Symbole der Kirche, Salzburg 1964.

RAHNER, KARL u. a. (Hg.), Sacramentum Mundi. Theologisches Lexikon für die Praxis, 4 Bände, Freiburg 1967–1969.

RAHNER, KARL / THÜSING, WILHELM, Christologie. Systematisch und exegetisch. Freiburg 1972.

RATZINGER, JOSEPH, Le Christ, la foi et le défi des cultures. [Konferenz in Hong Kong], in: La documentation catholique 2120 (1993).

RAVIER, AANDRÉ (Hg.), La mystique et les mystiques, Paris 1964.

RAVINDRA, RAVI, The Yoga of the Christ in the Gospel According to St. John, Longmead 1990.

RENWART, LION, Image de Dieu, image de l'homme, in: Nouvelle Revue Théologique 115 (1993) 85–104.

RICŒUR, PAUL, Sai-même comme un autre, Paris 1990 (deutsch: Das Selbst als ein anderer, München ²2005).

RINGGREN, HELMER, 'ab-Galâ, in: BOTTERWECK/RINGGREN Band 1, 1973, 1–19.

ROBINSON, JOHN A. T., The Human Face of God, Philadelphia 1973.

ROMBACH, HEINRICH, Der kommende Gott: Hermetik – eine neue Weltsicht, Freiburg 1991.
ROSENBERG, ALFONS, Jesus der Mensch. Ein Fragment, München 1986.
ROVIRA BELLOSO, JOSEPH MARIA, La humanitat de Déu. Aproximació a l'essència del cristianisme, Barcelona 1984.
RUH, KURT, Geschichte der abendländischen Mystik, Band 1: Die Grundlegung durch die Kirchenväter und die Mönchstheologie des 12. Jahrhunderts, München 1990 [Band 2 1991, Band 3 1996].
RUHBACH, GERHARD / SUDBRACK, JOSEF (Hg.), Große Mystiker, München 1984.
RUPP, GEORGE, Religious Pluralism in the Context of an Emerging World Culture, in: Harvard Theological Review LXVI (1973) 207–218.
– Christologies and Cultures. Towards a Typology of Religious Worldviews, Paris 1974.

SALA BALUST, LUIS / DUQUE, BALDOMERO JIMÉNEZ, Historia de la espiritualidad, 4 Bände, Barcelona 1969.
SANTIAGO-OTERO, HORACIO, El conocimiento de Cristo en cuanto hombre, Pamplona 1970.
SCHEEBEN, MATTHIAS JOSEPH, Die Mysterien des Christentums, hg. v. J. Hofer, Freiburg 1941.
SCHESTOW, LEO (Le Sesto/Chesto), Athen und Jerusalem, München 1994.
SCHILLEBEECKX, EDWARD H., Christ: the Sacrament of the Encounter with God, New York 1963.
– The Schillebeeckx Reader, hg. v. Robert Schreiter, New York 1985.
SCHIWY, GÜNTER, Der kosmische Christus. Spuren Gottes ins Neue Zeitalter, München 1990.
SCHÜSSLER-FIORENZA, ELISABETH, Jesus. Miriam's Child, Sophia's Prophet: Critical Issues in Feminist Christology, New York 1994 (deutsch: Jesus – Miriams Kind, Sophias Prophet. Kritische Anfragen feministischer Christologie, Gütersloh 1997).
SCHNACKENBURG, RUDOLF, Christologie des Neuen Testaments, in: FEINER/LOHERER, Band 3 (1970) 227–388.
SCHOONENBERG, PIET, The Christ. A Study of the God-Man relationship in the Wole of Creation and in Jesus Christ, New York 1971.
SCHREITER, ROBERT J. (Hg.), Faces of Jesus in Africa, Maryknoll, New York 1991.
SCHRENK, GOTTLOB, Pater, in: KITTEL/FRIEDRICH, Band V (1967) 945–959.974–1022.
SHERRARD, PHILIP, Human Image: World Image. The Death and Resurrection of Sacred Cosmology, Ipswich 1992.
– The Greek East and the Latin West (A Study in the Christian Tradition), Limni 1995 [Erstausgabe: Oxford 1959].

SIMONSON, CONRAD, The Christology of the Faith and order Movement, Leiden 1972.
SMET, RICHARD DE, The Discovery of the Person, in: Indian Philosophical Quarterly IV/1 (1976a) 1–23.
— The Rediscovery of the Person, in: Indian Philosophical Quarterly IV/3 (1976b) 413–426.
SMITH, HUSTON, Is there a Perennial Philosophy?, in: Revisioning Philosophy, hg. v. J. Ogilvy, Albany 1992, 247–262.
SOARES-PRABHU, GEORGE, The Historical Critical Method. Refelctions on its Relevance for the Study of the Gospels in India Today, in: AMALADOSS (1981) 314–367.
SOBEL, ALFRED (Hg.), Der Streit um Drewermann, Wiesbaden 1992.
SOBRINO, JON, Christología desde América Latina, Mexico 1976.
SOPHRONY, ARCHIMANDRITA, His Life is mine, London 1978.
STECHER, ANTON, La doctrine de la relatione chez saint Thomas, Paris 1952.
STÖCKLI, THOMAS (Hg.), Wege zur Christus-Erfahrung, Dornach 1991.
STRACK, HERMANN LEBERECHT / BILLERBECK, PAUL, Kommentar zum Neuen Testament aus Talmud und Midrasch, 6 Bände, München 1922–1961.
SUGIRTHARAJAH, RASIAH S. (Hg.), Asian Faces of Jesus, Maryknoll, New York 1993.
SWINDLER, LEONARD, Jeshua. A Model for Moderns, Kansas City 1988.

THERESA VON AVILA, hl., Obras Completas, hg. v. Efrén de la Madre de Dios und Otger Steggink, 3 Bände, Madrid 1967 (deutsch: Gesamtausgabe: Aloysius ab Immaculata Conceptione, 6 Bände, München 1933–1941).
THIBAUT, RENÉ, Le sens de l'Homme-Dieu, Paris 1942.
THISELTON, ANTHONY C., The Supposed Power of Words in the Biblical Writings, in: Journal of Theological Studies 25 (1974) 283–299.
THOMAS, MADATHILPARAMPIL M., Risking Christ for Christ's Sake, Genua 1987.
THOMPSON, WILIAM M., The Jesus Debate. A Survey and Synthesis, New York 1985.
TILLIETTE, XAVIER, Christo e i Filosofi, in: POUPARD (1990a) 424–430.
— Le Christ de la philosophie, Paris 1990b.
— Le Christ des philosphes, Namur 1993.
THOMATIS, FRANCESCO, Kenōsis del logos, Rom 1994.
TREBOLLE, JULIO, La otra teodicea bíblica: el mal que procede de Dios, in: Iglesia Viva, n. 175–176, 139–149.
TRESMONTANT, CLAUDE, Le Christ hébreu. La langue et l'âge des Evangiles, Paris 1983.

UNNO, TAITETSU (Hg.), The Religious Philosophy of Nishitani Keiji, Berkley 1989.
— The Religious Philosophy of Tanabe Hajime, Berkley 1990.

Bibliographie

VAN DER LEEUW, GERARDUS, Phänomenologie der Religion, Tübingen 1956.
VANNINI, MARCO, Praedica Verbum. La generazione della parole del silenzio in Meister Eckhart, in: BALDINI/ZUCAL, 17–31.
VANNUCCI, GIOVANNI, Il libro della preghiera universale, Florenz 1987.
VARGAS-MACHUCA, ANTONIO (Hg.), Teología y mundo contemporáneo. Homenaje a K. Rahner, Madrid 1975.
– Jesús. ¿fundador del Christianismo?, in: Biblia y Fe 54 (1992) 301–312.
VENKATESANANDA, SWAMI, Christ, Krishna and You, San Fransico 1983.
VERMES, GEZA, Jesus the Jew, London 1973 (deutsch: Jesus der Jude. Ein Historiker liest die Evangelien, Neukirchen-Vluyn 1993).
VON BALTHASAR, HANS URS, Origenes. Geist und Feuer, Salzburg 1938.
– Kosmische Liturgie. Das Weltbild Maximus des Bekenners, Einsiedeln 1961a.
– Herrlichkeit. Eine theologische Ästhetik. I: Schau der Gestalt, Einsiedeln 1961b.
– Kennt uns Jesus. Kennen wir Ihn?, Freiburg 1980.

WALDENFELS, HANS, Kontextuelle Fundamentaltheologie, Paderborn 1985.
WARE, ROBERT C., Christology in Historical Perspective, in: The Heythrop Journal XV/1 (1974) 51–69.
WEISCHEDEL, WILHELM, Der Gott der Philosophen, 2 Bände, Darmstadt 1971.
WHITHERINGTON, BEN, The Christology of Jesus, Minneapolis 1990.
WILKE, ANNETTE, Ein Sein – Ein Erkennen, Bern 1995.
WILFRED, FELIX (Hg.), Leave the Temple. Indian Paths to Human Liberation, Maryknoll, New York 1992.
WILLIAMS, ANNA N., Deification in the Summa Theologiae: a Structural Interpretation of the prima pars, in: The Thomist 61, 2 (1997) 219–255.
WONG, JOSEPH H. P., Logos-Symbol in the Christology of Karl Barth, Rom 1984.
WOODS, RICHARD, ‚I am the Son of God'. Eckhart and Aquinas on the Incarnation, in: Eckhart Reviwe, London 1992, 27–46.
World Scriptures, A Comparative Anthology of Sacred Text, hg. v. der International Religious Foundation, New York 1991.

XIBERTA, BARTHOLOMEUS, Tractatus de Verbo Incarnato, 2 Bände, Madrid 1954.
– Enchiridion de Verbo Incarnato, Madrid 1955.

ZUBIRI, XAVIER, Homenaje a Xavier Zubiri, 2 Bände, Madrid 1970.
– El problema teologal del hombres, in: VARGAS-MANCHUCA (1975) 55–64.

Personenregister

Abel 222, 233
Abhinavagupta 33, 177
Abhinavaguptācarya 67, 70
Abram (Abraham) 53, 56, 152, 192, 225, 226
Adam 58, 85, 118, 169, 217
Akbar 109
Akiba 77
Alegre, X. 255
Allah 217
Amaladoss, M. 261, 295
Ambrosius 97, 272
Anaxagoras 92
Ancochea, G. 14
Aranguren 257
Aristarch von Samos 224
Aristoteles 56, 92, 106, 118, 151, 220, 251, 258, 260, 269, 270
Arjuna 279
Arius 134, 153
Aśoka 56, 110, 198, 274
Athanasius 253
Augstein, R. 256
Augustinus von Hippo 20, 44, 71, 96, 105, 117, 127, 133, 136, 146, 154, 160, 222, 230, 244, 245, 254, 261, 268, 269, 270

Baird, W. 262
Baldini, M. 254
Basilius 230
Bäumer, B. 254, 273
Bellarmin 243
Bellet, M. 260
Ben-Chorin, S. 255
Benedikt, B. 261

Berdiaev, N. 253
Bergson, H. 257
Bernhard von Clairvaux 205
Billerbeck, P. 267
Blondel, M. 257
Boff, L. 264
Böhme, J. 205
Bonaparte, N. 257
Bonaventura 105, 134, 153, 154, 195
Bonhoeffer, D. 251
Bordoni, M. 261, 263
Borne, E. 251
Botterweck, G. J. 263, 267
Bouyer, L. 253, 259
Brahamabandhav Upadhyaya 67
Breton, S. 252
Brunner, E. 251
Buber, M. 257, 258
Büchner, F. 262
Buddha 111, 146, 171, 210, 256, 270, 271, 290, 293
Bulgakov, S. 118, 257, 266, 273
Bultmann, R. 251, 257, 261
Barth, K. 251, 284, 296

Calvin, J. 117
Camus, A. 258
Carrara, M. 14
Casaldáliga, P. 248
Cäsar 109
Cepeda, L. de 49
Chatterjee, M. 257
Cicero 31, 56, 272
Clemens von Alexandrien 54„ 233, 252
Comenius (Jan Amos Komensky) 230

297

Personenregister

Congar, Y. 251, 252, 259
Corbin, H. 252
Croce, B. 252
Crossan, J. D. 255
Cullmann, O. 257
Cyprian von Karthago 233
Cyrill von Alexandrien 274

D'Agostini, E. 14
D'Souza, P. 14
Daniélou, J. 257
David 248
de Lubac, H. 251, 252, 259, 265, 275
Descartes, R. 98, 103, 202
Deschner, K. 255
Dionysius Areopagita 63, 205
Dodd, C. 261, 286
Dōgen, E. 24, 251, 282, 286
Doré, J. 274
Drewermann, E. 261
Drews, A. 266
Dupré, L. 254
Dupuis, J. 14, 254, 256, 261, 262, 266, 274
Duquoc, C. 274
Durgā 111, 113

Ebner, F. 257
Eckhart, J. (Meister) 48, 54, 117, 140, 152, 184, 192, 194, 235, 253, 257, 260, 269, 274
Einstein, A. 109
Eliade, M. 218, 286
Erasmus von Rotterdamm 89, 260
Esau 225
Evers, G. 251, 261, 287

Fanon, F. 255, 287
Felder, H. 261
Feuerbach, L. 251
Ficino, M. 21, 59
Forrester, V. 255
Forte, B. 275
Fraijó, M. 274

Franz von Assisi 145
Frei, H. W. 260
Fries, H. 253, 261, 287, 288
Philippus (Apostel) 148, 176
Philo von Alexandrien 270

Gabriel (Erzengel) 39, 227
Gadamer, H. G. 88, 260, 287
Galileo, G. 243
Galtier, P. 259
Gamaliel 77
Gandhi, M. 172
Garrigou-Lagrange, R. 251, 258, 287
Geiselmann, J. R. 262
Gilson, E. 257
Gispert-Sauch, G. 257
Goethe, J. W. 255
Goliat 248
González Faus, J. 251, 262, 264, 272
Graham, A. 261
Gregor von Nazianz 253, 268, 274
Gregor von Nyssa 264
Guardini, R. 253, 257, 258

Haas, A. M. 14, 253, 260, 274
Hannibal 257
Harnack, A. von 104, 257
Hartmann, F. 269
Hauck, F. 253, 264
Hausherr, I. 253
Haven-Smith, L. D. 255
Hegel, G. W. F. 45, 246
Heidegger, M. 251, 257
Heiler, F. 263
Heisenberg, W. K. 202
Heraklit von Ephesus 154
Herodes 203, 247
Hieronymus 193
Hildegard von Bingen 12
Holböck, F. 275
Homer 109
Husserl, E. 87, 204

Personenregister

Ibn ʿArabī 117, 176
Ignatius von Antiochien 36, 66, 233
Ijob 254
Irenäus von Lyon 140, 234
Ishanand, V. 261, 289
Ismael 225
Īśvara 210

Jacobi, F. H. 32
Jakob 225
Jakobus (Apostel) 105
Jaspers, K. 251, 252
Jesaja (Prophet) 198
Jñāneśvar 205
Johannes (Evangelist) 215, 253, 264
Johannes der Täufer 40, 123
Johannes vom Kreuz 49, 205, 248, 270
Johannes von Damaskus 240, 259, 274
Johannes XXIII. 145, 268
Judas Iskariot 76, 162
Jung, C. G. 154
Justinus 20, 97, 274
Juvenal 260, 272

Kahlefeld, H. 261
Kant, I. 32, 98, 118, 120, 172, 208
Kasper, W. 262
Katharina von Genua 118
Katharina von Siena 205, 272
Katz, S. 254
Keenan, J. 261
Kendall, D. 259
Keshub Chandra Sen 262
Kierkegaard, S. 12, 96
Kittel, Gerhard 253, 263, 264, 266, 267, 269
Klostermaier, K. K. 257
Knitter, P. F. 261
Konstantin 229
Kopernikus 214
Koyama, K. 261

Kṛṣṇa 45, 46, 111, 146, 194
Kuschel, K. J. 255, 257

Lamarche, P. 267
Lamotte, E. 274
Lao-Tse 140, 146, 166, 172, 270
Law, W. 205
Le Saux, H. siehe Abhiṣiktānanda
Leaney, A. R. C. 264
Lee, B. 264
Lefebure, L. D. 261, 271
Leibniz, G. W. 94
Leo I., der Große 236
Lévinas, E. 257
Liébaert 268, 290
Lombardus, P. 214, 259
Lonergan, B. J. F. 251
Lukas (Evangelist) 133
Luther, M. 38, 230, 282

Mahāvīra 270
Maisch, I. 255, 290
Mancini, I. 251
Mao Dzedong 109
Marcel, G. 257
Maria (Mutter Jesu) 86, 104, 193, 197, 199, 200, 216, 221, 224, 236, 237
Maria Magdalena 75
Maritain, J. 257, 259
Markus (Evangelist) 128
Martín Velasco, J. 254
Masao Abe 271
Mascarenhas, H. O. 258, 290
Massa, W. 262, 266, 290
Maximus Confessor 235, 240, 253
Mersch, E. 274
Michaelis, W. 266, 269
Milano, A. 252, 259
Miriam siehe Maria
Mitchell, D. W. 271
Moctezuma 109
Mohammed 134
Molinos, M. de 127, 263
Moltmann, J. 259

Monchanin, J. 251
Moran, G. 261
Moses 55
Mounier, E. 257
Mouroux, J. 259
Mühlen, H. 275
Münzer, T. 230

Nāgārjuna 270
Newton, I. 114
Nikodemus 39, 237
Nieremberg, J. E. 180
Nietzsche, F. W. 38
Nishida, K. 271
Nédoncelle, M. 257
Nishitani, K. 271, 275

O'Collins, G. 259
Ohashi, R. 289
Olschak, B. C. 275
Orbe, A. 255, 272
Origenes 182, 193, 205, 233
Ortega y Gasset, J. 258
Ozaki, M. 271

Panikkar, R. 251–54, 256, 257, 260–262, 265, 268, 271–275
Parente, P. 259
Parmenides 251
Paulus von Tarsus 18, 42, 43, 45, 47, 56, 73, 77, 88, 89, 113, 117, 129, 132, 133, 136–140, 195, 200, 206, 254, 264
Pavan, A. 259
Pelikan, J. 256
Peterson, E. 252
Petrus (Apostel) 84, 127, 132, 137, 159, 167, 168, 178, 203, 238, 254, 264
Piano, S. 260
Pico della Mirandola 33
Pieris, A. 255
Pilatus, P. 77, 86, 184, 203, 230
Pius XII. 233

Platon 59, 64, 65, 94, 102, 160, 169, 270
Plautus 89
Plotin 59, 102
Protagoras 59
Pythagoras 198, 270

Quell, G. 263

Rahner, H. 275
Rahner, K. 238, 251, 258
Rajagopalachri 209
Ratzinger, J. 274
Renwart, L. 255
Richard von St. Victor 102, 259
Ricœur, P. 257, 279
Ringgren, H. 262, 264, 267
Robinson, J. A. T. 261
Rombach, H. 257
Rosenberger, A. 255, 256
Rossi, A. 14
Ruh, K. 253, 254

Sandaeus, M. 253
Santiago-Otero, H. 259
Śaṇkara 55, 146, 172, 257, 265
Sartory, T. 275
Sartre, J. P. 88, 257, 258
Scheeben, M. J. 251, 275
Scheler, M. 258
Schestow, L. 253
Schillebeeckx, E. 254, 263
Schiwy, G. 262
Schmaus, M. 251
Schoonenberg, P. 258, 259
Schreiter, R. J. 261
Schrenk, G. 263
Schüssler-Fiorenza, E. 252
Schweitzer, A. 257
Sem 225
Seneca 272
Sherrard, P. 253, 268, 272, 275
Sisyphos 58
Śiva 70

Smith, H. 254
Soares-Prabhu, G. 256
Sobel, A. 261
Sobrino, J. 254, 262
Sokrates 105, 172, 178, 241, 256, 270, 275
Sophrony (Archimandrit) 260
Stauffer, E. 267
Stier, F. 266, 270, 272
Stöckli, T. 262
Strack, H. L. 267
Sugirtharajah, R. S. 261
Śvetaketu 54
Swindler, L. 254, 255

Tagore, R. 171
Teilhard de Chardin, P. 205
Terenz 128, 272
Teresa von Avila 49, 205, 254, 263, 266
Tertullian 37, 125, 221, 230, 233, 238
Thomas von Aquin 23, 42, 48, 54, 73, 97, 101, 117, 118, 127, 133, 136, 150, 151, 156, 157, 170, 205, 215, 233, 253, 258, 259, 262, 264, 265, 268, 269–271, 173
Thomas, M. M. 261
Thompson, W. M. 254
Tillich, P. 251
Tilliette, X. 252
Tragan, P. R. 14.
Trebolle, J. 266

Tschuang-zu 166
Turoldo, D. M. 268

Unamuno, M. de 257
Unno, T. 271, 295

Valla, L. 232
van der Leeuw, G. 263
Vannucci, G. 261, 273
Venkatesananda (swami) 261
Vermes, G. 256
Victorino, M. 184
Viracocha 111
Vögtle, A. 255
von Balthasar, H. U. 251, 257, 274, 275

Weischedel, W. 274
Wilfred, F. 255
Wilke, A. 275
Williams, A. N. 264
Wong, J. H. P. 274
Woods, R. 253

Xiberta, B. 259

YHWH 59, 82, 263, 264, 266
Yunus Emré 118

Zaehner, R. C. 260
Zubiri, X. 253, 258
Zucal, S. 254

Kurzbiographie

Raimon Panikkar, promovierter Naturwissenschaftler, Philosoph, Theologe, katholischer Priester der Diözese Varanasi/Indien, am 3. November 1918 in Barcelona als Sohn eines hinduistischen Vaters und einer katholischen Mutter geboren, vereinigt in seiner Person abendländisches Christentum und indische Spiritualität. 1936 machte er zusätzlich sein deutsches Abitur am Jesuiten-Gymnasium in Bonn, wo er anschließend Chemie studierte. Anfang der 50er Jahre enge Verbindung mit Martin Heidegger, der ihm vor seinem Tod seine letzten Gedichte widmete. Panikkar gilt weltweit als inspirierender Mittler und Visionär des inter- und intrareligiösen Dialogs. Er lehrte unter anderem an den Universitäten von Madrid, Rom, Cambridge, Harvard, Mysore und Varanasi (Benares). Von 1972 bis 1987 Professor für vergleichende Religionsphilosophie an der University of California, Santa Barbara/USA. Gastprofessor an über 100 Universitäten auf allen 5 Kontinenten. Autor von mehr als 50 Büchern und über 500 umfangreichen Artikeln zu Fragen des interreligiösen Dialogs. Panikkar denkt und schreibt in 6 Sprachen; er zählt zu den bedeutendsten Universalgelehrten unserer Zeit.

Aktives Mitglied folgender Gesellschaften:
- Società Italiana di Storia delle Religioni
- Forschungskreis für Symbolik (Heidelberg), Gründer und Direktoriumsmitglied
- Indisch-theologische Gesellschaft
- Ökumenisches Institut für fortgeschrittene theologische Studien, Tantur/Jerusalem, Mitglied des akademischen Rats
- Vice-President der internationalen Teilhard de Chardin Gesellschaft, London
- Institut für Religion, Honolulu / Hawaii / USA
- Zentrum für die Zukunft des Menschen, London

- American Academy of Religion
- The American Oriental Society
- Center of Cross-Cultural Religious Studies, California / USA
- Institut International de Philosophie, Paris / Frankreich
- People's Permanent Tribunal, Rom / Italien
- Sociedad des Estudios Indicos y Orientales, Madrid / Spanien
- INODEP, Paris / Frankreich
- Präsident und Gründer von VIVARIUM, Zentrum für interkulturelle Studien, Tavertet / Spanien
- Vorstandsmitglied der International Gandhi & Griffiths Society, Hyderabad und München